ESV ERICH SCHMIDT VERLAG

Handbuch Kundendatenschutz

Von

Dr. Simon Menke
Leiter Konzerndatenschutz/Syndikus

ERICH SCHMIDT VERLAG

Bibliografische Information der Deutschen Nationalbibliothek
Die Deutsche Nationalbibliothek verzeichnet diese Publikation in der Deutschen Nationalbibliografie; detaillierte bibliografische Daten sind im Internet über https://dnb.d-nb.de abrufbar.

Weitere Informationen zu diesem Titel finden Sie im Internet unter
https://ESV.info/978-3-503-20938-5

Zitiervorschlag:
Menke, Handbuch Kundendatenschutz

ISBN 978-3-503-20938-5 (gedrucktes Werk)
ISBN 978-3-503-20939-2 (eBook)

www.ESV.info

Druck: Hubert & Co., Göttingen

Vorwort

Die Verarbeitung von Kundendaten spielt in der Praxis für eine Vielzahl von Unternehmen eine wichtige Rolle. Zu diesen Unternehmen gehören unter anderem Betreiber von Online-Shops, Auskunfteien, Anbieter von Online-Marketing-Tools und Betreiber von Plattform-Ökosystemen.

Spätestens seit der Anwendung der Datenschutz-Grundverordnung im Jahr 2018 ist der Datenschutz in aller Regel wesentlicher Bestandteil des Compliance-Management-Systems solcher Unternehmen, die eine relevante Anzahl an Endkundendaten verarbeiten. Dies liegt zum einen daran, dass für den Fall einer Verletzung gesetzlicher datenschutzrechtlicher Vorgaben empfindliche Geldbußen drohen. Zum anderen gehen mit Verfahren wegen (möglicherweise) begangener Datenschutzverstöße in aller Regel kommunikative Risiken einher. Dies ist insbesondere dann der Fall, wenn die Verarbeitung von Endkundendaten Gegenstand eines Verfahrens ist.

Vor dem Hintergrund der zuvor genannten Risiken ist es für Datenschutzberater in der Praxis häufig misslich, dass eine Vielzahl relevanter Fragestellungen, die im Zusammenhang mit der Auslegung einzelner Vorschriften der Datenschutz-Grundverordnung und des Bundesdatenschutzgesetzes 2018 bestehen, noch nicht abschließend geklärt ist. Zwar haben sowohl die deutschen als auch andere europäische Aufsichtsbehörden und der Europäische Datenschutzausschuss bereits einige Orientierungshilfen sowie Leitlinien veröffentlicht, die in diesen dargelegten (zumeist strengen) Positionen müssen aber naturgemäß nicht vollständig korrekt sein. Darüber hinaus vertreten einzelne Aufsichtsbehörden zum Teil voneinander abweichende Rechtsansichten.

Die Möglichkeit der Verarbeitung von Daten stellt in einer digitalisierten Welt regelmäßig einen wesentlichen Wettbewerbsfaktor dar. Aufgrund dieses Umstands ist es eine zentrale Aufgabe von Datenschutzberatern, datenschutzkonforme Lösungen in Bezug auf geplante Vorhaben aufzuzeigen. Folge des genannten Umstands ist außerdem, dass in der Praxis das Kartell- und das Datenschutzrecht relevante Berührungspunkte zueinander aufweisen. Auch ist die Schaffung eines „Level-Playingfield“ im Datenschutz ein wesentliches Ziel der Datenschutz-Grundverordnung. Dieses Ziel wurde bisher jedoch nicht erreicht.

Die rechtliche Bewertung von Datenverarbeitungen wird in der Praxis regelmäßig dadurch erschwert, dass die Verarbeitungen im Rahmen technisch komplexer Vorgänge erfolgen. Solche Vorgänge bestehen z. B. häufig im Bereich des Online-Marketing. Datenschutzberater sehen sich vermehrt mit Schlagwörtern wie „Browser-Fingerprinting“, „Realtime-Bidding“ oder „Audience-Matching“ konfrontiert.

Dieses Handbuch soll Datenschutzberater dabei unterstützen, in der Praxis auftretende Verarbeitungen von Kundendaten rechtlich zu bewerten. In diesem

Zusammenhang werden auch Vorgänge erläutert, die zumindest für solche Berater, die keinen technischen „Backround" aufweisen, auf den ersten Blick schwer nachzuvollziehen und die bisher nicht Gegenstand umfangreicher rechtlicher Diskussionen sind. Die Erläuterungen erfolgen unter anderem im Rahmen der Darlegung von Beispielen. Darüber hinaus beinhaltet dieses Handbuch eine Vielzahl an Praxishinweisen, insbesondere zum strategischen Umgang mit noch nicht geklärten Rechtsfragen.

Auch wenn die Datenschutz-Grundverordnung und das Bundesdatenschutzgesetz 2018 bereits seit fast vier Jahren geltendes Recht sind, bestehen - wie bereits erwähnt - immer noch relevante Unsicherheiten im Bereich der Auslegung. Für die Beantwortung solcher Fragestellungen, zu denen es noch keine abschließenden Rechtsprechungen gibt, ist die „Arbeit mit dem Gesetz" stets von besonderer Relevanz. Aus diesem Grund werden in diesem Handbuch unter anderem einzelne Normen aus der sowie Erwägungsgründe zur Datenschutz-Grundverordnung zitiert. Dies erfolgt auch vor dem Hintergrund, dass in der juristischen Diskussion teilweise Ansichten vertreten werden, die mit dem jeweiligen Gesetzeswortlaut nicht oder nur schwer vereinbar sind.

Bei der Erstellung dieses Handbuchs konnten Entwicklungen in der Gesetzgebung, der Rechtsprechung und der Literatur bis zum 31.12.2021 berücksichtigt werden.

Hamburg, im Februar 2022 Dr. Simon Menke

Inhaltsverzeichnis

Abkürzungsverzeichnis

1st	First
2nd	Second
3rd	Third
a. A.	andere Ansicht
a. F.	alte Fassung
Abs	Absatz
Ad	Advertisement
AEUV	Vertrag über die Arbeitsweise der Europäischen Union
AG	Amtsgericht
AGB	Allgemeine Geschäftsbedingungen
AO	Abgabenordnung
App	Application
APR	Allgemeines Persönlichkeitsrecht
Art.	Artikel
Aufl.	Auflage
Az.	Aktenzeichen
B2B	Buisness-to-Buisness
B2C	Buisness-to-Costumer
BayVGH	Bayerischer Verwaltungsgerichtshof
BDSG	Bundesdatenschutzgesetz
Beschl.	Beschluss
BfDI	Bundesbeauftragte/-r für den Datenschutz und die Informationsfreiheit
BGB	Bürgerliches Gesetzbuch
BGH	Bundesgerichtshof
BMG	Bundesmeldegesetz
BMJV	Bundesministerium der Justiz und für Verbraucherschutz
BNetzA	Bundesnetzagentur
BT-Drucks.	Bundestag Drucksache
Buchst.	Buchstabe
bzgl.	bezüglich
bzw.	beziehungsweise
CDN	Content-Delivery-Networks
CMP	Consent-Managment-Plattform
CNIL	Commission Nationale de l'Informatique et des Libertés
CR	Computer und Recht
CRM	Customer-Relationship-Management

CSV	comma-separated-values
d.h	das heißt
DGA	EU-Data-Governance-Act
DMP	Data-Management-Plattform
DSB	Datenschutzbeauftragte/-r
DSGVO	Datenschutz-Grundverordnung
DSK	Datenschutzkonferenz
DSMS	Datenschutz-Management-System
DSP	Demand-Side-Plattform
DuD	Datenschutz und Datensicherheit
DWH	Data-Warehouse
EDSA	Europäischer Datenschutzausschuss
EG	Europäische Gemeinschaft
ErwGr	Erwägungsgrund
etc.	et cetera
EU	Europäische Union
EuGH	Europäischer Gerichtshof
EWR	Europäischer Wirtschaftsraum
FAQ	Frequently Asked Questions
ff	folgende
FISA	Foreign Intelligence Surveillance Act
FLoC	Federated Learning of Cohorts
GDPR	General Data Protection Regulation
gen.	genannt
GeschGehG	Geschäftsgeheimnisgesetz
ggfls	gegebenenfalls
GmbH	Gesellschaft mit beschränkter Haftung
GRUR	Gewerblicher Rechtsschutz und Urheberrecht
GWB	Gesetz gegen Wettbewerbsbeschränkungen
GZ	Geschäftszeichen
HGB	Handelsgesetzbuch
HK	Handelskammer
HS	Halbsatz
i. S. d.	im Sinne des
i. V. m.	in Verbindung mit
IAB	Interactive Advertising Bureau
ICO	Information Commissioner's Office
ID	Identifikationsnummer
IDFA	Identifier for Advertisers
Inc.	Incorporated

inkl.	inklusive, inklusive
InsO	Insolvenzordnung
IP	Internetprotokoll
IT	Informationstechnik
JSON	JavaScript Object Notation
K&R	Kommunikation und Recht
KMS	Key-Management-System
LDA Bayern	Bayerisches Landesamt für Datenschutzaufsicht
LfDI	Landesbeauftragte/-r für Datenschutz und Informationsfreiheit
LG	Landgericht
lit.	lat. littera (dt. Buchstabe)
Ltd	Limited
m. w. N.	mit weiteren Nachweisen
MD5	Message-Digest Algorithm 5
MMS	Multimedia Messaging Service
NJW	Neue Juristische Wochenschrift
Nr	Nummer
NVwZ	Neue Zeitschrift für Verwaltungsrecht
OGH	Oberster Gerichtshof
OH	Orientierungshilfe
OLG	Oberlandesgericht
OWi	Ordnungswidrigkeit
PECR	Privacy and Electronic Communications Regulation
PIMS	Privacy Information Management System
PinG	Privacy in Germany
PostG	Postgesetz
RDV	Recht der Datenverarbeitung
Rn.	Randnummer
RStV	Rundfunkstaatsvertrag
Rz.	Randzeichen
S.	Satz
SCHUFA	Schutzgemeinschaft für allgemeine Kreditsicherung
SDK	Standarddatenschutzklausel
SHA	Secure Hash Algorithm
SMS	Short Message Service
SSO-Dienst	Single-Sign-On-Dienst
SSP	Supply-Side-Plattform
StGB	Strafgesetzbuch
TCF	Transparency and Consent Framework
TIA	Transfer-Impact-Assessements

TKG	Telekommunikationsgesetz
TMG	Telemediengesetz
TTDSG	Telekommunikation-Telemedien-Datenschutzgesetz
TTDSG-E	Entwurf zum Telekommunikation-Telemedien Datenschutzgesetz
U	Urteil
u. a.	unter anderem
UmWG	Umwandlungsgesetz
URL	Uniform Resource Locator
Urt. v.	Urteil vom
US	United States
USA	United States of America
UWG	Gesetz gegen den Unlauteren Wettbewerb
VfSlg	Sammlung der Erkenntnisse und wichtigsten Beschlüsse des Verfassungsgerichtshofs
VG	Verwaltungsgericht
VGH	Verwaltungsgerichtshof
vgl	vergleiche
VwGO	Verwaltungsgerichtsordnung
VwVfG	Verwaltungsverfahrensgesetz
WRP	Wettbewerb in Recht und Praxis
www	World Wide Web
z. B.	zum Beispiel
z. T.	zum Teil
ZD	Zeitschrift für Datenschutz
ZPO	Zivilprozessordnung
ZR	Zivilrecht

Teil 1 – Grundlagen

A. Relevante Gesetze

Für die Verarbeitung von Kundendaten sind insbesondere die folgenden Gesetze von Relevanz: 1

- Datenschutz-Grundverordnung (DSGVO),
- Bundesdatenschutzgesetz 2018 (BDSG 2018),
- Telemediengesetz (TMG)/Telekommunikation-Telemedien-Datenschutzgesetz (TTDSG),
- Bürgerliches Gesetzbuch (BGB),
- Gesetz gegen den Unlauteren Wettbewerb (UWG),
- Gesetz gegen Wettbewerbsbeschränkungen (GWB).

I. Datenschutz-Grundverordnung (DSGVO)

Die DSGVO ist in Bezug auf die Verarbeitung von Kundendaten das zumeist einschlägige Gesetz. Die DSGVO, bei der es sich um eine EU-Verordnung handelt, hat mit ihrem faktischen Inkrafttreten am 25.05.2018 die bis dahin gültige EU-Datenschutzrichtlinie (Richtline 95/46/EG) ersetzt. Der Unterschied zwischen einer EU-Verordnung und einer EU-Richtlinie ist derjenige, dass eine EU-Verordnung unmittelbar gilt. Eine EU-Richtlinie muss im Gegensatz hierzu erst noch durch die einzelnen Mitgliedstaaten der EU in der jeweiligen nationalen Rechtsordnung umgesetzt werden. 2

1. Einheitlicher Rechtsrahmen

Der EU-Gesetzgeber bezweckt mit der Normierung einer EU-Verordnung die Schaffung eines einheitlichen Rechtsrahmens. Die Schaffung eines solchen Rechtsrahmens im Bereich des Datenschutzes ist aus der Sicht des EU-Gesetzgebers unter anderem deswegen erforderlich gewesen, weil die nationalen datenschutzrechtlichen Gesetze der einzelnen Mitgliedstaaten unterschiedliche Schutzniveaus aufwiesen. 3

2. „Level-Playingfield"/Kohärenzmechanismus

Verbunden mit der Normierung eines einheitlichen Rechtsrahmens war auch das Ziel, ein „Level-Playingfield" im Datenschutz zu schaffen.[1] Unter Geltung der EU-Datenschutzrichtlinie (Richtlinie 95/46/EG) wurde seitens einzelner Unternehmen ein so genanntes „Forum-Shopping" betrieben. Unter dem Begriff „Forum-Shopping" wird in diesem Zusammenhang eine Ansiedlung eines Unternehmens in einem Land, das ein niedriges Datenschutzniveau und/oder eine schwache Vollzugspraxis aufweist, verstanden. In diesem Zusammenhang wurden immer wieder die Länder Irland und Luxemburg genannt. 4

1 Thiel, ZD 2021, 467.

5 Sichergestellt werden soll das Bestehen eines „Level-Playingfield" im Datenschutz auch durch die Normierung eines „Kohärenzmechanismus" in der DSGVO. Für die Führung des jeweiligen behördlichen Verfahrens bei grenzüberschreitenden Datenverarbeitungen ist grundsätzlich die so genannte „Lead-Authority" zuständig („One-Stop-Shop"). Die „Lead-Authority" ist die Aufsichtsbehörde, in deren Zuständigkeitsbereich die jeweilige Stelle ihre Hauptniederlassung hat (Art. 56 Abs. 1 DSGVO). Bei grenzüberschreitenden Datenverarbeitungen ist die „Lead-Authority" im Rahmen von Verfahren dazu verpflichtet, den anderen betroffenen Aufsichtsbehörden einen Beschlussentwurf zur Stellungnahme zu übermitteln (Art. 60 Abs. 3 S. 2 DSGVO). Legt eine der anderen betroffenen Aufsichtsbehörden einen maßgeblichen und begründeten Einspruch gegen den Beschlussentwurf ein und schließt sich die „Lead-Authority" diesem Einspruch nicht an bzw. hält ihn für nicht maßgeblich oder unbegründet, erlässt der Europäische Datenschutzausschuss (EDSA) in Bezug auf die Bewertung des zu beurteilenden Sachverhalts einen bindenden Beschluss („verpflichtende" Stellungnahme gemäß Art. 65 Abs. 1 Ziffer a) DSGVO).

6 Außerdem besteht die Möglichkeit, dass Datenschutzbehörden oder die EU-Kommission so genannte „fakultative" Stellungnahmen des EDSA erwirken. Die Erwirkung einer „fakultativen" Stellungnahme ist dann möglich, wenn eine Angelegenheit mit

„allgemeiner Geltung oder mit Auswirkungen in mehr als einem Mitgliedstaat"

vorliegt (Art. 64 Abs. 2 DSGVO). Folgt eine Datenschutzbehörde der „fakultativen" Stellungnahme nicht, erlässt der EDSA auf Antrag einen verbindlichen Beschluss (Art. 65 Abs. 1 Ziffer c) DSGVO).[2]

7 Der beschriebenen gesetzlichen Regelungen sind in Bezug auf die von ihnen ausgehenden Grundgedanken positiv zu bewerten. In der Praxis hat die Normierung des „Kohärenzmechanismus" in der DSGVO aber noch nicht dazu geführt, dass ein „Level-Playingfield" im Datenschutz entstanden ist. Dies liegt insbesondere daran, dass einzelne „Lead-Authorities" relevante Verfahren nicht einer Entscheidung durch den EDSA zuführen, indem sie keine bzw. nicht in gebotener Zeit Beschlussempfehlungen gemäß Art. 60 Abs. 3 S. 2 DSGVO vorlegen.[3] Auch das Mittel der Erwirkung „fakultativer" Stellungnahmen wird nicht in einem relevanten Maße genutzt. Dies liegt unter anderem daran, dass der EDSA das Merkmal der

„allgemeinen Geltung"

aus Art. 64 Abs. 2 DSGVO eher eng auslegt.

2 Die Regelung in Art. 65 Abs. 2 Ziffer c) DSGVO erfasst auch „fakultative" Beschlüsse nach Art. 64 Abs. 2 DSGVO, vgl. *Marsch,* in: Wolff/Brink, Datenschutzrecht, 37. Aufl. 2020, Art. 65 Rn. 8; *Klabunde,* in: Ehmann/Selmayr, DSGVO, 2. Aufl. 2018, Art. 65 Rn. 11.

3 Vgl. Thiel, ZD 2021, 467 (469).

Im Zusammenhang mit der gesetzlich vorgeschriebenen Evaluierung der DSGVO im Jahr 2020 (Art. 97 Abs. 1 DSGVO) wurden unter anderem von Mitgliedern des EDSA die dargestellten, im Zusammenhang mit dem „Kohärenzmechanismus" bestehenden Defizite, nachdrücklich adressiert.[4] Warum die EU-Kommission in ihren Evaluierungsbericht[5] die Erforderlichkeit einer Überarbeitung der einschlägigen Regelungen in der DSGVO nicht aufgenommen hat, erschließt sich kaum. Die Durchsetzung bestehender Gesetze ist die Voraussetzung einer funktionierenden Rechtsordnung. 8

3. Relevanz der Erwägungsgründe

Die Erwägungsgründe zu einer EU-Verordnung ergänzen deren Gesetzestext. 9 Wichtig ist, dass die Erwägungsgründe keinen Gesetzesrang haben. Deren Bedeutung darf daher nicht überbewertet werden. Sie beinhalten aber Motive, die auf Seiten des EU-Gesetzgebers bei der Normierung der gesetzlichen Regelungen zugrunde lagen. Die Erwägungsgründe weisen daher für die Auslegung der Verordnung durchaus eine Relevanz auf. Aus diesem Grund werden in diesem Handbuch einzelne Ausführungen in den Erwägungsgründen zur DSGVO an einigen Stellen zitiert.

4. Unbestimmtheit

Eine Vielzahl an Vorschriften der DSGVO beinhalten unbestimmte Rechtsbe- 10 griffe, die der Auslegung bedürfen. Des Weiteren sind einzelne Vorschriften der DSGVO z. T. weniger detailliert, als es Regelungen aus dem BDSG 2009 gewesen sind. So beinhaltete z. B. der § 28 Abs. 3 BDSG 2009 detaillierte Vorgaben unter anderem zu der Nutzung von Daten zum Zweck der „Werbung". Die in der DSGVO für die Nutzung von Daten zum Zweck der („Direkt-)Werbung" originär einschlägige Vorschrift ist die in Art. 6 Abs. 1 S. 1 lit. f) DSGVO.[6] Deren Kerngegenstand ist die Erforderlichkeit der Durchführung einer Interessenabwägung. Außerdem beinhaltet die genannte Vorschrift gleich mehrere unbestimmte Rechtsbegriffe.

Die Schaffung wenig detaillierter Normen hat den Vorteil, dass deren Anwendung häufig auch bei Vorliegen relevanter Veränderungen, die z. B. auf technischen Entwicklungen basieren können, weiterhin sinnvoll ist, so dass es keiner regelmäßigen Anpassung durch den Gesetzgeber bedarf.

Der Umstand, dass eine Vielzahl der Vorschriften der DSGVO unbestimmte Rechtsbegriffe beinhaltet und diese wenig detailliert sind, hat jedoch das Vorhandensein eines erheblichen Maßes an Rechtsunsicherheit zur Folge. Dies ist für Unternehmen insbesondere vor dem Hintergrund des in der DSGVO normierten relevanten Bußgeldrahmens misslich. Die deutschen Datenschutzbe-

4 Vgl. beispielhaft BfDI, 28. Tätigkeitsbericht zum Datenschutz, Seite 22 f.
5 Abrufbar unter: *https://eur-lex.europa.eu/legal-content/DE/TXT/HTML/?uri=CELEX:52020DC0264&from=EN*, zuletzt abgerufen am 30. 11. 2021.
6 Vgl. beispielhaft BfDI, 28. Tätigkeitsbericht zum Datenschutz, Seite 22 f.

hörden und der EDSA haben mittlerweile zwar einige Auslegungshilfen zu verschiedenen Themenbereichen zur Verfügung gestellt, was erfreulich ist. Diese können naturgemäß aber nicht immer vollumfänglich inhaltlich richtig sein. Dies hat z. B. die „Orientierungshilfe der Aufsichtsbehörden für Anbieter von Telemedien" aus dem Jahr 2019[7] gezeigt. In dieser hatten die deutschen Datenschutzbehörden die Ansicht vertreten, dass in Bezug auf die datenschutzrechtliche Bewertung des Abspeicherns von Daten auf Endgeräten (z. B. durch Cookies) sowie des Abrufens von Daten aus Endgeräten die Vorschriften aus der DSGVO Anwendung finden. Der BGH hat in der Folge in seiner Entscheidung in der Rechtssache „Planet49" diesbezüglich hingegen geurteilt, dass die Vorschrift in § 15 Abs. 3 TMG a. F. europarechtskonform auszulegen war.[8] Folgt ein Verantwortlicher durch (einzelne) Datenschutzbehörden vertretene Ansichten und sind diese nicht korrekt, besteht für die Eröffnung eines Bußgeldverfahrens durch die für den Verantwortlichen zuständige Datenschutzbehörde im Hinblick auf die von den Ansichten erfassten Datenverarbeitungen aber regelmäßig kein Raum. Bis sämtliche relevanten Rechtsfragen im Zusammenhang mit der Auslegung der Vorschriften der DSGVO durch den EuGH abschließend geklärt sind, wird es noch einige Zeit dauern.

11 *Praxishinweis:*

Dass zu der Auslegung einzelner Vorschriften der DSGVO die unterschiedlichsten Ansichten vertreten werden, ist für Datenschutzberater „Fluch und Segen" zugleich. Es besteht zwar die Möglichkeit, sich auf die für die zu beratende Stelle günstige Auffassung zu berufen. Sollte sich in der Folgezeit jedoch herausstellen, dass diese Auffassung nicht korrekt ist, können Datenverarbeitungen häufig aufgrund deren technischer Komplexität nicht einfach abgeändert werden. Dieser Umstand sollte im Rahmen der Beratung stets mitbedacht werden.

II. Bundesdatenschutzgesetz (BDSG 2018)

12 Die DSGVO sieht im Hinblick auf einzelne Datenverarbeitungen/einzelne Vorgaben so genannte Öffnungsklauseln vor. Im Anwendungsbereich dieser Öffnungsklauseln haben die nationalen Gesetzgeber die Möglichkeit, eigenständige Regelungen zu treffen. Unter anderem auf dieser Möglichkeit basiert das BDSG 2018. Der deutsche Gesetzgeber hat insbesondere in den folgenden Bereichen, die für den Kundendatenschutz von Relevanz sind, von der beschriebenen Möglichkeit Gebrauch gemacht:

- Verpflichtung zur Bestellung eines Datenschutzbeauftragten (§ 38 BDSG 2018);
- Scoring (§ 31 BDSG 2018);
- Ausnahmen von der Verpflichtung zur Erteilung von Auskünften (§ 34 BDSG 2018).

7 Abrufbar unter: *https://www.datenschutzkonferenz-online.de/media/oh/20190405_oh_tmg.pdf*, zuletzt abgerufen am 30. 11. 2021.

8 BGH, Urt. v. 28. 05. 2020 – I ZR 7/16.

Die Aufnahme der Öffnungsklauseln in die DSGVO wurde zum Teil nicht zu Unrecht mit dem Hinweis, dass durch diese das Ziel der DSGVO zur Schaffung eines einheitlichen Europäischen Rechtsrahmens im Datenschutz ein Stück weit unterlaufen wird, kritisiert.[9]

Eine für die Praxis sehr wichtige Thematik in Bezug auf die auf Basis der Öffnungsklauseln geschaffenen nationalen Regelungen ist deren „räumlicher Anwendungsbereich". Diesbezüglich stellt sich insbesondere die Frage, ob die nationalen Regelungen nur für die Stellen, die ihren Sitz in dem jeweiligen Land haben, oder auch für solche (ausländischen) Stellen, die Daten von Betroffenen mit Aufenthalt in dem jeweiligen Land erheben/verarbeiten, gelten. Im Hinblick auf die Beantwortung dieser Frage sind der DSGVO keinerlei Ausführungen zu entnehmen. Der Europäische Gesetzgeber hat diese Thematik wohl schlichtweg übersehen. 13

Der deutsche Gesetzgeber geht davon aus, dass das BDSG 2018 Anwendung findet auf:

- Verantwortliche und Auftragsverarbeiter, die Daten in der Bundesrepublik Deutschland verarbeiten (§ 1 Abs. 4 Nr. 1 BDSG 2018)

sowie auf

- Datenverarbeitungen im Rahmen von Tätigkeiten von in Deutschland ansässigen Niederlassungen von Verantwortlichen/Auftragsverarbeitern (§ 1 Abs. 4 Nr. 2 BDSG 2018).

Des Weiteren hat der deutsche Gesetzgeber in § 1 Abs. 4 Nr. 3 BDSG eine Vorschrift geschaffen, deren Wortlaut zu entnehmen ist, dass die Regelungen des BDSG 2018 auch immer dann gelten sollen, wenn der räumliche Anwendungsbereich der DSGVO[10] eröffnet ist. Diese Vorschrift wird weitgehend als verfehlt angesehen. Würden sämtliche in den Mitgliedstaaten der EU – auf Basis der Öffnungsklauseln in der DSGVO – geschaffenen datenschutzrechtlichen Gesetze einen derartigen Anwendungsbereich vorsehen, müssten Verantwortliche eine Vielzahl zusätzlicher Vorgaben zu denen der DSGVO einhalten.[11] Ob die einzelnen Vorschriften im BDSG 2018 Anwendung finden, ist vielmehr im Rahmen der Auslegung auf Basis deren Sinn und Zweck zu ermitteln.

III. Telemediengesetz/Telekommunikation-Telemedien-Datenschutzgesetz (TTDSG)

Das Telemediengesetz (TMG) beinhaltete in §§ 11 ff. TMG a. F. die wesentlichen Regelungen zur Verarbeitung von Online-Trackingdaten. Ein Großteil dieser Regelungen war jedoch spätestens seit Anwendung der DSGVO nicht mehr 14

9 Roßnagel, DuD 2016, 561.

10 Vgl. zum räumlichen Anwendungsbereich der DSGVO die Ausführungen unter Rn. 67.

11 Ebenso *Klar*, in: Kühling/Buchner, DSGVO/BDSG, 3. Aufl. 2020, § 1 BDSG 2018, Rn. 30.

wirksam, da diese mit den Vorgaben der DSGVO nicht übereinstimmten bzw. nicht von einer Öffnungsklausel gedeckt waren. Darüber hinaus hatte der EuGH bereits im Jahr 2016 in der Entscheidung „Breyer" festgestellt, dass wesentliche Vorschriften im TMG nicht europarechtskonform sind, da diese ihrem Wortlaut nach keine Erforderlichkeit einer Verhältnismäßigkeitsabwägung vorsehen.[12]

15 Die Regelungen im TMG zur Verarbeitung von Online-Trackingdaten wurden mit Inkrafttreten des Telekommunikation-Telemedien-Datenschutzgesetz (TTDS) am 01.12.2021 aufgehoben. Das TTDSG beinhaltet unter anderem die Vorschriften zur Erhebung von Online-Trackingdaten[13] und ist daher in Bezug auf die Verarbeitung von Kundendaten ein sehr relevantes Gesetz.

IV. Bürgerliches Gesetzbuch (BGB)

16 Durch das BGB wird das Allgemeine Persönlichkeitsrecht (APR) von (natürlichen) Personen dadurch geschützt, dass das APR ein „sonstiges Recht" im Sinne des § 823 Abs. 1 BGB ist.[14] Die genannte Vorschrift schützt außerdem das so genannte „postmortale Persönlichkeitsrecht" Verstorbener. Auf Daten Verstorbener finden die datenschutzrechtlichen Gesetze jedoch keine Anwendung.[15]

17 Personenbezogene Daten sind keine „Sachen" im Sinne des § 903 BGB. Auch wird die Möglichkeit einer analogen Anwendung der Vorschrift in § 903 BGB auf Daten weitgehend abgelehnt.[16] Daher können weder Betroffene noch die Verantwortlichen Befugnisse aus der genannten Norm herleiten.

18 Ob in Bezug auf vertragliche Vereinbarungen, die Datenverarbeitungen zum Gegenstand haben, die aus datenschutzrechtlichen Gründen rechtswidrig sind, eine Nichtigkeit nach § 134 BGB und/oder eine solche nach § 138 BGB gegeben ist, ist bisher nicht abschließend geklärt.[17]

V. Gesetz gegen den Unlauteren Wettbewerb (UWG)

19 Das UWG beinhaltet Regelungen, die (auch) den Schutz des Allgemeinen Persönlichkeitsrechts von Betroffenen bezwecken. Diese sind in § 7 UWG normiert. Dass Regelungen in § 7 UWG (auch) einen datenschutzrechtlichen Schutzzweck aufweisen, ist unter anderem dem Umstand zu entnehmen, dass das Einwilligungserfordernis aus § 7 Abs. 2 Nr. 3 UWG für die Vornahme einer Werbung mittels „elektronischer Post" die Umsetzung einer Vorgabe aus der Richtli-

12 EuGH, Urt. v. 19.10.2016 – C-582/14.
13 Vgl. hierzu Rn. 566 ff.
14 Das Allgemeine Persönlichkeitsrecht wird auch durch die DSGVO geschützt, vgl. Art. 1 Abs. 2 DSGVO.
15 Vgl. hierzu Rn. 64.
16 *Mansel,* in: Jauerning, BGB, 18. Aufl. 2021, vor § 90 Rn. 3.
17 Eine Nichtigkeit in Bezug auf das BDSG 2009 bejahend OLG Frankfurt, Urt. v. 24.01.2018 – 13 U 165/16; eine Nichtigkeit verneinend LG Detmold, Urt. v. 06.03.2020 – 01 O 392/18.

nie 2002/58/EG (ePrivacy-Richtlinie) darstellt.[18] Eine Aktivlegitimation von Verbrauchern ist im UWG hingegen (noch) nicht gegeben. Dies wird sich am 28.05.2022 dahingehend ändern, dass Verbraucher bei Verstößen gegen bestimmte Vorgaben aus dem UWG die Möglichkeit haben, Schadensersatzansprüche geltend zu machen (§ 9 Abs. 2 UWG n. F.). Gegeben ist diese Möglichkeit aber nicht bei Verstößen gegen die Vorgaben aus § 7 UWG.[19] Die Vorschrift in § 9 Abs. 2 UWG n. F. erfasst aber Verstöße gegen die Nr. 26 des Anhangs zu § 3 Abs. 3 UWG (unzulässiges hartnäckiges Ansprechen über Fernabsatzmittel).

VI. Gesetz gegen Wettbewerbsbeschränkungen (GWB)

Die Schnittstellen zwischen dem Datenschutz- und dem Kartellrecht werden in der Praxis immer größer. Dies liegt daran, dass die Möglichkeit der Nutzung von Daten in einer digitalisierten Welt einen wesentlichen Wettbewerbsfaktor darstellt. Darüber hinaus wurden dem Bundeskartellamt mit der 9. GWB-Novelle im Jahr 2017 Befugnisse im Bereich des „wirtschaftlichen Verbraucherschutzes" eingeräumt. Die ihm eingeräumten verbraucherschutzrechtlichen Befugnisse hat das Bundeskartellamt etwa in der Sektoruntersuchung Smart TV (2020) genutzt, um auch auf datenschutzrechtliche Problemstellungen aufmerksam zu machen. Die „Digitalisierungsnovelle" (10. GWB-Novelle) aus dem Januar 2021 legt außerdem einen Schwerpunkt auf die Digitalwirtschaft, mit dieser verbundene Möglichkeiten der Datenerhebung und -verarbeitung sowie hieraus sich ergebendes Missbrauchspotential. 20

1. Verfahren des Bundeskartellamts gegen Facebook

Für großes Aufsehen hat ein Verfahren, das das Bundeskartellamt gegen Facebook führt, gesorgt. Das Bundeskartellamt argumentiert in diesem, dass Facebook eine kartellrechtlich relevante Marktstellung dahingehend missbraucht, dass Facebook Verbrauchern die Erteilung rechtswidriger datenschutzrechtlicher Einwilligungen „abringt".[20] Die Rechtsauffassung des Bundeskartellamts wurde im Ergebnis – wenn auch mit einer (leicht) abweichenden Begründung – im vorläufigen Rechtsschutzverfahren vom BGH bestätigt.[21] Das OLG Düsseldorf hat die Frage, ob die Einholung der datenschutzrechtlichen Einwilligungen durch Facebook den Anforderungen der DSGVO entspricht, im Hauptsacheverfahren mittlerweile dem EuGH zur Beantwortung vorgelegt.[22] Dass relevante Datenschutzfragen über den (Um-)Weg des Kartellrechts einer gerichtlichen Klärung zugeführt werden, offenbart unter anderem die nicht bestehende Funktionsfähigkeit des in der DSGVO geregelten „Kohärenzmechanismus".[23] 21

18 *Ohly*, in: Ohly/Sosnitza, UWG, 7. Aufl. 2016, § 7 Rn. 8.
19 BT-Drucks. 19/27873, Seite 41.
20 Entscheidung des Bundeskartellamts v. 06.02.2019 – B6-22/16.
21 BGH, Beschl. v. 23.06.2020 – KVR 69/19.
22 OLG Düsseldorf, Beschl. v. 24.03.2021 – Kart 2/19 (V); anhängig vor dem EuGH unter dem Az. C-252/21.
23 Vgl. hierzu die Ausführungen unter Rn. 4 ff.

2. Regelbeispiele in § 19a GWB

22 Der deutsche Gesetzgeber hat im Jahr 2021 mit dem § 19a GWB eine neue Vorschrift geschaffen und in diese Regelbeispiele aufgenommen, die Sachverhalte erfassen, die sich (auch) auf die Verarbeitung von Daten beziehen. Eines dieser Regelbeispiele, das in § 19a Abs. 2 Nr. 4b) GWB normiert ist, lautet wie folgt:

> *„Das Bundeskartellamt kann im Falle einer Feststellung nach Absatz 1 dem Unternehmen untersagen,*
>
> *durch die Verarbeitung wettbewerbsrelevanter Daten, die das Unternehmen gesammelt hat, Marktzutrittsschranken zu errichten oder spürbar zu erhöhen, oder andere Unternehmen in sonstiger Weise zu behindern, oder Geschäftsbedingungen zu fordern, die eine solche Verarbeitung zulassen, insbesondere*
>
> *von anderen Unternehmen erhaltene wettbewerbsrelevante Daten* ***zu anderen als für die Erbringung der eigenen Dienste*** *gegenüber diesen Unternehmen* ***erforderlichen Zwecken*** *zu verarbeiten,* ***ohne*** *diesen Unternehmen eine* ***ausreichende Wahlmöglichkeit*** *hinsichtlich des Umstands, des Zwecks und der Art und Weise der Verarbeitung einzuräumen".*

23 Das zuvor zitierte Regelbeispiel erfasst ein am Markt durch an der Aussteuerung von Online-Werbung beteiligte Unternehmen regelmäßig praktiziertes Vorgehen. So bedingen sich in der Praxis insbesondere große Plattform-Ökosysteme häufig aus, von ihren Partnern bereitgestellte Daten, die zum Zweck der Aussteuerung von Online-Werbungen der Partner (z. B. Retargeting) durch das Plattform-Ökosystem genutzt werden sollen, auch zu eigenen Zwecken und/oder zu Zwecken Dritter nutzen zu können. Die datenschutzrechtliche Absicherung dieser Nutzung durch das Plattform-Ökosystem, nämlich die Einholung der für die Datenerhebung/Datenverarbeitung erforderlichen Einwilligung, wird regelmäßig den Partnern (Betreiber der Websites) durch das Plattform-Ökosystem übertragen. Insbesondere Betreiber von Online-Shops wenden erhebliche Marketingbudgets auf, um den „Traffic" auf ihren Shops zu erhöhen. Objektiv betrachtet wären solche Online-Shop-Betreiber kaum dazu bereit, einen wesentlichen Anteil dieses Traffics kostenlos an Dritte weiterzugeben, die die erhobenen Daten auch noch dazu nutzen können, Angebote von Mitbewerbern des jeweiligen Online-Shop-Betreibers individualisiert zu bewerben. Allein diesem Umstand ist zu entnehmen, dass die Durchsetzung der Möglichkeit der Nutzung der Daten zu eigenen Zwecken/zu Zwecken Dritter durch Plattform-Ökosysteme häufig (nur) aufgrund von bestehenden Abhängigkeiten möglich ist.

24 Des Weiteren stellt sich die Frage, wie das (geplante) Vorgehen von Browser-Betreibern, „Third-Party-Cookies" zu blockieren bzw. „Cross-Domian-Tracking" zu unterbinden[24], wettbewerbsrechtlich zu beurteilen ist. Holt z. B. ein Websitebetreiber eine datenschutzrechtlich nicht zu beanstandende Einwilligung für das Setzen eines „Third-Party-Cookies" ein und wird diese Einwilligung durch

---

24 Vgl. hierzu die Ausführungen unter Rn. 572 ff.

den Browser-Betreiber „überlagert", wird der Websitebetreiber in seiner Geschäftstätigkeit behindert. Dies liegt daran, dass ohne den „Third-Party-Cookie" die einzelnen User auf Websites Dritter zumeist nicht wiedererkannt werden und ihnen gegenüber keine individualisierten Werbungen auf Basis durch den Websitebetreiber selbst erhobener Daten ausgespielt werden können. In Bezug auf das hier erörterte Vorgehen durch Browser-Betreiber könnte das Regelbeispiel in § 19a Abs. 2 Nr. 2b) GWB einschlägig sein:

„Das Bundeskartellamt kann im Falle einer Feststellung nach Absatz 1 dem Unternehmen untersagen,

Maßnahmen zu ergreifen, die andere Unternehmen in ihrer Geschäftstätigkeit auf Beschaffungs- oder Absatzmärkten behindern, wenn die Tätigkeit des Unternehmens für den Zugang zu diesen Märkten Bedeutung hat, insbesondere

andere Unternehmen daran zu ***hindern*** *oder es ihnen* ***zu erschweren****, ihre eigenen Angebote zu bewerben oder Abnehmer* ***auch über andere als die von dem Unternehmen bereitgestellten oder vermittelten Zugänge zu erreichen****".*

Insofern der jeweilige Browser-Betreiber ein eigenes Werbe-Ökosystem betreibt, könnte mit der dargestellten „Überlagerung" der Einwilligung außerdem eine Selbstbevorzugung des eigenen Werbe-Ökosystems einher gehen. 25

In einem vergleichbaren Sachverhalt haben mehrere Verbände sowohl in Frankreich als auch in Deutschland Beschwerde gegen die „Einschränkung" der Nutzbarkeit des Mobile-Identifiers „IDFA" durch Apple („ATT-Framework") eingelegt. Wie die gerichtliche Bewertung solcher sehr neuartiger Sachverhalte ausfallen wird, bleibt abzuwarten. Erfreulich ist jedoch, dass Untersagungen des Bundeskartellamts auf Basis der Regelungen in § 19a GWB direkt durch den BGH gerichtlich bewertet werden (§ 73 Abs. 5 Nr. 1 GWB). Hierdurch soll die Manifestierung von Marktvorsprüngen durch sehr lange andauernde Gerichtsverfahren verhindert werden. 26

Die Regelung in § 19a GWB wird außerdem durch eine Verordnungsermächtigung in § 26 Abs. 2 Nr. 3 TTDSG dahingehend ergänzt, dass die Browser-Betreiber (unter anderem) die von Privacy Information Management Systemen (PIMS) verwalteten Einwilligungen bzw. deren Inhalt zu befolgen haben.[25] 27

Abschließend ist noch darauf hinzuweisen, dass die Regelbeispiele nicht auf sämtliche Unternehmen, sondern nach § 19a Abs. 1 GWB lediglich auf solche anzuwenden sind, für die das Bundeskartellamt gesondert festgestellt hat, dass diesen eine 28

„überragende marktübergreifende Bedeutung für den Wettbewerb zukommt".

Da es sich hierbei um ein für das GWB neues Merkmal handelt, bleibt abzuwarten, wie Gerichte dieses auslegen werden. Klar ist jedoch, dass an das bisher im GWB vor allen Dingen relevante Merkmal der „marktbeherrschenden Stellung" höhere Anforderungen zu stellen sind.[26]

25 Vgl. hierzu die Ausführungen unter Rn. 601.
26 BT-Drucks. 19/23492, Seite 73.

B. Anwendungsbereich der DSGVO

29 Die Vorgaben aus der DSGVO sind dann einzuhalten, wenn deren

- sachlicher

und

- räumlicher

Anwendungsbereich eröffnet ist.

I. Sachlicher Anwendungsbereich/Personenbezug

30 Die DSGVO findet nur dann Anwendung, wenn eine Verarbeitung personenbezogener Daten gegeben ist. Im Gegensatz zu den Vorgaben aus der für das Online-Tracking wichtigen Vorschrift in Art. 5 Abs. 3 der Richtlinie 2002/58/EG (ePrivacy-Richtlinie)[27] ist eine Anwendbarkeit der Vorgaben aus der DSGVO mithin nicht gegeben, wenn die verarbeiteten Daten anonym sind. Diesbezüglich heißt es in Satz 5 des Erwägungsgrunds 26 zur DSGVO wie folgt:

> *„Die Grundsätze des Datenschutzes sollten daher* ***nicht für anonyme Informationen*** *gelten, d.h. für Informationen, die sich nicht auf eine identifizierte oder identifizierbare natürliche Person beziehen, oder personenbezogene Daten, die in einer Weise anonymisiert worden sind, dass die betroffene Person nicht oder nicht mehr identifiziert werden kann".*

31 Die Frage, ob in Bezug auf bestimmte Daten ein Personenbezug vorliegt, wird in der Praxis in unterschiedlichsten Fallkonstellationen diskutiert. Häufig kann eine absolut rechtssichere Antwort auf diese Frage aber nicht gegeben werden.

1. Rechtslage nach dem BDSG 2009

32 Unter Geltung des BDSG 2009 ist es insbesondere umstritten gewesen, ob bei der Beurteilung, ob ein Personenbezug gegeben ist, nur solche Informationen zu berücksichtigen sind, die der verantwortlichen Stelle selbst vorliegen (relativer Ansatz), oder ob auch ein Zusatzwissen Dritter (absoluter Ansatz) zu berücksichtigen ist. Dieser Streit wurde insbesondere anhand der Fälle diskutiert, in denen dynamische IP-Adressen durch Websitebetreiber erhoben worden sind. Websitebetreiber können nämlich regelmäßig ohne Hinzuziehung eines auf Seiten des jeweiligen Providers vorliegenden Zusatzwissens eine dynamische IP-Adresse einer Person nicht faktisch zuordnen. Die mit Anwendbarkeit der DSGVO aufgehobene EU-Datenschutzrichtlinie (Richtlinie 95/46/EG) ging davon aus, dass ein Personenbezug dann vorliegen soll, wenn die Herbeiführung eines faktischen Personenbezugs

> *„vernünftigerweise"*

27 Umgesetzt in § 25 TTDSG, vgl. hierzu die Ausführungen unter Rn. 567.

erfolgen wird. Der EuGH hat in seiner Entscheidung in der Rechtssache „Breyer“[28] – die zur Richtlinie 95/46/EG ergangen ist – festgestellt, dass ein Personenbezug grundsätzlich dann nicht gegeben ist, wenn für die Herbeiführung eines faktischen Personenbezugs die Nutzung eines auf Seiten eines Dritten bestehenden „Zusatzwissens“ erforderlich ist und eine solche Nutzung

> *„**gesetzlich verboten oder praktisch nicht durchführbar wäre**, z. B. weil sie einen unverhältnismäßigen Aufwand an **Zeit, Kosten** und Arbeitskräften erfordern würde und das Risiko einer Identifizierung de facto zu vernachlässigen wäre“.*

Der EuGH hat in der genannten Entscheidung des Weiteren festgestellt, dass 33
dynamische IP-Adressen für Websitebetreiber personenbezogene Daten darstellen, da Websitebetreiber nach nationalem Recht in Einzelfällen „Auskunftsrechte“ gegenüber den Providern haben. Solche Auskunftsrechte sind in Deutschland z. B. bei etwaigen Urheberrechtsverletzungen im Zusammenhang mit der Nutzung so genannter „Peer-to-Peer-Verfahren“ gegeben (§ 101 Abs. 2 UrhG). Weiterhin ist zu beachten, dass ein Personenbezug nach der Entscheidung des EuGH in der Rechtssache „Breyer“ nicht erst dann gegeben ist, wenn ein faktischer Personenbezug aufgrund der Hinzuziehung des Zusatzwissens, z. B. nach Geltendmachung des urheberrechtlichen Auskunftsanspruchs, entsteht. Vielmehr liegt ein Personenbezug von Anfang an vor, da theoretisch die Möglichkeit besteht, dass ein entsprechender Anspruch in der Zukunft einmal geltend gemacht wird.[29]

2. Rechtslage nach der DSGVO

Die DSGVO geht davon aus, dass ein Personenbezug auch dann gegeben sein 34
kann, wenn der Verantwortliche eine Person ohne Hinzuziehung eines Zusatzwissens Dritter nicht identifizieren kann. Dies ergibt sich aus den Ausführungen in Satz 3 des Erwägungsgrunds 26 zur DSGVO:

> *„Um festzustellen, ob eine natürliche Person identifizierbar ist, sollten alle Mittel berücksichtigt werden, die von dem Verantwortlichen **oder einer anderen Person** nach allgemeinem Ermessen wahrscheinlich genutzt werden, um die natürliche Person direkt oder indirekt zu identifizieren, wie beispielsweise das Aussondern“.*

Das Zusatzwissen Dritter ist nach der DSGVO – wie den zuvor zitierten Ausfüh- 35
rungen in Erwägungsgrund 26 zu entnehmen ist – jedoch nur dann zu berücksichtigen, wenn Mittel bestehen, deren Nutzung

> *„wahrscheinlich“*

ist, um den Betroffenen mittelbar oder unmittelbar zu identifizieren. Hierbei sind

> *„sämtliche objektive Faktoren, wie z. B. Kosten, Zeit, aber auch die zum Zeitpunkt der Verarbeitung verfügbare Technologie“,*

28 EuGH, Urt. v. 19. 10. 2016 – C-582/14.
29 EuGH, Urt. v. 19. 10. 2016 – C-582/14, Rz. 48.

zu berücksichtigen (vgl. Satz 4 des Erwägungsgrunds 26 zur DSGVO). Inwiefern die in der Rechtssache „Breyer" vom EuGH bezüglich der Reichweite des Begriffs des Personenbezugs aufgestellten Grundsätze auf die DSGVO zu übertragen sind, muss abschließend vom EuGH entschieden werden. Aktuell wird vielerorts jedoch davon ausgegangen, dass eine Übertragbarkeit grundsätzlich gegeben ist.[30]

36 Unter anderem die folgenden Datenkategorien sind personenbezogen bzw. können personenbezogen sein:

- Postadressen,
- E-Mail-Adressen,
- Telefonnummern,
- Kundennummern,
- IP-Adressen,
- Abbildungen von Personen,
- Online-Identifier (Einzelfallbetrachtung erforderlich),
- Informationen zur Geo-Location (Einzelfallbetrachtung erforderlich).

3. „Pseudonyme"/pseudonymisierte Daten

37 Auch „Pseudonyme" bzw. pseudonymisierte Daten stellen personenbezogene Daten im Sinne der DSGVO dar. Der Begriff der „Pseudonymisierung" ist in Art. 4 Nr. 5 DSGVO wie folgt definiert:

> *„Im Sinne dieser Verordnung bezeichnet der Ausdruck:*
> *„Pseudonymisierung" die Verarbeitung personenbezogener Daten in einer Weise, dass die personenbezogenen Daten ohne Hinzuziehung* ***zusätzlicher Informationen*** *nicht mehr einer spezifischen betroffenen Person* ***zugeordnet werden können****, sofern diese zusätzlichen Informationen* ***gesondert aufbewahrt*** *werden und technischen und organisatorischen Maßnahmen unterliegen, die gewährleisten, dass die personenbezogenen Daten nicht einer identifizierten oder identifizierbaren natürlichen Person zugewiesen werden".*

38 Dass eine „Pseudonymisierung" auch durch rein interne Maßnahmen des Verantwortlichen erfolgen kann, ergibt sich aus Erwägungsgrund 29 zur DSGVO:

> *„Um Anreize für die Anwendung der Pseudonymisierung bei der Verarbeitung personenbezogener Daten zu schaffen, sollten Pseudonymisierungsmaßnahmen, die jedoch eine allgemeine Analyse zulassen,* ***bei demselben Verantwortlichen möglich sein****, wenn dieser die erforderlichen technischen und organisatorischen Maßnahmen getroffen hat, um – für die jeweilige Verarbeitung – die Umsetzung dieser Verordnung zu gewährleisten, wobei sicherzustellen ist, dass zusätzliche Informationen, mit denen die personenbezogenen Daten einer speziellen betroffenen Person zugeordnet werden können, gesondert aufbewahrt werden".*

30 *Ernst,* in: Paal/Pauly, DSGVO/BDSG, 3. Aufl. 2021, Art. 4 Rn. 11.

Ein „Pseudonym" liegt dann vor, wenn das Datum von Anfang an nicht ohne die Hinzuziehung gesondert aufbewahrter und vor einem unberechtigten Zugriff geschützter Informationen einer Person zugeordnet werden kann. 39

Beispiel 1:

Der Websitebetreiber X betreibt die Website www.xyz.de. In diese Website hat X ein Tracking-Tool eines externen Dienstleisters implementiert. Der externe Dienstleister vergibt für jeden User eine so genannte User-ID. Die jeweilige User-ID wird von dem Trackingdienstleister nur für die Website www.xyz.de vergeben und diese ist auch nicht mit User-IDs und/oder sonstigen IDs, die von anderen (Tracking-)Unternehmen vergeben werden, synchronisiert[31]. In diesem Fall stellt die jeweilige User-ID ein „Pseudonym" dar.

Bei einer Pseudonymisierung erfolgt eine Verarbeitung personenbezogener Daten dahingehend, dass diese nach der Verarbeitung nicht mehr ohne die Hinzuziehung gesondert aufbewahrter und vor einem unberechtigten Zugriff geschützter Informationen einer Person zugeordnet werden können. 40

Beispiel 2:

B betreibt ein Online-Reisebuchungsportal. Auf diesem Portal können dessen Nutzer einen Account unter Angabe ihres Namens und ihrer Adressdaten anlegen. B vergibt für jeden Nutzer, der einen Account angelegt hat, eine Kundennummer. B möchte nun eine Analyse des Buchungsverhaltens seiner Nutzer vornehmen. Zu diesem Zweck werden Informationen zum Buchungsverhalten des jeweiligen Nutzers der für diesen vergebenen Kundennummer zugeordnet. Die Kundennummer wird anschließend unter Einsatz des sicheren Algorithmus SHA-256[32] verhasht. In einem vor Zugriffen besonders geschützten Bereich speichert B in einem „Lookup-Table"[33] den Hashwert zuzüglich der dem Hashwert zuzuordnenden Kundennummer. Bei dem zum Zweck der Auswertung verarbeiteten Hashwert handelt es sich um ein pseudonymisiertes Datum. Auch wenn die einzelnen Hashwerte seitens der die Auswertung vornehmenden Mitarbeiter des B mangels einer Zugriffsmöglichkeit auf den „Lookup-Table" der jeweiligen Kundennummer nicht zugeordnet werden können, sind die Hashwerte nicht anonym. Dies liegt daran, dass eine solche Zuordnungsmöglichkeit aufgrund des Vorhandenseins des „Lookup-Tables" im Unternehmen des B theoretisch besteht.

In der Praxis werden „Pseudonyme" regelmäßig im Bereich des Online-Tracking verarbeitet. Wie im **Beispiel 1** dargestellt, werden im Rahmen des Online-Tracking für einzelne User so genannte User-/oder Cookie-IDs vergeben. Im Hinblick auf diese IDs wird zum Teil unter Hinweis auf die Ausführungen in Erwägungsgrund 30 zur DSGVO die Ansicht vertreten, dass es sich bei ihnen und damit auch bei den diesen IDs hinzugespeicherten Daten über das Nut- 41

31 Vgl. hierzu die Ausführungen unter Rn. 644.
32 Vgl. hierzu die Ausführungen unter Rn. 45.
33 Vgl. hierzu die Ausführungen unter Rn. 46.

zungsverhalten der User stets um personenbezogene Daten handelt. Zum Teil wird sogar die Auffassung vertreten, dass User-/Cookie-IDs nicht einmal „Pseudonyme" darstellen[34]. Dass diese Ansichten nicht korrekt sind, ergibt sich bereits aus dem Wortlaut des Erwägungsgrunds 30 zur DSGVO:

> *„Natürlichen Personen werden unter Umständen Online-Kennungen wie IP-Adressen und **Cookie-Kennungen**, die sein Gerät oder Software-Anwendungen und -Tools oder Protokolle liefern, oder sonstige Kennungen wie Funkfrequenzkennzeichnungen zugeordnet. Dies **kann** Spuren hinterlassen, die insbesondere in Kombination mit eindeutigen Kennungen und anderen beim Server eingehenden Informationen dazu benutzt werden können, um Profile der natürlichen Personen zu erstellen und sie zu **identifizieren**".*

So kann z. B. in Bezug auf den Sachverhalt, der in **Beispiel 1** beschrieben wird, sehr gut die Ansicht vertreten werden, dass es sich bei den vergebenen User-IDs nicht um personenbezogene Daten handelt. Dies gilt zumindest dann, wenn die Nutzer auf der Website www.xyz.de nicht die Möglichkeit haben, z. B. im Rahmen der Anlage eines Nutzeraccounts, personenbezogene Daten anzugeben, die der Websitebetreiber X den IDs zuordnen könnte.

42 Dass es sich bei User-IDs (mindestens) um „Pseudonyme" handelt, hat im Übrigen auch der BGH in seinem Urteil in der Rechtssache „Planet49" festgestellt:

> *„Bei der im Streitfall in den Cookies gespeicherten zufallsgenerierten Nummer **(ID)**, die den Registrierungsdaten des Nutzers zugeordnet ist, handelt es sich um ein **Pseudonym** im Sinne des § 15 Abs. 3 TMG. Nach § 3 Abs. 6a BDSG in der bis zum 24. Mai 2018 geltenden Fassung ist Pseudonymisierung das Ersetzen des Namens und anderer Identifikationsmerkmale durch ein Kennzeichen zu dem Zweck, die Bestimmung des Betroffenen auszuschließen oder wesentlich zu erschweren. Durch die Zuordnung einer zufallsgenerierten Nummer zu den Registrierungsdaten des Nutzers ist dessen **Identifizierung durch Dritte – etwa durch die als Werbepartner der Beklagten bezeichneten Betreiber vom Nutzer besuchter Webseiten – ausgeschlossen oder wesentlich erschwert**".*[35]

Auch wenn die zuvor wiedergegebenen Ausführungen des BGH sich auf die Regelung zur Pseudonymisierung im BDSG 2009 (§ 3 Abs. 6a BDSG) sowie auf das Merkmal des „Pseudonyms" in § 15 Abs. 3 TMG a. F. beziehen, sind die Feststellungen zur Möglichkeit der Identifizierung der Nutzer auch in Bezug auf die Regelung in Art. 4 Nr. 5 DSGVO gültig. Dies wird dadurch unterstützt, dass die Regelung in § 13 Abs. 4 Nr. 6 TMG a. F. vorgab, dass der Telemedienanbieter durch technische und organisatorische Maßnahmen sicherzustellen hat, dass

> *„Nutzungsprofile nach § 15 Abs. 3 nicht mit Angaben zur Identifikation des Trägers des Pseudonyms zusammengeführt werden können".*

Diese Vorgabe entspricht inhaltlich der aus Art. 4 Nr. 5 DSGVO sowie der aus Erwägungsgrund 29 zur DSGVO.

---

34 So wohl die DSK in: Orientierungshilfe der Aufsichtsbehörden für Anbieter von Telemedien, Stand: März 2019, Seite 15.

35 BGH, Urt. v. 28. 05. 2020 – I ZR 7/16, Rz. 46.

Praxishinweis: 43

Insbesondere im Bereich der Online-Datenverarbeitung stellt sich häufig die Frage, ob es sich bei den verarbeiteten Informationen um personenbezogene Daten handelt. Da der Begriff des Personenbezugs recht weitreichend ist, sollte in „Grenzfällen" aus Sicherheitsgründen stets davon ausgegangen werden, dass ein Personenbezug gegeben und damit der Anwendungsbereich der DSGVO eröffnet ist. Dies gilt insbesondere in den Fällen, in denen für einzelne Nutzer einer Website eine Online-Kennung (Cookie-/User-ID) vergeben wird und die vergebenen IDs zum Zweck der Ausspielung individualisierter Werbungen mit den durch Werbenetzwerke/verschiedene AdTech-Anbieter (z. B. DMPs, SSPs)[36] vergebenen IDs „synchronisiert" sind. In Bezug das Setzen von Cookies in einen Browser und das „Schreiben" von IDs in den Cookie sowie für das Abrufen der IDs aus dem Cookie greifen die einschlägigen gesetzlichen Regelungen (ausnahmsweise) ohnehin auch dann, wenn die IDs keine personenbezogenen Daten darstellen.[37]

a) *Grad der Pseudonymisierung*

Es gibt verschiedene Vorgehen, mittels derer Daten pseudonymisiert werden können. Zu diesen gehören unter anderem: 44

- das Hashing,
- das Hashing zuzüglich der Hinzufügung einer Zufallsziffer („Salt"),
- die Auslagerung einer Verschlüsselung der Daten an einen Drittdienstleister, der den Verschlüsselungsalgorithmus verwahrt („Trusted-Third-Party").

aa) *Hashing*

Unter Hashing wird die Umwandlung einer Zeichenfolge (Ausgangswert) in einen so genannten Hashwert verstanden. Zum Zweck dieser Umwandlung wird ein Hash-Algorithmus eingesetzt. Die Bezeichnung des aktuell wohl am häufigsten eingesetzten Hash-Algorithmus lautet SHA-256. Dieser ist nach der Angabe des Bundesamtes für Sicherheit in der Informationstechnik sicher. 45

Beispiel 3:

Der Betreiber X der Website xyz.de erhebt über den Nutzer Z der genannten Website Trackingdaten. In diesem Zusammenhang vergibt der X für den von dem Z für den Aufruf der Website eingesetzten Browser die User-ID 123456 und speichert diese den Trackingdaten hinzu. Der X verhasht die User-ID nun unter Einsatz des sicheren Algorithmus SHA-256 und die User-ID wird in den Hashwert c34876b umgewandelt.

Insofern für das Hashing ein sicherer Algorithmus eingesetzt wird, kann der Hashwert nicht in den Ausgangswert zurückgerechnet werden.

36 Zu den Datenverarbeitungen durch einzelne AdTech-Anbieter vgl. die Ausführungen unter Rn. 632 ff.

37 Vgl. hierzu die Ausführungen unter Rn. 551.

46 *Praxishinweis:*

Um eine Zurückführung des Hashwerts auf den Ausgangswert zu ermöglichen, werden in der Praxis häufig so genannte „Lookup-Table", die gesondert aufbewahrt werden, gespeichert. In diesen „Lookup-Tablen" sind die jeweiligen Hashwerte den jeweiligen Ausgangswerten zugeordnet. Insofern der jeweilige Verantwortliche die Lookup-Table selbst speichert, stellt das Hashing lediglich eine Pseudonymisierung des Ausgangswerts und nicht dessen Anonymisierung dar.

bb) Hashing sowie Hinzufügung einer Zufallsziffer („Salt")

47 Zur weiteren Absicherung der Vermeidung der Rückführung des Hahswerts auf den Ausgangswert erfolgt in der Praxis in einzelnen Fällen außerdem ein so genanntes „Salting". Dieses ist dadurch gekennzeichnet, dass dem Hashwert eine weitere Zufallsziffer hinzugefügt wird.

cc) Verschlüsselung durch „Trusted-Third-Party"

48 Des Weiteren besteht die Möglichkeit, dass Daten durch eine „Trusted-Third-Party" verschlüsselt werden. In diesen Fällen wird der Verschlüsselungsalgorithmus durch die „Trusted-Third-Party" ausgewählt sowie verwaltet und der Auftraggeber der „Trusted-Third-Party" hat keinen Zugriff auf diesen. Außerdem besteht auf Seiten des Auftraggebers kein Herausgabeanspruch in Bezug auf den Algorithmus. Die „Trusted-Third-Party" nimmt die Verschlüsselung als datenschutzrechtlich alleinig Verantwortliche vor.[38] Insofern den derart verschlüsselten Daten keine weiteren an sich personenbezogenen Daten hinzugespeichert werden, ist die hier erörterte Verschlüsselung sogar grundsätzlich für die Anonymisierung von Daten geeignet.

49 *Praxishinweis:*

Die Umstände, dass die „Trusted-Third-Party" den Verschlüsselungsalgorithmus auswählt, diesen verwaltet und auf Seiten des Auftraggebers kein Herausgabeanspruch in Bezug auf den Algorithmus gegeben ist, sind in den vertraglichen Regelungen zwischen dem Auftraggeber und der „Trusted-Third-Party" festzuhalten.

b) Risikobasierter Ansatz

50 Welches Vorgehen im Einzelfall zu wählen ist, hängt von der jeweiligen Datenverarbeitung ab. Im Hinblick auf die Auswahl des Vorgehens ist der der Vorschrift in Art. 32 DSGVO zugrunde liegende „risikobasierte Ansatz"[39] zu berücksichtigen. Dies bedeutet, dass mit einem Anstieg der Gefahren, die von einer Datenverarbeitung für die Grundrechte und Grundfreiheiten der Betroffenen ausgehen, auch der „Grad" der Pseudonymisierung zu erhöhen ist.

---

38 Vgl. hierzu die Ausführungen unter Rn. 125.

39 Zum „risikobasierten Ansatz" vgl. die Ausführungen unter Rn. 473 f.

Praxishinweis: 51

Die in der Praxis wohl am häufigsten angewandte Methode zur Pseudonymisierung von Daten ist das Hashing. Insofern ein solches eingesetzt wird, ist genau darauf zu achten, welche Hash-Funktion zum Einsatz kommt. Früher wurde häufig die Hash-Funktion „MD5" genutzt. Diese ist seit geraumer Zeit nicht mehr „sicher", da die erzeugten Hashwerte mittlerweile „zurückgerechnet" werden können. Als weiterhin sicher gilt hingegen die Hash-Funktion „SHA-256".

c) *Vorteile der Verarbeitung von „Pseudonymen"/pseudonymisierter Daten*

Die DSGVO beinhaltet keine eigenständige gesetzliche Regelung zur Verarbeitung von „Pseudonymen"/von pseudonymisierten Daten. Trotz dieses Umstands kann eine solche Verarbeitung für die Verantwortlichen ein wesentlicher Faktor im Hinblick auf die Sicherstellung der Einhaltung der Vorgaben aus der DSGVO sein. Die Verarbeitung von „Pseudonymen"/von pseudonymisierten Daten ist insbesondere in den folgenden Bereichen von Relevanz: 52

- Datenschutz durch Technikgestaltung (Art. 25 DSGVO);
- Schaffung von technischen und organisatorischen Maßnahmen zum Schutz der Daten (Art. 32 DSGVO);
- Verarbeitung von Daten auf Basis der Rechtsgrundlage der Interessenabwägung (Art. 6 Abs. 1 S. 1 lit. f) DSGVO);
- Zweckänderung (Art. 6 Abs. 4 DSGVO);
- Ausschluss der Verpflichtung zur Umsetzung bestimmter Betroffenenrechte (Art. 11 Abs. 2 DSGVO);
- Übermittlung von Daten in „unsichere Drittländer" (Art. 44 ff. DSGVO).

4. Anonymisierung

Auch wenn der Begriff des Personenbezugs aus der DSGVO recht weitreichend ist, besteht die Möglichkeit der Anonymisierung von Daten. In der Praxis anerkannte Maßnahmen zum Zweck einer Anonymisierung von Daten sind die Folgenden: 53

- Verarbeitung von durch eine „Trusted-Third-Party"[40] verschlüsselte Daten durch einen unabhängigen Datentreuhänder;[41]
- Erstellung „synthetischer Daten";
- Zuordnung von Daten zu einer ausreichend großen Geolocation (mehr als sechs Haushalte);
- Zuordnung von Daten zu einer Organisationseinheit, die aus mehreren Personen (mindestens sieben) besteht;
- Einsatz eines K-Anonymity-Verfahrens.

---

40 Zur Verschlüsselung von Daten durch eine „Trusted-Third-Party" vgl. die Ausführungen unter Rn. 48.

41 Zu Datenverarbeitungen durch einen Datentreuhänder vgl. auch die Ausführungen unter Rn. 55.

Die zuvor genannten Maßnahmen können auch kombiniert werden, wodurch ein größeres Maß an Rechtssicherheit entsteht.

54 *Praxishinweis:*

Die Anonymisierung von Daten ist nicht nur dahingehend von Bedeutung, dass nach einer solchen die Weiterverarbeitung der Daten nicht mehr dem Anwendungsbereich der DSGVO unterliegt. Die gesetzliche Verpflichtung zur Löschung von Daten kann nämlich auch durch deren Anonymisierung umgesetzt werden.[42]

a) Datentreuhänder

55 Bei einem Datentreuhänder handelt es sich um eine Stelle, die selbst keine personenbezogenen Daten als Verantwortliche erhebt oder solche als Auftragsverarbeiter verarbeitet. Datentreuhänder können Datenverarbeitungen für Dritte vornehmen, die die Daten selbst erhoben und diese Betroffenen auch zuordnen können.

Beispiel 4:

Der Online-Reiseanbieter R erhebt über seine Kunden Informationen über Reisebuchungen. Der R möchte diese Informationen anonymisiert auswerten lassen. Zu diesem Zweck verhasht der R die den Buchungsinformationen hinzugespeicherten Kundennummern mittels eines sicheren Algorithmus unter Hinzufügung einer Zufallsziffer („Salt"). Daraufhin übermittelt der R die Buchungsinformationen zuzüglich der verhashten Kundennummern an den Datentreuhänder D. Der D nimmt nach Erhalt der Daten die Auswertungen für den R vor.

56 Datentreuhänder verarbeiten Daten grundsätzlich als datenschutzrechtlich alleinig Verantwortliche.[43]

57 *Praxishinweis:*

Insofern Verantwortliche Daten durch einen Datentreuhänder verarbeiten lassen, müssen diese bedenken, dass auf Seiten des Datentreuhänders gegebenenfalls Nutzungsrechte an den Auswertungsergebnissen entstehen können. In Bezug auf diese Nutzungsrechte sollten zwischen dem Verantwortlichen und dem Datentreuhänder entsprechende Vereinbarungen abgeschlossen werden. Sinnvoll dürfte es in diesem Zusammenhang insbesondere sein, die Möglichkeit der Nutzung der Auswertungsergebnisse durch den Datentreuhänder zu begrenzen. Eine solche Begrenzung kann z. B. derart ausgestaltet sein, dass der Datentreuhänder die Nutzungsrechte ausschließlich zugunsten des Verantwortlichen ausüben darf, von dem er die Daten, auf deren Verarbeitung die Auswertungsergebnisse beruhen, erhalten hat.

58 Die Förderung der Verarbeitung von anonymisierten Daten und der Einsatz von Datentreuhändern sind wesentliche Bestandteile der Datenstrategie der

42 Vgl. hierzu die Ausführungen unter Rn. 396 ff.
43 Vgl. hierzu die Ausführungen unter Rn. 125.

Bundesregierung.[44] Außerdem sieht der Entwurf eines EU-Data-Governance-Act (DGA) die Förderung eines „Data-Sharing" durch die Ermöglichung des Einsatzes von so genannten „Datenmittlern" vor. Der Entwurf des DGA stellt jedoch bestimmte Anforderungen an den „Datenmittler". So müssen die „Datenmittler" z. B. von den Dateninhabern und den Datennutzern unabhängig sein.[45]

b) „Synthetische" Daten

Unter der „Synthetisierung" von Daten wird ein Vorgehen verstanden, durch das eine Repräsentation eines in der Regel personenbezogenen Datensatzes generiert wird. Zum Zweck dieser Generierung wird ein Modell entwickelt, welches den Datensatz „erklärt". Unter Einsatz dieses Modells werden neue Daten erstellt. Diese neu erstellten Daten weisen relevante statistische Merkmale des Ausgangsdatensatzes auf. Bei den neu erstellten Daten handelt es sich um so genannte „synthetische" Daten. Diese sind regelmäßig nicht personenbezogen.[46] 59

c) Ausreichende Anzahl an Haushalten

Wohnadressen können personenbezogene Daten darstellen. Insofern ein Verantwortlicher Daten zu einer Wohnadresse anonymisieren möchte, bietet es sich an, die Wohnadresse einem „Cluster" zuzuordnen, das eine bestimmte Anzahl an Haushalten einer eingegrenzten „Geolocation" beinhaltet. 60

In der Praxis erfolgt eine derartige Anonymisierung unter anderem durch Marktteilnehmer, die Leistungen dahingehend anbieten, dass sie mittels eines Verfahrens ermitteln, welche Auswirkungen die Zusendung von Printwerbemitteln auf die Frequentierung der Website des Werbenden durch die Empfänger des Printwerbemittels hat. In diesem Zusammenhang werden die Empfänger der Printwerbemittel einem „Cluster" zugeordnet, das mindestens 6,6 Haushalte umfasst.[47]

d) Ausreichend große Organisationseinheit

Daten werden vielerorts dann als anonym eingestuft, wenn diese einer bestimmten Person deswegen nicht zugeordnet werden können, weil diese von unterschiedlichen Personen einer Organisationseinheit stammen können. So geht z. B. der LfDI Baden-Württemberg im Rahmen der Durchführung von Mitarbeiterbefragungen davon aus, dass ein Personenbezug dann nicht gegeben ist, wenn die Organisationseinheit eine Größe von sieben Personen aufweist.[48] Diesbezüglich ist jedoch zu beachten, dass die Fragen nicht derart ausgestaltet 61

---

44 Abrufbar unter: *https://www.bundesregierung.de/resource/blob/974430/1960032/f073096a398e59573c7526feaadd43c4/2021-08-12-datenstrategie-deutsch-data.pdf?download=1*, zuletzt abgerufen am 30. 11. 2021.

45 Vgl. Erwägungsgrund 23.

46 Raji, DuD 2021, 303 (305).

47 So z. B. das „Consentric-Verfahren" der Deutschen Post.

48 LfDI Baden-Württemberg, Ratgeber Beschäftigtendatenschutz, 4. Aufl. 2020, Seite 46.

sein dürfen, dass aufgrund deren Antwort eine Zuordnung zu einer Person möglich ist.

Beispiel 5:

Der Arbeitgeber A führt eine Umfrage zur Zufriedenheit seiner Mitarbeiter durch. Eine Auswertung für einzelne Organisationseinheiten findet nur dann statt, wenn diese aus mindestens sieben Personen besteht. Eine der Fragen ist derart ausgestaltet, dass die Befragten ihre Altersdekade (z. B. zwischen 50 und 60 Jahren) angeben sollen. In der Organisationseinheit X, die aus sieben Personen besteht, ist nur eine Person der Altersdekade „zwischen 50 und 60 Jahren" zuzuordnen. Mindestens in Bezug auf diese Person ist die Befragung nicht anonym.

62 *Praxishinweis:*

Im Hinblick auf die auf die Verarbeitung von Kundendaten ist festzustellen, dass z. B. die Vornahme anonymer Auswertungen von Kundenbefragungen unproblematisch möglich ist, insofern eine ausreichend große Anzahl an Kunden an einer solchen teilnimmt. Für eine anonymisierte Auswertung sind sämtliche Informationen, die den jeweiligen Kunden identifizierbar machen können, zu löschen bzw. am besten von vornherein gar nicht zu erheben. Eine weitere Absicherung der Auswertung kann dadurch erfolgen, dass diese durch einen neutralen Dritten (Datentreuhänder)[49] durchgeführt wird. Eine solche weitere Absicherung sollte unter anderem in den Fällen gewählt werden, in denen es um die Auswertung sensibler Daten geht.

e) K-Anonymity-Verfahren

63 K-Anonymity-Verfahren werden unter anderem durch so genannte „Data-Management-Plattformen" (DMP) eingesetzt. In diesen Plattformen werden zu einzelnen User-IDs Segmente hinzugespeichert. Diese Segmente können Informationen zu Affinitäten eines Users (z. B. „technikaffin") aufweisen. Den einzelnen User-IDs sind häufig mehrere Segmente hinzugespeichert.[50]

Insofern durch die DMP ein K-Anonymity-Verfahren eingesetzt wird, müssen einer bestimmten Anzahl an IDs (Anzahl=K) dieselben Segmente zugeordnet sein. Desto größer die Anzahl (K) ist, desto geringer ist die Wahrscheinlichkeit, dass eine Zuordnung der IDs zu einer natürlichen Person mittels einer Auswertung der diesen hinzu gespeicherten Segmente erfolgen kann.

5. Daten Verstorbener

64 Nicht in den Anwendungsbereich der datenschutzrechtlichen Gesetze fallen Daten Verstorbener. In Bezug auf die DSGVO ergibt sich dieser Umstand unter anderem aus der Regelung in Art. 1 Abs. 2 DSGVO:

---

49 Vgl. zu der Verarbeitung von Daten durch Datentreuhänder die Ausführungen unter Rn. 55.

50 Zu der Verarbeitung von Daten durch eine DMP vgl. die Ausführungen unter Rn. 639.

*„Diese Verordnung schützt die Grundrechte und Grundfreiheiten **natürlicher Personen** und insbesondere deren Recht auf Schutz personenbezogener Daten".*

Praxishinweis: 65

Es gibt Unternehmen, die sich darauf spezialisiert haben, im Auftrag der Rechtsnachfolger Verstorbener (Erben) bei einer Vielzahl an Verantwortlichen Auskunftsansprüche in Bezug auf Daten des jeweiligen Verstorbenen geltend zu machen. Ein derartiger Auskunftsanspruch kann nicht auf die Vorschrift in Art. 15 DSGVO gestützt werden, da das in dieser normierte Recht auf Auskunft nicht „vererbt" werden kann. Der Anspruch auf Auskunft kann aber gegebenenfalls aus dem „postmortalen Persönlichkeitsrecht" hergeleitet werden.[51] Hintergrund der Geltendmachung des Anspruchs auf Auskunft in den genannten Fällen ist das behauptete Interesse der Erben zu erfahren, ob der Erblasser z. B. bei einem Online-Händler noch Außenstände oder ein Guthaben hatte. Problematisch ist in der Praxis im Zusammenhang mit der Geltendmachung des Auskunftsanspruchs häufig der ausreichende Nachweis der Bevollmächtigung durch das (vermeintlich) beauftragte Unternehmen. Die hier erörterte Thematik wird unter anderem unter dem Stichwort „digitaler Nachlass" diskutiert.

Des Weiteren ist zu beachten, dass die Möglichkeit besteht, dass Verantwortliche Erben Zugang zu Nutzeraccounts einräumen müssen. Der Anspruch auf einen Zugang kann sich daraus ergeben, dass die Erben im Rahmen der Gesamtrechtsnachfolge (§ 1922 BGB) in die Vertragsbeziehung über die Führung des Accounts eintreten. Dies hat der BGH z. B. für Nutzeraccounts auf „Facebook" entsprechend entschieden.[52] In Bezug auf „Anbieter von Telekommunikationsdiensten" wurde nun auch eine entsprechende Vorschrift in Art. 4 TTDSG geschaffen. 66

II. Räumlicher Anwendungsbereich

Die DSGVO findet dann Anwendung, wenn eine Verarbeitung personenbezogener Daten durch 67

- eine Niederlassung eines Verantwortlichen oder eines Auftragsverarbeiters mit Sitz in der EU erfolgt (Art. 3 Abs. 1 DSGVO).

Außerdem sind die Vorgaben aus der DSGVO einzuhalten, wenn

- personenbezogene Daten von Betroffenen mit Aufenthalt in der EU durch nicht in der EU ansässige Verantwortliche oder Auftragsverarbeiter zum Zweck des Angebots von Waren oder Dienstleistungen oder zum Zweck der Verhaltensbeobachtung verarbeitet werden (Art. 3 Abs. 2 DSGVO).

III. Begriff der Verarbeitung

Die DSGVO findet dann Anwendung, wenn personenbezogene Daten „verarbeitet" werden. Dies ergibt sich aus Art. 1 Abs. 1 DSGVO, der wie folgt lautet: 68

---

51 *Karg*, in: Simitis/Hornung/Spiecker gen. Döhmann, Datenschutzrecht, 1. Aufl. 2019, Art. 4 Rn. 39.

52 BGH, Urt. v. 12. 7. 2018 – III ZR 183/17.

*„Diese Verordnung enthält Vorschriften zum Schutz natürlicher Personen **bei der Verarbeitung personenbezogener Daten** und zum freien Verkehr solcher Daten“.*

Der Begriff der „Verarbeitung“ von Daten ist in Art. 4 Nr. 2 DSGVO unter anderem wie folgt legal definiert:

„Im Sinne dieser Verordnung bezeichnet der Ausdruck:
„Verarbeitung“ jeden mit oder ohne Hilfe automatisierter Verfahren ausgeführten Vorgang oder jede solche Vorgangsreihe im Zusammenhang mit personenbezogenen Daten …“

Die Legaldefinition in Art. 4 Nr. 2 DSGVO beinhaltet darüber hinaus eine Aufzählung einzelner Unterfälle der Verarbeitung:

„… wie das Erheben, das Erfassen, die Organisation, das Ordnen, die Speicherung, die Anpassung oder Veränderung, das Auslesen, das Abfragen, die Verwendung, die Offenlegung durch Übermittlung, Verbreitung oder eine andere Form der Bereitstellung, den Abgleich oder die Verknüpfung, die Einschränkung, das Löschen oder die Vernichtung“.

Der Begriff der „Verarbeitung“ ist sehr weit gefasst. So liegt z. B. bereits dann eine Datenübermittlung vor, wenn Dritten ein lesender Zugriff auf Daten gewährt wird und ein solcher auch erfolgt.[53]

69 Die in der Legaldefinition in Art. 4 Nr. 2 DSGVO erfolgte Aufzählung der Unterfälle der Verarbeitung ist nicht abschließend. Dies ergibt sich aus der folgenden Formulierung in Art. 4 Nr. 2 DSGVO:

*„… jeden mit oder ohne Hilfe automatisierter Verfahren ausgeführten Vorgang oder jede solche Vorgangsreihe im Zusammenhang mit personenbezogenen Daten **wie** das …“*

70 Im Zusammenhang mit der Auslegung des Begriffs der „Verarbeitung“ wird intensiv darüber diskutiert, ob die Anonymisierung von personenbezogenen Daten als Datenverarbeitung im Sinne der Regelung in Art. 4 Nr. 2 DSGVO zu qualifizieren ist. Sollte dies der Fall sein, bedarf es für die Durchführung einer Anonymisierung unter anderem einer Rechtsgrundlage.[54]

Unter Geltung des BDSG 2009 gingen die Datenschutzbehörden zum Teil davon aus, dass es sich bei einer Anonymisierung personenbezogener Daten nicht um einen datenschutzrechtlich relevanten Vorgang handelt.[55] Der Definition der „Verarbeitung“ in Art. 4 Nr. 2 DSGVO ist unter anderem zu entnehmen, dass die „Löschung“ von Daten eine „Verarbeitung“ darstellt. Hieraus wird zum Teil – nachvollziehbarerweise – geschlossen, dass auch eine Anonymisierung als „Verarbeitung“ zu qualifizieren ist, da die Anonymisierung ein „Minus“ zur „Lö-

53 Vgl. *Arning/Rothkegel,* in: Simitis/Hornung/Spiecker gen. Döhmann, Datenschutzrecht, 1. Aufl. 2019, Art. 4 Rn. 86.

54 Vgl. hierzu die Ausführungen zum „Verbot mit Erlaubnisvorbehalt“ unter Rn. 147.

55 Im Ergebnis ebenso BfDI, 29. Tätigkeitsbericht, Seite 72.

schung" darstellt.[56] Die Anonymisierung sei eine in Art. 4 Nr. 2 DSGVO nicht genannte Alternative der „Verarbeitung".

Im Hinblick auf die hier erörterte Frage ist jedoch auch darauf hinzuweisen, dass die DSGVO den Schutz des Allgemeinen Persönlichkeitsrechts (APR) der Betroffenen bezweckt.[57] Durch die Verarbeitung anonymer Daten wird das APR von Betroffenen nicht (relevant) berührt. Dies ergibt sich bereits daraus, dass in Bezug auf die Verarbeitung anonymer Daten die DSGVO nicht anwendbar ist. Vor diesem Hintergrund stellt sich durchaus die Frage, ob es sinnvoll ist, dass eine Maßnahme, die die Verarbeitung von Daten dem Anwendungsbereich der DSGVO mangels des Vorliegens relevanter Gefahren für die Betroffenen entzieht, unter anderem einer Rechtsgrundlage bedarf. 71

Für den Fall, dass die Vornahme einer Anonymisierung eine „Verarbeitung" im Sinne des Art. 4 Nr. 2 DSGVO darstellt, dürfte eine solche regelmäßig von der Rechtsgrundlage in Art. 6 Abs. 1 S. 1 lit. f) DSGVO gedeckt sein, da die Folgeverarbeitung der anonymisierten Daten die Persönlichkeitsrechte der Betroffenen nicht tangiert. Der BfDI vertritt die Ansicht, dass für die Durchführung einer Anonymisierung in der Praxis häufig die Voraussetzungen für die Möglichkeit der Vornahme einer Zweckänderung aus Art. 6 Abs. 4 DSGVO[58] erfüllt sein müssen. Art. 6 Abs. 4 Ziffer e) DSGVO gibt unter anderem vor, dass bei der Beurteilung, ob die für die Möglichkeit der Vornahme einer Zweckänderung erforderliche „Zweckkompatibilität" gegeben ist, zu berücksichtigen ist, ob die Daten pseudonymisiert sind. Die Verarbeitung von Pseudonymen bzw. die Verarbeitung pseudonymisierter Daten haben positive Auswirkungen in Bezug auf die Möglichkeit der Vornahme einer Zweckänderung. Da von der Verarbeitung anonymisierter Daten noch deutlich weniger Gefahren für das APR von Betroffenen ausgehen als von der Verarbeitung von Pseudonymen/von pseudonymisierten Daten, dürfte die hier erörterte „Zweckkompatibilität" in der Praxis häufig vorliegen. 72

Praxishinweis: 73

Insofern Verantwortliche beabsichtigen, personenbezogene Daten nach deren Erhebung zu anonymisieren und diese Daten dann z. B. im Rahmen von „Big-Data-Anwendungen" zu verarbeiten, sollten sie hierüber in ihren Datenschutzhinweisen informieren. Hierdurch können sie nachweisen, dass sie die Daten (auch) zum Zweck der Anonymisierung erhoben haben und eine Zweckänderung nicht gegeben ist. Über eine Zweckänderung müsste nämlich nachträglich gesondert informiert werden (Art., 13 Abs. 3 DSGVO bzw. Art. 14 Abs. 4 DSGVO).

56 Roßnagel, ZD 2021, 188 (189 f.).
57 Vgl. zum APR auch die Ausführungen unter Rn. 16.
58 BfDI, 29. Tätigkeitsbericht, Seite 72.

C. Grundsatz der „Accountability“

74 Ein wesentlicher Grundsatz der DSGVO ist der der „Accountability“. Dieser Grundsatz ist in Art. 5 Abs. 2 DSGVO geregelt und besagt, dass der Verantwortliche *„nachweisen“* können muss, dass er die in Art. 5 Abs. 1 DSGVO geregelten Grundsätze der Datenverarbeitung (u. a. Grundsatz der Rechtmäßigkeit[59] der Verarbeitung) einhält. Umstritten ist, welchen Umfang die in Art. 5 Abs. 2 DSGVO geregelte Nachweispflicht aufweist. Zum Teil wird diesbezüglich die Ansicht vertreten, dass mit dieser grundsätzlich eine Beweislastumkehr einhergeht.[60] Dass diese Auffassung nicht korrekt ist, ergibt sich bereits aus dem Umstand, dass es unter anderem für den Bereich der Einwilligung eine Sonderregelung zur Beweislastumkehr in Art. 7 Abs. 1 DSGVO gibt.[61] Würde bereits von der Regelung in Art. 5 Abs. 2 DSGVO eine Beweislastumkehr ausgehen, wäre z. B. die Normierung der Regelung in Art. 7 Abs. 1 DSGVO nicht erforderlich gewesen. Die Nachweispflicht aus Art. 5 Abs. 2 DSGVO muss vielmehr restriktiv interpretiert werden. Würde man dies anders sehen, entstünden Konflikte mit rechtsstaatlichen Grundsätzen wie dem des Verbots der Selbstbezichtigung.[62]

I. Einzelne gesetzliche Vorgaben

75 Wesentlicher Bestandteil der Einhaltung des Grundsatzes der „Accountability“ ist die Umsetzung bestimmter gesetzlicher Vorgaben, die einen Bezug zu dem hier erörterten Grundsatz aufweisen. Zu diesen Vorgaben gehören unter anderem die Folgenden:

- Führung eines Verzeichnisses von Verarbeitungstätigkeiten (Art. 30 DSGVO);
- Dokumentation von Datenpannen (Art. 33 Abs. 5 DSGVO);
- Durchführung von Datenschutz-Folgeabschätzungen in den erforderlichen Fällen (Art. 35 DSGVO);
- vorherige Konsultation der Aufsichtsbehörde in den erforderlichen Fällen (Art. 36 DSGVO);
- Bestellung eines Datenschutzbeauftragten, insofern gesetzlich erforderlich (Art. 37 DSGVO, § 38 BDSG 2018).

59 Unter den Begriff der „Rechtmäßigkeit“ in Art. 5 Abs. 1 DSGVO fällt nicht nur das Erfordernis des Vorliegens einer Rechtsgrundlage, sondern auch die Einhaltung weiterer gesetzlicher datenschutzrechtlicher Vorgaben, vgl. *Roßnagel,* in: Simitis/Hornung/Spiecker gen. Döhmann, Datenschutzrecht, 1. Aufl. 2019, Art. 5 Rn. 38.

60 OLG Stuttgart, Urt. v. 18. 05. 2021 – 12 U 296/20, Rz. 25.

61 Vgl. zu dieser Beweislastumkehr die Ausführungen unter Rn. 189 ff.

62 Veil, ZD 2018, 9 (16).

II. Datenschutz-Managementsystem (DSMS)

Des Weiteren ist der Grundsatz der „Accountability“ – vor allen Dingen durch größere Unternehmen – regelmäßig nur dann einzuhalten, indem diese ein Datenschutz-Management-System (DSMS) implementieren. Die Implementierung eines DSMS dient insbesondere der Absicherung der Wahrung bestimmter durch den Verantwortlichen vorgegebener Abläufe, mittels derer die Einhaltung der gesetzlichen datenschutzrechtlichen Vorgaben durch den Verantwortlichen sichergestellt werden soll. 76

Beispiel 6:

Die Vorschrift in Art. 33 Abs. 1 S. 1 DSGVO gibt im Grundsatz vor, dass eine Datenpanne innerhalb von 72 Stunden, nachdem diese bekannt wurde, gegenüber der Aufsichtsbehörde gemeldet werden muss.[63] Um die genannte Frist einhalten zu können, bedarf es in aller Regel der Einführung eines Datenpannenprozesses in der Organisation des jeweiligen Verantwortlichen. Datenpannen werden zumeist durch Mitarbeiter eines Fachbereichs entdeckt. Diese sind aber häufig nicht dazu imstande, zu beurteilen, ob eine gesetzliche Meldepflicht gegeben ist. Daher ist es wichtig, dass es einen durch alle Mitarbeiter abrufbaren Leitfaden in Bezug auf den Umgang mit Datenpannen gibt, der unter anderem die Kontaktdaten der für die rechtliche Einschätzung zuständigen Stellen beinhaltet.

Das DSMS sollte unter anderem die folgenden „Bestandteile“ aufweisen: 77

- Datenschutzrichtlinie;
- Informationssicherheitsrichtlinie;
- Datenpannenprozess;
- Löschkonzept;
- Vorgaben zur Einbindung relevanter Stakeholder (DSB, Rechtsabteilung, Informationssicherheit) vor der Aufnahme neuer/der Änderung bestehender Datenverarbeitungen;
- zentrale Stelle(n) für die Bearbeitung von Betroffenenrechten;
- Schulungen zum Datenschutz;
- Abrufbarkeit wesentlicher Informationen zum Datenschutz an einer zentralen Stelle, z. B. in einem für alle Mitarbeiter zugänglichen Teamraum.

Praxishinweis: 78

Außerdem sind insbesondere große Unternehmen in der Vergangenheit dazu übergegangen, in Fachbereichen, deren Tätigkeit einen starken Bezug zum Thema Datenschutz hat (z. B. Marketing), so genannte „Datenschutzkoordinatoren“ zu implementieren. Die „Datenschutzkoordinatoren“ können als „verlängerter Arm“ des Datenschutzbeauftragten sowie als Ansprechpartner für die Mitar-

63 Vgl. hierzu die Ausführungen unter Rn. 509.

beiter des Fachbereichs fungieren. Auch können Sie den „Touchpoint" für Konzernfunktionen, die relevante Bestandteile der Datenschutzorganisation sind, bilden.

D. Alleinige Verantwortlichkeit

79 Die Regelung in Art. 4 Nr. 7 DSGVO definiert den „Verantwortlichen" als

> *„die natürliche oder juristische Person, Behörde, Einrichtung oder andere Stelle, die allein oder gemeinsam mit anderen über die **Zwecke und Mittel** der Verarbeitung von personenbezogenen Daten entscheidet".*

Eine alleinige Verantwortlichkeit für eine Datenverarbeitung ist stets dann gegeben, wenn nur eine Stelle an der Datenverarbeitung beteiligt ist.

Beispiel 7:

Das von R betriebene Online-Reisevermittlungsportal O bietet seinen Nutzern die Möglichkeit, auf der Website des Portals einen Nutzeraccount anzulegen. Die im Rahmen der Anlegung sowie der Führung des Nutzeraccounts erhobenen/verarbeiteten Daten (u. a. Vorname, Nachname, E-Mail- und Postadresse) speichert der R ausschließlich auf von ihm betriebenen Servern, die im Eigentum des R stehen.

80 Eine alleinige Verantwortlichkeit für eine Datenverarbeitung kann auch dann vorliegen, wenn mehrere Stellen an einer Datenverarbeitung beteiligt sind. So ist z. B. bei Vorliegen eines Auftragsverarbeitungsverhältnisses der Auftraggeber für die Datenverarbeitung alleinig verantwortlich.[64] Welche datenschutzrechtliche(n) Verantwortlichkeit(en) bei einer Beteiligung mehrerer Stellen an einer Datenverarbeitung in dem jeweiligen Einzelfall gegeben ist/sind, ist anhand einer Abgrenzung der „Rechtsinstitute" des Auftragsverarbeitungsverhältnisses[65], der gemeinsamen Verantwortlichkeit[66] und der „Übermittlung" („Controller-to-Controller-Situation")[67] zueinander zu bestimmen.

E. Auftragsverarbeitung

81 Unternehmen sind unter anderem in einem digitalen Umfeld darauf angewiesen, Daten durch andere Stellen verarbeiten zu lassen. Bei diesen anderen Stellen kann es sich um so genannte Auftragsverarbeiter handeln. Eine Verarbeitung von Daten im Rahmen eines Auftragsverarbeitungsverhältnisses ist da-

64 Vgl. hierzu die Ausführungen unter Rn. 81.
65 Vgl. hierzu die Ausführungen unter Rn. 81 ff.
66 Vgl. hierzu die Ausführungen unter Rn. 116 ff.
67 Vgl. hierzu die Ausführungen unter Rn. 112 ff.

durch gekennzeichnet, dass der Auftragnehmer, der die Daten verarbeitet, der „verlängerte Arm" des Auftraggebers ist. Dies bedeutet, dass der Auftragnehmer die Daten ausschließlich auf Weisung des Auftraggebers verarbeiten darf (Art. 29 DSGVO). Aus diesem Umstand ergibt sich, dass der Auftraggeber für Datenschutzverstöße, die durch die Verarbeitung der Daten durch den Auftragnehmer aufgrund der Weisung des Auftraggebers entstehen, haftet.

Ein Auftragsverarbeitungsverhältnis ist unter anderem dann nicht gegeben, 82
wenn die Stelle, die die Daten verarbeitet, diese zu eigenen Zwecken verarbeitet. In diesen Fällen liegt eine so genannte „Controller to Controller-Situation" (Datenübermittlung)[68] oder eine gemeinsame Verantwortlichkeit (Art. 26 DSGVO)[69] vor.

Beispiel 8:

Der Online-Shop-Betreiber X bindet ein Pixel des Social-Media-Plattform-Betreibers Y in seine Website ein. Über dieses Pixel werden Daten zum Nutzerverhalten auf dem Online-Shop erhoben, damit gegenüber dem jeweiligen Nutzer individualisierte Werbung (z. B. Retargeting) des X auf der Social-Media-Plattform des Y ausgespielt werden kann, insofern der Nutzer einen Account auf dieser hat. Der Y nutzt die mittels des Pixels erhobenen Daten jedoch nicht nur, um auf Basis dieser individualisierte Werbungen des X auszuspielen. Y aggregiert vielmehr die Daten und bildet unter anderem unter Nutzung der aggregierten Daten Profile zu den einzelnen Nutzern der Social-Media-Plattform. Diese Profile nutzt Y zum Zweck der Ausspielung individualisierter Werbungen anderer Dritter. Y ist somit nicht Auftragsverarbeiter des X.

Fraglich ist, wie die Fälle zu beurteilen sind, in denen Auftragnehmer Daten 83
zwar ausschließlich zu Zwecken und auf Weisung des Auftraggebers verarbeiten, hierbei jedoch Technologien einsetzen, auf die der Auftraggeber keinen „Zugriff" hat. Dies kann z. B. bei dem Einsatz von Algorithmen, deren genaue „Eigenschaften" der Auftraggeber nicht kennt, der Fall sein. Im Hinblick auf die genauen „Eigenschaften" der durch den Auftragnehmer eingesetzten Technologien ist auf Seiten des Auftragnehmers häufig ein berechtigtes Geheimhaltungsinteresse gegeben. Diese stellen nämlich in der Regel Geschäftsgeheimnisse des Auftragnehmers dar. Die hier aufgeworfene Frage kann nicht pauschal beantwortet werden. Das Vorliegen eines Auftragsverarbeitungsverhältnisses kann in der dargestellten Konstellation grundsätzlich zwar gegeben sein. Entscheidend für die Bewertung dürfte aber insbesondere sein, ob die eingesetzte Technologie derart ausgestaltet ist, dass der durch den Auftraggeber vorgegebene Zweck der Datenverarbeitung auch tatsächlich strikt eingehalten/umgesetzt wird. Darüber hinaus muss der Verantwortliche ein Mindestmaß an Einwirkungsmöglichkeit auf die Datenverarbeitung haben, da er ansonsten nicht, wie von der Legaldefinition in Art. 4 Nr. 7 DSGVO gefordert, über die

68 Zur „Datenübermittlung" vgl. die Ausführungen unter Rn. 112 ff,
69 Zur „gemeinsamen Verantwortlichkeit" vgl. die Ausführungen unter Rn. 116 ff.

„Mittel der Verarbeitung"

entscheidet.

I. Einzelne Datenverarbeitungen

84 (Typische) Datenverarbeitungen, die im Rahmen eines Auftragsverarbeitungsverhältnisses erfolgen, sind:

- Hosting bei einem Dienstleister;
- Outbound-Telefonie auf Basis von Gesprächsleitfäden;
- Aktenvernichtung;
- Versand von Werbe-E-Mails durch einen technischen Dienstleister;
- Verarbeitung von Daten durch einen Lettershop;[70]
- Auslagerung von Backup-Speicherungen.

85 Ein Auftragsverarbeitungsverhältnis liegt unter anderem in den folgenden Konstellationen grundsätzlich **nicht** vor:

- Inkasso;
- Postdienstleistungen;
- Zahlungsdienstleistungen;
- Housing;
- Tätigkeiten von Berufsgeheimnisträgern (z. B. von Wirtschaftsprüfern);
- Telekommunikationsdienstleistungen;
- Datenverarbeitungen durch Versicherungsvermittler.

86 Eine in der Praxis vielfach diskutierte Frage ist diejenige, ob für die Durchführung einer „Fernwartung" eine Abrede zur Auftragsverarbeitung abzuschließen ist. Dass nach früherer Rechtslage eine „Fernwartung" im Rahmen eines Auftrags(daten)verarbeitungsverhältnisses erfolgen konnte, wurde von der Regelung in Art. 11 Abs. 5 BDSG 2009 ausdrücklich klargestellt:

> *„Die Absätze 1 bis 4 gelten entsprechend, wenn die **Prüfung oder Wartung automatisierter Verfahren** oder von Datenverarbeitungsanlagen durch andere Stellen im Auftrag vorgenommen wird und dabei **ein Zugriff auf personenbezogene Daten nicht ausgeschlossen werden kann**".*

Eine entsprechende Regelung ist der Norm in Art. 28 DSGVO nicht zu entnehmen. Die Vorschrift in Art. 28 Abs. 1 DSGVO ist dann anwendbar, wenn eine

*„**Verarbeitung** im Auftrag eines Verantwortlichen"*

erfolgt (so auch die Definition des Auftragsverarbeiters in Art. 4 Nr. 8 DSGVO). Gemäß der Definition in Art. 4 Nr. 2 DSGVO fallen unter den Begriff der „Verarbeitung" unter anderem die

70 Zur Datenverarbeitung durch einen „Lettershop" vgl. die Ausführungen unter Rn. 691 ff.

„Offenlegung durch Übermittlung, Verbreitung oder eine ***andere Form der Bereitstellung****".*

Nachvollziehbarer Weise wird vielerorts die Ansicht vertreten, dass unter die zuvor zitierte Definition in Art. 4 Nr. 2 DSGVO auch die Ermöglichung des Zugriffs auf Daten zu Zwecken der „Fernwartung" fällt.[71]

II. Versendung von Lieferankündigungen

In der Praxis erfolgt – insbesondere durch Online-Shops – häufig eine Versendung von Lieferankündigungen per E-Mail. Inhalt solcher Lieferankündigungs-Mails ist in der Regel ein Link, über den die Sendungsverfolgungsinformationen des eingesetzten (Post-)Dienstleisters zu der jeweiligen Sendung abgerufen werden können. Fraglich ist, ob eine Weitergabe der E-Mail-Adressen der Endkunden an den eingesetzten (Post-)Dienstleister ohne Vorliegen einer Einwilligung hierfür erfolgen kann. In Bezug auf diese Fragestellung hat die DSK in ihrem Beschluss zur „Übermittlung von E-Mail-Adressen durch Onlineversandhändler an Postdienstleister" im Februar 2018 wie folgt Stellung genommen: 87

„Die ***Übermittlung*** *von E-Mail-Adressen durch Onlinehändler an Postdienstleister ist* ***nur bei Vorliegen einer Einwilligung*** *der Kunden in eben diese Übermittlung rechtmäßig. Die Praxis hat gezeigt, dass es vielen Onlinehändlern möglich ist, die Zustellinformationen selbst an den Kunden weiterzugeben bzw. einen Link zur Sendungsverfolgung in die eigene Bestellbestätigung einzubinden. Dies stellt jedenfalls eine objektiv zumutbare Alternative dar. Aus dem gleichen Grund wird auch* ***die Erforderlichkeit*** *im Rahmen des § 28 Abs. 1 Satz 1 Nr. 2 BDSG bzw.* ***Art. 6 Abs. 1 Satz 1 lit. f DS-GVO verneint****".*[72]

Den zuvor zitierten Ausführungen ist zu entnehmen, dass die DSK davon ausgeht, dass der eingesetzte (Post-)Dienstleister, der die E-Mail-Adresse zum Zweck der Zusendung der Lieferankündigung übermittelt bekommt, diese als Verantwortlicher verarbeitet. Im Hinblick auf die Verarbeitung der Namen und der Postadressdaten der Endkunden zum Zweck der Warenzustellung ist eine alleinige Verantwortlichkeit auf Seiten des (Post-)Dienstleisters zweifelsfrei gegeben.[73] Nach der hier vertretenen Auffassung kann die Versendung von Lieferankündigungen per E-Mail von der Verarbeitung von Daten zum Zweck der Zustellung an sich jedoch abgegrenzt werden. Dies ergibt sich bereits daraus, dass es sich bei der Versendung der E-Mail, anders als bei der Beförderung von Paketen, zumindest nach dem Wortlaut der Legaldefinition nicht um eine Postdienstleistung im Sinne des § 4 PostG handelt.[74] Insofern der (Post-)Dienstleister 88

71 *Petri,* in: Simitis/Hornung/Spiecker gen. Döhmann, Datenschutzrecht, 1. Aufl. 2019, Art. 28 Rn. 2; LDA Bayern, Orientierungshilfe Auftragsverarbeitung, Stand: 01.04.2019, Seite 26 f.

72 Beschl. der DSK v. 23.08.2018 – ***https://www.datenschutzkonferenz-online.de/media/dskb/20180323_dskb_mail_adressen.pdf***, zuletzt abgerufen am 30.11.2021.

73 DSK, Kurzpapier Nr. 13: Auftragsverarbeitung, Art. 28 DSGVO, Seite 4.

74 Dies gilt trotz des Umstands, dass der Begriff der „Postdienstleistung" auch Nebentätigkeiten umfassen kann.

die E-Mail-Adresse ausschließlich auf Weisung des Auftraggebers (z.B. Online-Shop) mit Beginn des Zustellungsprozesses zum Zweck der Aussendung der Lieferankündigung verarbeitet, liegt im Hinblick auf diese abgrenzbare Verarbeitung ein Auftragsverarbeitungsverhältnis vor. Für die Weitergabe der Daten an den (Post-)Dienstleister bedarf es aufgrund des Vorliegens eines Auftragsverarbeitungsverhältnisses keiner eigenen Rechtsgrundlage.[75] Dass die Versendung von Lieferankündigungen an sich auf die Rechtsgrundlage in Art. 6 Abs. 1 S. 1 lit. f) DSGVO gestützt werden kann, wird auch seitens der DSK in der zuvor zitierten Stellungnahme nicht bestritten.

89 *Praxishinweis:*

Aufgrund des Beschlusses der DSK zur „Übermittlung von E-Mail-Adressen durch Onlineversandhändler an Postdienstleister" sind einzelne Postdienstleister/Transportunternehmen dazu übergegangen, in ihre AGB eine Klausel dahingehend aufzunehmen, dass die Vertragspartner (z.B. Online-Shops) nur dann E-Mail-Adressen an den Postdienstleister/das Transportunternehmen zum Zweck der Versendung von Lieferankündigungen weitergeben dürfen, wenn eine Einwilligung der Betroffenen hierfür vorliegt. Unabhängig von der Frage, ob eine solche Klausel die gesetzlichen Vorgaben korrekt abbildet, ist deren Inhalt von den Verantwortlichen (z.B. Online-Shops) einzuhalten. Bei der Durchführung von Speditionslieferungen bedarf es im Übrigen keiner Einwilligung in die Weitergabe von Telefonnummern von Endkunden an die jeweilige Spedition. Dies ist damit zu begründen, dass eine Zustellung einer Speditionslieferung regelmäßig nur dann möglich ist, wenn der jeweilige Endkunde anwesend ist. Um das „Zeitfenster" der Erforderlichkeit der Anwesenheit des Endkunden so gering wie möglich zu halten, bedarf es einer Information über die genaue Zustellungszeit durch den jeweiligen „Fahrer".[76]

III. Grenzfälle

90 In der Praxis treten immer wieder Grenzfälle auf, in denen – auch mangels des Vorliegens einer (abschließenden) Rechtsprechung zu den einzelnen Konstellationen – nicht klar ist, ob ein Auftragsverarbeitungsverhältnis gegeben, oder ob dies nicht der Fall ist. Einer dieser Grenzfälle ist die Versendung von Waren im so genannten „Direktversandmodell":

Beispiel 9

(„Direktversandmodell"): Händler halten in Einzelfällen nicht sämtliche Waren, die sie z.B. auf ihrem Online-Shop verkaufen, in von ihnen betriebenen Lägern vor. Kauft ein Kunde eine dieser Waren, werden die Adressdaten des Kunden von dem Händler an den jeweiligen Lieferanten übermittelt. Dieser versieht die verpackte Ware mit den Adressdaten und gibt das Paket an einen Transportdienstleister weiter, der dieses an den Kunden zustellt.

75 Vgl. hierzu die Ausführungen unter Rn. 95 ff.

76 Forgó/Helfrich/Schneider, Betrieblicher Datenschutz, 3. Aufl. 2019, Kapitel 2., Rn. 82.

Im „Direktversandmodell" stellt sich die Frage, ob der Lieferant für den Händler als Auftragsverarbeiter tätig wird. Hierfür spricht, dass der Lieferant die Adressdaten des Kunden ausschließlich zweckgebunden für den Händler nutzen darf und auf Seiten des Lieferanten kein relevanter Ermessenspielraum im Hinblick auf die Verarbeitung der Adressdaten besteht. Andererseits ähnelt die Datenverarbeitung, die durch den Lieferanten erfolgt, der Datenverarbeitung, die Transportdienstleister zum Zweck der Warenzustellung vornehmen. Dass Transportdienstleister (unabhängig von dem Vorliegen einer speziellen Regulierung) Adressdaten als Verantwortliche verarbeiten, ist weithin allgemein anerkannt.[77]

Praxishinweis: 91

Bei Vorliegen eines „Grenzfalls" stellt sich die Frage, ob aus Sicherheitsgründen eine Abrede zur Auftragsverarbeitung abgeschlossen werden sollte. Dies ist zu bejahen. Auch in den Fällen, in denen der Empfänger der Daten nicht als Auftragsverarbeiter, sondern als alleiniger Verantwortlicher eingestuft wird, müssen zwischen dem Übermittler der Daten und dem Empfänger Regelungen zu den wesentlichen Rahmenbedingungen der Datenverarbeitung durch den Empfänger, wie zum Beispiel zur Zweckbindung, getroffen werden.[78] Wurde nun irrtümlich eine Abrede zur Auftragsverarbeitung geschlossen, kann deren Inhalt nach der hier vertretenen Ansicht entsprechend ausgelegt werden.[79] In dem umgekehrten Fall, das heißt, eine Abrede zur Auftragsverarbeitung wurde nicht abgeschlossen, der Empfänger der Daten ist aber gesetzlich gesehen als Auftragsverarbeiter zu qualifizieren, fehlt es hingegen an der gesetzlich vorgeschriebenen Abrede zur Auftragsverarbeitung. Dies hätte zur Folge, dass ein Rechtsverstoß vorliegt.

IV. „Multifunktionale Stelle"

Es ist weitgehend anerkannt, dass dieselben Daten – abhängig von dem jeweiligen Zweck der Verarbeitung – von demselben „Empfänger" einerseits als datenschutzrechtlich Verantwortlicher, andererseits aber auch als Auftragsverarbeiter verarbeitet werden können, ohne dass ein Exzess des Auftragsverarbeiters (Art. 28 Abs. 10 DSGVO) vorliegt.[80] Diese Ansicht ist dahingehend stringent, dass die Grundlage für die datenschutzrechtliche Beurteilung einzelner Verarbeitungen der jeweilige Zweck der Datenverarbeitung ist.[81] 92

77 Vgl. beispielhaft Forgó/Helfrich/Schneider, Betrieblicher Datenschutz, 3. Aufl. 2019, Kapitel 2., Rn. 78 f.

78 Vgl. hierzu die Ausführungen unter Rn. 113.

79 Die Frage der Auslegungsmöglichkeit von AV-Abreden wurde insbesondere im Zusammenhang mit einer Verpflichtung zur Aktualisierung von „Altverträgen" diskutiert. In diesem Zusammenhang wurde überwiegend angenommen, dass eine Auslegungsmöglichkeit grds. besteht; vgl. hierzu *Petri,* in: Simitis/Hornung/Spiecker gen. Döhmann, Datenschutzrecht, 1. Aufl. 2019, Art. 28 Rn. 35.

80 So auch *Plath, in:* Plath, BDSG/DSGVO, 2. Aufl. 2016, § 11 BDSG 2009, Rn. 25.

81 Vgl. hierzu die Ausführungen unter Rn. 144.

Beispiel 10:

Das Unternehmen U betreibt den Online-Marktplatz K. Legt ein Kunde auf dem Online-Marktplatz K ein „Marktplatz-Kundenkonto" und gibt in diesem Zusammenhang seine Postadresse an, verarbeitet das Unternehmen U die Adresse zum Zweck der Führung des „Marktplatz-Kundenkontos" als Verantwortlicher. Bestellt der Kunde nun auf dem Online-Marktplatz K bei dem Händler P eine Ware, speichert der Marktplatzbetreiber U die Information ebenfalls im „Marktplatz-Kundenkonto" als datenschutzrechtlich Verantwortlicher zum Zweck der Führung des Kundenkontos.

Die Information, dass der Kunde K die Ware bei dem Händler P bestellt hat und die Adressdaten des K werden außerdem im „Backend" des U gespeichert. Der Händler P erhält Zugriff auf diese Daten im „Backend", damit er die über den Online-Marktplatz bei ihm getätigten Bestellungen verwalten und die Daten für die Zusendung der Ware nutzen kann. In diesem Zusammenhang speichert der Online-Marktplatzbetreiber U die Daten ausschließlich für Zwecke des Händlers P und verarbeitet die Daten daher als Auftragsverarbeiter.

93 Fraglich ist jedoch, ob im Rahmen eines isolierbaren Datenverarbeitungsvorgangs Daten durch dieselbe Stelle sowohl im Rahmen eines Auftragsverarbeitungsverhältnisses als auch in ihrer Eigenschaft als Verantwortliche verarbeitet werden können.

Beispiel 11:

Der Technik-Versandhändler T erhebt über seine Endkunden Postadressdaten. Der Modehändler M möchte, dass T diese Daten zum Zweck der Neukunden-Printwerbung für M nutzt. Damit keine Kunden des T beworben werden, die bereits Kunden von M sind, bedarf es eines Abgleichs des Kundendatenstamms von T mit dem von M. M transferiert die Postadressdaten seiner Kunden an T, damit T den Abgleich vornehmen kann. In Bezug auf die Verarbeitung der Postadressdaten, die T über seine Kunden erhoben hat im Rahmen des Abgleichs, ist T Verantwortlicher. Für die Verarbeitung der von M erhaltenen Daten im Rahmen des Abgleichs könnte T Auftragsverarbeiter von M sein.

Die Frage, ob in einer solchen Konstellation ein Auftragsverarbeitungsverhältnis gegeben sein kann, wird zum Teil verneint.[82] Eine abschließende Rechtsprechung zu diesem Thema gibt es bisher jedoch noch nicht.

94 *Praxishinweis:*

Die in **Beispiel 11** beschriebene Konstellation sollte vermieden werden. Dies kann in der Praxis z. B. im Bereich der „Anmietung" von Daten zu Printwerbezwecken dahingehend erfolgen, dass die in diesem Zusammenhang erforderlichen Datenabgleiche durch eine neutrale Drittstelle („Lettershop")[83] durchge-

82 Artikel-29-Datenschutzgruppe, WP 169, Seite 30.
83 Zum „Lettershopverfahren" vgl. die Ausführungen unter Rn. 691 ff.

führt werden. Diese neutrale Drittstelle würde in dem **Beispiel 11** als Auftragsverarbeiter des T (in Bezug auf die Daten des T) und als Auftragsverarbeiter des M (in Bezug auf die Daten des M) den Abgleich vornehmen.

V. „Privilegierung"

Es ist umstritten, ob es sich unter Geltung der DSGVO bei der Weitergabe von Daten im Rahmen eines Auftragsverarbeitungsverhältnisses an den Auftragnehmer um eine „Übermittlung" von personenbezogenen Daten handelt, oder ob die Weitergabe der Daten (weiterhin) „privilegiert" ist. Insofern von dem Vorliegen einer „Privilegierung" auszugehen ist, bedarf es für die Weitergabe der Daten an sich keiner Rechtsgrundlage. Für die Verarbeitung der Daten muss eine solche auf Seiten des Auftraggebers aber naturgemäß vorliegen.[84] 95

Praxishinweis: 96

Die Frage, ob eine „Privilegierung" gegeben, oder ob dies nicht der Fall ist, kann in der Praxis insbesondere dann von erheblicher Relevanz sein, wenn die Datenverarbeitung auf die Rechtsgrundlage in Art. 6 Abs. 1 S. 1 lit. f) (Interessenabwägung) gestützt wird. Die Voraussetzungen der genannten Rechtsgrundlage sind unter anderem nur dann erfüllt, wenn die Datenverarbeitung „vernünftigerweise den Erwartungen" der Betroffenen entspricht.[85] Hiervon dürfte bei einer Datennutzung zu eigenen Zwecken häufiger auszugehen sein, als wenn eine Datenübermittlung, die einer eigenen Rechtsgrundlage bedarf, vorliegt.

Auch wenn der Auftragsverarbeiter ein „Empfänger" von Daten im Sinne des Art. 4 Nr. 9 DSGVO ist, handelt es sich bei diesem nicht um einen „Dritten" im Sinne des Art. 4 Nr. 10 DSGVO: 97

„Im Sinne dieser Verordnung bezeichnet der Ausdruck:

„Dritter" eine natürliche oder juristische Person, Behörde, Einrichtung oder andere Stelle, ***außer*** *der betroffenen Person, dem Verantwortlichen,* ***dem Auftragsverarbeiter*** *und den Personen, die unter der unmittelbaren Verantwortung des Verantwortlichen oder des Auftragsverarbeiters befugt sind, die personenbezogenen Daten zu verarbeiten".*

Der Umstand, dass der Auftragsverarbeiter ein „Empfänger" von Daten ist, ist darin begründet, dass der Gesetzgeber hierdurch sicherstellt, dass die Betroffenen über den Einsatz von Auftragsverarbeitern zu informieren sind (Art. 13 Abs. 1 Ziffer e) DSGVO, Art. 14 Abs. 1 Ziffer e) DSGVO), die Verarbeitung von Daten durch Auftragsverarbeiter zu beauskunften ist (Art. 15 Abs. 1 Ziffer c) DSGVO) und in den Fällen des Art. 19 S. 1 DSGVO auch eine Mitteilungspflicht gegenüber Auftragsverarbeitern besteht. Dies hat jedoch nicht zur Folge, dass die Weitergabe der Daten durch den Auftraggeber an den Auftragnehmer einer

84 Vgl. hierzu die Ausführungen unter Rn. 147.
85 Vgl. hierzu die Ausführungen unter Rn. 268 ff.

eigenen Rechtsgrundlage bedarf. Vielmehr ist in Bezug auf diese auch unter Geltung der DSGVO eine „Privilegierung" gegeben.[86]

VI. Abrede zur Auftragsverarbeitung

98 Zwischen dem Verantwortlichen und dem Auftragsverarbeiter muss bei Vorliegen eines Auftragsverarbeitungsverhältnisses eine Abrede zur Auftragsverarbeitung geschlossen werden. Vorgaben zum Inhalt der Abrede zur Auftragsverarbeitung sind der Regelung in Art. 28 Abs. 3 DSGVO zu entnehmen. Nach diesen Vorgaben ist zwischen dem Auftraggeber und dem Auftragnehmer Folgendes zu vereinbaren:

- Der Auftragnehmer verarbeitet die Daten ausschließlich auf Weisung des Auftraggebers.
- Die mit der Datenverarbeitung betrauten Mitarbeiter des Auftragnehmers sind auf das „Datengeheimnis" zu verpflichten.
- Der Auftragnehmer trifft ausreichende technische und organisatorische Maßnahmen zum Schutz der Daten.
- Der Auftragnehmer hält die gesetzlichen Bedingungen in Bezug auf den Einsatz von Unterauftragnehmern ein.
- Der Auftragnehmer unterstützt den Auftraggeber bei der Umsetzung von Betroffenenrechten, insofern diese die durch den Auftragnehmer verarbeiteten Daten betreffen.
- Der Auftragnehmer unterstützt den Auftraggeber in Bezug auf die Einhaltung der Vorgaben in Art. 32 DSGVO bis Art. 36 DSGVO (u. a. Meldung von Datenpannen).
- Mit der Beendigung des Auftragsverarbeitungsverhältnisses löscht der Auftragnehmer die Daten oder „gibt" diese an den Auftraggeber zurück.
- Der Auftragnehmer stellt dem Auftraggeber Informationen zum Nachweis der Einhaltung der Verpflichtungen des Auftragnehmers aus Art. 28 DSGVO zur Verfügung und räumt dem Auftraggeber die Möglichkeit der Überprüfung ein.
- Der Auftragnehmer informiert den Auftraggeber, wenn der Auftragnehmer der Ansicht ist, dass die durch den Auftraggeber angewiesene Datenverarbeitung gegen datenschutzrechtliche Gesetze verstößt.

99 Die DSGVO gibt vor, dass die Abrede zur Auftragsverarbeitung schriftlich abzufassen ist, wobei dies auch in einem „elektronischen Format" erfolgen kann. Ausreichend hierfür ist unter anderem die Einhaltung der Vorgaben aus § 126b BGB.[87] Das BDSG 2009 gab in § 11 Abs. 2 vor, dass Abreden zur Auftrags(daten)verarbeitung durch den Auftraggeber und den Auftragnehmer zu

86 *Albrecht/Jotzo*, Das neue Datenschutzrecht, 1. Auflage 2017, Teil 5, Rn. 22; *Nink*, in: Spindler/Schuster, Recht der elektronischen Medien, 4. Aufl. 2019, Art. 28 Rn. 2; a. A. Piltz, K&R 2016, 709 (712).

87 *Bertermann*, in: Ehmann/Selmayr, DSGVO, 2. Aufl. 2018, Art. 28 Rn. 12.

unterzeichnen waren (§ 126 BGB). Diese Vorgabe besteht nun nicht mehr, was den Abschluss von Abreden zur Auftragsverarbeitung in der Praxis enorm erleichtert.

> *Praxishinweis:* 100
>
> Im Rahmen der Ausgestaltung der vertraglichen Regelungen ist genau darauf zu achten, dass in diesen festgelegt wird, dass dem Auftragsverarbeiter kein eigenständiges Ermessen in Bezug auf die Datenverarbeitung einzuräumen ist. Bei der Einräumung eines zu weiten Ermessenspielraums besteht nämlich die Gefahr, dass ein Auftragsverarbeitungsverhältnis und damit auch die „Privilegierung" in Bezug auf die Weitergabe der Daten nicht vorliegen. Ein Auftragsverarbeitungsverhältnis entsteht nicht durch den Abschluss einer Abrede zur Auftragsverarbeitung. Ob ein solches vorliegt, ist anhand der gesetzlichen Vorgaben zu beurteilen.

In der Praxis hat sich ein Vorgehen dahingehend etabliert, dass Unternehmen 101 Muster-Auftragsverarbeitungsabreden erstellen, die sie grundsätzlich – angepasst an die jeweilige Datenverarbeitung – einsetzen. In diesem Zusammenhang treten immer wieder Diskussionen dahingehend auf, ob das Muster des Auftraggebers oder das des Auftragnehmers verwendet werden soll. In diesem Zusammenhang dürfte es grundsätzlich sachdienlich sein, dass der Auftraggeber bestimmt, welches Muster verwendet wird, da er Verantwortlicher in Bezug auf die Verarbeitung der Daten ist. Dies gilt trotz des Umstands, dass die Verpflichtung zum Abschluss einer Abrede zur Auftragsverarbeitung aus Art. 28 Abs. 3 DSGVO sowohl den Verantwortlichen als auch den Auftragsverarbeiter adressiert.

1. Abschluss von SDK

Alternativ zum Abschluss von Abreden zur Auftragsverarbeitung besteht die 102 Möglichkeit, von der EU-Kommission herausgegebene Standarddatenschutzklauseln[88] („Controller to Processor") zu vereinbaren. Auch ist es möglich, einzelne Regelungen aus den genannten Standarddatenschutzklauseln in die Abrede zur Auftragsverarbeitung zu integrieren (Art. 28 Abs. 6 DSGVO).

2. Unterauftragnehmer

Der Auftragsverarbeiter hat die Möglichkeit, für die Erbringung von ihm auf- 103 grund des Vertragsverhältnisses mit dem Auftraggeber obliegender Datenverarbeitungen, Dienstleister einzusetzen. Dies ergibt sich aus der Vorschrift in Art. 28 Abs. 4 DSGVO. In diesem Fall ist zwischen dem Auftragsverarbeiter und dem Unterauftragnehmer eine den Vorgaben aus Art. 28 Abs. 3 DSGVO entsprechende Abrede zur Auftragsverarbeitung abzuschließen (Art. 28 Abs. 4 S. 1 DSGVO).

88 Die Vorschrift in Art. 28 Abs. 6 DSGVO verwendet noch den „alten" Begriff „Standardvertragsklauseln".

104 *Praxishinweis:*

Die Thematik der Verarbeitung von Daten durch Unterauftragnehmer sowie deren rechtssichere Ausgestaltung weisen eine große Praxisrelevanz auf. Der Einsatz von Unterauftragnehmern erfolgt in der Praxis regelmäßig. Insbesondere werden Teile von Datenverarbeitungen durch Auftragnehmer häufig in Cloud-Infrastrukturen vorgenommen. In diesem Zusammenhang ist oftmals zu überprüfen, ob im Zusammenhang mit der Inanspruchnahme der Cloud-Infrastrukturen die gesetzlichen Vorgaben bezüglich der „Übermittlung" von Daten in so genannte „unsichere Drittländer" (Art. 44 ff. DSGVO) eingehalten werden.[89] Diese Vorgaben adressieren im Übrigen sowohl den Verantwortlichen als auch den Auftragsverarbeiter.[90] Im Rahmen der Prüfung durch den Verantwortlichen, ob der Einsatz des jeweiligen Dienstleisters/potenziellen Auftragnehmers in Betracht kommt, ist daher unter anderem auf die Thematik des Einsatzes von Unterauftragnehmern durch den Dienstleister/Auftragnehmer ein Hauptaugenmerk zu legen. Darüber hinaus sollte – zumindest bei sehr relevanten Datenverarbeitungen – in der Abrede zur Auftragsverarbeitung zwischen dem Verantwortlichen und dem Auftragsverarbeiter eine Regelung getroffen werden, dass der Auftraggeber den Einsatz weiterer, neuer Unterauftragnehmer aktiv genehmigen muss. In diesen Fällen sollte keine gemäß Art. 28 Abs. 2 S. 2 DSGVO mögliche „allgemeine Genehmigung", die „lediglich" das Vorliegen einer Informationspflicht auf Seiten der Auftragsverarbeiter beinhalten muss, erfolgen.

VII. Eigenständige Haftung des Auftragsverarbeiters

105 Der Auftragsverarbeiter kann dann bei Verstößen gegen Vorgaben aus der DSGVO selbst gesetzlich haften, wenn diese Vorgaben den Auftragsverarbeiter unmittelbar adressieren und die DSGVO vorgibt, dass der Auftragsverarbeiter selbst und nicht (nur) der Auftraggeber für die Einhaltung der Vorgaben verantwortlich ist. Außerdem kann eine Haftung auf Seiten des Auftragsverarbeiters bei Vorliegen eines „Exzesses" gegeben sein. Weiterhin besteht die Möglichkeit, dass der Auftragsverarbeiter gegenüber dem Verantwortlichen wegen der Verletzung von Verpflichtungen aus der Abrede zur Auftragsverarbeitung haftet.

VIII. Gesetzliche Verpflichtungen des Auftragsverarbeiters/Vertragliche Haftung

106 Eine Vielzahl von gesetzlichen Verpflichtungen aus der DSGVO adressieren nicht nur den Verantwortlichen, sondern auch direkt den Auftragsverarbeiter. Zu diesen gesetzlichen Verpflichtungen gehören die Folgenden:

89 Vgl. hierzu die Ausführungen unter Rn. 531 ff.
90 Vgl. hierzu die Ausführungen unter Rn. 514.

- Schaffung ausreichender technischer und organisatorischer Maßnahmen zum Schutz der durch den Auftragsverarbeiter verarbeiteten Daten (Art. 32 Abs. 1 DSGVO);
- Einhaltung der gesetzlichen Vorgaben bezüglich der Übermittlung von Daten in unsichere Drittländer/an internationale Organisationen (Art. 44 S. 1 DSGVO);
- Führung eines eigenes „Verzeichnisses von Verarbeitungstätigkeiten" (Art. 30 Abs. 2 DSGVO);
- Benennung eines Datenschutzbeauftragten (Art. 37 Abs. 1 DSGVO);
- Unverzügliche Meldung von Datenpannen gegenüber dem Verantwortlichen (Art. 33 Abs. 2 DSGVO).

Insofern ein Auftragsverarbeiter gegen eine ihm aus der gemäß Art. 28 Abs. 3 107 DSGVO abzuschließenden vertraglichen Vereinbarung (Abrede zur Auftragsverarbeitung) obliegende Verpflichtung verstößt, kann der Auftragsverarbeiter im Innenverhältnis von dem Auftraggeber in Anspruch genommen werden. Dies gilt auch dann, wenn die Pflichtverletzung durch einen Unterauftragnehmer des Auftragsverarbeiters begangen wird (Art. 28 Abs. 4 S. 2 DSGVO). Eine „parallele" Haftung des Auftragsverarbeiters wegen eines Verstoßes gegen die DSGVO ist in diesen Fällen aber zweifelsfrei nur dann gegeben, wenn die jeweilige vertragliche Verpflichtung sich mit einer solchen aus der DSGVO, die den Auftragsverarbeiter direkt adressiert, „deckt".

Beispiel 12:

Der Auftragsverarbeiter A trifft keine ausreichenden technischen und organisatorischen Maßnahmen zum Schutz der im Auftrag des Online-Reiseunternehmens O verarbeiteten Daten. Erwächst dem O hieraus ein Schaden, hat der A dem O diesen Schaden aufgrund einer Verletzung der dem A diesbezüglich obliegenden vertraglichen Verpflichtung (vgl. Art. 28 Abs. 3 S. 2 lit. c) DSGVO) zu ersetzen. Außerdem kann der A z. B. von der für ihn zuständigen Datenschutzbehörde wegen der Verletzung der Vorgaben aus Art. 32 DSGVO in Anspruch genommen werden.

Praxishinweis: 108

In der Praxis kommt es regelmäßig vor, dass die abgeschlossenen Abreden zur Auftragsverarbeitung keine Regelungen zu der vertraglichen Haftung beinhalten; solche aber in dem „Hauptvertrag" gegeben sind. In dieser Konstellation stellt sich dann die Frage, ob die Regelungen zur (Einschränkung) der Haftung in dem „Hauptvertrag" auch in Bezug auf die in der Abrede zur Auftragsverarbeitung getroffenen Regelungen gelten. Um hier Rechtssicherheit zu erlangen, sollte in den „Hauptvertrag" und/oder in der Abrede zur Auftragsverarbeitung diesbezüglich eine klarstellende Regelung aufgenommen werden.

Des Weiteren besteht die Möglichkeit, dass der Auftragsverarbeiter gegenüber 109 den Betroffenen zum Schadensersatz verpflichtet ist, wenn der Auftragsverarbeiter

*„**seinen speziell den Auftragsverarbeitern auferlegten Pflichten** aus dieser Verordnung nicht nachgekommen ist oder unter **Nichtbeachtung der rechtmäßig erteilten Anweisungen des für die Datenverarbeitung Verantwortlichen oder gegen diese Anweisungen** gehandelt hat" (Art. 82 Abs. 2 S. 2 DSGVO).*

Fraglich ist, ob unter die Regelung in Art. 82 Abs. 2 S. 2 DSGVO auch Zuwiderhandlungen des Auftragsverarbeiters gegen die Verpflichtungen aus dem gemäß Art. 28 Abs. 3 DSGVO zu schließenden Vertrag fallen. Diese Frage dürfte jedoch keine übermäßige Praxisrelevanz aufweisen, da der Inhalt der genannten Verpflichtungen sich mit den gesetzlichen Vorgaben, die den Auftragsverarbeiter unmittelbar „adressieren", weitgehend „decken".[91]

IX. „Exzess" des Auftragsverarbeiters

110 Insofern ein Auftragsverarbeiter die im Rahmen eines Auftragsverarbeitungsverhältnisses erhaltenen Daten außerhalb der Weisungen des Auftraggebers verarbeitet, ist der Auftragsverarbeiter im Hinblick auf diese Datenverarbeitung als datenschutzrechtlich Verantwortlicher zu qualifizieren. Dies ergibt sich aus der Regelung in Art. 28 Abs. 10 DSGVO.

Beispiel 13:

Der Callcenter-Betreiber C erhält von dem Energieversorger E Telefonnummern von Kunden des E. C soll diese Telefonnummern nutzen, um die Kunden des E im Rahmen einer „Outbound-Telefonie" auf Basis eines Gesprächsleitfadens über die neuen Tarife von E zu informieren. C nutzt die Telefonnummern jedoch nicht nur, um die neuen Tarife des E zu bewerben. C kontaktiert die Inhaber der Telefonnummern vielmehr auch, um Leistungen eines anderen Vertragspartners des C, nämlich solche des Energieversorgers D, zu bewerben.

In den Fällen, in denen die Datenverarbeitung durch den Auftragsverarbeiter aufgrund des Vorliegens eines „Exzesses" auf Seiten des Auftragsverarbeiters als Verantwortlicher erfolgt, obliegt es diesem, die in Bezug auf die Datenverarbeitung bestehenden gesetzlichen Vorgaben (u. a. Informationspflichten, Notwendigkeit des Vorliegens einer Rechtsgrundlage) einzuhalten.

111 *Praxishinweis:*

Um dem Missbrauch von Daten durch Auftragsverarbeiter vorzubeugen, hat sich im Bereich des Marketing der Einsatz von Kontrolladressen etabliert. Kontrolladressen werden von Dienstleistern angeboten und in das an Auftragsverarbeiter (oder Werbepartner) zu übermittelnde Adresspotenzial integriert. Werden die Adressen dann zu anderen als den vorgegebenen Zwecken verwendet, erfolgt eine Information durch den Dienstleister an den Auftraggeber. Der Einsatz derartiger Adressen ist am Markt allgemein bekannt und dieser trägt daher dazu bei, dass Auftragsverarbeiter sich an die Weisungen der Auftraggeber halten. Vor

91 Ebenso *Bergt*, in: Kühling/Buchner, DSGVO/BDSG, 3. Aufl. 2020, Art. 82 Rn. 28.

diesem Hintergrund kann sich der Einsatz von Kontrolladressen aus Sicht des Verantwortlichen positiv auf eine Interessenabwägung (Art. 6 Abs. 1 S. 1 lit. f) DSGVO) auswirken[92] und sollte – soweit möglich – auf jeden Fall erfolgen.

F. „Controller to Controller"

Eine „Controller to Controller-Situation" liegt dann vor, wenn ein Verantwortlicher Daten an einen Dritten übermittelt und dieser Dritte (Empfänger) die Daten als alleinig Verantwortlicher verarbeitet. 112

Beispiel 14:
Der Kunde K hat bei dem Online-Händler O ein Handy bestellt. Der O übermittelt den Namen sowie die Postadressdaten des K zuzüglich der Ware an den Zusteller Z, der die genannten Daten zum Zweck der Zustellung des Handys an den K verarbeitet.[93]

Mangels des Bestehens eines Auftragsverarbeitungsverhältnisses ist bei Vorliegen einer „Controller to Controller-Situation" keine Abrede zur Auftragsverarbeitung zu schließen. Dies bedeutet jedoch nicht, dass zwischen dem Verantwortlichen, der die Daten übermittelt und dem Empfänger, der die Daten als alleinig Verantwortlicher weiterverarbeitet, keine vertraglichen Regelungen zum Datenschutz zu treffen sind.[94] Dies wird in der Praxis häufig übersehen. Insbesondere in den Fällen, in denen die Übermittlung der Daten auf die Rechtsgrundlage in Art. 6 Abs. 1 S. 1 lit. f) DSGVO (Interessenabwägung) gestützt wird, sollten (mindestens) die folgenden „Punkte" vertraglich geregelt werden: 113

- Der Empfänger der Daten verarbeitet diese als alleinig Verantwortlicher.
- Der genaue Zweck der Verarbeitung der Daten durch deren Empfänger.
- Festlegung einer Zweckbindung dahingehend, dass die Daten durch den Empfänger ausschließlich zu dem vereinbarten Zweck verarbeitet werden dürfen.
- Verpflichtung des Empfängers zur Schaffung ausreichender technischer und organisatorischer Maßnahmen zum Schutz der Daten.
- Verpflichtung des Empfängers zum Abschluss von den gesetzlichen Anforderungen entsprechenden Abreden zur Auftragsverarbeitung, insofern der Empfänger die Daten durch (einen) Auftragsverarbeiter verarbeiten lässt.
- Der Empfänger hat im Rahmen der Verarbeitung der Daten sämtliche einschlägigen datenschutzrechtlichen Vorgaben, insbesondere solche aus der

92 Vgl. hierzu auch die Ausführungen unter Rn. 254 ff.
93 Zur Einordnung der Verarbeitung von Daten durch Zusteller vgl. die Ausführungen unter Rn. 85, 87 f.
94 Auslegungshilfe des LDA Bayern –*https://www.lda.bayern.de/media/FAQ_Abgrenzung_Auftragsverarbeitung.pdf*, zuletzt abgerufen am 30. 11. 2021.

DSGVO, einzuhalten. Dies gilt insbesondere auch für die gesetzlichen Regelungen zur Übermittlung von Daten in „unsichere Drittländer" (Art. 44 ff. DSGVO).

114 *Praxishinweis:*

Dass eine Vereinbarung entsprechender vertraglicher Regelungen insbesondere dann vorgenommen und diese sorgfältig ausgestaltet werden sollten, wenn die Datenübermittlung auf die Rechtsgrundlage in Art. 6 Abs. 1 S. 1 lit. f) DSGVO (Interessenabwägung) gestützt wird, liegt daran, dass der Inhalt der vertraglichen Regelungen (zwingend) Bestandteil der vorzunehmenden Interessenabwägung sein könnte.

115 Verarbeitet der Empfänger der Daten diese z. B. zu einem anderen als dem vertraglich festgelegten Zweck und ist diese Verarbeitung aus datenschutzrechtlichen Gründen rechtswidrig, hat dies im Übrigen nicht zur Folge, dass die Übermittlung der Daten an den Empfänger (zu dem vereinbarten rechtmäßigen Zweck) einen Datenschutzverstoß des übermittelnden Verantwortlichen darstellt.

G. Gemeinsame Verantwortlichkeit

116 Eine Stelle hat grundsätzlich immer nur dann datenschutzrechtlich für eine Datenverarbeitung einzustehen, wenn sie im Hinblick auf diese als „Verantwortliche" im Sinn der DSGVO (Art. 4 Nr. 7 DSGVO) zu qualifizieren ist. Der Norm in Art. 4 Nr. 7 DSGVO und der in Art. 26 Abs. 1 DSGVO ist zu entnehmen, dass mehrere Stellen für eine Datenverarbeitung gemeinsam verantwortlich sein können. Insofern das Bestehen einer gemeinsamen Verantwortlichkeit anzunehmen ist, hat dies für die Praxis relevante Auswirkungen. Diese Auswirkungen betreffen insbesondere die folgenden „Punkte":

- Erforderlichkeit des Abschlusses eines „Joint-Controller-Agreements" (Art. 26 Abs. 1 S. 2 DSGVO, Art. 26 Abs. 2 S. 1 DSGVO);
- Schaffung von Transparenz im Hinblick auf die Aufteilung der einzelnen Verantwortlichkeiten (Art. 26 Abs. 2 S. 2 DSGVO);
- Vorliegen einer gesamtschuldnerischen Haftung (Art. 82 Abs. 4 DSGVO).

117 Des Weiteren ist zu beachten, dass allein die Einhaltung der Vorgaben aus Art. 26 DSGVO bei dem Vorliegen einer gemeinsamen Verantwortlichkeit nicht dazu führt, dass die von dieser erfasste Datenverarbeitung rechtskonform ist. Vielmehr müssen in Bezug auf die Datenverarbeitung auch die weiteren bestehenden datenschutzrechtlichen Vorgaben eingehalten werden. Insbesondere bedarf es einer Rechtsgrundlage für die Datenverarbeitung.[95]

95 *Petri,* in: Simitis/Hornung/Spiecker gen. Döhmann, Datenschutzrecht, 1. Aufl. 2019, Art. 26 Rn. 1.

I. Anwendungsbereich

In der Praxis ist eine Abgrenzung der gemeinsamen Verantwortlichkeit zu anderen Konstellationen (Auftragsverarbeitungsverhältnis[96], „Controller-to-Controller-Situation“[97]) häufig sehr schwierig. Die Problematik der Abgrenzung ist in den Fällen, in denen mehrere Stellen an der Datenverarbeitung beteiligt sind, regelmäßig gegeben. 118

Beispiel 15:

Das Unternehmen X bindet ein Tracking-Pixel des Unternehmens Y (z. B. Betreiberin einer Social-Media-Plattform) in seine Webseite ein. Y nutzt die über das Tracking-Pixel erhobenen Information für die Aussteuerung von Retargeting-Werbungen des X (auf der Social-Media-Plattform). Y führt die Trackingdaten von der Webseite des X aber auch mit Trackingdaten zusammen, die Y über andere Webseiten, die das Tracking-Pixel ebenfalls integriert haben, erhoben hat. Y nutzt die zusammengeführten Informationen für eigene Werbemaßnahmen sowie für Werbezwecke Dritter.

Beispiel 16:

Das Unternehmen A hat Postadressdaten über seine Kunden erhoben. Das Unternehmen B möchte nun, dass A diese Postadressdaten nutzt, um einen Werbekatalog des B zu versenden. Da sich der Werbekatalog des B an Frauen richtet, die unter 40 Jahre alt sind und die in bestimmten Bundesländern wohnen, in denen B Filialgeschäfte betreibt, soll A diese Merkmale (Selektionskriterien) bei der Erstellung der Werbeadressliste berücksichtigen. Auf die Erhebung der Postadressdaten sowie auf die faktische Erstellung der Werbeadressliste durch A hat B keinen Einfluss. Im Rahmen der Aussteuerung der Werbung werden die Postadressdaten nicht an B übermittelt. Es erfolgt vielmehr eine „transparente Nutzung“ unter Einsatz eines „Lettershops“.[98]

Beispiel 17:

Das Unternehmen N ist Betreiberin einer Gesundheits-App. In diesem Zusammenhang erhebt N zum Zweck der Zurverfügungstellung der Funktionalitäten der App Informationen über Lebensgewohnheiten der einzelnen Nutzer der App. N möchte die erhobenen Daten nun über alle Nutzer hinweg auswerten, um Statistiken zu einzelnen Gewohnheiten der Nutzer zu erstellen. Hierzu übermittelt N die Daten an das Unternehmen O, das auf Basis der Vorgaben von N die Auswertungen erstellen soll. Vor einer Übermittlung der Daten werden diese von N derart „bereinigt“, dass sie keine an sich personenbezogenen Informationen (z. B. E-Mail-Adressen) beinhalten.

96 Vgl. zum Auftragsverarbeitungsverhältnis die Ausführungen unter Rn. 81 ff.
97 Vgl. zum „Controller to Controller-Verhältnis“ die Ausführungen unter Rn. 112 ff.
98 Zum „Lettershopverfahren“ vgl. die Ausführungen unter Rn. 691 ff.

Es stellt sich die Frage, ob in den bzw. in welchen der zuvor wiedergegebenen Beispielen eine gemeinsame Verantwortlichkeit im Sinne der Vorschrift in Art. 26 DSGVO gegeben ist, und wenn eine solche vorliegt, auf welche genauen Datenverarbeitungsschritte sich diese erstreckt.

1. Fortbestand der Rechtsprechungen zur Richtlinie 95/46/EG?

119 Die öffentliche datenschutzrechtliche Diskussion entwickelt sich aktuell zum Teil in die Richtung, dass nach dieser in den Fällen, in denen mehrere Stellen an einer Datenverarbeitung beteiligt sind, sehr häufig das Vorliegen einer gemeinsamen Verantwortlichkeit anzunehmen sei. Zum Teil vermittelt die Diskussion sogar den Eindruck, dass (klassische) „Controller-to-Controller-Verhältnisse“[99] in der Praxis kaum noch existieren.

120 In diesem Zusammenhang wird unter Hinweis auf die Entscheidungen des EuGH in den Rechtssachen „Zeugen Jehovas“[100] und „Fashion-ID“[101] immer wieder (unwidersprochen) davon ausgegangen, dass es für das Vorliegen einer gemeinsamen Verantwortlichkeit nicht erforderlich ist, dass alle gemeinsamen Verantwortlichen Zugriff auf die verarbeiteten Daten haben.[102] Fraglich ist jedoch, ob die von den Entscheidungen in den genannten Rechtssachen, die zu den Vorgaben der EU-Datenschutzrichtlinie (Richtlinie 95/46/EG) ergangen sind, ausgehenden Wertungen unter Geltung der DSGVO überhaupt (vollständig) fortbestehen können. Hieran bestehen dahingehend Zweifel, dass durch die DSGVO erhöhte Anforderungen an die Verantwortlichen durch die in Art. 5 Abs. 2 DSGVO normierte Rechenschaftspflicht („Accountability“) gestellt werden.[103] Die Einhaltung der Vorgaben aus Art. 5 DSGVO kann nicht unterhalb der gemeinsam Verantwortlichen aufgeteilt werden.[104] Mithin ist jeder einzelne der gemeinsam Verantwortlichen für deren Einhaltung verantwortlich. In diesem Zusammenhang stellt sich z. B. die Frage, wie in dem **Beispiel 16** das Unternehmen B Rechenschaft darüber erbringen soll, dass das Unternehmen A die zum Zweck der Printwerbung des B genutzten Daten rechtskonform erhoben hat und bei der Erstellung der Werbeadressliste die einschlägigen datenschutzrechtlichen Vorgaben eingehalten worden sind.

121 Darüber hinaus ist in Bezug auf die Reichweite des Anwendungsbereichs der gemeinsamen Verantwortlichkeit zu bedenken, dass jeder der gemeinsam Verantwortlichen von Betroffenen bei Vorliegen der entsprechenden Voraussetzungen gesamtschuldnerisch auf Schadensersatz in Anspruch genommen werden kann (Art. 82 Abs. 4 DSGVO). Dafür, dass der in Anspruch genommene gemeinsam Verantwortliche in keinerlei Hinsicht für den entstandenen Schaden verantwortlich ist (Art. 82 Abs. 3 DSGVO), trägt dieser die Beweislast. Inso-

99 Vgl. zu diesen die Ausführungen unter Rn. 112 ff.
100 EuGH, Urt. vom 10. 07. 2018 – C-25/17.
101 EuGH, Urt. v. 29. 07. 2019 – C-49/17.
102 Vgl. beispielhaft *Martini,* in: Paal/Pauly, DSGVO/BDSG, 3. Aufl. 2021, Art. 26 Rn. 19a.
103 Zum Grundsatz der „Accountability“ vgl. die Ausführungen unter Rn. 74 ff.
104 *Lang,* in: Taeger/Gabel, DSGVO/BDSG, 3. Aufl. 2018, Art. 26 Rn. 31.

fern der durch den Betroffenen vollständig in Anspruch genommene Verantwortliche einen anderen Verantwortlichen, in dessen Sphäre die Rechtsverletzung fällt, im Innenverhältnis in Regress nehmen möchte, trägt der Regresssteller außerdem das Insolvenzrisiko des Regressnehmers. Des Weiteren ist im Hinblick auf die hier erörterte Thematik zu beachten, dass die Betroffenenrechte gegenüber jedem der Verantwortlichen geltend gemacht werden können (Art. 26 Abs. 3 DSGVO). Die zuvor dargelegten Umstände wurden in Bezug auf deren etwaigen Auswirkungen auf die Reichweite des Anwendungsbereichs der gemeinsamen Verantwortlichkeit auch in der Stellungnahme des Generalanwalts in der Rechtssache „Fashion-ID“[105] thematisiert:

> *„Drittens wird mit Art. 26 DSGVO, dies sei hier vielleicht unter teilweiser Vorwegnahme einiger dieser Fragen angemerkt, offenbar ein neues System der gemeinsamen Haftung eingeführt. Zweifellos ist die DSGVO ratione temporis auf die in diesem Abschnitt erörterten Fälle und auch auf die vorliegende Rechtssache nicht anwendbar. Doch wäre es recht überraschend, wenn die Auslegung von Schlüsselbegriffen, darunter die des für die Verarbeitung Verantwortlichen, der Verarbeitung und der personenbezogenen Daten, (ohne guten Grund) erheblich von der bestehenden Rechtsprechung abwiche, es sei denn, die Neuregelung sähe eine konkrete oder systematische Änderung der maßgeblichen Begriffsbestimmungen vor, was nicht der Fall zu sein scheint, weil Art. 4 der DSGVO (allerdings unter Hinzufügung einer Reihe von neuen Begriffsbestimmungen) weitgehend dieselben Schlüsselbegriffe wie Art. 2 der Richtlinie 95/46 enthält.*
>
> *Wenn dem tatsächlich so wäre, würde das mit Art. 26 Abs. 3 der DSGVO offenbar eingeführte System der gemeinsamen Haftung von gemeinsam für die Verarbeitung Verantwortlichen **zu einer erheblichen Herausforderung**. Einerseits können gemeinsam für die Verarbeitung Verantwortliche nach Art. 26 Abs. 1 der DSGVO ‚[festlegen], wer von ihnen welche Verpflichtung … erfüllt‘. Andererseits stellt Art. 26 Abs. 3 der DSGVO klar, dass ‚die betroffene Person ihre Rechte‘ ungeachtet einer solchen Vereinbarung ‚bei und gegenüber jedem einzelnen der Verantwortlichen geltend machen [kann]‘. **Somit kann jeder der gemeinsam Verantwortlichen für die fragliche Verarbeitung von Daten haftbar gemacht werden**“.*

In Bezug auf die Problematik der gesamtschuldnerischen Haftung (Art. 82 Abs. 4 DSGVO) hat der Generalanwalt außerdem zusätzlich das Folgende ausgeführt:

> *„Wie jede sonstige Anwendung und jedes andere Programm auch ist ein soziales Netzwerk ein Werkzeug. Ähnlich wie ein Messer oder ein Auto kann es unterschiedlich verwendet werden. Im Fall einer Nutzung für die falschen Zwecke muss der betreffende Missbrauch zweifellos rechtlich verfolgt werden. Aber es ist wohl keine gute Idee, alle zu bestrafen, die jemals ein Messer benutzt haben. Normalerweise verfolgt man die Person(en), **die die Gewalt über das Messer hatte(n)**, als mit ihm Schaden angerichtet wurde“.*

Der EuGH hat sich in seiner Entscheidung in der Rechtssache „Fashion-ID“ nicht 122
zu der vom Generalanwalt in dessen Stellungnahme aufgeworfenen Frage der

105 Schlussanträge v. 19. 12. 2018 – C-40/17.

Reichweite des Anwendungsbereichs der gemeinsamen Verantwortlichkeit unter Geltung der DSGVO geäußert. Dies musste er auch nicht, da bei der gerichtlichen Bewertung des der genannten Rechtssache zugrundeliegenden Sachverhalts ausschließlich die Vorgaben aus der EU-Datenschutzrichtlinie (Richtlinie 95/46/EG) maßgeblich waren. Hieraus kann aber nicht geschlossen werden, dass die vom EuGH zur EU-Datenschutzrichtlinie (Richtlinie 95/46/EG) entwickelten Grundsätze zur gemeinsamen Verantwortlichkeit auch unter Geltung der DSGVO (uneingeschränkt) Gültigkeit haben. Nach der hier vertretenen Auffassung bestehen an dem Bestehen eines (uneingeschränkten) Fortbestands der genannten Grundsätze aufgrund der in der DSGVO normierten erweiterten Rechenschaftspflichten sowie aufgrund der neuen Regelungen zur Haftung und der zur Umsetzung von Betroffenenrechten Zweifel.[106]

123 Des Weiteren ist darauf hinzuweisen, dass nicht nur aufgrund des Umstands, dass zwei Stellen gemeinsam den „Zweck“ der Datenverarbeitung festlegen, eine gemeinsame Verantwortlichkeit gegeben ist. Die Legaldefinition in Art. 4 Ziffer 7 DSGVO sieht ausdrücklich vor, dass auch über die „Mittel“ der Datenverarbeitung gemeinsam entschieden werden muss. Nach den Ausführungen des EuGH in der Entscheidung in der Rechtssache „Fashion-ID“ reichte es unter Geltung der EU-Datenschutzrichtlinie (Richtlinie 95/46/EG) hierfür nicht aus, wenn alle beteiligten Stellen ein wirtschaftliches Interesse an der Datenverarbeitung haben. Dies ergibt sich daraus, dass in dem vom EuGH entschiedenen Sachverhalt beide Stellen (Websitebetreiber und Facebook) ein wirtschaftliches Interesse an der Folgeverarbeitung der Daten durch Facebook hatten, nach der Ansicht des EuGH aber ausschließlich Facebook für die Folgeverarbeitung verantwortlich war.[107] Diese Ansicht ist dahingehend korrekt, dass das Merkmal der „Entscheidung über die Mittel“ der Verarbeitung ansonsten komplett ausgehöhlt werden würde. So würde z. B. in den **Beispielen 15 bis 17** allein aufgrund des Umstands, dass die in diesen genannten Stellen jeweils gemeinsam über die Zwecke der beschriebenen Datenverarbeitungen entscheiden, gemeinsame Verantwortlichkeiten vorliegen.

2. Zweck der Regelungen zur gemeinsamen Verantwortlichkeit

124 Für die Beantwortung der Frage, welche Reichweite der Anwendungsbereich der Vorschrift in Art. 26 DSGVO aufweist, ist auch von Relevanz, welchen Zweck die Vorschriften zur gemeinsamen Verantwortlichkeit (insb. Art. 26 DSGVO und Art. 82 Abs. 4 DSGVO) verfolgen. Hintergrund der Schaffung der genannten Vorschriften ist, dass in einer technologisierten Welt häufig eine Vielzahl an Stellen an Datenverarbeitungen beteiligt ist. Die unterhalb der Beteiligten bestehenden (internen) Verantwortlichkeiten können von den Betroffenen häufig nur schwer nachvollzogen werden.[108] Vor diesem Hintergrund ist es aus der Sicht des Europäischen Gesetzgebers unter anderem sachgerecht, wenn die

106 Vgl. hierzu die Ausführungen unter Rn. 120 f.
107 EuGH, Urt. v. 29. 07. 2019 – C-40/17.
108 Vgl. S. 4 des Erwägungsgrunds 58 zur DSGVO.

Betroffenen die Möglichkeit haben, gegenüber einem der beteiligten Verantwortlichen ihre Rechte/Ansprüche vollumfänglich geltend zu machen.

Aus dem zuvor dargelegten Zweck folgt, dass im Rahmen der Beantwortung der Frage, ob eine gemeinsame Verantwortlichkeit gegeben ist, die konkrete Ausgestaltung der Zusammenarbeit im Einzelfall zu berücksichtigen ist. In diesem Zusammenhang kann insbesondere die durch die an der Datenverarbeitung Beteiligten geschaffene Transparenz zu der Möglichkeit der Geltendmachung von Rechten/Ansprüchen eine Rolle spielen. So ist z. B. die Annahme des Vorliegens einer gemeinsamen Verantwortlichkeit – unter Berücksichtigung des dargelegten Zwecks – dann nicht erforderlich, wenn in dem **Beispiel 16** das Unternehmen A in dem Printwerbemittel als für dessen Versendung datenschutzrechtlich Verantwortliche transparent genannt und eine konkrete Möglichkeit der Einlegung eines Widerspruchs in Bezug auf die Nutzung der zukünftigen Daten zu Printwerbezwecken angegeben wird („Andruck").[109]

3. Sinn und Zweck der konkreten Datenverarbeitung

Des Weiteren ist im Rahmen der Beantwortung der Frage, ob eine gemeinsame 125
Verantwortlichkeit in Bezug auf eine Datenverarbeitung gegeben ist, der Sinn und Zweck der jeweiligen Datenverarbeitung zu berücksichtigen. So würde z. B. die Annahme des Vorliegens einer gemeinsamen Verantwortlichkeit zwischen dem Unternehmen N und dem Unternehmen O im Hinblick auf die durch den O in dem **Beispiel 17** vorgenommene Auswertung dem Sinn und Zweck der Auslagerung der Durchführung der Auswertung an den O widersprechen. Die Auslagerung erfolgt in dem genannten Beispiel zum Zweck des Schutzes der Betroffenen, deren Daten durch den O ausgewertet werden sollen. Mittels der Auslagerung wird eine starke Pseudonymisierung bzw. gegebenenfalls sogar eine Anonymisierung der Daten erreicht.[110] Würde man nun in Bezug auf die durch den O vorzunehmende Datenverarbeitung eine gemeinsame Verantwortlichkeit zwischen dem N und dem O annehmen, hätte dies zur Folge, dass der für die Betroffenen positive Effekt der Pseudonymisierung/Anonymisierung nicht gegeben wäre. Der N kann die Daten den jeweiligen Betroffenen nämlich im Zweifel zuordnen. Auch könnte der O dem N einen Zugriff auf die Daten nur schwerlich verweigern, da der N bei Vorliegen einer gemeinsamen Verantwortlichkeit zur Einhaltung der Vorgaben aus Art. 5 DSGVO verpflichtet wäre.

II. „Phasenbezug"

Der EuGH hat in seiner Entscheidung in der Rechtssache „Fashion-ID" (endgül- 126
tig) den so genannten „Phasenbezug" anerkannt. Dieser hat unter anderem zum Gegenstand, dass bei dem Vorliegen einer „Vorgangsreihe" (Art. 4 Ziffer 2. DSGVO) in Bezug auf bestimmte Datenverarbeitungsschritte eine gemeinsame

109 Zum „Andruck" vgl. die Ausführungen unter Rn. 697.
110 Vgl. hierzu die Ausführungen unter Rn. 55 ff. sowie Tätigkeitsbericht des Sächsischen Datenschutzbeauftragten für das Jahr 2020, Seite 124.

Verantwortlichkeit gegeben sein kann, im Hinblick auf andere Verarbeitungsschritte eine solche aber nicht vorliegt. So sind z.B. in dem **Beispiel 15** das Unternehmen X und das Unternehmen Y für die Erhebung von Trackingdaten über das in die Website des X implementierte Pixel und deren Weiterleitung an Y gemeinsam verantwortlich. Dies ergibt sich insbesondere aus dem Umstand, dass die Trackingdaten ohne die Implementierung des Pixels durch den X gar nicht erhoben werden könnten. Für die Weiterverarbeitung der Trackingdaten durch den Y ist jedoch der Y alleinig verantwortlich. Dies liegt daran, dass der X auf diese Weiterverarbeitung keinerlei Einfluss hat. Dies gilt im Übrigen nicht nur für die durch den Y vorgenommene Zusammenführung der Trackingdaten mit anderen Daten, sondern auch für die Aussteuerung der Retargeting-Werbungen des X durch den Y. Dass der X an der Aussteuerung der Retargeting-Werbungen ein eigenes wirtschaftliches Interesse hat, reicht allein für das Vorliegen einer gemeinsamen Verantwortlichkeit nicht aus.[111]

III. „Joint-Controller-Agreement"

127 Gemäß Art. 26 Abs. 1 S. 2 DSGVO müssen die gemeinsam Verantwortlichen ein so genanntes „Joint-Controller-Agreement" abschließen. Der notwendige Inhalt eines solchen Agreements ergibt sich aus Art. 26 Abs. 1 S. 2 DSGVO:

> *„Sie legen in einer Vereinbarung in transparenter Form fest, wer von ihnen welche* ***Verpflichtung gemäß dieser Verordnung erfüllt****,* ***insbesondere*** *was die* ***Wahrnehmung der Rechte der betroffenen Person*** *angeht, und wer welchen* ***Informationspflichten*** *gemäß den Artikeln 13 und 14 nachkommt, sofern und soweit die jeweiligen Aufgaben der Verantwortlichen nicht durch Rechtsvorschriften der Union oder der Mitgliedstaaten, denen die Verantwortlichen unterliegen, festgelegt sind".*

128 Außerdem muss

> *„die Vereinbarung … die jeweiligen tatsächlichen Funktionen und Beziehungen der gemeinsam Verantwortlichen gegenüber betroffenen Personen gebührend widerspiegeln" (Art. 26 Abs. 2 S. 1 DSGVO).*

Insofern die zuvor zitierte Vorschrift in Art. 26 Abs. 1 S. 2 DSGVO vorgibt, dass Regelungen

- zu der Erfüllung von Verpflichtungen aus der DSGVO,

insbesondere

- zur Umsetzung der Rechte der Betroffenen (Art. 15 DSGVO bis Art. 21 DSGVO)

und

- zur Umsetzung der Informationspflichten (Art. 13 DSGVO bzw. Art. 14 DSGVO)

111 Vgl. hierzu die Ausführungen unter Rn. 123.

in dem „Joint-Controller-Agreement" zu treffen sind, ist diese „Aufzählung" nicht abschließend. Dies ergibt sich aus dem Begriff

„insbesondere"

in Art. 26 Abs. 1 S. 2 DSGVO.

> *Praxishinweis:* 129
>
> Dadurch, dass die „Aufzählung" in Art. 26 Abs. 1 S. 2 nicht abschließend und wenig konkret ist, tun sich gemeinsam Verantwortliche mit der Entwicklung eines „Joint-Controller-Agreements" in der Praxis häufig sehr schwer. Auch wenn eine gemeinsame Verantwortlichkeit in den unterschiedlichsten Konstellationen vorliegen kann, besteht die Möglichkeit der Entwicklung eines Musters eines „Joint-Controller-Agreements", das auf den jeweiligen Sachverhalt anzupassen ist. Ein durchaus brauchbares Muster hat der LfDI Baden-Württemberg veröffentlicht.[112]

IV. Transparenz

Gemäß Art. 21 Abs. 2 S. 2 DSGVO sind die „wesentlichen" Inhalte des „Joint-Controller-Agreements" den Betroffenen zur Verfügung zu stellen. „Wesentlich" dürften insbesondere 130

- die Beschreibung der tatsächlichen Funktionen der einzelnen gemeinsamen Verantwortlichen

sowie

- die Vereinbarungen zur Umsetzung der Betroffenenrechte

und

- die Vereinbarungen zur Erfüllung der Informationspflichten

sein.[113]

> *Praxishinweis:* 131
>
> Die Zurverfügungstellung der Informationen kann im Rahmen der Erteilung der Informationen zu den von der gemeinsamen Verantwortlichkeit erfassten Datenverarbeitung gemäß Art. 13 DSGVO bzw. gemäß Art. 14 DSGVO erfolgen.

V. Haftung

Verstößt eine Datenverarbeitung in gemeinsamer Verantwortlichkeit gegen gesetzliche Vorgaben, kann jeder der für die Datenverarbeitung gemeinsam Verantwortlichen von dem Betroffenen vollumfänglich auf Schadensersatz in Anspruch genommen werden (Art. 82 Abs. 4 DSGVO). Im Fall einer vollumfänglichen Inanspruchnahme eines einzigen gemeinsamen Verantwortlichen be- 132

---

112 Abrufbar unter: *https://www.baden-wuerttemberg.datenschutz.de/mehr-licht-fuer-alle-vertragsmuster-fuer-die-gemeinsame-verantwortlichkeit-in-englisch/*, zuletzt abgerufen am 30. 11. 2021.

113 Vgl. *Martini*, in: Paal/Pauly, DSGVO/BDSG, 3. Aufl. 2021, Art. 26 Rn. 23 f.

steht zwar die Möglichkeit, dass die in Anspruch genommene Stelle die andere an der Datenverarbeitung beteiligte Stelle im Innenverhältnis in Regress nimmt (Art. 82 Abs. 5 DSGVO). Der Umfang des Regressanspruchs hängt jedoch im Zweifel von dem Inhalt des zwischen den Parteien in Bezug auf die Verarbeitung der Daten in gemeinsamer Verantwortlichkeit zu schließenden Vertrags (Art. 26 Abs. 1 DSGVO) ab.[114]

133 *Praxishinweis:*

Bei der Ausgestaltung des Vertrags gemäß Art. 26 Abs. 1, Abs. 2 DSGVO („Joint-Controller-Agreement") ist größte Sorgfalt auf die genaue Beschreibung der Rollenverteilung untereinander zu legen. Dies liegt einerseits daran, dass Art. 26 Abs. 1 S. 1 DSGVO vorgibt, dass die vertraglichen Regelungen

„die jeweiligen tatsächlichen Funktionen und Beziehungen der gemeinsam Verantwortlichen gegenüber betroffenen Personen gebührend widerspiegeln"

müssen. Darüber hinaus besteht die Gefahr, dass bei einer vollständigen Inanspruchnahme einer Stelle durch einen Betroffenen wegen einer Verarbeitung, die objektiv der anderen Stelle im Rahmen der Rollenverteilung zuzuordnen ist, der Regressanspruch durch die in Anspruch genommene Stelle nicht oder nur schwer durchgesetzt werden kann, wenn in der vertraglichen Vereinbarung die Rollenverteilung nicht korrekt bzw. im Widerspruch zu der objektiven Bewertung geregelt worden ist. Außerdem sollte in dem Vertrag in Bezug auf den Regressanspruch auf die Regelung in Art. 82 Abs. 5 DSGVO verwiesen werden, der eine objektiven Zuordnung des Verantwortungsanteils zugrunde liegt.

H. Datenminimierung

134 Der Grundsatz der Datenminimierung ist in Art. 5 Abs. 1 Ziffer c) DSGVO normiert. Nach diesem müssen personenbezogene Daten

„dem Zweck angemessen und erheblich sowie auf das für die Zwecke der Verarbeitung notwendige Maß beschränkt sein".

135 Dies bedeutet unter anderem, dass bei der Eingehung eines Vertragsverhältnisses nur solche Daten erhoben werden dürfen, die für die Durchführung des Vertragsverhältnisses auch notwendig sind.

Beispiel 18:

Der Online-Händler O verkauft auf dem von ihm betriebenen Online-Shop Waren, die mittels einfacher Paketsendungen an die Endkunden zugestellt werden. Außerdem veräußert der O über seinen Online-Shop Waren, die per Speditionslieferung ausgeliefert und beim Endkunden aufgebaut/angeschlossen werden (u. a. Waschmaschinen). Um das Zeitfenster bei den Speditionslieferungen zugunsten der Kunden, die für den Empfang der Ware Zuhause anwesend sein müssen, so klein wie möglich zu halten, ist es erforderlich, dass die die Ausliefe-

114 *Moos/Schefzig*, in: Taeger/Gabel, DSGVO/BDSG, 3. Aufl. 2019, Art. 82 Rn. 93.

rung vornehmenden Fahrer die Endkunden über den genauen Auslieferungszeitpunkt von unterwegs telefonisch informieren.[115] Bei der Zustellung einfacher Paketsendungen ist dies nicht erforderlich. Hieraus ergibt sich, dass der O erst dann, wenn der jeweilige Endkunde im Bestellprozess einen Speditionsartikel auswählt, die Telefonnummer abfragen darf. Eine vorherige Abfrage ist hingegen dann stets möglich, wenn der O – unabhängig von der Art der Auslieferung – die Telefonnummer (auch) erhebt, um bei der Feststellung von Auffälligkeiten den potenziellen Empfänger der Ware zum Zweck der Vermeidung von Bestellbetrugstaten telefonisch zu kontaktieren.

Der Grundsatz der Datenminimierung ist Bestandteil verschiedener Vorschriften der DSGVO. Ausfluss des hier erörterten Grundsatzes ist unter anderem das Merkmal der „Erforderlichkeit" in Art. 6 Abs. 1 S. 1 lit. b) DSGVO und in Art. 6 Abs. 1 S. 1 lit. f) DSGVO.[116] Im Rahmen der Beurteilung einer Datenverarbeitung anhand des Grundsatzes der Datenminimierung ist daher die Möglichkeit der Vornahme einer Verhältnismäßigkeitsprüfung gegeben.[117] 136

I. Speicherung in mehreren Datenbanken

Ein Verstoß gegen den Grundsatz der Datenminimierung kann dann gegeben sein, wenn dieselben Daten in einer Vielzahl an Datenbanken verarbeitet werden. Die Speicherung derselben Daten in verschiedenen Datenbanken ist zwar dazu geeignet, das auch unter der DSGVO weiterhin bestehende Trennungsgebot[118] einzuhalten. Hierfür ist es aber erforderlich, dass die in den jeweiligen Datenbanken gespeicherten Daten zu unterschiedlichen Zwecken verarbeitet werden. 137

Im Zusammenhang mit der Verarbeitung von Kundendaten zu Marketingzwecken kommt es in der Praxis regelmäßig vor, dass dieselben Daten in unterschiedlichen Datenbanken verarbeitet werden. Dies liegt häufig daran, dass einzelne Fachbereiche eines Unternehmens eigene Datenbanken betreiben. Unter dem Gesichtspunkt der Datenminimierung wäre es jedoch sinnvoller, die Daten, die für Marketingmaßnahmen relevant sind, in einer zentralen Marketingdatenbank zu speichern und den einzelnen Fachbereichen im „Antragsverfahren" nur die benötigten Daten bzw. benötigte Auswertungsergebnisse zur Verfügung zu stellen. Dieses Vorgehen ist auch unter dem Gesichtspunkt der Risikosteuerung sachgerecht, wobei an die technischen und organisatorischen Maßnahmen, mittels derer die Daten geschützt werden, regelmäßig (sehr) hohe Anforderungen zu stellen sind. 138

115 Vgl. hierzu auch die Ausführungen unter Rn. 89.
116 *Schantz*, in: Wolff/Brink, Datenschutzrecht, 37. Aufl. 2020, Art. 5 Rn. 25.
117 *Voigt*, in: Taeger/Gabel, DSGVO/BDSG, 3. Aufl. 2019, Art. 5 Rn. 27.
118 Vgl. hierzu die Ausführungen unter Rn. 478.

II. „Gastzugang"

139 Im Zusammenhang mit dem Grundsatz der Datenminimierung wird die Frage diskutiert, ob Unternehmen, die online Waren und/oder Dienstleistungen zum Erwerb bzw. zur Nutzung anbieten, den Kunden neben der Möglichkeit der Einrichtung eines Nutzeraccounts auch die Möglichkeit einräumen müssen, dass eine Transaktion ebenfalls über einen „Gastzugang" vorgenommen werden kann.

140 Diese Frage kann nicht pauschal beantwortet werden. So gibt es z. B. Geschäftsmodelle, für deren Betrieb aufgrund ihrer Eigenschaften das Anlegen eines Accounts zwingend erforderlich ist. Als Beispiel für ein solches Geschäftsmodell können zum einen u. a. „Shopping-Clubs", die für die Möglichkeit des Erwerbs von besonderen Angeboten eine Mitgliedschaft voraussetzen, genannt werden. Zum anderen kann auch für den Betrieb von Online-Plattformen die Anlage eines Nutzeraccounts zwingend erforderlich sein. Online-Plattformen zeichnen sich regelmäßig dadurch aus, dass sie auch Dritten (z. B. Händlern) die Möglichkeit bieten, Waren/Leistungen zum Erwerb anzubieten. Es ist wesentliches Merkmal einer solchen Plattform, dass die Endkunden über diese Kontakt zu den Dritten (z. B. Händler) aufnehmen können, bei denen sie Waren/Leistungen über die Plattform erworben haben (z. B. bei Beschwerden, Mängeln etc.). Die Plattform ist hierfür der wesentliche „Touchpoint" der Endkunden. Außerdem ist auch im Hinblick auf die erforderliche Verifizierung von Usern die „Abbildung" der Kommunikation über das Kundenkonto der geeignetste Weg.

141 In den Fällen des Betriebs von klassischen Online-Shops dürfte im Rahmen der Beantwortung der oben aufgeworfenen Frage insbesondere eine Rolle spielen, welche Datenkategorien bei dem Anlegen eines Nutzeraccounts verpflichtend abgefragt werden und über welchen Zeitraum die im Nutzeraccount verarbeiteten Daten zum Zweck der Führung des Accounts gespeichert werden. Daten, die bei Käufen über einen „Gastzugang" erhoben werden, dürfen/müssen über einen bestimmten Zeitraum auch zu anderen Zwecken als zur Erfüllung gesetzlicher Aufbewahrungsfristen gespeichert werden. Auch die über einen „Gastzugang" erworbenen Waren unterliegen nämlich der Möglichkeit der Geltendmachung gesetzlicher Ansprüche durch die jeweiligen Kunden (z. B. Gewährleistung, Schadensersatz). Außerdem können seitens des jeweiligen Händlers Garantien abgegeben worden sein. Der Zeitraum der Speicherung der Daten zu anderen Zwecken als der Erfüllung gesetzlicher Aufbewahrungsfristen kann grundsätzlich an der Regelverjährungsfrist im allgemeinen Zivilrecht (3 Jahre) ausgerichtet werden.[119]

142 Das Angebot eines „Gastzugangs" ist – nach der hier vertretenen Auffassung – dann nicht erforderlich ist, wenn die folgenden „Richtlinien" eingehalten werden:

119 So auch die DSK in: Asset Deal – Katalog von Fallgruppen, Stand: 24. 05. 2019, Seite 2.

- Zeitliche Begrenzung der Speicherung der Transaktionsdaten (z. B. Bestellungen) im Nutzeraccount auf einen Zeitraum von 3 Jahren.
- Tätigt der Kunde in dem Zeitraum von 3 Jahren keine weitere Transaktion (z. B. Beistellung), hat eine Löschung des Nutzeraccounts zu erfolgen.[120]
- Wird innerhalb von 3 Jahren eine neue Transaktion (z. B. Bestellung) getätigt, muss der Nutzeraccount nicht gelöscht werden. Die Transaktionsdaten, die älter als 3 Jahre sind, sind mit Ablauf des genannten Zeitraums aber aus dem Account zu löschen.
- Erfolgt nach der weiteren Transaktion keine erneute Transaktion innerhalb von 3 Jahren, ist der Nutzeraccount wiederum nach Ablauf des genannten Zeitraums zu löschen.

Darüber hinaus sollte

- eine Löschung von Nutzeraccounts vorgenommen, wenn ein solcher zwar angelegt wird, über diesen dann aber keine Transaktionen getätigt werden. Diese Löschung sollte z. B. nach einem Ablauf von 30 Tagen nach dem Anlegen des Kundenaccounts erfolgen. Während des Zeitraums sollte keine anderweitige Datennutzung als die der Speicherung der Daten im Nutzeraccount vorgenommen werden.

Des Weiteren sollten

- im Rahmen der Eröffnung des Nutzeraccounts nur solche Datenkategorien abgefragt werden, die auch im Zusammenhang mit der Nutzung eines Gastzugangs abgefragt werden müssten.

Dass bei Einhaltung der zuvor dargelegten „Richtlinien" das Angebot eines Gast- 143
zugangs nicht erforderlich ist, ergibt sich daraus, dass die im Zusammenhang mit der Führung des Nutzeraccounts vorgenommenen Datenverarbeitungen sich dem Grunde nach nicht von denen unterscheiden, die auch bei der Vornahme einer Transaktion über einen „Gastzugang" erfolgen müssten.

I. Grundsatz der Zweckbindung

Eines der wesentlichsten Grundsätze der DSGVO ist der Grundsatz der Zweck- 144
bindung. Dieser hat zum Gegenstand, dass die Rechtmäßigkeit einer jeden Datenverarbeitung sowie die für diese einschlägige(n) Rechtsgrundlage(n) auf Basis des jeweiligen Zwecks der Datenverarbeitung zu bewerten/zu bestimmen sind. In diesem Zusammenhang besteht im Übrigen die Möglichkeit, dass für Verarbeitungen desselben Datums unterschiedliche Rechtsgrundlagen heranzuziehen sind, insofern die Verarbeitungen zu unterschiedlichen Zwecken erfolgen.

120 Nach der Ansicht des Berliner Beauftragten für Datenschutz und Informationsfreiheit hat die Löschung nach 2 Jahren zu erfolgen, vgl. Jahresbericht 2020, Seite 156.

Beispiel 19:

Der Kunde K kauft auf dem von dem V betriebenen Onlineshop xy.de eine Ware. Der V erhebt in diesem Zusammenhang die E-Mail-Adresse des K, um der ihm obliegenden gesetzlichen Verpflichtung der Zusendung einer Bestellbestätigung an den Kunden K nachzukommen. Rechtsgrundlage für die Verarbeitung der E-Mail-Adresse zu diesem Zweck ist die in Art. 6 Abs. 1 S. 1 lit. c) DSGVO.

Im Rahmen des Kaufs abonniert der K im **Beispiel 19** außerdem den E-Mail-Newsletter des Online-Shops xy.de und erteilt in diesem Zusammenhang nach Angabe seiner E-Mail-Adresse – den gesetzlichen Anforderungen entsprechend – eine Einwilligung in den Erhalt von Werbungen des Online-Shops xy.de per E-Mail. Rechtsgrundlage für die Erhebung und die Nutzung der E-Mail-Adresse zum Zweck der Aussteuerung von E-Mail-Werbungen durch den V ist die in Art. 6 Abs. 1 lit. a) DSGVO.

145 Darüber hinaus ist der Zweck der Verarbeitung relevant für die Bestimmung des Zeitraums, nach dessen Ablauf ein Datum gelöscht werden muss.[121] Eröffnet der Kunde K in dem zuvor wiedergegebenen **Beispiel 19** ein Kundenkonto auf dem Onlineshop xy.de, tätigt er nach der in dem Beispiel erwähnten Bestellung aber keine weitere Bestellung, ist das Kundenkonto und damit auch die E-Mail-Adresse, die Bestandteil des Kundenkotos ist, nach Ablauf eines bestimmten Zeitraums zu löschen. Hat in dem genannten Beispiel der V dem K aber regelmäßig den E-Mail-Newsletter des Online-Shops xy.de zugesandt und hat der K die durch ihn diesbezüglich erteilte Einwilligung auch nicht widerrufen, kann der V die E-Mail-Adresse zum Zweck der Zusendung des Newsletters auch nach Löschung des Kundenkontos weiterhin speichern und nutzen.

146 *Praxishinweis:*

In der Praxis begegnet Datenschutzberatern immer wieder die Frage, wie lange einzelne Datenkategorien gespeichert werden dürfen. Dies ist nicht pauschal zu beantworten, sondern – wie dargestellt – von dem jeweiligen Zweck der Datenverarbeitung abhängig. Der maßgebliche Faktor bei der Erstellung von Löschkonzepten ist daher auch nicht die Datenkategorie, sondern der Zweck der Datenverarbeitung.

J. Verbot mit Erlaubnisvorbehalt/Rechtsgrundlagen

147 Die DSGVO statuiert ein so genanntes „Verbot mit Erlaubnisvorbehalt". Dies bedeutet, dass personenbezogene Daten nur dann verarbeitet werden dürfen, wenn für die jeweilige Datenverarbeitung eine Rechtsgrundlage gegeben ist. Dies ergibt sich aus Art. 5 Abs. 1 Ziffer a) DSGVO:

*„Personenbezogene Daten müssen auf **rechtmäßige** Weise … verarbeitet werden",*

121 Vgl. hierzu die Ausführungen unter Rn. 391.

in Verbindung mit Art. 6 Abs. 1 S. 1 DSGVO:

*„Die Verarbeitung ist **nur rechtmäßig**, wenn mindestens eine der nachstehenden Bedingungen[122] erfüllt ist".*

I. Kein „Konzernprivileg"

148 Die DSGVO beinhaltet kein „Konzernprivileg". Dies bedeutet, dass Konzerngesellschaften untereinander datenschutzrechtlich genau so zu behandeln sind, als wenn es sich bei diesen um konzernfremde „Dritte" handeln würde. Daten dürfen daher auch innerhalb eines Konzerns nicht ohne Vorliegen einer Rechtsgrundlage zwischen den einzelnen Konzerngesellschaften übermittelt werden.

149 Der Erwägungsgrund 48 zur DSGVO schafft für Konzerne lediglich eine Erleichterung dahingehend, dass von diesem anerkannt wird, dass an der Übermittlung von Daten für

„interne Verwaltungszwecke"

innerhalb eines Konzerns grundsätzlich ein

„berechtigtes Interesse"

besteht (so genanntes „kleines Konzernprivileg").

II. Etwaige Nachteile für Konzerne

150 Die Frage, inwieweit es – unter anderem vor dem Hintergrund, dass der Konzernumsatz bei der Bemessung eines Bußgelds gegen eine einzelne Konzerngesellschaft Berücksichtigung finden dürfte[123] – sinnvoll ist, dass es im Datenschutzrecht kein „Konzernprivileg" gibt, spielt für Praktiker eine untergeordnete Rolle. Diese müssen die Tatsache des Nichtbestehens eines „Konzernprivilegs" in der DSGVO hinnehmen. Nicht dem gesetzlichen Leitbild entsprechen jedoch Argumentationen dahingehend, dass aufgrund der „Beherrschungsstrukturen" innerhalb eines Konzerns z. B. Interessenabwägungen zu Lasten von Verantwortlichen ausgehen können, weil wegen der genannten Strukturen die Gefahr bestünde, dass die einzelnen Konzerngesellschaften sich an (rechtswidrige) Weisungen der Organe der Konzernmutter halten müssen. Die Thematik der „Beherrschungsstrukturen" wird auch im Zusammenhang mit der Anonymisierung von Daten durch Datentreuhänder diskutiert.[124] Wie dargestellt, gibt die DSGVO – zu Lasten von Konzernen – vor, dass es sich bei deren Konzerngesellschaften um „Dritte" im datenschutzrechtlichen Sinn handelt. Dieser Umstand kann dann nicht – wiederum zu Lasten von Konzernen – im Rahmen der Beurteilung einzelner Datenverarbeitungen ignoriert werden.

---

122 Zum Verhältnis der Rechtsgrundlagen zueinander vgl. die Ausführungen unter Rn. 284 ff.

123 Vgl. hierzu die Ausführungen unter Rn. 857 f.

124 BDI, Anonymisierung personenbezogener Daten – Ein branchenübergreifender Praxisleitfaden für Industrieunternehmen, Stand: Oktober 2020, Seite 31.

Teil 2 – Rechtsgrundlagen

A. Einzelne Rechtsgrundlagen

In Bezug auf die Verarbeitung von Kundendaten kommen insbesondere die folgenden Rechtsgrundlagen in Betracht: 151

- Art. 6 Abs. 1 S. 1 lit. a) DSGVO (Einwilligung);
- Art. 6 Abs. 1 S. 1 lit. b) DSGVO (Vertragserfüllung/vorvertragliche Maßnahmen);
- Art. 6 Abs. 1 S. 1 lit. c) DSGVO (rechtliche Verpflichtung);
- Art. 6 Abs. 1 S. 1 lit. f) DSGVO (Interessenabwägung).

I. Einwilligung (Art. 6 Abs. 1 S. 1 lit. a) DSGVO)

Die Einwilligung wird teilweise als der „Königsweg der Legitimierung von Datenverarbeitungen" bezeichnet. Hintergrund dieser Einschätzung ist derjenige, dass nach der Vorstellung des Gesetzgebers die Betroffenen im Fall der Einholung einer Einwilligung die vollständige Kontrolle über die sie betreffenden und von der Einwilligung erfassten Datenverarbeitungen haben.[125] Im Online-Bereich ist in der Praxis im Hinblick auf die Anzeige von Consent-Bannern hingegen festzustellen, dass die Nutzer von dieser zumeist „genervt" sind und die erteilten Informationen nicht (ausreichend) zur Kenntnis nehmen („fatigue"). Zumindest in diesem Zusammenhang wurde die vom Gesetzgeber beabsichtigte Wirkung bisher nicht (vollständig) erzielt.[126] 152

Gemäß der Legaldefinition in Art. 4 Nr. 11 DSGVO müssen Einwilligungen 153

- freiwillig,
- für den bestimmten Fall,
- in informierter Weise

und

- durch eine unmissverständlich abgegebene Willensbekundung,

erteilt werden.

1. Freiwilligkeit der Einwilligung

In Bezug auf die gesetzliche Vorgabe, dass Einwilligungen freiwillig zu erteilen sind, werden insbesondere die beiden folgenden Themenkomplexe diskutiert, zu denen auch Vorgaben im Gesetzestext der/in den Erwägungsgründen zur DSGVO zu finden sind: 154

125 Vgl. auch S. 2 des Erwägungsgrunds 7 zur DSGVO.
126 Vgl. Hanloser, ZD 2021, 399 (402); Menke, K&R 2020, 650 (654).

- „Kopplungsverbot" (Art. 7 Abs. 4 DSGVO),
- Vorliegen eines „Über-/Unterordnungsverhältnisses" (Erwägungsgrund 48 zur DSGVO).

a) „Kopplungsverbot"

155 Die Vorschrift in Art. 7 Abs. 4 DSGVO lautet wie folgt:

> *„Bei der Beurteilung, ob die Einwilligung freiwillig erteilt wurde, muss dem Umstand in größtmöglichem Umfang Rechnung getragen werden, ob unter anderem die Erfüllung eines Vertrags, einschließlich der Erbringung einer Dienstleistung, von der Einwilligung zu einer Verarbeitung von personenbezogenen Daten abhängig ist, die für die Erfüllung des Vertrags nicht erforderlich sind".*

Die zuvor zitierte Regelung beinhaltet ein so genanntes „Kopplungsverbot". Das „Kopplungsverbot" kann – allgemein formuliert – in den Fällen zur Anwendung kommen, in denen die Inanspruchnahme einer Leistung von der Erteilung einer Einwilligung abhängig gemacht wird.

Beispiel 20:
Die XY GmbH veranstaltet ein Online-Gewinnspiel. Bedingung für die Teilnahme an dem Gewinnspiel ist, dass die Teilnehmer ihre E-Mail-Adresse sowie ihre Telefonnummer angeben und in den Erhalt von Werbung per E-Mail/in die Durchführung von Telefonwerbungen einwilligen.

156 Dass es sich bei dem „Kopplungsverbot" grundsätzlich um ein strenges, aber nicht um ein „absolutes" handelt, ist der folgenden Formulierung in Art. 7 Abs. 4 DSGVO zu entnehmen:

> *„… muss dem Umstand in **größtmöglichem Umfang** Rechnung getragen werden".*

aa) „Bezahlen mit Daten"

157 Fraglich ist, ob in den Fällen, in denen die Betroffenen für die Erteilung einer Einwilligung eine Gegenleistung von wirtschaftlichem Wert erhalten, im Gegenzug hierzu aber in die Nutzung ihrer Daten zu bestimmten Zwecken einwilligen müssen, das „Kopplungsverbot" einschlägig sein kann. Diese Thematik wird weitläufig unter dem Stichwort „Bezahlen mit Daten" erörtert.

Beispiel 21:
Auf dem Nachrichtenportal www.xyz.de werden tagesaktuelle, von Journalisten verfasste, redaktionelle Inhalte zur Verfügung gestellt. Der Nutzer muss eine Einwilligung in das Setzen von Cookies und in die Nutzung der auf der Website erhobenen Trackingdaten zum Zweck der Werbung erteilen, will er das Portal www.xyz.de kostenlos in Anspruch nehmen.

1) „Vertragslösung"

158 In den Fällen des „Bezahlens mit Daten" wird zum Teil die Ansicht vertreten, dass die Einräumung der Möglichkeit der Nutzung der Daten als Gegenleistung

zu der Gewährung der Leistung von wirtschaftlichem Wert rein vertraglich ausgestaltet werden kann. Diesbezüglich hat das LDA Bayern in einer Stellungnahme das Folgende ausgeführt:

> *„Bei der Beurteilung, ob die Einwilligung freiwillig erteilt wurde, ist dem Umstand in größtmöglichem Umfang Rechnung zu tragen, ob unter anderem die Erfüllung eines Vertrags, einschließlich der Erbringung einer Dienstleistung, von der Einwilligung zu einer Verarbeitung von personenbezogenen Daten abhängig ist. Daraus dürfte folgen, dass bei* ***‚kostenlosen' Dienstleistungsangeboten****, die die Nutzer mit der Zustimmung für eine werbliche Nutzung ihrer Daten ‚bezahlen' (z.B. kostenloser E-Mail-Account gegen Zustimmung für Newsletter-Zusendung als ‚Gegenfinanzierung'), diese* ***vertraglich ausbedungene Gegenleistung*** *des Nutzers bei Vertragsabschluss klar dargestellt werden muss.* ***Raum oder Notwendigkeit für eine Einwilligung besteht dann nicht mehr****".*[127]

2) Stellungnahme des Generalanwalts beim EuGH

Einen etwas anderen Ansatz verfolgte der Generalanwalt beim EuGH in der Rechtssache „Planet49". Im Hinblick auf die datenschutzrechtliche Bewertung der Notwendigkeit der Erteilung von Einwilligungen in die Vornahme von Marketingmaßnahmen für die Möglichkeit der Teilnahme an einem Gewinnspiel (vgl. auch **Beispiel 20**) hat dieser in seinen Schlussanträgen Folgendes ausgeführt: 159

> *„Soweit wird das zuständige Gericht zu beurteilen haben, ob die Einwilligung in die Verarbeitung personenbezogener Daten für die Teilnahme am Gewinnspiel* ***erforderlich*** *ist. Dabei sollte bedacht werden, dass der hinter der Teilnahme am Gewinnspiel stehende Zweck der ‚Verkauf' personenbezogener Daten ist (d.h. die Einwilligung, von sogenannten ‚Sponsoren' mit Werbeangeboten kontaktiert zu werden). Mit anderen Worten besteht die Hauptpflicht, die der Nutzer erfüllen muss, um an dem Gewinnspiel teilnehmen zu können, darin, personenbezogene Daten zur Verfügung zu stellen. In einer solchen Situation scheint mir, dass die Verarbeitung dieser personenbezogenen Daten für die Teilnahme am Gewinnspiel* ***erforderlich*** *ist".*[128]

Den zuvor zitierten Ausführungen ist zu entnehmen, dass der Generalanwalt beim EuGH sehr wohl davon ausgeht, dass im Zusammenhang mit dem „Bezahlen mit Daten" die Vorgaben aus Art. 7 Abs. 4 DSGVO zu beachten sind; in der vorliegenden Konstellation nach seiner Ansicht eine „Erforderlichkeit" im Sinne der genannten Norm aber gegeben war. Der EuGH hat sich zu dieser Thematik in seinem Urteil in der Rechtssache „Planet49"[129] nicht geäußert, da diese auch nicht Gegenstand der Vorlagefragen des BGH gewesen ist. 160

---

127 LDA Bayern, Orientierungshilfe Einwilligung, Seite 2; im Ergebnis ebenso LfDI Nordrhein-Westfalen, 26. Tätigkeitsbericht, Seite 40 f.

128 Schlussanträge des Generalanwalts v. 21.03.2019 – C-673/17.

129 EuGH, Urt. v. 01.10.2019 – C-673/17.

3) Digitale-Inhalte-Richtlinie ((EU) 2019/770)

161 Dass es möglich ist, Vertragsverhältnisse derart auszugestalten, dass der Nutzer die Zurverfügungstellung einer Leistung durch die Einräumung der Möglichkeit der Nutzung ihn betreffender Daten „vergütet", ist der Regelung in Art. 3 Abs. 1 der Richtlinie (EU) 2019/770 (Digitale-Inhalte-Richtlinie) zu entnehmen:

> *„Diese Richtlinie gilt auch, wenn der Unternehmer dem Verbraucher digitale Inhalte oder digitale Dienstleistungen bereitstellt oder deren Bereitstellung zusagt und der Verbraucher dem Unternehmer* ***personenbezogene Daten bereitstellt oder deren Bereitstellung zusagt****, außer in Fällen, in denen die vom Verbraucher bereitgestellten personenbezogenen Daten durch den Unternehmer ausschließlich zur Bereitstellung digitaler Inhalte oder digitaler Dienstleistungen im Einklang mit dieser Richtlinie oder zur Erfüllung von vom Unternehmer einzuhaltenden rechtlichen Anforderungen verarbeitet werden und der Unternehmer diese Daten zu keinen anderen Zwecken verarbeitet".*

162 Aus dem Erwägungsgrund 37 zur Richtlinie (EU) 2019/770 ergibt sich aber auch, dass in Bezug auf die Erhebung sowie die Verarbeitung von Daten auf Basis des von der genannten Richtlinie erfassten Vertragsverhältnisses mit dem Verbraucher/Betroffenen die gesetzlichen datenschutzrechtlichen Vorgaben einzuhalten sind:

> *„Die Ausübung von Tätigkeiten, die in den Anwendungsbereich dieser Richtlinie fallen, könnte die Verarbeitung personenbezogener Daten umfassen. Das Unionsrecht bietet einen umfassenden Rahmen für den Schutz personenbezogener Daten. Diese Richtlinie lässt insbesondere die Verordnung (EU) 2016/679 und die Richtlinie 2002/58/EG des Europäischen Parlaments und des Rates unberührt. Dieser Rahmen gilt für alle personenbezogenen Daten, die im Zusammenhang mit den von dieser Richtlinie erfassten Verträgen verarbeitet werden.* ***Folglich sollten personenbezogene Daten nur im Einklang mit der Verordnung (EU) 2016/679 und der Richtlinie 2002/58/EG erhoben oder auf andere Weise verarbeitet werden. Im Fall eines Widerspruchs zwischen der vorliegenden Richtlinie und dem Unionsrecht für den Schutz personenbezogener Daten sollte letzteres maßgeblich sein"****.*

4) Schlussfolgerung

163 Im Ergebnis spricht einiges dafür, dass die datenschutzrechtlichen Vorgaben aus Art. 7 Abs. 4 DSGVO auch im Bereich des „Bezahlens mit Daten" zu berücksichtigen sind, insofern die jeweilige Datenverarbeitung der Einholung einer Einwilligung bedarf. Dies ist zwingend dann der Fall, wenn spezialgesetzliche Vorgaben die Einholung einer Einwilligung vorgeben (z. B. § 7 Abs. 2 Nr. 3 UWG u. a. für das E-Mail-Marketing)[130]. Diese Vorgaben können auch zumeist nicht abbedungen werden. Darüber hinaus wird die Einholung einer Einwilligung in den Fällen des „Bezahlens mit Daten" regelmäßig deswegen notwendig sein,

130 Zum Einwilligungserfordernis in Bezug auf das E-Mail-Marketing vgl. die Ausführungen unter Rn. 705.

weil der Anwendungsbereich der Rechtsgrundlage in Art. 6 Abs. 1 S. 1 lit. b) DSGVO nicht „überspannt" werden kann.[131]

164 *Praxishinweis:*

In den Fällen des „Bezahlens mit Daten" sollte in die von den Nutzern zu akzeptierenden AGB/Teilnahmebedingungen eine Regelung dahingehend eingefügt werden, dass der Betroffene als Gegenleistung für die Möglichkeit der Inanspruchnahme der Leistung des Verantwortlichen mit einem wirtschaftlichen Wert die Zustimmung zu der vorgesehenen Datennutzung erteilen muss. Parallel hierzu sollten bereits aus Gründen der Vorsicht von dem Verantwortlichen – falls datenschutzrechtlich erforderlich – die entsprechenden Einwilligungen des Betroffenen, zu deren Erteilung dieser vertraglich verpflichtet ist, unter Einhaltung der gesetzlichen Vorgaben eingeholt werden.

165 Des Weiteren ist darauf hinzuweisen, dass das datenschutzrechtliche „Kopplungsverbot" eine wesentliche Voraussetzung für die Rechtmäßigkeit einer Einwilligung, nämlich die, dass diese „freiwillig" zu erteilen ist, adressiert. Dass der Gesetzgeber dem „Kopplungsverbot" ein gewisses Maß an Wichtigkeit einräumt, ist bereits dem Umstand zu entnehmen, dass er dieses ausdrücklich im Gesetz normiert hat und es nicht „nur" in den Erwägungsgründen zur DSGVO erwähnt. Vor diesem Hintergrund kann das „Kopplungsverbot" sicherlich nicht durch eine übermäßig weitreichende/ausufernde vertragliche Einräumung von Möglichkeiten im Hinblick auf die Nutzung von Daten und die auf dieser Einräumung basierende Verpflichtung zur Erteilung einer umfangreichen Einwilligung ausgehebelt werden. Für den Fall, dass man dies anders sieht, würde das „Kopplungsverbot" in der Praxis wohl nur noch einen zu vernachlässigenden Anwendungsbereich aufweisen.

166 *Praxishinweis:*

Insofern es in dem jeweiligen Sachverhalt möglich ist, sollte zur Vermeidung des Vorliegens einer datenschutzwidrigen „Kopplung" den Betroffenen die Möglichkeit gegeben werden, die Leistung des Verantwortlichen auch ohne Zustimmung zu einer Datennutzung – dann aber gegen ein entsprechendes Entgelt – in Anspruch zu nehmen. Ein „Trend" zu einem derartigen Vorgehen ist aktuell auf Webseiten mit redaktionellen/journalistischen Inhalten zu beobachten.

167 Durch eine Umsetzung des in dem zuvor wiedergegebenen Praxishinweis beschriebenen Vorgehens würden im Übrigen auch die Anforderungen aus Satz 5 des Erwägungsgrunds 42 zur DSGVO erfüllt werden:

> *„Es sollte nur dann davon ausgegangen werden, dass sie (die betroffene Person) ihre Einwilligung freiwillig gegeben hat, wenn sie eine **echte oder freie Wahl** hat und somit in der Lage ist, die Einwilligung zu verweigern oder zurückzuziehen, ohne Nachteile zu erleiden".*

131 Vgl. hierzu die Ausführungen unter Rn. 214.

bb) Folgefragen

168 Zu bedenken ist weiterhin, dass mit der vertraglichen Einräumung der Möglichkeit zur Nutzung von Daten häufig weitere zu beantwortende (allgemein zivilrechtliche) Fragestellungen auftreten.

Beispiel 22:

Der Betreiber K des Online-Shops www.zxy.de gewährt Nutzern, die sich neu auf dem Online-Shop registrieren, einen Gutschein in Höhe von 10 €. Im Gegenzug hierzu müssen die Nutzer ihre Einwilligung in die Nutzung der anzugebenden E-Mail-Adresse für Marketingzwecke des K erteilen.

In dem zuvor wiedergegebenen **Beispiel 22** stellt sich unter anderem die Frage, ob der Online-Shop-Betreiber K – entsprechend der Vorgabe in Art. 7 Abs. 3 S. 1 DSGVO – den Nutzern die Möglichkeit zum Widerruf der Einwilligung einräumen muss. Sollte dies der Fall sein, stellt sich die Anschlussfrage, ob mit der Ausübung des Widerrufsrechts der Gutschein erlischt, wenn dieser noch nicht eingelöst worden ist. Außerdem ist nicht eindeutig, wie der Sachverhalt zu bewerten ist, wenn der Gutschein zum Zeitpunkt der Ausübung des Widerrufsrechts bereits eingelöst worden ist, insofern in dieser Konstellation ein Widerrufsrecht überhaupt (noch) besteht.

169 Zu den zuvor aufgeworfenen Fragen gibt es bisher keine abgeschlossene fachliche Diskussion. Insofern man davon ausgeht, dass aufgrund der Vorgabe in Art. 7 Abs. 3 S. 1 DSGVO ein Recht zum Widerruf der Einwilligung auch in den Fällen des „Bezahlens mit Daten" stets gegeben ist, ist zu beachten, dass die Gewährung des wirtschaftlichen Vorteils und die Erteilung der Einwilligung wirtschaftlich miteinander verbunden sind. Dies hat zur Folge, dass der Rechtsgedanke aus § 139 BGB, dass bei „verbundenen" Verträgen beide Verträge nichtig sind, wenn in Bezug auf einen der Verträge eine Nichtigkeit gegeben ist, zu berücksichtigen ist. „Erwirbt" ein Nutzer einen Gutschein durch die Erteilung einer Einwilligung in den Erhalt eines E-Mail-Newsletters, widerruft er die Einwilligung im Anschluss aber direkt, ist es daher sehr gut vertretbar, dass mit dem Widerruf der Einwilligung die Möglichkeit der Inanspruchnahme des Gutscheins entfällt.[132]

170 *Praxishinweis:*

Da es zu den zuvor erörterten Fragen bisher keinerlei gefestigte Ansichten/Rechtsprechungen gibt, sollten Unternehmen – insofern sie weitgehend Rechtssicherheit erlangen wollen – den Betroffenen die Möglichkeit des Widerrufs der Einwilligung einräumen und im Hinblick auf einen etwaigen Wegfall der Möglichkeit der Nutzung des wirtschaftlichen Vorteils bei Ausübung des Widerrufsrechts genau prüfen, ob dieser begründbar ist.

132 So auch die grundsätzliche Wertung der Vorschrift in § 327q Abs. 2 BGB (Inkrafttreten: 01.01.2022).

b) „Über-/Unterordnungsverhältnisse"

An einer Freiwilligkeit der Erteilung einer Einwilligung könnte es auch dann mangeln, wenn zwischen dem Verantwortlichen, der die Einwilligung einholt und dem jeweiligen Betroffenen, ein so genanntes „Über-/Unterordnungsverhältnis" besteht. Diesbezüglich führt der EU-Gesetzgeber im Erwägungsgrund 43 zur DSGVO folgendes aus: 171

> *„Um sicherzustellen, dass die Einwilligung freiwillig erfolgt ist, sollte diese in besonderen Fällen, wenn zwischen der betroffenen Person und dem Verantwortlichen ein **klares Ungleichgewicht** besteht, insbesondere wenn es sich bei dem Verantwortlichen um eine Behörde handelt, und es deshalb in Anbetracht aller Umstände in dem speziellen Fall unwahrscheinlich ist, dass die Einwilligung freiwillig gegeben wurde, **keine gültige Rechtsgrundlage liefern**".*

Die hier erörterte Thematik wurde in der Vergangenheit insbesondere im Zusammenhang mit der Einholung von Einwilligungen im Rahmen eines Beschäftigungsverhältnisses diskutiert. Diesbezüglich hat der nationale Gesetzgeber mittlerweile durch die Schaffung der Vorschrift in § 26 Abs. 2 BDSG 2018 klargestellt, dass nach seiner Einschätzung die Einholung von Einwilligungen im Beschäftigungsverhältnis grundsätzlich möglich ist. 172

Außerdem wird das Vorliegen eines „Über-/Unterordnungsverhältnisses" in den Fällen diskutiert, in denen der Verantwortliche eine relevante Marktmacht innehat.[133] So wird z.B. die Frage erörtert, ob die (erzwungene) Erteilung einer Einwilligung gegenüber dem Anbieter eines am Markt extrem weit verbreiteten Messanger-Dienstes freiwillig ist, wenn der Betroffene ohne die Möglichkeit der Nutzung des Dienstes von einer Vielzahl an Sozialkontakten abgeschnitten werden würde. An dieser Stelle „vermischt" sich in der Praxis häufig das Thema des „Über-/Unterordnungsverhältnisses" mit dem der „Kopplung". Die Frage, inwiefern das Bestehen einer relevanten Marktmacht Relevanz für die Beurteilung des Vorliegens einer freiwilligen Einwilligung haben kann, hat das OLG Düsseldorf dem EuGH zur Beantwortung vorgelegt.[134] 173

Im Hinblick auf eine Ablehnung des Vorliegens der Freiwilligkeit auf Basis der Ausführungen in Erwägungsgrund 43 zur DSGVO ist jedoch zu beachten, dass eine solche weitreichende Folgen für die betroffenen Verantwortlichen hätte. Diesen würde nämlich eine wichtige Rechtsgrundlage für die Legitimierung von Datenverarbeitungen, durch die deren Angebote häufig finanziert werden (Stichwort: „Bezahlen mit Daten"), vollständig entzogen werden. Vor diesem Hintergrund ist im Hinblick auf die Verneinung des Vorliegens einer Freiwilligkeit aufgrund des Bestehens eines „Über-/Unterverordnungsverhältnisses" ein gewisses Maß an Zurückhaltung geboten. 174

---

133 Vgl. *Schulz,* in: Gola, DSGVO, 2. Aufl. 2018, Art. 7 Rn. 27 m. w. N.
134 OLG Düsseldorf, Beschl. v. 24.03.2021 – Kart 2/19 (V).

2. Für den bestimmten Fall

175 Der Voraussetzung, dass Einwilligungen für

> *„den bestimmten Fall"*

erteilt werden müssen, ist zu entnehmen, dass die Einholung von „Generaleinwilligungen" rechtswidrig ist.

Beispiel 23

(Generaleinwilligung): *„Durch das Setzen des Häkchens erklären Sie sich damit einverstanden, dass der Betreiber dieser Website sämtliche auf der Website erhobene Daten zu Ihrer Person zu Marketingzwecken nutzt".*

176 Fraglich ist, ob es bei der Einholung von Einwilligungen für die Nutzung von Daten in verschiedenen Marketingkanälen einer eigenständigen Zustimmung durch den Betroffenen für jeden einzelnen Marketingkanal bedarf. Der BGH hatte in diesem Zusammenhang in einer Rechtsprechung zum Wettbewerbsrecht festgestellt, dass es für die Einholung einer Einwilligung für die Möglichkeit der Vornahme einer E-Mail-Werbung und einer solchen für die Vornahme einer Telefonwerbung eigenständiger Zustimmungshandlungen (z. B. Ankreuzen eigenständiger Checkboxen) bedarf.[135] Diese Rechtsprechung hat der BGH kurz vor Anwendbarkeit des DSGVO dahingehend präzisiert, dass die Erteilung einer Einwilligung in Bezug auf verschiedene Marketingkanäle auch mittels einer Zustimmungshandlung erfolgen kann.[136] Diesbezüglich wird zum Teil die Ansicht vertreten, dass diese Rechtsprechung mit Anwendbarkeit der DSGVO nicht mehr aufrechterhalten werden kann, da sie die Erforderlichkeit der „Freiwilligkeit" der Einwilligung nicht ausreichend berücksichtigt. Begründet wird dies mit dem Wortlaut des Satzes 2 des Erwägungsgrunds 43 zur DSGVO[137], der wie folgt lautet:

> *„Die Einwilligung gilt **nicht als freiwillig** erteilt, wenn zu **verschiedenen Verarbeitungsvorgängen** von personenbezogenen Daten **nicht gesondert** eine Einwilligung erteilt werden kann, obwohl dies im Einzelfall angebracht ist ...".*

177 Die zuvor zitierten Ausführungen stehen in einem gewissen „Spannungsverhältnis" zu den Ausführungen in Satz 4 des Erwägungsgrunds 32 zur DSGVO:

> *„Die Einwilligung sollte sich auf alle zu demselben Zweck oder denselben Zwecken vorgenommenen Verarbeitungsvorgänge beziehen".*

135 BGH, Urt. v. 16.07.2008 – VIII ZR 348/06.
136 BGH, Urt. v. 01.02.2018 – III ZR 196/17.
137 Vgl. Heil, WRP 2018, 535 (538).

Der Begriff des 178

„Datenverarbeitungsvorgangs"

aus den Erwägungsgründen 32 und 43 zur DSGVO ist gesetzlich nicht definiert. Gleiches gilt für den Begriff des

„Zwecks"

in Erwägungsgrund 32 zur DSGVO. Da der Satz 4 des Erwägungsgrunds 32 zur DSGVO davon ausgeht, dass es mehre (Einzel-)Zwecke geben kann, die „dieselben Zwecke" im Sinne des genannten Erwägungsgrunds darstellen, ist es naheliegend, dass der Begriff des „Zwecks" übergeordneter Natur ist. Werden z. B. verschiedene Datenverarbeitungen (durch den Einsatz unterschiedlicher Tools) zum Zweck der Online-Werbung vorgenommen, sollte mittels einer Einwilligungshandlung die Zustimmung zu diesen Datenverarbeitungen erteilt werden können. Die Einholung der Einwilligung ist laut Satz 2 des Erwägungsgrunds 43 zur DSGVO durch den Verantwortlichen aber auch dahingehend auszugestalten, dass vor der Erteilung der Einwilligung durch den Betroffenen eine eigenständige Auswahl – z. B. durch das An-/Abwählen einzelner Checkboxen – der Einzeldatenverarbeitungen (z. B. Tools) vorgenommen werden kann. Eine derartige Ausgestaltung trägt dem Interesse daran, dass Einwilligungen einfach, aber – wenn von dem Betroffenen gewünscht – auch individualisiert erteilt werden können, Rechnung. Ein solches Vorgehen löst das „Spannungsverhältnis" zwischen Satz 2 des Erwägungsgrunds 43 zur DSGVO und Satz 4 des Erwägungsgrunds 32 zur DSGVO daher auf.

Das zuvor beschriebene Vorgehen wird durch einzelne Anbieter so genannter 179 „Consent-Management-Plattformen" (CMP) abgebildet. Unter Einsatz einer CMP können Einwilligungen in die Verarbeitung von Trackingdaten eingeholt werden. Bestandteil einer CMP sind regelmäßig so genannte „Privacy-Center" (vgl. Abbildung 1), in denen Online-User Einwilligungen für einzelne Zwecke (z. B. Marketing), aber auch in Bezug auf einzelne Tools erteilen und widerrufen können.

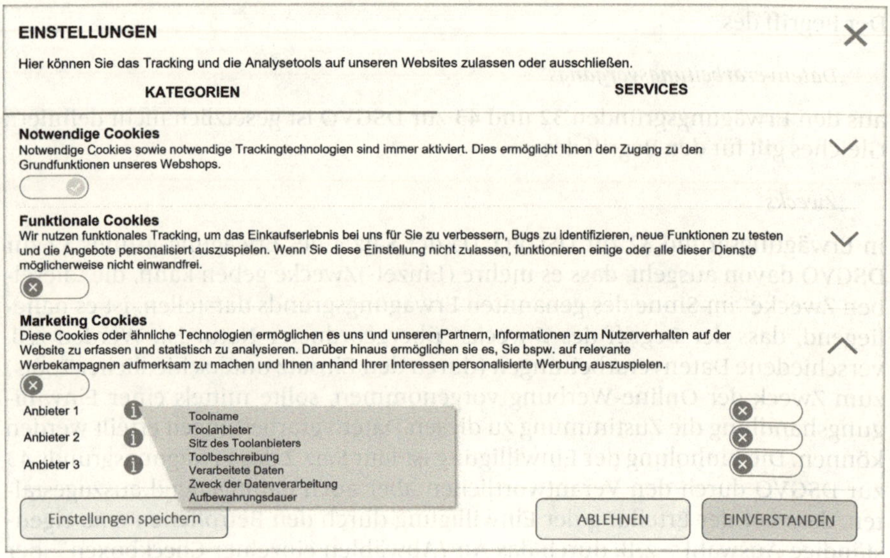

Abbildung 1: „Privacy-Center"

Quelle: Eigene Darstellung

180 In den Fällen des „Bezahlens mit Daten" dürfte die zuvor erörterte Thematik im Übrigen eine eher untergeordnete Rolle spielen, da sich in diesen der Betroffene häufig vertraglich dazu verpflichtet, Einwilligungen in verschiedene Datenverarbeitungsvorgänge zu erteilen. Die Möglichkeit des Wählens zwischen verschiedenen Datenverarbeitungsvorgängen, denen der Betroffene zustimmen möchte, besteht in den genannten Fällen daher von vornherein nicht, so dass der von Satz 2 des Erwägungsgrunds 43 zur DSGVO verfolgte Zweck dem Grunde nach nicht berührt ist.

3. Unmissverständlich abgegebene Willensbekundung

181 Einwilligungen sind

> *„unmissverständlich"*

zu erteilen. Anhaltspunkte dazu, wie diese Anforderung zu verstehen ist, sind dem Erwägungsgrund 32 zur DSGVO zu entnehmen:

> *„Die Einwilligung sollte durch eine eindeutige bestätigende Handlung erfolgen, mit der freiwillig, für den konkreten Fall, in informierter Weise und unmissverständlich bekundet wird, dass die betroffene Person mit der Verarbeitung der sie betreffenden personenbezogenen Daten einverstanden ist, etwa in Form einer schriftlichen Erklärung, die auch elektronisch erfolgen kann, oder einer mündlichen Erklärung. Dies könnte etwa durch* ***Anklicken eines Kästchens beim Besuch einer Internetseite****, durch die Auswahl technischer Einstellungen für Dienste der Informationsgesellschaft oder durch eine* ***andere Erklärung oder Verhaltensweise*** *geschehen, mit der die betroffene Person in dem jeweiligen Kontext* ***eindeutig ihr Einverständnis*** *mit der beabsichtigten Verarbeitung ihrer*

personenbezogenen Daten signalisiert. ***Stillschweigen, bereits angekreuzte Kästchen oder Untätigkeit der betroffenen Person*** *sollten daher* ***keine Einwilligung*** *darstellen".*

Den zuvor zitierten Ausführungen ist zu entnehmen, dass Einwilligungen nicht nur schriftlich erteilt werden können. Vielmehr besteht unter anderem auch die Möglichkeit einer Erteilung auf elektronischem Weg sowie die der Erteilung durch ein „schlüssiges Handeln". Als eine Möglichkeit der Erteilung einer Einwilligung durch „schlüssiges Handeln" wird in den einschlägigen Guidelines des EDSA das „Swiping", d. h. das „Wischen" über eine Bildschirmleiste, genannt.[138] 182

Praxishinweis: 183

Der EuGH hat in seiner Entscheidung in der Rechtssache „Planet49" (sehr) hohe Anforderungen an das Merkmal der „Unmissverständlichkeit" gestellt. Vor diesem Hintergrund bestehen in der Praxis insbesondere bei der Annahme einer Erteilung einer Einwilligung durch „schlüssiges Handeln" häufig Risiken. Daher ist grundsätzlich dazu zu raten – insofern dies in der jeweiligen Konstellation möglich ist – Einwilligungen mittels zweifelsfrei „unmissverständlicher" Handlungen, z. B. durch das Ankreuzen einer Checkbox[139], einzuholen.

4. Dauer der Gültigkeit von Einwilligungen

Zum Teil wird die Ansicht vertreten, dass die Gültigkeit eingeholter Einwilligungen zeitlich befristet ist. Diesbezüglich führt z. B. die DSK in der „Orientierungshilfe zur Verarbeitung personenbezogener Daten für Zwecke der Direktwerbung unter Geltung der Datenschutz-Grundverordnung" das Folgende aus: 184

„Die Zivilgerichte sehen bei erteilten Einwilligungen zur werblichen Kontaktaufnahme teilweise keine unbegrenzte Gültigkeit. So hat das LG München I mit Urteil vom 8. April 2010, Az. 17 HK O 138/10, entschieden, dass eine vor ***17 Monaten*** *erteilte und bisher nicht genutzte Einwilligung zur E-Mail-Werbung ‚ihre Aktualität verliert' und deshalb insoweit keine rechtliche Grundlage mehr ist".*[140]

In diesem Zusammenhang ist darauf hinzuweisen, dass die dargestellte Ansicht der DSK nicht mit der Rechtsprechung des BGH zur zeitlichen Gültigkeit erteilter Einwilligungen korrespondiert. Im Hinblick auf dieses Thema hat der BGH in seiner Entscheidung vom 01.02.2018 zum Az.: III ZR 196/17 unter Rn. 31 nämlich das Folgende ausgeführt: 185

„Eine zeitliche Begrenzung einer einmal erteilten Einwilligung sieht weder die Richtlinie 2002/58/EG noch § 7 UWG vor. Hieraus ergibt sich, dass diese – ebenso wie eine Einwilligung nach § 183 BGB – grundsätzlich nicht allein durch Zeitablauf erlischt *(vgl. OLG Stuttgart, BeckRS 2007, 10540; OLG Köln, GRUR-RR 2013, 219, 221; LG Berlin, BeckRS 2012, 08644; Köhler/Bornkamm/Köhler, UWG, 35. Aufl., § 7 Rn. 148 und 186; jurisPK-UWG/Koch,*

---

138 Guidelines 05/2020 on consent under Regulation 2016/679, Rz. 85.

139 Vgl. Erwägungsgrund 32 zur DSGVO.

140 Orientierungshilfe der Aufsichtsbehörden zur Verarbeitung von personenbezogenen Daten für Zwecke der Direktwerbung unter Geltung der Datenschutz-Grundverordnung (DS-GVO), Stand: November 2018, Seite 10.

4. Aufl., § 7 Rn. 245 und 376; Schöler in Harte-Bavendamm/Henning-Bodewig, UWG, 4. Aufl., § 7 Rn. 243). Vor diesem Hintergrund bestehen jedenfalls gegen die gegenständliche Regelung zur Geltungsdauer keine Bedenken, da diese eingegrenzt ist auf die Zeit während des laufenden Vertragsverhältnisses bis zu höchstens ***zwei Jahre*** *ab Vertragsbeendigung und zumindest während dieses überschaubaren Zeitraums bei einem Verbraucher, der seine Einwilligung im Rahmen des Vertragsschlusses erteilt, von seinem fortbestehenden Interesse an einer Information über neue Services und Angebote der Beklagten ausgegangen werden kann (siehe auch zum Datenschutzrecht § 95 Abs. 2 und Abs. 3 Satz 1 TKG)".*

Insofern der BGH sich in der zuvor zitierten Begründung auf die Richtlinie 2002/58/EG (ePrivacy-Richtlinie) und auf das UWG bezieht, gibt es keinen Grund dafür, dass die Begründung nicht auch auf die DSGVO anwendbar ist.

186 Aus Gründen der Vorsicht ist jedoch dazu zu raten, dass eingeholte Einwilligungen auch regelmäßig „genutzt" werden.[141] Dies dürfte z. B. insbesondere im Bereich des E-Mail-Marketing unproblematisch möglich sein.

5. Alter der Einwilligenden

187 Fraglich ist, ob es eine Altersgrenze gibt, die der jeweilige Betroffene erreicht haben muss, damit die von ihm erteilte Einwilligung wirksam ist. Diesbezüglich ist in der DSGVO keine ausdrückliche allgemeine Regelung zu finden. Die DSGVO beinhaltet jedoch eine Regelung in Art. 8 Abs. 1 S. 1 DSGVO, die sich auf die Fälle bezieht, in denen direkt gegenüber einem Kind ein

„Angebot von Diensten der Informationsgesellschaft"

gemacht wird.

Beispiel 24:

Der P betreibt ein Social-Media-Portal, das sich unmittelbar an Schüler richtet. Im Rahmen der Erstellung eines Nutzer-Accounts auf dem Portal bittet der der P die Nutzer darum, eine Einwilligung in die Verarbeitung der zu dem jeweiligen Nutzer auf dem Portal anfallenden Daten zu Marketingzwecken des P sowie zu Marketingzwecken Dritter zu erteilen.

In diesen Fällen müssen die Einwilligenden für eine Wirksamkeit der Einwilligung das sechzehnte Lebensjahr erreicht haben. Die Mitgliedstaaten der EU haben in diesem Zusammenhang aber die Möglichkeit, die genannte Altersgrenze auf das dreizehnte Lebensjahr zu reduzieren (Art. 8 Abs. 1 S. 3 DSGVO). Der deutsche Gesetzgeber hat von dieser Möglichkeit jedoch keinen Gebrauch gemacht.

188 Der Regelung in Art. 8 Abs. 1 S. 1 DSGVO ist die Wertung zu entnehmen, dass eine Einwilligung – im Hinblick auf die hier erörterte Thematik – grundsätzlich immer dann wirksam ist, wenn derjenige, der diese erteilt, das sechszehnte

141 So auch BNetzA, Dokumentations- und Aufbewahrungspflicht für Telefonwerbeeinwilligungen nach § 7a UWG, Stand: 19. 10. 2021, Rn. 43.

Lebensjahr vollendet hat. Insofern der BGH in einer Entscheidung vor Anwendbarkeit der DSGVO im Hinblick auf das erforderliche Alter für die Erteilung einer Einwilligung in die Vornahme einer Werbung per E-Mail das Folgende ausgeführt hat:

> *„Es hat rechtsfehlerfrei festgestellt, dass Jugendliche im* ***Alter zwischen 15 und 17 Jahren noch nicht die nötige Reife besitzen****, die Tragweite einer Einwilligungserklärung zur Datenspeicherung und Datenverwendung zu Werbezwecken abzusehen“,*

ist dies – isoliert betrachtet – mit der von der Regelung in Art. 8 Abs. 1 S. 1 DSGVO ausgehenden Wertung nicht vereinbar. Im Hinblick auf die zitierte Entscheidung des BGH ist aber anzumerken, dass in dem vom BGH beurteilten Sachverhalt die Einwilligung erteilt werden musste, um an einem an Jugendliche gerichtetes Gewinnspiel teilnehmen zu können. In diesem Zusammenhang war – nach der Ansicht des BGH – eine wettbewerbsrechtlich unlautere Ausnutzung der geschäftlichen Unerfahrenheit der Betroffenen gegeben.

6. Nachweis der Einwilligung

Art. 7 Abs. 1 DSGVO beinhaltet eine Sondervorschrift zur Beweislastverteilung im Zusammenhang mit der Verarbeitung von Daten auf der Rechtsgrundlage der Einwilligung: 189

> *„Beruht die Verarbeitung auf einer Einwilligung,* ***muss der Verantwortliche nachweisen*** *können, dass* ***die betroffene Person*** *in die Verarbeitung ihrer personenbezogenen Daten* ***eingewilligt*** *hat“.*

Eine derartige/ähnliche Beweislastverteilung ergab sich bereits vor Anwendbarkeit der DSGVO in Bezug auf die Einholung von Einwilligungen gemäß Art. 7 Abs. 2 Nr. 2 und Nr. 3 UWG aus der Rechtsprechung des BGH.[142] Im Bereich des E-Mail-Marketing hat sich zur Führung des Nachweises, dass derjenige, der die Einwilligung in den Erhalt von E-Mail-Werbungen erteilt hat, auch der „Inhaber“ der E-Mail-Adresse ist, das so genannten Double-Opt-in-Verfahren herausgebildet.[143] 190

In Bezug auf die Regelung in Art. 7 Abs. 1 DSGVO wird zum Teil die Ansicht vertreten, dass die in dieser geregelte Nachweisverpflichtung sich auf sämtliche formelle und materielle Wirksamkeitsvoraussetzungen der Einwilligung erstreckt.[144] Sollte diese Ansicht korrekt sein, müsste eine Stelle, die eine Einwilligung einholt, unter anderem nachweisen, dass der jeweilige Betroffene, der diese erteilt, z. B. aufgrund des Erreichens einer bestimmten Altersgrenze eine ausreichende „Einsichtsfähigkeit“ für die Erteilung aufweist. Eine solche Beweiserbringung ist in der Praxis in vielen Konstellationen schlichtweg nicht möglich. 191

142 BGH, Urt. v. 10. 02. 2011 – I ZR 164/09.

143 Vgl. zum „Double-Opt-in-Verfahren“ die Ausführungen unter Rn. 722.

144 So z. B. *Schulz*, in: Gola, DSGVO, 2. Aufl. 2018, Art. 7 Rn. 61.

Beispiel 25:
Der X ist Betreiber einer Online-Plattform, auf der Dritte Automobile zum Kauf anbieten können. Der X hat in die von ihm betriebene Website ein „Pixel" eines Retargeting-Dienstleisters eingebunden. Über dieses Pixel werden „Trackingdaten" erhoben zu dem Zweck, dass die angesehenen Fahrzeuge den jeweiligen Nutzern auf Drittseiten im Rahmen von Retargeting-Werbungen angezeigt werden können. Hierfür ist es erforderlich, dass Daten (z. B. IDs) auf dem jeweiligen Endgerät der einzelnen Nutzer abgespeichert und Daten aus den Endgeräten abgerufen werden. Diesbezüglich holt der X – den gesetzlichen Vorgaben entsprechend – eine Einwilligung[145] unter Einsatz eines Consent-Banners ein. Die Einwilligung kann naturgemäß nicht nur von solchen Nutzern erteilt werden, die auf der Plattform einen Nutzeraccount eröffnet haben.

192 In dem zuvor wiedergegebenen **Beispiel 25** ist es für den Betreiber der Online-Plattform faktisch unmöglich, das Alter eines jeden Nutzers, der eine Einwilligung erteilt, zu verifizieren. Daher sind die Vorgaben aus Art. 7 Abs. 1 DSGVO im Rahmen der Bewertung derartiger Sachverhalte teleologisch zu reduzieren.

7. Einwilligung und AGB-Kontrolle

193 Der BGH hat wiederholt – zuletzt in seiner Entscheidung in der Rechtssache „Planet49"[146] – festgestellt, dass Einwilligungstexte der AGB-Kontrolle unterliegen. Dieser Umstand ist dahingehend von großer praktischer Relevanz, dass in den Fällen, in denen Einwilligungserklärungen sehr umfangreiche Datenverarbeitungen erfassen, eine

- „unangemessene Benachteiligung" der Betroffenen

und/oder eine

- „überraschende Klausel"

gegeben sein könnte(n).

194 Die zuvor erörterte Thematik wurde in der Vergangenheit insbesondere im Zusammenhang mit der Generierung von E-Mail-Adressen zu Marketingzwecken von Kooperationspartnern (so genannten „Sponsoren") durch Adresshändler im Rahmen der Durchführung von Online-Gewinnspielen erörtert. So mussten Nutzer zum Teil für die Möglichkeit der Teilnahme an einem Gewinnspiel ihre Zustimmung dazu erteilen, dass die von den Nutzern anzugebende E-Mail-Adresse von mehr als 50 „Sponsoren" zu Werbezwecken genutzt werden kann. Dass Gerichte ein derartiges Vorgehen als nicht rechtskonform erachtet haben[147], ist nicht überraschend.

145 Zum Einwilligungserfordernis für ein derartiges Abspeichern/Abrufen vgl. die Ausführungen unter Rn. 551.

146 BGH, Urt. v. 28.05.2020 – I ZR 7/16, Rz. 26.

147 OLG Frankfurt, Urt. v. 28.07.2016 – 6 U 93/15.

Diesbezüglich ist außerdem darauf hinzuweisen, dass in den Fällen, in denen der Inhalt der Einwilligung bzw. deren Umfang der AGB-Prüfung nicht standhält, die Einwilligung – aufgrund des Verbots der „geltungserhaltenden Reduktion" im AGB-Recht – insgesamt unwirksam ist. 195

Beispiel 26:

Der Adresshändler A veranstaltet ein Online-Gewinnspiel, an dem Nutzer nur dann teilnehmen können, wenn sie eine Einwilligung in die Nutzung ihrer anzugebenen E-Mail-Adresse zum Zweck des E-Mail-Marketing durch 50 „Sponsoren" erteilen. Der Inhalt des Einwilligungstextes verstößt aufgrund der Vielzahl an Sponsoren gegen das „AGB-Recht", da diese eine „unangemessene Benachteiligung" der Betroffenen darstellt. Dies hat nun aber nicht zur Folge, dass der Einwilligungstext auf eine solche Anzahl an Sponsoren, die nach dem „AGB-Recht" von der Einwilligungserklärung erfasst werden dürfte (z. B. 3 Sponsoren), reduziert wird. Die Einwilligungserklärung ist vielmehr vollumfänglich unwirksam.

In dem hier erörterten Zusammenhang ist des Weiteren anzumerken, dass der BGH in seiner Entscheidung in der Rechtssache „Planet49"[148] festgestellt hat, dass es nicht rechtskonform ist, den Teilnehmern an einem Gewinnspiel die Möglichkeit zu eröffnen, unter einer Vielzahl an „Sponsoren" eines Gewinnspiels diejenigen auszuwählen, die die angegeben Daten der Teilnehmer zu Werbezwecken nutzen dürfen und für den Fall, dass eine Auswahl durch den jeweiligen Teilnehmer nicht erfolgt, diese durch den Veranstalter vorgenommen wird. 196

Praxishinweis: 197

Im Zusammenhang mit der Generierung von Daten zu Marketingzwecken Dritter sind grundsätzlich Risiken gegeben.

Insofern man trotz dieser Risiken eine derartige Generierung vornehmen möchte, sollte die Anzahl der Dritten, die die Daten zu Marketingzwecken nutzen dürfen (Werbende/„Sponsoren"), eher niedrig gehalten werden. Das OLG Frankfurt hat in einer Entscheidung die Ansicht vertreten, dass die Anzahl von acht Werbenden/„Sponsoren" rechtskonform sein kann. Ob der BGH dieser Ansicht folgen wird, bleibt abzuwarten.

Außerdem sollten auch Unternehmen, die derart generierte Einwilligungen für ihre Werbezwecke nutzen wollen, die Art und Weise der Generierung einer genauen rechtlichen Überprüfung unterziehen. Es macht aus strategischer Sicht wohl eher wenig Sinn, die eigene Generierung von E-Mail-Adressen zu Marketingzwecken rechtskonform auszugestalten und hierbei – z. B. durch den Einsatz des Double-Opt-in-Verfahrens – Conversion-Verluste in Kauf zu nehmen; im Rahmen des „Ankaufs" von Einwilligungen aber zu große Risiken einzugehen.

148 BGH Urt. v. 28. 05. 2020 – I ZR 7/16, Rz. 32.

8. Widerruf der Einwilligung

198 Betroffene müssen jederzeit die Möglichkeit haben, von ihnen erteilte Einwilligungen zu widerrufen. Der Widerruf der Einwilligung muss so einfach sein, wie deren Erteilung (Art. 7 Abs. 3 DSGVO).

199 *Praxishinweis:*

In der Praxis werden häufig mehrere Einwilligungen in Bezug auf die Verarbeitung von Trackingdaten mittels eines Klicks eingeholt. In diesen Fällen muss den Betroffenen (transparent) die Möglichkeit gegeben werden, sämtliche mittels des einen Klicks erteilte Einwilligungen ebenfalls mittels eines Klicks zu widerrufen. In diesem Zusammenhang ist penibel darauf zu achten, dass z. B. sämtliche Tracking-Tools, die nach Erteilung der Einwilligungen aufgrund dieser aktiviert worden sind, mit der Ausübung des Widerrufs wieder deaktiviert werden.

200 Insoweit Art. 7 Abs. 3 S. 2 DSGVO vorgibt, dass die Rechtmäßigkeit von aufgrund der Erteilung einer rechtskonformen Einwilligung vorgenommenen Datenverarbeitung durch den Widerruf der Einwilligung nicht berührt wird, handelt es sich hierbei um eine Selbstverständlichkeit. Der Widerruf kann naturgemäß nur „ex nunc" Wirkung entfalten.

201 Nach dem Widerruf der Einwilligung sind die auf Grundlage der widerrufenen Einwilligung erhobenen/verarbeiteten Daten zu löschen (Art. 17 Abs. 1 Ziffer b) DSGVO).

202 *Praxishinweis:*

Nicht erfasst von der Verpflichtung zur Löschung aus Art. 17 Abs. 1 Ziffer b) DSGVO sind die Daten, die der Verantwortliche zum Zweck des Nachweises der rechtskonformen Erteilung der Einwilligung erhoben hat.[149] Dies liegt daran, dass der Verantwortliche, z. B. von dem Betroffenen, auch nach dem Widerruf, mit der Behauptung, dass eine nicht rechtskonforme Datenverarbeitung erfolgt sei, in Anspruch genommen werden könnte. Derartige Inanspruchnahmen kommen in der Praxis – unter anderem im Zusammenhang mit der Aussteuerung von Werbungen per E-Mail – regelmäßig vor. Die Verantwortlichen dürfen die genannten Daten daher auch nach Vornahme eines Widerrufs bis zum Ablauf der gesetzlichen regelmäßigen Verjährungsfrist speichern.

II. Vertragserfüllung/vorvertragliche Maßnahmen (Art. 6 Abs. 1 S. 1 lit. b) DSGVO)

203 Die Rechtsgrundlage in Art. 6 Abs. 1 S. 1 lit. b) DSGVO:

„Die Verarbeitung ist nur rechtmäßig, wenn mindestens eine der nachstehenden Bedingungen erfüllt ist:

b) die Verarbeitung ist für die Erfüllung eines Vertrags, dessen Vertragspartei die betroffene Person ist, oder zur Durchführung vorvertraglicher Maßnahmen erforderlich, die auf Anfrage der betroffenen Person erfolgen";

149 Zu dieser Nachweispflicht vgl. die Ausführungen unter Rn. 189 ff.

beinhaltet im Grundsatz eine Selbstverständlichkeit.[150] Insofern die Verarbeitung von Daten für die Durchführung eines Vertrags oder für die einer vorvertraglichen Maßnahme erforderlich ist, muss diese auch rechtmäßig vorgenommen werden können.

1. Vertrag/Vertragsparteien

Unter den Begriff des 204

„Vertrags"

fallen sowohl rechtsgeschäftliche als auch rechtsgeschäftsähnliche Schuldverhältnisse.[151]

> **Beispiel 27:**
> Der Online-Shop-Betreiber O bietet den Nutzern seines Shops die Möglichkeit, auf diesem ein Kundenkonto zu eröffnen. Die Eröffnung des Kundenkontos ist für die die Nutzung der Website des Shops (Aufruf der einzelnen Unterseiten) nicht erforderlich. Der Nutzer V ist an den Angeboten des O grundsätzlich interessiert und eröffnet auf dessen Online-Shop ein Kundenkonto, weil er davon ausgeht, dass er zukünftig auf dem Shop Waren erwirbt. Zum Zeitpunkt der Eröffnung des Kundenkontos hat der V aber noch keine konkrete Kaufabsicht. Die Verarbeitung der im Rahmen der Eröffnung des Kundenkontos anzugebenden Daten kann grundsätzlich auf die Rechtsgrundlage in Art. 6 Abs. 1 S. 1 lit. b) DSGVO gestützt werden. Zwischen dem O und dem V besteht in Bezug auf die Führung des Kundenkontos nämlich (mindestens) ein rechtsgeschäftsähnliches Schuldverhältnis.

Dieses Verständnis entspricht im Übrigen der bereits in § 28 Abs. 1 Nr. 1 BDSG 2009 normierten Regelung.

Die Vorschrift in Art. 6 Abs. 1 S. 1. lit. b) DSGVO gibt außerdem lediglich vor, dass 205
die Verarbeitung der Daten für

*„die Erfüllung eines Vertrags, dessen Vertragspartei die **betroffene Person** ist",*

erforderlich sein muss. Die genannte Vorschrift verlangt hingegen nicht, dass der für die Datenverarbeitung Verantwortliche Vertragspartner des jeweiligen Betroffenen bzw. Vertragspartei zu sein hat. Daher kann auch die Verarbeitung von Daten durch einen Verantwortlichen, der nicht Partei des Vertrags ist, von der Rechtsgrundlage in Art. 6 Abs. 1 S. 1 lit. b) DSGVO erfasst sein.[152]

---

150 *Albers/Veit*, in: Wolff/Brink, Datenschutzrecht, 37. Aufl. 2020, Art. 6 Rn. 29.
151 *Albers/Veit*, in: Wolff/Brink, Datenschutzrecht, 37. Aufl. 2020, Art. 6 Rn. 30.
152 *Schulz*, in: Gola, DSGVO, 2. Aufl. 2018, Art. 6 Rn. 28; *Albers/Veit* in: Wolf/Brink, Datenschutzrecht, 37. Aufl. 2020, Art. 6 Rn. 30.

Beispiel 28:

Der Online-Händler O bewirbt auf den Bestellbestätigungsseiten seines Online-Shops gegenüber seinen Kunden kostenlose, zeitlich befristete Zeitschriftenabonnements. Möchte ein Kunde ein Abonnement in Anspruch nehmen, übermittelt der O dem jeweiligen Verlag die Information hierüber sowie die Postadressdaten des Kunden, damit eine Zusendung der Zeitschriften durch den Verlag an den Kunden erfolgen kann. Das Vertragsverhältnis in Bezug auf das Abonnement kommt zwischen dem Kunden und dem jeweiligen Verlag zustande. Die Übermittlung der Daten durch O an den Verlag kann trotz dieses Umstands auf die Rechtsgrundlage in Art. 6 Abs. 1 S. 1 lit. b) DSGVO gestützt werden.

2. Vorvertragliche Maßnahmen

206 Von der Rechtsgrundlage in Art. 6 Abs. 1 S. 1 lit. b) DSGVO erfasst werden auch Datenverarbeitungen zum Zweck der Durchführung

„vorvertraglicher Maßnahmen".

Diese Maßnahmen müssen nach dem Wortlaut der genannten Regelung jedoch

„auf Anfrage der betroffenen Person erfolgen".

207 Als typisches Anwendungsbeispiel, in dem eine Datenverarbeitung auf das hier erörterte Merkmal gestützt werden kann, wird häufig die Erstellung individualisierter Angebote genannt.[153]

Beispiel 29:

Der Verbraucher V zieht es in Erwägung, bei dem Küchenstudio K eine Küche zu erwerben. Um dem V ein Angebot unterbreiten zu können, benötigt K verschiedene Information vom V, z. B. solche zu der Größe sowie zu den Eigenschaften des Raums, in den die Küche eingebaut werden soll.

208 Ein weiteres Anwendungsbeispiel ist die Durchführung einer Bonitätsprüfung zum Zweck der Entscheidung darüber, ob einem Betroffenen eine von diesem begehrte „unsichere" Zahlungsart (z. B. Rechnungskauf) eingeräumt werden kann. In Bezug auf die datenschutzrechtliche Rechtfertigung einer Bonitätsprüfung und insbesondere im Hinblick auf die Abfrage von Bonitätsdaten bei Dritten (z. B. Auskunfteien), wird z. T. die Ansicht vertreten, dass diese nicht mittels der Rechtsgrundlage in Art. 6 Abs. 1 S. 1 lit. b) DSGVO erfolgen kann, da die im Zusammenhang mit der Durchführung der Prüfung erfolgenden Datenverarbeitungen auf Initiative des Verantwortlichen vorgenommen werden.[154] Für den Fall, dass man davon ausgeht, dass diese Ansicht korrekt ist, wäre der Anwen-

153 Vgl. beispielhaft *Buchner/Petri,* in: Kühling/Buchner, DSGVO/BDSG, 3. Aufl. 2020, Art. 6 Rn. 34.

154 *Schantz,* in: Simitis/Hornung/Spiecker gen. Döhmann, Datenschutzrecht, 1. Aufl. 2019, Art. 6 Rn. 42.

dungsbereich des Merkmals der „vorvertraglichen Maßnahmen" stark eingeschränkt. Die Vornahme einer solchen Einschränkung ist jedoch nicht im Rahmen der Auslegung des genannten Merkmals, sondern im Zusammenhang mit der Prüfung, ob die jeweilige Datenverarbeitung „erforderlich" ist, vorzunehmen. Begehrt ein Betroffener die Einräumung einer „unsicheren" Zahlungsart (z. B. Rechnungskauf), muss er zwangsläufig damit rechnen, dass hiermit die Durchführung einer Bonitätsprüfung (inklusive einer Abfrage von Daten bei Auskunfteien) einhergeht.[155]

Praxishinweis: 209

Da es umstritten ist, ob die Durchführung einer vorvertraglichen Bonitätsprüfung auf die Rechtsgrundlage in Art. 6 Abs. 1 S. 1 lit. b) DSGVO gestützt werden kann, kann es sinnvoll sein, eine solche (auch) auf die Rechtsgrundlage in Art. 6 Abs. 1 S. 1 lit. f) DSGVO (Interessenabwägung) zu stützen. Die zuletzt genannte Rechtsgrundlage ist bei Vorliegen eines finanziellen Ausfallrisikos auf Seiten des Verantwortlichen zweifelsfrei regelmäßig einschlägig.[156] Auch besteht im Hinblick auf die Verarbeitung von Daten zum Zweck der Durchführung einer Bonitätsprüfung zumeist kein Widerspruchsrecht auf Seiten der Betroffenen, da eine solche Verarbeitung zwingende Voraussetzung für die Einräumung „unsicherer" Zahlungsarten (z. B. Rechnungskauf) ist. Auf Seiten des Verantwortlichen sind daher zwingende schutzwürdige Gründe in Bezug auf die Datenverarbeitung gegeben (Art. 21 Abs. 1 S. 2 DSGVO).[157]

Des Weiteren ist darauf hinzuweisen, dass aufgrund des Umstands, dass der Begriff des „Vertrags" in Art. 6 Abs. 1 S. 1 lit. b) DSGVO weit auszulegen ist[158], eine von der genannten Rechtsgrundlage erfasste Maßnahme auch eine solche sein kann, die eine Durchführung eines einseitigen Vertrags vorbereitet.[159] 210

3. Erforderlichkeit

Die Datenverarbeitung muss nicht existenziell für die Durchführung des Vertrags/der vorvertraglichen Maßnahme sein. Das Merkmal der „Erforderlichkeit" ist vielmehr in einem gewissen Umfang einer Interessenabwägung zugänglich.[160] 211

Beispiel 30:

Der Online-Shop-Betreiber O bietet dessen Nutzern die Möglichkeit der Eröffnung eines Kundenkontos auf dem Online-Shop. Die Eröffnung des Kundenkontos ist für die Nutzer auch dann möglich, wenn diese nicht unmittelbar im Anschluss an die Eröffnung eine Bestellung aufgeben möchten. Eine Bestellung auf dem Online-Shop ist nur dann möglich, wenn der jeweilige Nutzer 18 Jahre alt ist.

155 Im Ergebnis ebenso: Schantz/Wolff, Das neue Datenschutzrecht, 1. Aufl. 2017, Rn. 570.
156 Vgl. hierzu die Ausführungen unter Rn. 762.
157 Vgl. hierzu die Ausführungen unter Rn. 424.
158 Vgl. hierzu die Ausführungen unter Rn. 204.
159 *Schulz,* in: Gola, DSGVO, 2. Aufl. 2018, Art. 6 Rn. 29.
160 *Albers/Veit* in: Wolff/Brink, Datenschutzrecht, 37. Aufl. 2020, Art. 6 Rn. 32.

Für die Eröffnung des Kundenkontos ist die Angabe des vollständigen Namens sowie die der Adresse objektiv zwingend erforderlich, damit der O prüfen kann, ob der jeweilige Nutzer bereits ein Kundenkonto eröffnet hat (so genannte „Doppelkontenprüfung"). Nicht erforderlich für diese Prüfung ist hingegen die Angabe des Geburtsdatums sowie die der E-Mail-Adresse. Da der jeweilige Nutzer nur dann auf dem Online-Shop bestellen kann, wenn er das 18. Lebensjahr vollendet hat und nach der Vornahme einer Bestellung die Versendung einer Bestellbestätigung per E-Mail durch den O gesetzlich vorgeschrieben ist, ist auch bereits zum Zeitpunkt der Anlage des Kundenkontos und nicht erst bei der Vornahme einer Bestellung (im Checkout) die Erhebung des Geburtsdatums und die der E-Mail-Adresse „erforderlich" im Sinne des Art. 6 Abs. 1 S. 1 lit. b) DSGVO.

212 Nicht überzeugend ist im Übrigen die Ansicht, dass die Durchführung einer Bonitätsprüfung nicht von der Rechtsgrundlage in Art. 6 Abs. 1 S. 1 lit. b) DSGVO erfasst werden kann, insofern dem jeweiligen Betroffenen auch eine andere Zahlungsart angeboten werden kann, die die Durchführung einer solchen Prüfung nicht erfordert.[161] Welche Zahlungsarten in Frage kommen, liegt in der Dispositionshoheit der Vertragspartner. Soll eine „unsichere" Zahlungsart Bestandteil eines Vertrags werden, muss auch die Durchführung der „vorvertraglichen Maßnahme" der Bonitätsprüfung „erforderlich" im Sinne der Regelung in Art. 6 Abs. 1 S. 1 lit. b) DSGVO sein.

213 Trotz der Möglichkeit der Durchführung einer Interessenabwägung sind dieser „Grenzen" gesetzt. Dies ist damit zu begründen, dass – auch bei Vorliegen einer vorvertraglichen Maßnahme/eines Vertrags – die originäre Rechtsgrundlage für die Verarbeitung von Daten auf Basis einer Interessenabwägung die in Art. 6 Abs. 1 S. 1 lit. f) DSGVO ist.

214 Des Weiteren ist zu beachten, dass es nicht möglich sein dürfte, dass Verantwortliche den Inhalt von Verträgen derart ausgestalten, dass diese (sehr) weitreichende Datennutzungen durch den Verantwortlichen vorsehen und der Verantwortliche sich aufgrund des Inhalts des Vertrags darauf berufen kann, dass die in diesem geregelten Datenverarbeitungen für die Durchführung des Vertrags „erforderlich" sind.

Beispiel 31:

Z ist Betreiber der Streaming-Plattform S. In die von den Nutzern zu akzeptierenden Nutzungsbedingungen der Plattform S hat der Z Regelungen integriert, die beinhalten, dass der Z die zu dem Nutzungsverhalten des jeweiligen Nutzers erhobenen Daten mit anderen Daten des jeweiligen Nutzers, die der Z über weitere von ihm betriebene Plattformen erhebt (unter anderem Standortdaten), zusammenführen kann. Auf Basis der zusammengeführten Daten kann der Z entsprechend seiner Nutzungsbedingungen Profile erstellen und diese für ei-

161 *Buchner/Petri*, in: Kühling, DSGVO/BDSG, 3. Aufl. 2020, Art. 6 Rn. 66.

gene sowie für Werbezwecke Dritter nutzen. Außerdem beinhalten die Nutzungsbedingungen des Z, dass dieser die Profile auch an andere Verantwortliche für deren Werbezwecke übermitteln kann.

Für die Durchführung der in **Beispiel 31** beschriebenen Datenverarbeitungen ist – lässt man eine Akzeptanz der Nutzungsbedingungen unberücksichtigt – zweifelsfrei die Einholung einer Einwilligung erforderlich. Dieser Umstand kann nicht dadurch „ausgehebelt" werden, dass die Datenverarbeitungen durch die Ausgestaltung von Nutzungsbedingungen Vertragsbestandteil werden. Dies gilt trotz der Tatsache, dass der Inhalt von Verträgen grundsätzlich in der Dispositionshoheit der Vertragsparteien liegt. Die Dispositionshoheit „endet" dort, wo deren Ausübung gesetzlichen Vorgaben widerspricht. Dies ist unter anderem der Vorschrift in § 134 BGB zu entnehmen. Es ist jedoch auch darauf hinzuweisen, dass der Umstand, dass die Rechtsgrundlage in Art. 6 Abs. 1 S. 1 lit. b) DSGVO nicht einschlägig ist, wenn die vertraglichen Regelungen zu weitreichende Datennutzungsmöglichkeiten ausbedingen, nicht zur Folge hat, dass diese Datenverarbeitungen nicht rechtskonform ausgestaltet werden können. Die Datenverarbeitungen müssen aber auf eine andere Rechtsgrundlage gestützt werden. Möglich ist es z. B. grundsätzlich, in den Fällen des „Bezahlens mit Daten" die Erteilung einer Einwilligung an die Möglichkeit der Nutzung einer Leistung zu „koppeln".[162]

III. Rechtliche Verpflichtung (Art. 6 Abs. 1 S. 1 lit. c) DSGVO)

Gemäß Art. 6 Abs. 1 S. 1 lit. c) DSGVO ist eine Datenverarbeitung dann rechtmä- 215
ßig, wenn diese

> *„zur Erfüllung einer rechtlichen Verpflichtung, der der Verantwortliche unterliegt, erforderlich"*

ist.

Typischer Anwendungsfall der Rechtsgrundlage in Art. 6 Abs. 1 S. 1 lit. c) DSGVO 216
im Bereich der Verarbeitung von Kundendaten ist die Erhebung und Nutzung von E-Mail-Adressen zum Zweck der Zusendung von Bestellbestätigungs-Mails. Dass z. B. Online-Shop-Betreiber zu der Zusendung einer derartigen Mail nach Vornahme einer Bestellung durch den jeweiligen Betroffenen gesetzlich verpflichtet sind, ergibt sich aus § 312i Abs. 1 Nr. 3 BGB.

Ein weiterer typischer Anwendungsfall der Rechtsgrundlage in Art. 6 Abs. 1 S. 1 lit. c) DSGVO in Bezug auf die Verarbeitung von Kundendaten ist die Speicherung von Daten zum Zweck der Erfüllung gesetzlicher handels- und steuerrechtlicher Aufbewahrungspflichten (§ 257 HGB bzw. § 147 AO).

Fraglich ist, ob auch Datenverarbeitungen zum Zweck der Erfüllung von Vorga- 217
ben, die Bestandteil der DSGVO selbst sind, von der Rechtsgrundlage in Art. 6 Abs. 1 S. 1 lit. c) DSGVO erfasst sein können.

162 Vgl. hierzu die Ausführungen unter Rn. 157 ff.

Beispiel 32:

H ist Betreiber einer Online-Plattform, über die deren Nutzer Hotelübernachtungen buchen können. Der H wirbt auf der Plattform für seinen E-Mail-Newsletter. Im Rahmen der Einholung von Einwilligungen für die Zusendung des E-Mail-Newsletters setzt der H das „Double-Opt-in-Verfahren"[163] ein. In diesem Zusammenhang speichert der H „Time-Stamps" von der jeweiligen Erteilung des „Single-Opt-ins" sowie von der jeweiligen Bestätigung des Links in der Verifizierungs-Mail („Double-Opt-in"). Zweck der Speicherung der „Time-Stamps" ist die Erfüllung der dem H gemäß Art. 7 Abs. 1 DSGVO obliegenden Beweislast.[164]

218 Dass auch die Erfüllung von Vorgaben aus der DSGVO unter die Rechtsgrundlage in Art. 6 Abs. 1 S. 1 lit. c) DSGVO fallen könnte, könnte sich aus der Regelung in Art. 6 Abs. 3 S. 1 lit. a) DSGVO:

> *„Die Rechtsgrundlage für die Verarbeitungen gemäß Absatz 1 Buchstaben c und e wird festgelegt durch*
>
> *a) Unionsrecht",*

ergeben.

219 Andererseits wird weitgehend die Ansicht vertreten, dass Art. 6 Abs. 1 S. 1 lit. c) DSGVO i. V. m. Art. 6 Abs. 2 und Abs. 3 DSGVO eine „Brücke" zwischen der DSGVO und anderen unionsrechtlichen/nationalen Vorschriften schlagen würde.[165]

220 In Bezug auf die hier erörterte Thematik sind weiterhin Satz 4 und Satz 5 des Erwägungsgrunds 45 zur DSGVO, der sich auf die Rechtsgrundlage in Art. 6 Abs. 1 S. 1 lit. c) DSGVO bezieht, zu beachten. In diesen heißt es unter anderem wie folgt:

> *„Desgleichen sollte im Unionsrecht oder im Recht der Mitgliedstaaten geregelt werden, für welche Zwecke die Daten verarbeitet werden dürfen. Ferner könnten in diesem Recht **die allgemeinen Bedingungen dieser Verordnung zur Regelung der Rechtmäßigkeit der Verarbeitung personenbezogener Daten präzisiert … werden**".*

Wenn unionsrechtliche/nationale Regelungen, die Verpflichtungen beinhalten und die die DSGVO präzisieren, unter die Regelung in Art. 6 Abs. 1 S. 1 lit. c) DSGVO fallen können, dann muss dies in Bezug auf Regelungen aus der DSGVO erst recht der Fall sein.

221 Darüber hinaus ist zu bedenken, dass für den Fall, dass z. B. die Verarbeitung von Daten zum Zweck der Erfüllung der Nachweispflicht aus Art. 7 Abs. 1 DSGVO auf die Rechtsgrundlage in Art. 6 Abs. 1 S. 1 lit. f) DSGVO gestützt werden müsste, der jeweilige Verantwortliche über das auf seiner Seite bestehende

163 Zum „Double-Opt-in-Verfahren" vgl. die Ausführungen unter Rn. 722.

164 Vgl. zur Beweislast die Ausführungen unter Rn. 189 ff.

165 *Albers/Veit,* in: Wolff/Brink, Datenschutzrecht, 37. Aufl. 2020, Art. 6 Rn. 35.

„berechtigte Interesse" gemäß Art. 13 Abs. 1 Ziffer d) DSGVO „gesondert" informieren müsste.[166] Diese Konsequenz mutet widersinnig an.

IV. Interessenabwägung (Art. 6 Abs. 1 S. 1 lit. f) DSGVO)

Im Rahmen der Bewertung der Möglichkeit der Verarbeitung von Daten auf Basis der Rechtsgrundlage in Art. 6 Abs. 1 S. 1 lit. f) DSGVO (Interessenabwägung) sind die folgenden „Merkmale" zu überprüfen: 222

- Liegt ein berechtigtes Interesse an der Datenverarbeitung zu dem festgelegten Zweck vor?
- Ist die Datenverarbeitung für die Erreichung des berechtigten Zwecks erforderlich?
- Überwiegen die Interessen oder Grundrechte und Grundfreiheiten der Betroffenen die berechtigten Interessen des Verantwortlichen/des Dritten (eigentliche Interessenabwägung)?
- Entspricht die Datenverarbeitung „vernünftigerweise den Erwartungen" der Betroffenen?

1. Berechtigtes Interesse

Das Merkmal des „berechtigten Interesses" in Art. 6 Abs. 1 S. 1 lit. f) DSGVO ist 223
weit auszulegen. Unter dieses fällt unter anderem jedes wirtschaftliche Interesse eines Verantwortlichen und/oder das eines Dritten, das im Einklang mit der allgemeinen Rechtsordnung steht.[167] Die vereinzelten Stimmen, die den Anwendungsbereich des Merkmals des „berechtigten Interesses" enger fassen wollen verkennen, dass nicht bereits bei der Auslegung des genannten Merkmals Gefahren, die für Grundrechte und Grundfreiheiten von Betroffenen von einzelnen Datenverarbeitungen ausgehen können, zu berücksichtigen sind. Eine solche Berücksichtigung hat vielmehr im Rahmen der konkreten Interessenabwägung zu erfolgen.[168]

a) „Direktwerbung"

Satz 7 des Erwägungsgrunds 47 zur DSGVO gibt ausdrücklich vor, dass die 224

> *„Verarbeitung personenbezogener Daten zum Zwecke der **Direktwerbung** als eine einem berechtigten Interesse dienende Verarbeitung betrachtet werden kann".*

Die Frage, in welchem Umfang die Nutzung von Daten zu Marketingzwecken 225
von der Vorschrift von Art. 6 Abs. 1 S. 1 lit. f) DSGVO erfasst wird, hat sich mittlerweile zu einer Art „Glaubensfrage" entwickelt. Diesbezüglich ist darauf hinzuweisen, dass bereits aufgrund des Umstands, dass der Gesetzgeber den Begriff der „Direktwerbung" in den sich auf die Rechtsgrundlage in Art. 6 Abs. 1 S. 1 lit f) DSGVO beziehenden Erwägungsgrund 47 zur DSGVO aufgenommen

166 Vgl. hierzu die Ausführungen unter Rn. 319 ff.
167 *Albers/Veit*, in: Wolff/Brink, Datenschutzrecht, 37. Aufl. 2020, Art. 6 Rn. 49.
168 *Albers/Veit*, in: Wolff/Brink, Datenschutzrecht, 37. Aufl. 2020, Art. 6 Rn. 49.

hat, indiziert ist, dass in Art. 6 Abs. 1 lit. f) DSGVO die für die Rechtfertigung von Datenverarbeitungen zu Werbezwecken vom Gesetzgeber grundsätzlich vorgesehene Rechtsgrundlage normiert ist.

Dieses Verständnis wird dadurch unterstützt, dass in Art. 21 Abs. 2 DSGVO eine eigenständige Regelung in Bezug auf die Möglichkeit der Einlegung eines Widerspruchs im Hinblick auf die Verarbeitung von Daten zum Zweck der „Direktwerbung" zu finden ist. Nach Art. 21 Abs. 2 DSGVO kann der Betroffene jederzeit Widerspruch gegen die Verarbeitung von ihn betreffenden Daten zum Zweck der „Direktwerbung" einlegen. In diesen Fällen hat der jeweilige Verantwortliche – anders als in den Fällen des Art. 21 Abs. 1 DSGVO – nicht die Möglichkeit, zwingende schutzwürdige Gründe für die Fortführung der Datenverarbeitung geltend zu machen. Darüber hinaus hat der Verantwortliche den Betroffenen über das Bestehen des Widerspruchsrechts nach Art. 21 Abs. 1 DSGVO in „hervorgehobener" Weise zu informieren (Art. 21 Abs. 4 DSGVO). Bei Ausübung des Widerspruchs durch den Betroffenen sind die Daten, die zum Zweck der von dem Widerspruch erfassten Datenverarbeitung bereits erhoben worden sind, zu löschen (Art. 17 Abs. 1 Ziffer c) DSGVO).

Aus den zuvor getätigten Ausführungen ergibt sich, dass der Gesetzgeber ein ausdifferenziertes Regelungssystem geschaffen hat, das sowohl dem Interesse der Wirtschaft an der Nutzung von Daten zu Zwecken des Marketing, ohne dass für diese eine Einwilligung eingeholt werden muss, aber auch den in diesem Zusammenhang bestehenden Interessen der Betroffenen an der Nichtnutzung der Daten zu dem genannten Zweck, ausreichend Rechnung trägt.[169] Vor diesem Hintergrund ist der vielerorts in einzelnen Konstellationen zu vernehmende „Ruf" nach der Erforderlichkeit der Einholung einer Einwilligung für die Nutzung von Daten zu Zwecken des Marketing häufig nicht gerechtfertigt.[170] Dies gilt selbstverständlich nicht für die Fälle, in denen spezialgesetzliche Regelungen die Notwendigkeit der Einholung einer Einwilligung vorgeben (z. B. § 7 Abs. 2 Nr. 3 UWG für das E-Mail-Marketing).[171]

226 Des Weiteren ist anzumerken, dass unter den Begriff der „Direktwerbung" nicht nur die Durchführung der Werbemaßnahme an sich, sondern auch die die Maßnahme vorbereitenden Datenverarbeitungen fallen. Die richtige Begründung für diesen Umstand gibt das Information Commissioner's Office (ICO) in dessen „Direct marketing code of practice":

> *„GDPR and PECR do not define the term 'direct marketing purposes', but clearly it is intended to be* ***wider than simply sending direct marketing communications****. The focus is on the purpose of the processing, not the activity. Therefore, if the*

169 So wohl auch Drewes, ZD 2019, 296 f.

170 Im Ergebnis ebenso Uecker, ZD 2019, 248 (250).

171 Zum Einwilligungserfordernis in Bezug auf das E-Mail-Marketing vgl. die Ausführungen unter Rn. 705, 712.

ultimate aim is to send direct marketing communications, then ***all processing activities which lead up to, enable or support sending those communications is processing for direct marketing purposes, not just the communication itself.***"[172]

b) Nutzung von Daten für Werbeausschlüsse

In der Praxis kommt es vor, dass z. B. über einzelne Kunden erhobene Daten von Verantwortlichen zum Zweck des Ausschlusses der jeweiligen Kunden von Werbemaßnahmen verarbeitet werden. 227

Beispiel 33:

Der Kunde K hat in den letzten 12 Monaten bei dem Versandhändler V 40 Bestellungen getätigt und in 95 % der Bestellungen die Waren retourniert. Dadurch, dass Retouren auf Seiten des V erhebliche Kosten verursachen, hat der V beschlossen, den K zukünftig nicht mehr mittels der Aussendung von Katalogen des V zu bewerben, um gegenüber dem K keine weiteren Kaufanreize zu setzen.

Die Vornahme derartiger Ausschlüsse kann zweifelsfrei rechtskonform ausgestaltet werden. Der Vorschrift in § 7 UWG, die (unter anderem) den Schutz des Allgemeinen Persönlichkeitsrechts bezweckt,[173] ist zu entnehmen, dass von jeder Werbemaßnahme eine gewisse „Belästigung" des Beworbenen ausgeht.[174] Ist die Vornahme einer solchen (durch die Aussteuerung von Werbung) auf Basis der Rechtsgrundlage in Art. 6 Abs. 1 S. 1 lit. f) DSGVO möglich, muss dies im Hinblick auf eine Datenverarbeitung, die die Aussteuerung einer Werbung und damit eine Belästigung vermeidet, erst recht der Fall sein. 228

In diesem Zusammenhang ist außerdem darauf hinzuweisen, dass Online-Shop-Betreiber nach einer – zugegebenermaßen bereits älteren Entscheidung – des OLG Hamburg grundsätzlich dazu berechtigt sind, Kunden, die eine hohe Retourenquote aufweisen, sogar von einem Kauf auf dem Shop auszuschließen. Begründet wird dies seitens des OLG Hamburg richtigerweise mit dem Hinweis auf das Bestehen einer negativen Vertragsfreiheit.[175] Um diese wirksam ausüben zu können, muss es Unternehmen gestattet sein, rechtmäßig erhobene Daten, die für die Entscheidung, ob einem Kunden die Möglichkeit eines Kaufs eingeräumt werden soll relevant sind, im Rahmen der Entscheidungsfindung zu nutzen. Diesbezüglich ist jedoch zu beachten, dass den Kunden ein solcher Ausschluss vorab nicht angekündigt werden darf. Eine solche Ankündigung könnte die Kunden nämlich in wettbewerbswidriger Weise von der Geltendmachung des ihnen gesetzlich zustehenden Widerrufsrechts abhalten.

---

172 ICO Direct marketing code of practice, Seite 14.

173 *Köhler,* in: Köhler/Bornkamm/Feddersen, UWG, 38. Aufl. 2020, § 7 Rn. 2, 14 m. w. N.

174 *Köhler,* in: Köhler/Bornkamm/Feddersen, UWG, 38. Aufl. 2020, § 7 Rn. 20.

175 OLG Hamburg, Urt. v. 25. 11. 2004 – 5 U 22/04.

c) Verhinderung von Betrug

229 Satz 6 des Erwägungsgrunds 47 zur DSGVO lautet wie folgt:

„Verarbeitung personenbezogener Daten im für die ***Verhinderung von Betrug*** *unbedingt erforderlichen Umfang stellt ebenfalls ein* ***berechtigtes Interesse*** *des jeweiligen Verantwortlichen dar".*

230 Die zuvor zitierten Ausführungen geben eine „Selbstverständlichkeit" wieder. In der Praxis ist es häufig nicht sinnvoll, einen potenziellen Betrüger um die Erteilung einer Einwilligung für die Durchführung einer „Fraud-Prüfung" zu bitten. Außerdem sind die (anderen) Rechtsgrundlagen in Art. 6 Abs. 1 S. 1 lit. b) bis lit. e) DSGVO häufig nicht einschlägig. Es ist zwar durchaus möglich, die Durchführung einer „Fraud-Prüfung" in einzelnen Fällen (auch) auf die Rechtsgrundlage in Art. 6 Abs. 1 S. 1 lit. b) DSGVO (Durchführung einer vorvertraglichen Maßnahme) zu stützen. Diesbezüglich ist in der Praxis jedoch Vorsicht geboten, da der EDSA die Ansicht vertritt, dass die originäre Rechtsgrundlage für die Durchführung von „Fraud-Prüfungen" die in Art. 6 Abs. 1 S. 1 lit. f) DSGVO ist.[176]

231 Im Hinblick auf die Verarbeitung von Daten zum Zweck der Vermeidung von Betrug ist des Weiteren anzumerken, dass eine solche – insbesondere dann, wenn durch diese Identitätsdiebstähle verhindert werden sollen – häufig auch im Interesse der Betroffenen ist. In der Vergangenheit hat insbesondere im Bereich des Versandhandels das Phänomen des Bestellbetrugs im Zusammenhang mit der Zahlungsart Rechnungskauf verstärkt zugenommen. Um diesem Umstand begegnen zu können, ist es zwingend erforderlich, dass Versandhändler die durch sie selbst erhobenen Daten, aber auch solche, die durch Dritte, wie z. B. durch Auskunfteien, erhobenen werden, zum Zweck der Betrugsprävention nutzen können. Zum Teil wird die Ansicht vertreten, dass dem Phänomen des Bestellbetrugs durch gesetzliche Einschränkungen im Bereich des „Rechnungskaufs" zu begegnen ist. Diesbezüglich ist jedoch anzumerken, dass es sich bei dem „Rechnungskauf" grundsätzlich um eine für den Verbraucher „sichere" Zahlungsart handelt, da diese in der Praxis häufig auch Opfer von „Warenbetrug" werden.[177] Ein „Warenbetrug" liegt z. B. dann vor, wenn Verbraucher/Unternehmer in einem „Fake-Shop" Waren bestellen und direkt bezahlen, die Waren aber niemals geliefert werden. Aufgrund der zuvor getätigten Ausführungen ist es grundsätzlich nicht sinnvoll, die Möglichkeit der Nutzung von Daten zum Zweck der Betrugsprävention aus (vermeintlichen) datenschutzrechtlichen Gründen zu stark einzuschränken.

232 Weiterhin ist anzumerken, dass zwischen der rechtlichen Bewertung der Verarbeitung von Daten zum Zweck der Bonitätsprüfung und der der Verarbeitung von Daten zum Zweck der Betrugsprävention strikt zu trennen ist. In der juristi-

---

176 EDSA, Leitlinien 2/2019 für die Verarbeitung personenbezogener Daten gemäß Artikel 6 Absatz 1 Buchstabe b DSGVO im Zusammenhang mit der Erbringung von Online-Diensten für betroffene Personen, Stand: 8. 10. 2019, Seite 16.

177 Polizeiliche Kriminalitätsstatistik 2020, Seite 18.

schen Diskussion zu den genannten Themengebieten wird dieser Umstand (noch) nicht immer ausreichend berücksichtigt. So kann eine Verarbeitung von Daten zum Zweck der Bonitätsprüfung durch einen Online-Händler – ohne Einholung einer Einwilligung – z. B. nur dann (weitgehend rechtssicher) stattfinden, wenn die Auswahl einer „unsicheren" Zahlungsart durch den Kunden erfolgt und die Bestellung von diesem abgeschickt wird.[178] Unter dem Gesichtspunkt der Bonitätsprüfung stellt z. B. die Zahlungsart „Kreditkarte" keine „unsichere" dar. In der Praxis ist jedoch festzustellen, dass es in einem relevanten Umfang einen Missbrauch von Kreditkartendaten durch unberechtigte Dritte gibt. Diese Dritten erhalten die Kreditkartendaten häufig aufgrund der Versendung so genannter „Phishing-Mails". Aus diesem Grund kann grundsätzlich auch bei der Auswahl der Zahlungsart „Kreditkarte" eine Verarbeitung von Daten zum Zweck der Betrugsprävention auf Basis der Rechtsgrundlage in Art. 6 Abs. 1 S. 1 lit. f) DSGVO vorgenommen werden.

aa) Personenunabhängige Entscheidungen

Datenschutzrechtlich unproblematisch ist es grundsätzlich, wenn „unsichere 233
Zahlungsarten" (z. B. Rechnungs-/Ratenkauf) in bestimmten Konstellationen durch einen Verantwortlichen – unabhängig von der jeweiligen Person, die die Zahlungsart eingeräumt bekommen möchte – stets nicht gewährt werden. Zu diesen Konstellationen gehören unter anderem die Folgenden:

- Erstbestellung auf eine „unsichere" Zahlungsart und Auswahl einer abweichenden Lieferanschrift;
- Erstbestellung auf eine „unsichere" Zahlungsart und Auswahl eines Artikels, der in Bezug auf das Thema Bestellbetrug als Risikoartikel einzuordnen ist.

Dass in den genannten Konstellationen ein Ausschluss von Zahlungsarten datenschutzrechtlich unproblematisch ist liegt daran, dass der Ausschluss nicht in der Person des jeweiligen Betroffenen begründet ist. Auch erfolgt nicht die Berechnung einer Zahlungsausfallwahrscheinlichkeit, so dass unter anderem die Regelung in Art. 31 Abs. 1 BDSG 2018 nicht einschlägig ist.

bb) Anonyme Einrichtungen

Datenschutzrechtlich rechtskonform ist es auch, Bestellungen auf „unsichere 234
Zahlungsarten" an solche Adressen/Einrichtungen, die aufgrund ihrer Anonymität die Durchführung eines Bestellbetrugs begünstigen, abzulehnen. Derartige Einrichtungen können z. B. Kasernen darstellen. Ein solches Vorgehen ist auch nicht als ein nach § 31 Abs. 1 BDSG 2018 verbotenes „Geoscoring" zu bewerten. Das Verbot des „Geoscoring" soll Betroffene vor einer Diskriminierung dahingehend schützen, dass ihnen z. B. ein Rechnungskauf nicht allein deswegen verwehrt werden soll, weil sie in einem einkommensschwachen Umfeld leben.[179] In den hier erörterten Konstellationen ist dieser Schutzzweck nicht

178 Vgl. hierzu die Ausführungen unter Rn. 795.

179 *Taeger*, in: Taeger/Gabel, DSGVO/BDSG, 3. Aufl. 2019, § 30 BDSG 2018 Rn. 61.

berührt. Ansatzpunkt der Zahlungsarteneinschränkung ist vielmehr derjenige, dass bei Lieferungen an anonyme Einrichtungen häufig nicht ausreichend sichergestellt werden kann, dass die Person, die die Ware entgegennimmt, auch tatsächlich der Betroffene ist, dessen Daten bei der Bestellung angegeben worden sind.

cc) Betrugsprävention mittels Browser-Fingerprinting-Technologien

235 Am Markt werden Betrugspräventions-Tools zur Nutzung angeboten, deren Funktionsweisen auf Browser-Fingerprinting-Technologien beruhen. Zur Erstellung eines Browser-Fingerprints werden Daten, die der Browser bei dem Aufruf einer Website zur Verfügung stellt, gespeichert. Auf Basis dieser Daten kann der jeweilige Browser bei dem Aufruf einer anderen Website mit einer bestimmten Wahrscheinlichkeit wieder identifiziert werden.

236 Im Rahmen der Nutzung der hier erörterten Tools bindet der Websitebetreiber zumeist ein Pixel des Toolanbieters in seine Website ein und der Toolanbieter erhebt (in gemeinsamer Verantwortlichkeit mit dem Websitebetreiber) Fingerprints von den Browsern, die für Transaktionen (z. B. Käufe) über die Website von deren Nutzern verwendet werden. Stellt der Websitebetreiber im Nachgang zu einer Transaktion fest, dass es sich bei dieser mit hoher Wahrscheinlichkeit um eine betrügerische handelt („atypischer Bestellvorgang"), übermittelt er diese Information an den Toolanbieter. Dieser speichert die Information dem jeweiligen Browser-Fingerprint hinzu. Wird der Browser bei einer Folgetransaktion auf einer Website, in die das Pixels des Toolanbieters (ebenfalls) eingebunden ist verwendet und von dem Toolanbieter wiedererkannt, kann ein Hinweis durch den Toolanbieter an den Websitebetreiber, dass eine Information über einen „atypischen Bestellvorgang" vorliegt, erfolgen.

1) Verantwortlichkeiten

237 Im Hinblick auf die zuvor beschriebenen Datenverarbeitungen sind die folgenden datenschutzrechtlichen Verantwortlichkeiten gegeben:

- **Websitebetreiber** (Verantwortlicher): Integration des Pixels und Erhebung von Daten über dieses (gemeinsame Verantwortlichkeit mit Toolanbieter); Verarbeitung von Informationen, die vom Toolanbieter übermittelt werden (z. B. Informationen über „atypische Bestellvorgänge"); Übermittlung von Informationen über „atypische Bestellvorgänge", die der Websitebetreiber erhoben hat, an den Toolanbieter.
- **Toolanbieter:** (Verantwortlicher): Integration des Pixels und Erhebung von Daten über dieses (gemeinsame Verantwortlichkeit mit Websitebetreiber); Weiterverarbeitung der über das Pixels erhobener Daten (z. B. zum Zweck der Wiederkennung des Browsers); Übermittlung von Informationen an den Websitebetreiber (z. B. Informationen über „atypische Bestellvorgänge"); Weiterverarbeitung von Informationen, die vom Websitebetreiber an den Toolanbieter übermittelt werden (Informationen über „atypische Bestellvorgänge").

2) Rechtsgrundlagen

Der Einsatz der hier erörterten Browser-Fingerprinting-Technologien kann nach der hier vertretenen Ansicht derart ausgestaltet werden, dass die Verarbeitungen (Erhebung, Speicherung, Übermittlung, Weiterverarbeitung) der Informationen über „atypische Bestellvorgänge" auf die Rechtsgrundlage in Art. 6 Abs. 1 S. 1 lit. f) DSGVO gestützt werden können. Diese Datenverarbeitungen bzw. deren Rechtmäßigkeit sind auch an den Vorgaben der DSGVO zu messen. In Bezug auf die Erhebung der Browser-Fingerprints dürften die Vorgaben aus § 25 TTDSG einschlägig sein.[180] Jedoch auch diese Erhebung kann nach der hier vertretenen Ansicht grundsätzlich ohne Einholung einer Einwilligung erfolgen.[181] Insofern Verantwortliche sich dazu entscheiden, die Erhebung der Browser-Fingerprints auf die Rechtsgrundlage der Einwilligung (Art. 6 Abs. 1 S. 1 lit. a) DSGVO) zu stützen, besteht regelmäßig die Möglichkeit, die Erteilung der Einwilligung an die Möglichkeit der Auswahl einer („unsicheren") Zahlungsart zu „koppeln".[182] 238

Der Umstand, dass die Verarbeitungen der Informationen über „atypische Bestellvorgänge" auf die Rechtsgrundlage in Art. 6 Abs. 1 S. 1 lit. f) DSGVO gestützt werden kann, ist unter anderem damit zu begründen, dass das beschriebene Vorgehen weniger eingriffsintensiv als das von Wirtschaftsauskunfteien ist. Wirtschaftsauskunfteien können die durch sie vorgenommenen Datenverarbeitungen anerkanntermaßen auf die Rechtsgrundlage in Art. 6 Abs. 1 S. 1 lit. f) DSGVO stützen.[183] Dass eine geringere Eingriffsintensität vorliegt, ergibt sich daraus, dass sich die von den Toolanbietern gespeicherten Daten auf Browser/Endgeräte und nicht auf Personen an sich beziehen. 239

Beispiel 34:

Unter Verwendung des Namens Hans Müller wird bei dem Online-Shop X unter Nutzung des Endgeräts Z eine Ware bestellt und diese wird aufgrund des Vorliegens einer Betrugsbestellung nicht bezahlt. Kurze Zeit später wird unter Verwendung des Namens Erna Friedrich bei dem Online-Shop Y unter Nutzung des Endgeräts Z eine Ware bestellt und diese wird aufgrund des Vorliegens einer Betrugsbestellung nicht bezahlt. Bei einer Wirtschaftsauskunftei wären Informationen zu dem Namen Hans Müller sowie Informationen zu dem Namen Erna Friedrich gespeichert. Diese Informationen wären nicht „verknüpft". Bei dem Anbieter des Browser-Fingerprinting-Tools wäre im Gegensatz hierzu die Information gespeichert, dass unter Nutzung des Endgeräts Z zwei „atypische Bestellvorgänge" ausgelöst worden sind. Versucht Erna Friedrich nun unter Nutzung des Endgeräts Q bei dem Online-Shop D auf eine unsichere Zahlungsart zu bestellen, würde die Auskunftei die negativen Informationen, die bei ihr zu Erna

180 Vgl. hierzu die Ausführungen unter Rn. 567.
181 Vgl. hierzu Rn. 561 ff.
182 Zur „Kopplung" vgl. die Ausführungen unter Rn. 155 ff.
183 Vgl. hierzu die Ausführungen unter Rn. 763.

Friedrich gespeichert sind, an den Online-Shop D übermitteln. Der Anbieter des Browser-Fingerprinting-Tools würde keine Negativinformation übermitteln, da eine solche zu der Person Erna Friedrich bei ihm nicht gespeichert ist.

dd) Weitere Tools

240 Des Weiteren werden am Markt solche „Betrugspräventions-Tools" zur Nutzung angeboten, deren Funktionsweisen auf anderen Technologien, als der des „Browser-Fingerprinting" beruhen. Die Anbieter der Tools sind zum Teil Wirtschaftsauskunfteien. So gibt es z.B. ein von einer Wirtschaftsauskunftei zur Nutzung angebotenes Tool, dessen Funktionsweise auf der Verarbeitung von Daten aus so genannten „zeitlich begrenzten Anfragefenstern" basiert. Die Auskunftei hat die Möglichkeit zu überprüfen, ob es während eines festgelegten Zeitraums Auffälligkeiten im Zusammenhang mit Transaktionen unter Nutzung der Daten eines Betroffenen gibt. Hierdurch können unter anderem Identitätsdiebstähle verhindert werden.

241 *Praxishinweis:*
Die DSK bzw. einzelne Aufsichtsbehörden haben den Einsatz unterschiedlicher Betrugspräventions-Tools bereits geprüft und diesen zum Teil auch freigegeben. Insgesamt besteht auf Seiten der Verantwortlichen regelmäßig ein ganz erhebliches, wenn nicht sogar herausragendes berechtigtes Interesse an der Verarbeitung von Daten zu Zwecken der Vermeidung von Betrugstaten. Insofern derartige Tools eingesetzt werden sollen, sollten Verantwortliche sich aber vorab ausreichend mit der Funktionsweise der Tools und etwaigen datenschutzrechtlichen Implikationen auseinandersetzen.

d) „kleines Konzernprivileg"

242 Der Erwägungsgrund 48 zur DSGVO, der wie folgt lautet:

> *„Verantwortliche, die Teil einer Unternehmensgruppe oder einer Gruppe von Einrichtungen sind, die einer zentralen Stelle zugeordnet sind, können ein **berechtigtes Interesse** haben, personenbezogene Daten innerhalb der Unternehmensgruppe für interne **Verwaltungszwecke**, einschließlich der Verarbeitung personenbezogener Daten von Kunden und Beschäftigten, zu übermitteln",*

statuiert das so genannte „kleine Konzernprivileg". Der Begriff „Konzernprivileg"[184] ist in Bezug auf den Erwägungsgrund 48 zur DSGVO dahingehend ein Stück weit irreführend, dass diesem nicht zu entnehmen ist, dass Daten – in bestimmten Konstellationen – unterhalb von Gesellschaften eines Konzerns ohne Vorliegen einer Rechtsgrundlage übermittelt werden können. Vielmehr besagt dieser lediglich, dass ein

> *„berechtigtes Interesse"*

im Sinne der Vorschrift in Art. 6 Abs. 1 S. 1 lit. f) DSGVO an einer Übermittlung von Daten innerhalb eines Konzerns

---

184 Vgl. zum „Konzernprivileg" die Ausführungen unter Rn. 148.

„für interne Verwaltungszwecke"

bestehen kann. Dass der Gesetzgeber diesem Interesse aber ein beachtliches Gewicht beimisst, ergibt sich daraus, dass er dieses im Erwägungsgrund 48 zur DSGVO ausdrücklich nennt. Dieser Umstand ist zugunsten der Verantwortlichen im Rahmen der gemäß Art. 6 Abs. 1 S. 1 lit. f) DSGVO vorzunehmenden Interessenabwägung zwingend zu berücksichtigen.

Fraglich ist, wie der Begriff 243

„interne Verwaltungszwecke"

zu verstehen/auszulegen ist. Unter diesen fallen insbesondere die Verarbeitung von Beschäftigtendaten durch die Konzernmutter für deren Tochtergesellschaften aus organisatorischen Gründen. Als Beispiele hierfür können

- ein konzernweites Bewerbermanagement

und

- eine zentrale Verarbeitung von Daten zum Zweck der Altersvorsorge

genannt werden. Die Verarbeitung von Beschäftigtendaten kann – zumindest nach z. T. vertretener Ansicht – im Übrigen nicht nur auf die Rechtsgrundlage in § 26 Abs. 1 BDSG 2018, sondern auch auf die in Art. 6 Abs. 1 S. 1 lit. f) DSGVO gestützt werden.[185]

Zum Teil wird in Bezug auf den „Anwendungsbereich" des Erwägungsgrunds 48 zur DSGVO im Hinblick auf die Verarbeitung von Kundendaten die Ansicht vertreten, dass von diesem auch die Führung eines 244

- konzernweiten CRM-Systems

erfasst ist. Ein weiterer Anwendungsfall könnte die

- Verarbeitung von Schuldnerdaten durch konzerninterne „Warndienste"[186]

sein.

Praxishinweis: 245

In der Praxis ist zu beachten, dass der „Anwendungsbereich" des Erwägungsgrunds 48 zur DSGVO eine relevante Einschränkung dadurch erfährt, dass von diesem „lediglich" die Verarbeitung von Daten für „interne Verwaltungszwecke" erfasst wird. Vor diesem Hintergrund ist – aus Gründen der Sicherheit – im Hinblick auf eine „Berufung" auf den Erwägungsgrund 48 zur DSGVO im Rahmen einer datenschutzrechtlichen Beurteilung der Verarbeitung von Kundendaten grundsätzlich Vorsicht geboten. So dürfte z. B. die Verarbeitung von Schuldnerdaten durch konzerninterne „Warndienste" nicht von diesem erfasst sein.

185 Vgl. hierzu ausführlich *Zöll,* in: Taeger/Gabel, DSGVO/BDSG, 3. Aufl. 2019, § 26 BDSG 2018 Rn. 11 ff.

186 Zum Begriff „Warndienst" vgl. die Ausführungen unter Rn. 79.

2. „Eigentliche Interessenabwägung"

246 Im Rahmen der „eigentlichen Interessenabwägung" sind die berechtigten Interessen des Verantwortlichen an der Datenverarbeitung mit der Intensität des Eingriffs in die Grundrechte und Grundfreiheiten der Betroffenen, der von der Datenverarbeitung ausgeht, abzuwägen. In der Praxis werden Datenschutzberater immer wieder mit der Ansicht konfrontiert, dass das berechtigte Interesse des Verantwortlichen dem „Interesse" der Betroffenen an der Nichtvornahme der Datenverarbeitung überwiegen muss. Diese Ansicht ist nicht korrekt. Vielmehr ist das Gegenteil der Fall, was sich bereits eindeutig aus dem Wortlaut der Vorschrift in Art. 6 Abs. 1 S. 1 lit. f) DSGVO ergibt:

> *„Die Verarbeitung ist nur rechtmäßig, wenn mindestens eine der nachstehenden Bedingungen erfüllt ist:*
>
> *die Verarbeitung ist zur Wahrung der berechtigten Interessen des Verantwortlichen oder eines Dritten erforderlich,* ***sofern nicht die Interessen oder Grundrechte und Grundfreiheiten der betroffenen Person, die den Schutz personenbezogener Daten erfordern, überwiegen …"***

Der zuvor zitierten Regelung ist außerdem zu entnehmen, dass im Fall des Vorliegens einer Gleichwertigkeit die Interessenabwägung im Ergebnis zugunsten des Verantwortlichen ausfällt.[187]

247 Die DSK hat in ihrer „Orientierungshilfe für Anbieter von Telemedien" aus dem Jahr 2019 eine gute Auflistung an „Merkmalen"/Umständen, die im Rahmen der Interessenabwägung zu berücksichtigen sind, vorgenommen. Bei den einzelnen „Merkmalen"/Umständen handelt es sich um die Folgenden:

- Betroffene Datenkategorien;
- Dauer der Datenverarbeitung;
- beteiligte Akteure;
- Kreis der Betroffenen;
- Umfang der Datenverarbeitung;
- Verkettbarkeit von Daten;
- Interventionsmöglichkeiten der Betroffenen.[188]

a) Betroffene Datenkategorien

248 Im Rahmen der Interessenabwägung ist zu berücksichtigen, welche Kategorien personenbezogener Daten verarbeitet werden sollen. So kann z. B. von der Verarbeitung sensibler Zahlungsdaten ein größeres Risiko für die Grundrechte und Grundfreiheiten der Betroffenen ausgehen, als dies z. B. bei der Verarbeitung von (häufig) öffentlich zugänglichen Postadressdaten der Fall ist.

187 *Schulz*, in: Gola, DSGVO, 2. Aufl. 2018, Art. 6 Rn. 58.
188 Orientierungshilfe der Aufsichtsbehörden für Anbieter von Telemedien, Stand: März 2019, Seite 16.

aa) Relevanz der Pseudonymisierung/der Verarbeitung von Pseudonymen für die Interessenabwägung

Dass die Verarbeitung von Pseudonymen/pseudonymisierter Daten Auswirkungen dahingehend haben kann, dass die Interessenabwägung in dem jeweiligen Fall zugunsten des Verantwortlichen ausfällt, ergibt sich aus Satz 1 des Erwägungsgrunds 28 zur DSGVO: 249

> *„Die Anwendung der Pseudonymisierung auf personenbezogene Daten kann die **Risiken für die betroffenen Personen senken** und die Verantwortlichen und die Auftragsverarbeiter bei der Einhaltung ihrer Datenschutzpflichten unterstützen".*

Dieser Umstand wird auch seitens der DSK grundsätzlich anerkannt: 250

> *„Die Verarbeitung von pseudonymen Daten ist **grundsätzlich weniger belastend**, da die Identität der betroffenen Person verschleiert wird und somit die Wahrscheinlichkeit geringer ist, dass die betroffene Person durch Dritte identifiziert wird".*[189]

Die DSK nimmt jedoch in Bezug auf die die Fälle, in denen von Anfang an Pseudonyme verarbeitet werden, Einschränkungen vor:

> *„Im Hinblick auf die Verwendung von **Pseudonymen** ist generell anzumerken, dass die Tatsache, dass die Nutzer etwa über IDs oder Kennungen bestimmbar gemacht werden, **keine Pseudonymisierungsmaßnahme i.S. d. DSGVO darstellt**. Zudem handelt es sich nicht um geeignete Garantien zur Einhaltung der Datenschutzgrundsätze oder zur Absicherung der Rechte betroffener Personen, wenn zur (Wieder)Erkennung der Nutzer IP-Adressen, Cookie-IDs, Werbe-IDs, Unique-User-IDs oder andere Identifikatoren zum Einsatz kommen. Denn, anders als in Fällen, in denen Daten **pseudonymisiert** werden, um die identifizierenden Daten zu verschleiern oder zu löschen, so dass die betroffenen Personen nicht mehr adressiert werden können, werden IDs oder Kennungen dazu genutzt, die einzelnen Individuen unterscheidbar und adressierbar zu machen. Eine Schutzwirkung stellt sich folglich nicht ein. **Es handelt sich daher nicht um Pseudonymisierungen i.S.d. ErwGr 28, die die Risiken für die betroffenen Personen senken und die Verantwortlichen und die Auftragsverarbeiter bei der Einhaltung ihrer Datenschutzpflichten unterstützen**. Darüber hinaus ist zu berücksichtigen, dass sich Nutzer in den allermeisten Fällen früher oder später an irgendeiner Stelle im Web registrieren und in diesen Fällen auch eine Verknüpfung mit E-Mail-Adressen, Klarnamen oder Offline-Adressen möglich ist. Auf die Kenntnis des bürgerlichen Namens zur Identifikation von betroffenen Personen kommt es aber beim Personenbezug nicht an. Wenn die Nutzung des Webs, wie bei vielen Menschen, einen großen Teil der Lebenswirklichkeit widerspiegelt, dann ist es relevant, ob die Nutzer über ihre Online-Kennungen bestimmbar oder adressierbar sind. Die DSGVO geht davon aus, dass eine indirekte Identifizierung auch durch Aussondern erfolgen kann (ErwGr 26 S. 3)".*[190]

---

189 Orientierungshilfe der Aufsichtsbehörden für Anbieter von Telemedien, Stand: März 2019, Seite 19.

190 Orientierungshilfe der Aufsichtsbehörden für Anbieter von Telemedien, Stand: März 2019, Seite 15.

251 Die dargestellte Ansicht der DSK vermag nicht zu überzeugen. Dies ist damit zu begründen, dass es keinen Unterschied machen kann, ob Daten von Anfang an ein „Pseudonym" darstellen, oder ob ein „Pseudonym" erst durch eine Pseudonymisierungsmaßnahme entsteht. Darüber hinaus werden in der Praxis z.B. „Tracking-IDs" eingesetzt, die „unique" sind und die auch nicht mit anderen Kennungen (Dritter) synchronisiert werden. Dass in diesen Fällen davon auszugehen ist, dass mangels der Vornahme einer Pseudonymisierungsmaßnahme die von Erwägungsgrund 28 zur DSGVO ausgehenden Wertungen keine Anwendung finden, erschließt sich nicht. Weiterhin ist darauf hinzuweisen, dass der BGH in seiner Entscheidung in der Rechtssache „Planet49" ausdrücklich festgestellt hat, dass es sich bei „Tracking-IDs" um „Pseudonyme" handelt.[191]

bb) Verlauf des Gesetzgebungsverfahrens

252 Des Weiteren ist im Hinblick auf die hier erörterte Thematik anzumerken, dass im Verlauf des Gesetzgebungsverfahrens zur DSGVO seitens des Europäischen Parlaments vorgeschlagen worden ist, dass bei Vorliegen einer Pseudonymisierung der Daten, deren Verarbeitung beabsichtigt wird, die Interessenabwägung grundsätzlich zugunsten des Verantwortlichen ausgehen soll. Auch wenn sich dieser Vorschlag nicht durchsetzen konnte, ist aus dem Umstand, dass dieser vorgenommen worden ist zu schließen, dass eine zu starke Begrenzung der aus der Sicht des Verantwortlichen positiven Auswirkungen einer Pseudonymisierung auf die Interessenabwägung nicht angezeigt ist.

b) Dauer der Datenverarbeitung

253 Die Dauer der Datenverarbeitung ist einerseits dahingehend von Relevanz, dass sich grundsätzlich mit zunehmender Dauer auch die Menge der verarbeiteten Daten vergrößert. Darüber hinaus besteht bei einer Verarbeitung älterer Daten die Gefahr, dass diese nicht mehr aktuell und damit unrichtig sind. Dass Daten, die verarbeitet werden,

> *„sachlich richtig und erforderlichenfalls auf dem neuesten Stand sein"*

müssen, ergibt sich aus der Vorschrift in Art. 5 Abs. 1 Ziffer d) DSGVO.

c) Beteiligte Akteure

254 Teilweise wird die Ansicht vertreten, dass die Anzahl an Stellen, durch die Daten verarbeitet werden, für die Interessenabwägung von Relevanz ist. Dies soll auch für die Anzahl eingesetzter Auftragsverarbeiter gelten.[192]

255 Hintergrund dieser Auffassung ist unter anderem derjenige, dass bei einer Beteiligung einer Vielzahl an Akteuren an der Datenverarbeitung ein Kontrollverlust über die Daten eintreten könnte. Aufgrund der (vermeintlichen) Gefahr eines solchen Kontrollverlustes steht seit geraumer Zeit auch die Verarbeitung von

---

191 BGH, Urt. v. 28.05.2020 – I ZR 7/16, Rz. 48.

192 Orientierungshilfe der Aufsichtsbehörden für Anbieter von Telemedien, Stand: März 2019, Seite 19.

Daten durch mehrere „Ad-Tech-Anbieter" im Rahmen des so genannten „Realtime-Bidding" in der Kritik.[193]

Im Hinblick auf den Einsatz mehrerer Auftragsverarbeiter ist darauf hinzuweisen, dass die Regelung in Art. 28 Abs. 4 S. 1 DSGVO die Möglichkeit des Einsatzes von Subauftragnehmern ausdrücklich vorsieht. Darüber hinaus ist zu bedenken zu geben, dass bei einer Nutzung der Daten durch einen der Auftragsverarbeiter außerhalb der Weisungen des Verantwortlichen der jeweilige Auftragsverarbeiter für die Datenverarbeitung datenschutzrechtlich verantwortlich ist („Exzess" des Auftragsverarbeiters).[194] Bei Vorliegen eines „Exzesses" des Auftragsverarbeiters dürfte in aller Regel ein Verstoß gegen die Vorgaben aus der DSGVO vorliegen, für den der jeweilige Auftragsverarbeiter haftet. In Bezug auf die Verarbeitung der Daten zu einem Zweck, der nicht von den Weisungen des Verantwortlichen gedeckt ist, dürften nämlich zumeist keine ausreichenden Informationen (Art. 13 DSGVO bzw. Art. 14 DSGVO) erteilt worden sein. Dies sollte auch Auftragsverarbeitern bewusst sein. Des Weiteren räumt die DSGVO ausdrücklich die Möglichkeit ein, in die zu schließenden Abreden zur Auftragsverarbeitung eine Regelung aufzunehmen, dass ein Einsatz einzelner Subunternehmer aktiv vom Verantwortlichen zu genehmigen ist (Art. 28 Abs. 2 S. 1 DSGVO).

Insofern eine Datenverarbeitung durch einen Empfänger als datenschutzrecht- 256
lich Verantwortlicher erfolgt, kann der beschriebenen Gefahr eines Kontrollverlustes dadurch vorgebeugt werden, dass strenge vertragliche Regelungen zu dem Zweck der Datenverarbeitung getroffen werden.[195] Diese Regelungen können dahingehend ergänzt werden, dass für den Fall einer Zweckentfremdung der Daten durch den diese empfangenden Verantwortlichen und/oder durch einen Auftragsverarbeiter des genannten Verantwortlichen eine Vertragsstrafe verwirkt ist. Im Hinblick auf die Einhaltung der vertraglich geregelten strengen Zweckbindung können außerdem Auditrechte vereinbart werden.

Im Ergebnis ist festzuhalten, dass die Ansicht, dass die Beteiligung mehrerer 257
Akteure an einer Datenverarbeitung sich aus der Sicht des Verantwortlichen negativ auf die Interessenabwägung auswirkt, nicht pauschal vertreten werden kann. Es kommt vielmehr auf die Ausgestaltung im Einzelfall an.

d) Kreis der Betroffenen

Für das Ergebnis einer Interessenabwägung kann es eine Rolle spielen, von 258
welchen Betroffenen personenbezogene Daten verarbeitet werden. Dies kann insbesondere dann der Fall sein, wenn Daten besonders schutzwürdiger Personengruppen verarbeitet werden. Eine solche Personengruppe stellen Kinder

193 Zu Datenverarbeitungen im Rahmen von „Realtime-Bidding-Verfahren" vgl. die Ausführungen unter Rn. 627 ff.

194 Vgl. hierzu die Ausführungen unter Rn. 110 f.

195 Zu den in einer „Controller to Controller-Situation" zu treffenden vertraglichen Regelungen vgl. die Ausführungen unter Rn. 113 f.

dar, wie den Ausführungen in Erwägungsgrund 38 zur DSGVO zu entnehmen ist:

*„**Kinder verdienen bei ihren personenbezogenen Daten besonderen Schutz**, da Kinder sich der betreffenden Risiken, Folgen und Garantien und ihrer Rechte bei der Verarbeitung personenbezogener Daten möglicherweise weniger bewusst sind. Ein solcher **besonderer Schutz** sollte insbesondere die Verwendung personenbezogener Daten von Kindern für Werbezwecke oder für die Erstellung von **Persönlichkeits- oder Nutzerprofilen** und die Erhebung von personenbezogenen Daten von Kindern bei der Nutzung von Diensten, die Kindern direkt angeboten werden, betreffen".*

259 *Praxishinweis:*

Betreiber von Websites können Trackingdaten den einzelnen Usern häufig erst dann faktisch zuordnen, wenn diese einen Account auf der jeweiligen Website anlegen. Insofern auf der Website Leistungen angeboten werden, für deren Inanspruchnahme die Betroffenen mindestens 18 Jahre alt sein müssen, sollte direkt bei der Anlage des Accounts das Alter/das Geburtsdatum verpflichtend vom Websitebetreiber abgefragt werden. Mittels einer solchen Abfrage kann dieser verhindern, dass er Trackingdaten solchen Nutzern faktisch zuordnen kann, die minderjährig sind. Dieser Umstand wirkt sich zugunsten des Websitebetreibers im Rahmen der Interessenabwägung in Bezug auf die Weiterverarbeitung von Trackingdaten auf der Rechtsgrundlage in Art. 6 Abs. 1 lit. f) DSGVO aus.[196] Die direkte Abfrage des Alters/des Geburtsdatums ist im Übrigen in der dargestellten Konstellation in der Regel von der Rechtsgrundlage in Art. 6 Abs. 1 S. 1 lit. b) DSGVO und/oder von der in Art. 6 Abs. 1 lit. f) DSGVO gedeckt, so dass auch kein Verstoß gegen den Grundsatz der „Datenminimierung" vorliegt.[197]

e) Umfang der Datenverarbeitung

260 Dass bei der Durchführung der Interessenabwägung zu berücksichtigen ist, wie viele Daten (zu einem Betroffenen) verarbeitet werden, liegt auf der Hand. Desto umfangreicher die Datenmengen sind, die verarbeitet werden, desto höher ist grundsätzlich das Risiko, das von der Datenverarbeitung für den jeweiligen Betroffenen ausgeht. Dies ergibt sich unter anderem aus Art. 24 Abs. 1 DSGVO und aus Art. 32 Abs. 1 DSGVO.[198]

261 In der Praxis begegnet Datenschutzberatern häufig das Argument, dass von einer umfangreichen Erhebung von Daten – z. B. über verschiedene Websites hinweg – deswegen ein besonderes Risiko ausgeht, weil die Daten zum Zweck der Profilbildung und/oder zum Zweck des „Monitorings" eines Userverhaltens im Web genutzt werden könnten. In Bezug auf dieses Argument ist jedoch zu beachten, dass die Beurteilung, ob eine Datenverarbeitung auf die Rechtsgrund-

196 Zu der Weiterverarbeitung von Trackingdaten vgl. die Ausführungen unter Rn. 616 ff.
197 Vgl. hierzu die Ausführungen unter Rn. 211.
198 Vgl. hierzu die Ausführungen unter Rn. 474.

lage in Art. 6 Abs. 1 S. 1 lit. f) DSGVO gestützt werden kann, auf Basis des Zwecks der zu beurteilenden Datenverarbeitung zu erfolgen hat.[199]

Beispiel 35:
Eine Vielzahl der Kunden der Auskunftei A sind reichweitenstarke Online-Shops, die ihren Endkunden „unsichere" Zahlungsarten (z. B. Rechnungskauf) anbieten. Aufgrund dieses Umstands erhebt die Auskunftei A zum Teil umfangreiche Daten zu einzelnen Betroffenen, aus denen sich deren Online-Kaufverhalten ableiten lassen könnte. Die Auskunftei A nutzt die erhobenen Daten jedoch nicht zum Zweck des „Monitoring" des Kaufverhaltens, sondern insbesondere, um ihren Kunden (u. a. Betreiber von Online-Shops) Bonitätsinformationen zu den jeweiligen Betroffenen zu übermitteln.

Dass die Übermittlung von Bonitätsinformationen durch eine Auskunftei an deren Kunden auf die Rechtsgrundlage in Art. 6 Abs. 1 S. 1 lit. f) DSGVO gestützt werden kann, ist allgemein anerkannt.[200] Hieran ändert auch der Umstand nichts, dass – wie in dem **Beispiel 35** dargestellt – durch Auskunfteien erhobene Daten gegebenenfalls zum Zweck des „Monitoring" eines Kaufverhaltens im Web verarbeitet werden könnten. Insofern eine solche Verarbeitung erfolgen soll, ist diese eigenständig datenschutzrechtlich zu beurteilen. Dass die Daten nicht zu anderen Zwecken als denjenigen verarbeitet werden, die zum Zeitpunkt der Erhebung der Daten festgelegt wurden, muss insbesondere mittels technischer und organisatorischer Maßnahmen sichergestellt werden. Desto höher das Risiko ist, das von einer Zweckentfremdung der Daten für die jeweiligen Betroffenen ausgeht, desto stärker müssen die Schutzmaßnahmen sein.[201] Der Schutz der Daten vor einer Zweckentfremdung ist daher wesentlicher Bestandteil der Eruierung, welche technischen und organisatorischen Maßnahmen zu treffen sind, damit eine solche nicht erfolgt. Die potenzielle Möglichkeit einer Zweckentfremdung und deren Auswirkungen auf die Betroffenen haben jedoch keinerlei Auswirkungen auf die Interessenabwägung.

Aus den zuvor getätigten Ausführungen ergibt sich, dass der Umfang der Daten, 262
die verarbeitet werden sollen, bei der Vornahme der Interessenabwägung zu berücksichtigen ist. Im Rahmen dieser Berücksichtigung ist jedoch ausschließlich die Frage zu klären, welche Risiken von dem Umfang der zu verarbeitenden Daten zu dem beabsichtigten Zweck für die Grundrechte und Grundfreiheiten der Betroffenen ausgehen.

f) Verkettbarkeit von Daten

Relevant für die Interessenabwägung ist nach Ansicht der DSK, ob die verarbei- 263
teten Daten mit anderen Daten zusammengeführt werden können (Verkettbar-

199 Zum „Grundsatz der Zweckbindung" vgl. die Ausführungen unter Rn. 144 ff.
200 Vgl. hierzu die Ausführungen unter Rn. 763.
201 So der „risikobasierte Ansatz" in Art. 32 DSGVO, vgl. hierzu die Ausführungen unter Rn. 473 ff.

keit). Dies ist in der Praxis z.B. dann der Fall, wenn bei der Erhebung von Trackingdaten in Bezug auf die einzelnen Sessions Identifier (User-IDs) vergeben werden, die wiederum mit anderen Identifiern synchronisiert sind. In diesem Fall können die Trackingdaten, die den verschiedenen Identifiern zugeordnet sind, zusammengeführt werden. Hierdurch vergrößert sich die Menge an Daten, die einem User „zugerechnet" werden. Dies hat zur Folge, dass sich die Gefahren für die Grundrechte und Grundfreiheiten der jeweiligen Betroffen erhöhen.[202]

264 Anzumerken ist in diesem Zusammenhang jedoch auch, dass im Rahmen der Durchführung der Interessenabwägung der Grundsatz der Zweckbindung[203] zu beachten ist. Besteht die Möglichkeit der Zusammenführung der Daten, deren Verarbeitung mittels der Interessenabwägung zu beurteilen ist, mit anderen Daten, wird eine solche von dem Verantwortlichen jedoch nicht bezweckt, kann die reine Möglichkeit der Zusammenführung streng genommen auch nicht Gegenstand der Interessenabwägung sein. Dies gilt zumindest dann, wenn ausreichende technische und organisatorische Maßnahmen getroffen worden sind, die eine Zusammenführung verhindern.

265 *Praxishinweis:*

Insofern es in der Praxis vorkommt, dass Daten, die über verschiedene Quellen (z.B. über unterschiedliche Websites oder „Devices") erhoben wurden, zusammengeführt werden,[204] wirkt sich dieser Umstand im Rahmen der Interessenabwägung aus der Sicht des Verantwortlichen zumeist negativ aus. Dies hat jedoch nicht zur Folge, dass eine solche Zusammenführung per se nicht auf die Rechtsgrundlage in Art. 6 Abs. 1 S. 1 lit. f) DSGVO gestützt werden kann. Es bedarf in der Regel aber der Vornahme von Maßnahmen, die sich in Bezug auf die Interessenabwägung zugunsten des Verantwortlichen auswirken. In diesem Zusammenhang ist insbesondere die Vornahme einer (über die gesetzlichen Vorgaben hinaus gehenden) starken Pseudonymisierung zu nennen.[205]

g) Interventionsmöglichkeiten der Betroffenen

266 Im Rahmen der Durchführung der Interessenabwägung kann es zugunsten des Verantwortlichen berücksichtigt werden, wenn dieser die gesetzlichen Regelungen aus der DSGVO zu einzelnen Betroffenenrechte „überschießend" umsetzt.

Beispiel 36:

Der Listeigner L soll im Auftrag des Unternehmens U die Namen und die Postadressdaten von Kunden des L zum Zweck der Aussteuerung von Printwerbungen des U nutzen. In diesem Zusammenhang verarbeitet der L die Postadressdaten als alleinig Verantwortlicher. Der U führt eine Werbesperrliste, die aus den Namen und den Postadressen von solchen Betroffenen besteht, die gegenüber

202 Vgl. hierzu die Ausführungen unter Rn. 260.
203 Zum Grundsatz der Zweckbindung vgl. die Ausführungen unter Rn. 144 ff.
204 Zum „Cross-Device-Tracking" vgl. die Ausführungen unter Rn. 624 f.
205 Vgl. hierzu die Ausführungen unter Rn. 249 ff.

dem U einen Widerspruch im Hinblick auf die Verarbeitung von Daten zu Werbezwecken durch den U eingelegt haben. Auch wenn der U für die Verarbeitung der Daten des L nicht datenschutzrechtlich verantwortlich ist, übermittelt der U an den neutralen Dritten D seine Werbesperrliste. Der D gleicht die Werbesperrliste mit dem Adresspotenzial des L ab. Hierbei fungiert der D in Bezug auf die Verarbeitung der Daten aus der Werbesperrliste als Auftragsverarbeiter des U.

Praxishinweis: 267

In der Praxis sollte in den Fällen, in denen eine Datenverarbeitung auf die Rechtsgrundlage in Art. 6 Abs. 1 S. 1 lit. f) DSGVO gestützt wird, stets geprüft werden, ob – bei Vornahme eines hinnehmbaren operativen Aufwands – bestimmte Betroffenenrechte „überschießend“ umgesetzt werden können. Eine solche Umsetzung stellt ein gutes Argument dafür dar, dass die Interessenabwägung nicht zugunsten der jeweiligen Betroffenen ausgeht. Sollte eine „überschießende“ Umsetzung nicht oder nur unter erheblichen Aufwänden möglich sein, kann deren Nichtvornahme im Rahmen der Interessenabwägung jedoch nicht zu Lasten des Verantwortlichen berücksichtigt werden.

3. Vernünftige Erwartungen der Betroffenen

Im Rahmen der Beantwortung der Frage, ob eine Datenverarbeitung auf die 268
Rechtsgrundlage in Art. 6 Abs. 1 S. 1 lit. f) DSGVO gestützt werden kann, ist auch zu berücksichtigen, ob die Betroffenen „vernünftigerweise“ davon ausgehen können, dass die Daten zu dem jeweiligen Zweck genutzt werden. Diesbezüglich heißt es in den Sätzen 1 bis 4 des Erwägungsgrunds 47 zur DSGVO wie folgt:

> *„Die Rechtmäßigkeit der Verarbeitung kann durch die berechtigten Interessen eines Verantwortlichen, auch eines Verantwortlichen, dem die personenbezogenen Daten offengelegt werden dürfen, oder eines Dritten begründet sein, sofern die Interessen oder die Grundrechte und Grundfreiheiten der betroffenen Person nicht überwiegen; dabei sind die **vernünftigen Erwartungen der betroffenen Personen**, die auf ihrer Beziehung zu dem Verantwortlichen beruhen, **zu berücksichtigen**. Ein berechtigtes Interesse könnte beispielsweise vorliegen, wenn eine maßgebliche und angemessene Beziehung zwischen der betroffenen Person und dem Verantwortlichen besteht, z. B. wenn die betroffene Person ein Kunde des Verantwortlichen ist oder in seinen Diensten steht. Auf jeden Fall wäre das Bestehen eines berechtigten Interesses besonders sorgfältig abzuwägen, wobei auch zu prüfen ist, ob eine betroffene Person zum Zeitpunkt der Erhebung der personenbezogenen Daten und angesichts der Umstände, unter denen sie erfolgt, **vernünftigerweise absehen kann, dass möglicherweise eine Verarbeitung für diesen Zweck erfolgen wird**. Insbesondere dann, wenn personenbezogene Daten in Situationen verarbeitet werden, in denen eine betroffene Person vernünftigerweise nicht mit einer weiteren Verarbeitung rechnen muss, könnten die Interessen und Grundrechte der betroffenen Person das Interesse des Verantwortlichen überwiegen“.*

Weithin anerkannt ist, dass transparente Hinweise zu der jeweiligen Datenver- 269
arbeitung in den nach Art. 13 DSGVO bzw. nach Art. 14 DSGVO zu erteilenden Informationen die „Erwartungen“ der Betroffenen beeinflussen können. Diesbezüglich ist jedoch darauf hinzuweisen, dass alleinig aufgrund der Erteilung transparenter Hinweise nicht in allen Fällen angenommen werden kann, dass

die Betroffenen absehen können, dass die in den Hinweisen beschriebenen Datenverarbeitungen erfolgen. Vielmehr sind auch objektive Kriterien zu berücksichtigen. Der bei der Beurteilung, ob eine Datenverarbeitung den „vernünftigen Erwartungen" entspricht anzusetzende Maßstab, ist daher ein „gemischt subjektiv-objektiver".[206]

270 Im Bereich des Kundendatenschutzes wird die Thematik der „vernünftigen Erwartungen" der Betroffenen insbesondere im Zusammenhang mit

- der Verarbeitung von Daten mittels der Durchführung eines „Profiling" (zu Werbezwecken)

sowie im Bereich

- der Nutzung von Postadressdaten zu Werbezwecken Dritter

diskutiert.

a) „Profiling"

271 Es ist fraglich, ob die Durchführung eines „Profiling", für die es in der DSGVO keine eigenständige Rechtsgrundlage gibt,[207] auf der Rechtsgrundlage in Art. 6 Abs. 1 S. 1 lit. f) DSGVO abgebildet werden kann. Sollte dies nicht der Fall sein, wäre für die Vornahme eines „Profiling" regelmäßig die Einholung einer Einwilligung erforderlich.

272 Der Begriff des „Profiling" ist in Art. 4 Nr. 4 DSGVO gesetzlich definiert:

> *„Im Sinne dieser Verordnung bezeichnet der Ausdruck:*
>
> *„Profiling" jede Art der automatisierten Verarbeitung personenbezogener Daten, die darin besteht, dass diese personenbezogenen Daten verwendet werden, um bestimmte persönliche Aspekte, die sich auf eine natürliche Person beziehen, zu bewerten, insbesondere um Aspekte bezüglich Arbeitsleistung, wirtschaftliche Lage, Gesundheit, persönliche Vorlieben, Interessen, Zuverlässigkeit, Verhalten, Aufenthaltsort oder Ortswechsel dieser natürlichen Person zu analysieren oder vorherzusagen".*

273 Der zuvor wiedergegebenen gesetzlichen Definition ist zu entnehmen, dass der Begriff des „Profiling" einen sehr weitreichenden Anwendungsbereich hat.[208] Unter diesen können unter anderem die folgenden Datenverarbeitungen fallen:

- Bonitätsscoring,
- Berechnung von Affinitäten (zum Zweck der Ausspielung individualisierter Werbung),
- Berechnung von „Conversion-Wahrscheinlichkeiten",
- Berechnung von „Scorewerten" zum Zweck der Anzeige individualisierter Preise.

206 *Schulz,* in: Gola, DSGVO, 2. Aufl. 2018, Art. 6 Rn. 63.
207 Vgl. *Arning/Rothkegel,* in: Taeger/Gabel, DSGVO/BDSG, 3. Aufl. 2019, Art. 4 Rn. 106.
208 Drewes, ZD 2019, 296 (297).

Die DSK führt in Bezug auf die Frage, ob ein „Profiling" auf Basis der Rechtsgrundlage in Art. 6 Abs. 1 S. 1 lit. f) DSGVO (zu Werbezwecken) erfolgen kann, in der „Orientierungshilfe der Aufsichtsbehörden zur Verarbeitung von personenbezogenen Daten für Zwecke der Direktwerbung unter Geltung der Datenschutz-Grundverordnung (DS-GVO)" das Folgende aus: 274

„Eingriffsintensivere Maßnahmen wie automatisierte Selektionsverfahren zur Erstellung detaillierter Profile, Verhaltensprognosen bzw. Analysen, die zu zusätzlichen Erkenntnissen führen, sprechen hingegen dafür, dass ein Interesse der betroffenen Person am Ausschluss der Datenverarbeitung überwiegt. ***In diesen Fällen handelt es sich um Profiling, das nicht mehr auf Art. 6 Abs. 1 lit. f) DS-GVO gestützt werden kann und damit die Einholung einer Einwilligung vor der Datenverarbeitung erforderlich macht****".*[209]

Die zuvor zitierten Ausführungen sind – insofern man diese ihrem Wortlaut entsprechend dahingehend versteht, dass ein „Profiling" im Sinne des Art. 4 Nr. 4 DSGVO nur dann erfolgen kann, wenn der Betroffene in die Durchführung eines solchen eingewilligt hat[210] – mit den gesetzlichen Vorgaben in der DSGVO nicht vereinbar. Dies ergibt sich bereits eindeutig aus dem Wortlaut der Regelung in Art. 21 Abs. 1 S. 1 DSGVO: 275

„Die betroffene Person hat das Recht, aus Gründen, die sich aus ihrer besonderen Situation ergeben, jederzeit gegen die Verarbeitung sie betreffender personenbezogener Daten, die aufgrund von ***Artikel 6 Absatz 1 Buchstaben e oder f*** *erfolgt,* ***Widerspruch*** *einzulegen; dies gilt auch für ein auf* ***diese Bestimmungen gestütztes Profiling****".*

Im Hinblick auf die Vornahme eines „Profiling" zu Zwecken der Direktwerbung heißt es in Art. 21 Abs. 2 DSGVO außerdem wie folgt:

„Werden personenbezogene Daten verarbeitet, um ***Direktwerbung*** *zu betreiben, so hat die betroffene Person das Recht, jederzeit* ***Widerspruch*** *gegen die Verarbeitung sie betreffender personenbezogener Daten zum Zwecke derartiger Werbung einzulegen; dies gilt auch für das* ***Profiling****, soweit es mit solcher Direktwerbung in Verbindung steht".*

Dass ein „Profiling" auf Basis der Rechtsgrundlage in Art. 6 Abs. 1 S. 1 lit. f) DSGVO vorgenommen werden kann, kann des Weiteren aus den Vorgaben in Art. 22 DSGVO abgeleitet werden:

„(1) *Die betroffene Person hat das Recht, nicht einer ausschließlich auf einer automatisierten Verarbeitung –* ***einschließlich Profiling*** *– beruhenden Entscheidung unterworfen zu werden,* ***die ihr gegenüber rechtliche Wirkung entfaltet oder sie in ähnlicher Weise erheblich beeinträchtigt****.*

---

209 Orientierungshilfe der Aufsichtsbehörden zur Verarbeitung von personenbezogenen Daten für Zwecke der Direktwerbung unter Geltung der Datenschutz-Grundverordnung (DS-GVO), Stand: November 2018, Seite 5.

210 Die Ausführungen der DSK können gegebenenfalls auch dahingehend verstanden werden, dass ein „Profiling" nicht stets, sondern nur in den von der DSK speziell herausgegriffenen Fällen einer Einwilligung bedarf.

(2) Absatz 1 gilt nicht, wenn die Entscheidung

……………

d) mit ausdrücklicher Einwilligung der betroffenen Person erfolgt".

Den zuvor zitierten Vorgaben aus Art. 22 DSGVO ist zu entnehmen, dass in den Fällen, in denen ein „Profiling" und in dessen Folge eine automatisierte Einzelfallentscheidung erfolgt, die den Betroffenen

„gegenüber rechtliche Wirkung entfaltet oder sie in ähnlicher Weise erheblich beeinträchtigt",

grundsätzlich die Einholung einer Einwilligung erforderlich ist. Dies bedeutet im Umkehrschluss, dass in den Fällen, in denen eine automatisierte Einzelfallentscheidung, die nicht derartige Auswirkungen auf die Betroffenen hat, auch bei Vornahme eines „Profiling" ohne die Einholung einer Einwilligung rechtskonform abgebildet werden kann.[211]

276 Nicht in den Anwendungsbereich der Regelung in Art. 22 Abs. 1 DSGVO fallen automatisierte Entscheidungen zum Zweck der Aussteuerung von Werbung. Derartige Entscheidungen basieren in der Praxis häufig auf Auswertungen von Trackingdaten oder von Vertragsabwicklungsinformationen. Teilweise werden auch Trackingdaten und Vertragsabwicklungsinformationen zum Zweck der Auswertung zusammengeführt. In einzelnen Fällen erfolgt auch eine Zusammenführung von über verschiedene Websites erhobener Daten. Derartige Verarbeitungen verstießen zum Teil gegen nicht mehr wirksame Vorgaben aus dem TMG, insofern für diese eine Einwilligung nicht vorlag:

- Verbot der Zusammenführung von Trackingdaten mit weiteren Daten über den Betroffenen (§ 15 Abs. 3 S. 3 i. V. m. § 13 Abs. 4 Nr. 6 TMG a. F.);
- Verbot der Zusammenführung von über verschiedene Websites erhobener Trackingdaten (§ 13 Abs. 4 Nr. 4 TMG a. F.).

Auch wenn die zuvor genannten Verbote aus dem TMG nicht mehr wirksam sind, könnte man die Ansicht vertreten, dass von diesen erfasste Datenverarbeitungen dadurch, dass die Verbote in der Vergangenheit bestanden haben, grundsätzlich nicht von den „vernünftigen Erwartungen" der Betroffenen erfasst sind. Diese Ansicht ist jedoch abzulehnen. Dies ist damit zu begründen, dass die hier erörterten Verbote bereits vor Anwendbarkeit der DSGVO nicht wirksam gewesen sind. Dies ergab sich aus der Entscheidung des EuGH in der Rechtssache „Breyer"[212], nach der gesetzliche datenschutzrechtliche Vorgaben, die nicht einer Interessenabwägung zugänglich waren, nicht mit der EU-Datenschutzrichtlinie (Richtlinie 95/46/EG) vereinbar waren. Die Erforderlichkeit der Vornahme einer Interessenabwägung beinhaltete weder die Vorschrift in § 15 Abs. 3 TMG a. F., noch die in § 13 Abs. 4 TMG a. F.

211 Im Ergebnis ebenso Plath/Grages, CR 2018, 770 ff.; Drewes, ZD 2019, 296 ff.
212 EuGH, Urt. v. 19.10.206 – C-582/14.

Praxishinweis: 277

Auch wenn die dargestellten Verbote bereits vor Anwendbarkeit der DSGVO nicht wirksam gewesen sind, dürfte eine Weiterverarbeitung von Trackingdaten[213] dahingehend, dass diese mit anderen Datenkategorien oder mit Trackingdaten anderer Websites (desselben Verantwortlichen) zusammengeführt werden, nicht in sämtlichen Fällen auf die Rechtsgrundlage in Art. 6 Abs. 1 S. 1 lit. f) DSGVO gestützt werden können. Gute Argumente für eine Anwendbarkeit der genannten Rechtsgrundlage sind aber unter anderem dann gegeben, wenn die Zusammenführung in einem Umfeld erfolgt, das eine starke Pseudonymisierung der Daten gewährleistet.

b) Nutzung von Postadressdaten zu Werbezwecken Dritter

Teilweise wird die Ansicht vertreten, dass Postadressdaten, die eine Stelle als Verantwortliche erhoben hat, von dem Verantwortlichen nur zu eigenen und nicht zu Werbezwecken Dritter auf der Rechtsgrundlage in Art. 6 Abs. 1 S. 1 lit. f) DSGVO genutzt werden können. Diese Auffassung wird damit begründet, dass eine Nutzung der Daten zu Printwerbezwecken Dritter nicht den 278

„vernünftigen Erwartungen"

der Betroffenen entsprechen würde.[214] Die in dem nachfolgenden **Beispiel 37** wiedergegebene Datennutzung wäre daher nicht von der Rechtsgrundlage in Art. 6 Abs. 1 S. 1 lit. f) DSGVO gedeckt:

Beispiel 37:

Die Verlagsgruppe V vertreibt verschiedene Zeitschriften. Die Konzerngesellschaft T der Verlagsgruppe V vertreibt Abonnements der politischen Wochenzeitschrift P. Die T nutzt die Postadressdaten ihrer Abonnenten, um an diese ein Vorteilsabonnement der politischen Tageszeitschrift S, die von der Konzerngesellschaft K der Verlagsgruppe V vertrieben wird, per Post zu senden.

Rechtmäßig wäre es – nach der zuvor dargestellten Ansicht – hingegen, wenn in dem **Beispiel 37** T an ihre Abonnenten Postwerbung für eine politische Jahreschronik, die von der T herausgegeben wird, versendet. 279

Dafür, dass die zuvor beschriebene Auffassung korrekt ist, könnten die Ausführungen in Satz 2 des Erwägungsgrunds 47 zur DSGVO sprechen: 280

„Ein berechtigtes Interesse könnte beispielsweise vorliegen, wenn eine maßgebliche und angemessene ***Beziehung zwischen der betroffenen Person und dem Verantwortlichen besteht, z. B. wenn die betroffene Person ein Kunde des Verantwortlichen ist oder in seinen Diensten steht****".*

213 Auf diese finden die Vorgaben der DSGVO Anwendung, vgl. hierzu die Ausführungen unter Rn. 616.

214 LFDI Baden-Württemberg, 34. Tätigkeitsbericht 2018, Seite 118.

281 Gegen die Richtigkeit der hier erörterten Ansicht ist jedoch vorzubringen, dass der Wortlaut der Regelung in Art. 6 Abs. 1 S. 1 lit. f) DSGVO ausdrücklich vorgibt, dass auf die genannte Rechtsgrundlage auch Datenverarbeitungen

*„zur Wahrung berechtigter Interessen **Dritter**"*

gestützt werden können. Darüber hinaus ist anzumerken, dass das BDSG 2009 vorsah, dass Postadressdaten auch zu Werbezwecken Dritter genutzt werden dürfen. Diese durften sogar an die Dritten zum Zweck der Aussteuerung der Printwerbung übermittelt werden. Die einschlägige Vorschrift in Art. 28 Abs. 3 BDSG 2009 lautete wie folgt:

*„Darüber hinaus ist die Verarbeitung oder Nutzung personenbezogener Daten zulässig, soweit es sich um listenmäßig oder sonst **zusammengefasste Daten** über Angehörige einer Personengruppe handelt, die sich auf die Zugehörigkeit des Betroffenen zu dieser Personengruppe, seine Berufs-, Branchen- oder Geschäftsbezeichnung, **seinen Namen**, Titel, akademischen Grad, **seine Anschrift** und sein Geburtsjahr beschränken, und die Verarbeitung oder Nutzung erforderlich ist.*

. . . .

***Zusammengefasste personenbezogene Daten** nach Satz 2 dürfen auch dann für **Zwecke der Werbung übermittelt** werden, wenn die Übermittlung nach Maßgabe des § 34 Abs. 1a Satz 1 gespeichert wird; in diesem Fall muss die Stelle, die die Daten erstmalig erhoben hat, aus der Werbung eindeutig hervorgehen. Unabhängig vom Vorliegen der Voraussetzungen des Satzes 2 dürfen personenbezogene Daten für **Zwecke der Werbung für fremde Angebote genutzt werden**, wenn für den Betroffenen bei der Ansprache zum Zweck der Werbung die für die Nutzung der Daten verantwortliche Stelle eindeutig erkennbar ist".*

282 Auf Basis der zuvor zitierten gesetzlichen Grundlagen, die weitläufig als „Listendatenprivileg" bezeichnet wurden, erfolgte am Markt über viele Jahre hinweg eine vollkommen rechtskonforme Nutzung von Postadressdaten zu Werbezwecken Dritter. Vor diesem Hintergrund ist es kaum erklärbar, warum mit Anwendbarkeit der DSGVO eine solche Nutzung nicht mehr den

„vernünftigen Erwartungen"

der Betroffenen entsprechen soll.

283 *Praxishinweis:*

Postadressdaten sollten zu Werbezwecken Dritter ausschließlich im Rahmen des so genannten „Letter-Shop-Verfahrens" genutzt werden. Dieses Verfahren ist derart ausgestaltet, dass keinerlei Daten vom „Listeigner" an den Werbenden übermittelt werden, so dass dieses in Bezug auf die schützenswerten Grundrechte und Grundfreiheiten der Betroffenen sehr schonend ist.[215]

---

215 Zum „Lettershop-Verfahren" vgl. die Ausführungen unter Rn. 691 ff.

B. Verhältnis der Rechtsgrundlagen zueinander

Die DSGVO gibt vor, dass eine Datenverarbeitung auf verschiedene Rechts- 284
grundlagen gestützt werden kann. Dies ergibt sich aus dem Wortlaut der Regelung in Art. 6 Abs. 1 S. 1 DSGVO, die wie folgt lautet:

> *„Die Verarbeitung ist nur rechtmäßig, wenn* ***mindestens eine*** *der nachstehenden Bedingungen erfüllt ist:",*

und in deren Folge die einzelnen Rechtsgrundlagen aufgezählt werden.

Darüber hinaus stehen die Rechtsgrundlagen nach allgemein vertretener An- 285
sicht nicht in einem Rangverhältnis zueinander.[216]

Umstritten ist, ob in den Fällen, in denen eine Datenverarbeitung auf eine 286
Einwilligung (Art. 6 Abs. 1 S. 1 lit. a) DSGVO) gestützt wird, ein Ausweichen auf die Rechtsgrundlage in Art. 6 Abs. 1 S. 1 lit. f) DSGVO (Interessenabwägung) möglich ist. Ein solches Vorgehen ist einerseits dahingehend problematisch, dass bei einem Widerruf der Einwilligung die Datenverarbeitung auf der Rechtsgrundlage in Art. 6 Abs. 1 S. 1 lit. f) DSGVO fortgesetzt werden könnte. Eine solche Fortsetzung dürfte wohl bereits nicht den „vernünftigen Erwartungen"[217] der Betroffenen entsprechen und damit nicht rechtmäßig sein. In den Fällen, in denen Verantwortliche aus Sicherheitsgründen eine Datenverarbeitung sowohl auf die Rechtsgrundlage in Art. 6 Abs. 1 S. 1 lit. a) DSGVO (Einwilligung) sowie auf die in Art. 6 Abs. 1 S. 1 lit. f) DSGVO (Interessenabwägung) stützen, sollte der Widerruf der Einwilligung durch die Verantwortlichen daher gleichzeitig als Widerspruch im Sinne des Art. 21 Abs. 1 DSGVO bzw. des Art. 21 Abs. 3 DSGVO gewertet werden. Außerdem sollte in der beschriebenen Konstellation die Vornahme eines Widerspruchs auch als die Ausübung des Widerrufsrechts ausgelegt werden.

Die zuvor beschriebene Absicherung einer Datenverarbeitung dahingehend, 287
dass neben der „Inanspruchnahme" der Rechtsgrundlage in Art. 6 Abs. 1 S. 1 lit. f) DSGVO flankierend eine Einwilligung (Art. 6 Abs. 1 S. 1 lit. a) DSGVO) eingeholt wird, sollte nicht in den Fällen erfolgen, in denen die Betroffenen keinen (wirksamen) Widerspruch gegen die Datenverarbeitung ausüben können, da der Verantwortliche zwingende schutzwürdige Gründe im Sinne des Art. 21 Abs. 1 S. 2 DSGVO in Bezug auf die Fortsetzung der Datenverarbeitung geltend machen kann.

Beispiel 38:
Der Versandhändler V stütz die Übermittlung von Daten von Kunden an die Auskunftei A zum Zweck der Abfrage von Bonitätsdaten auf die Rechtsgrundlage in Art. 6 Abs. 1 S. 1 lit. f) DSGVO (Interessenabwägung). Eine Abfrage von Bonitätsdaten erfolgt durch den V nur dann, wenn der jeweilige Kunde auf dem

216 Vgl. beispielhaft *Schulz,* in: Gola, DSGVO, 2. Aufl. 2018, Art. 6 Rn. 10.
217 Vgl. hierzu die Ausführungen unter Rn. 268 ff.

Online-Shop des V eine „unsichere" Zahlungsart (z. B. Rechnungskauf) ausgewählt und die Bestellung abgesendet hat. Zur Absicherung des beschriebenen Vorgehens holt V im Rahmen der Anlage von Kundenkonten auf dem Online-Shop des V Einwilligungen in die Übermittlung von Daten an die Auskunftei A zum Zweck der Abfrage von Bonitätsdaten ein.

Widerruft in dem zuvor wiedergegebenen **Beispiel 38** ein Kunde die erteilte Einwilligung, dürfte er die „vernünftige Erwartung" haben, dass eine Nutzung seiner Daten zum Zweck der Abfrage von Bonitätsdaten bei der Auskunftei nicht mehr erfolgt. Bestellt er nach Ausübung des Widerrufsrechts erneut auf eine „unsichere" Zahlungsart, kann der Versandhändler V daher auch auf der Rechtsgrundlage in Art. 6 Abs. 1 S. 1 lit. f) DSGVO (Interessenabwägung) gegebenenfalls keine Bonitätsprüfung mehr vornehmen, obwohl eine solche zwingende Voraussetzung für die Einräumung des Rechnungskaufs ist und der V einen auf diese bezogenen Widerspruch des Kunden nicht umsetzen müsste.

288 *Praxishinweis:*

Mittlerweile wird vielerorts – richtigerweise – die Ansicht vertreten, dass Datenverarbeitungen nur dann auf die Rechtsgrundlage der Einwilligung gestützt werden sollten, wenn dies, z. B. aufgrund von spezialgesetzlichen Vorgaben (u. a. § 7 UWG, § 25 TTDSG) oder des Umfangs der Datenverarbeitung, zwingend erforderlich ist. Dies liegt daran, dass im Zusammenhang mit der Einholung von Einwilligungen erhebliche Rechtsunsicherheiten bestehen und die Anforderungen an die Einholung einer solchen sowie die an den Nachweis der Rechtskonformität der Einholung zum Teil extrem hoch und in der Praxis in Einzelfällen kaum abbildbar sind.

289 Weiterhin ist anzumerken, dass im Rahmen der gemäß Art. 6 Abs. 1 S. 1 lit. f) DSGVO vorzunehmenden Interessenabwägung nicht zu berücksichtigen ist, dass der Verantwortliche für die Legitimierung der jeweiligen Datenverarbeitung auch eine Einwilligung hätte einholen können.[218] Würde man diesbezüglich eine andere Ansicht vertreten, hätte dies nicht nur zur Folge, dass der Anwendungsbereich der Rechtsgrundlage in Art. 6 Abs. 1 S. 1 lit. f) DSGVO in der Praxis sehr stark eingeschränkt wäre; eine solche Ansicht wäre auch mit dem Grundsatz, dass sämtliche Rechtsgrundlagen aus Art. 6 Abs. 1 DSGVO vollkommen gleichberechtigt nebeneinanderstehen, nicht vereinbar.

C. Zweckänderung

290 Zum Zeitpunkt der Erhebung von Daten müssen die Zwecke, die mit deren Verarbeitung verfolgt werden, festgelegt sein. Dies ergibt sich aus der Regelung in Art. 5 Abs. 1 Ziffer b) DSGVO:

„Personenbezogene Daten müssen

218 A. A. VGH München, Beschl. v. 26. 08. 2018 – 5 CS 18.1157.

*für **festgelegte**, eindeutige und legitime **Zwecke erhoben** werden“,*

sowie aus den Ausführungen in Satz 6 des Erwägungsgrunds 39 zur DSGVO:

*„Insbesondere sollten die bestimmten **Zwecke**, zu denen die personenbezogenen Daten verarbeitet werden, eindeutig und rechtmäßig sein und zum **Zeitpunkt der Erhebung** der personenbezogenen Daten **feststehen**“.*

Will ein Verantwortlicher nach Erhebung der Daten diese zu anderen Zwecken als zu denen, für die er sie ursprünglich erhoben hat verarbeiten, liegt eine „Zweckänderung“ vor. 291

Beispiel 39:

Der Online-Shop-Betreiber O erhebt den Namen (Vorname, Nachname) und die Postadressdaten seiner Kunden zu den folgenden Zwecken:

- Führung eines Kundenkontos;
- Vornahme einer Bonitätsprüfung bei der Auswahl unsicherer Zahlungsarten;
- Durchführung einer Fraud-Prüfung;
- Abwicklung von Bestellungen (u. a. Zustellung von Waren);
- Abgabe von Forderungen, die trotz mehrfacher Mahnung nicht beglichen worden sind, an das Inkasso.

Der O hatte bei Inbetriebnahme seines Online-Shops nicht geplant, seine Kunden mittels eigener adressierter Printwerbungen zu bewerben, möchte dies nun aber tun. In Bezug auf die Nutzung des Namens sowie die der Postadressdaten zu Zwecken der eigenen adressierten Printwerbung liegt eine „Zweckänderung“ vor.

I. „Zweckkompatibilität“

Ist keine Einwilligung der Betroffenen in die Verarbeitung deren Daten zu dem jeweiligen weiteren Zweck gegeben, darf die Verarbeitung gemäß Art. 5 Abs. 1 Ziffer b) DSGVO in der Regel nur dann erfolgen, wenn die Daten in einer mit den bisherigen Zwecken 292

„zu vereinbarenden Weise weiterverarbeitet“

werden („Zweckkompatibilität“).

Im Rahmen der Beurteilung, ob eine „Zweckkompatibilität“ in dem jeweiligen Sachverhalt gegeben ist, sind gemäß Art. 6 Abs. 4 DSGVO unter anderem die folgenden Umstände zu berücksichtigen: 293

- Liegt eine Verbindung zwischen den ursprünglichen Zwecken und dem weiteren Zweck vor (Art. 6 Abs. 4 Ziffer a) DSGVO?
- In welchem Zusammenhang und im Rahmen welches Verhältnisses wurden die Daten erhoben (Art. 6 Abs. 4 Ziffer b) DSGVO?
- Welche Arten personenbezogener Daten werden verarbeitet? Handelt es sich um besondere Kategorien personenbezogener Daten oder um Daten über Straftaten (Art. 6 Abs. 4 Ziffer c) DSGVO)?

- Welche möglichen Folgen hat die beabsichtigte Weiterverarbeitung für den Betroffenen (Art. 6 Abs. 4 Ziffer d) DSGVO)?
- Werden bzw. sind die Daten pseudonymisiert/verschlüsselt oder bestehen sonstige „Garantien" (Art. 6 Abs. 4 Ziffer e) DSGVO)?

294 Satz 6 des Erwägungsgrunds 50 zur DSGVO ist zu entnehmen, dass außerdem auch

„die vernünftigen Erwartungen der betroffenen Personen"

zu berücksichtigen sind. Die „vernünftigen Erwartungen der Betroffenen" sind bei der Beurteilung des Zusammenhangs, in dem die Daten erhoben werden (Art. 6 Abs. 4 Ziffer b) DSGVO), zu berücksichtigen.

295 *Praxishinweis:*

Um die Notwendigkeit der Erfüllung der Anforderungen, die die DSGVO an die Vornahme einer Zweckänderung stellt zu vermeiden, könnten Verantwortliche in der Praxis auf den Gedanken kommen, Daten für eine Vielzahl denkbarer Zwecke zu erheben, ohne dass zum Zeitpunkt der Erhebung bereits feststeht, ob die Daten für sämtliche dieser Zwecke überhaupt verarbeitet werden sollen. Ein derartiges Vorgehen würde eine Festlegung von Zwecken auf „Vorrat" darstellen, die mit dem Grundsatz der Verarbeitung von Daten nach „Treu und Glauben" aus Art. 5 Abs. 1 Ziffer a) DSGVO nicht vereinbar wäre.[219]

296 Im Hinblick auf die in dem **Beispiel 39** beschriebene Verarbeitung des Namens und der Postadressdaten durch den Online-Shop-Betreiber O zu dem weiteren Zweck der Aussendung eigener adressierter Printwerbungen ist davon auszugehen, dass dieser weitere Zweck kompatibel mit den bisherigen Zwecken, zu denen die genannte Datenkategorien ursprünglich erhoben worden sind, ist. Dies ist unter anderem damit zu begründen, dass der O die Namen und die Postadressdaten seiner Kunden im Rahmen von Abschlüssen von Verträgen über den Erwerb von Waren erhoben hat. Darüber hinaus handelt es sich bei dem Namen und der Postadresse nicht um sensible Daten. Diese sind vielmehr in vielen Fällen öffentlich zugänglich. Weiterhin ist auch davon auszugehen, dass die Nutzung des Namens sowie die der Postadressdaten zum Zweck der Aussteuerung eigener adressierter Printwerbungen den „vernünftigen Erwartungen" der Betroffenen entsprechen dürfte. Die genannte Nutzung ist am Markt nämlich geübte Praxis.[220] Außerdem beeinträchtigt die Zusendung eigener adressierter Printwerbemittel die Grundrechte und Grundfreiheiten deren Empfänger nur marginal. Dadurch, dass es sich bei den Empfängern um Kunden des O handelt, dürfte ein Großteil von ihnen sogar ein Interesse an dem Erhalt der Printwerbemittel haben.

---

219 *Schantz*, in: Wolff/Brink, DSGVO/BDSG, 37. Aufl. 2020, Art. 5 Rn. 13.
220 Vgl. hierzu auch die Ausführungen unter Rn. 278 ff.

Praxishinweis: 297

Der Regelung in Art. 6 Abs. 4 Ziffer e) DSGVO ist – wie auch weiteren Normen aus der DSGVO – zu entnehmen, dass die Pseudonymisierung von Daten/die Verarbeitung pseudonymer Daten in Bezug auf die rechtmäßige Ausgestaltung von Datenverarbeitungen hilfreich sein können. So dürfte z.B. insbesondere aufgrund der starken Pseudonymisierung eine Zweckkompatibilität in der folgenden Konstellation vorliegen: Ursprünglich zum Zweck der Reichweitenmessung auf aggregierter Ebene über eine Website erhobene Trackingdaten sollen zukünftig in einem Data-Warehouse (DWH) auf granularer Ebene zum Zweck der Individualisierung der Website verarbeitet werden, wobei vor dem Transfer der Daten in das DWH die diesen zugeordneten „Identifier" durch eine „Trusted-Third-Party" verschlüsselt werden.[221]

II. Eigene Rechtsgrundlage?

Umstritten ist, ob bei Vorliegen einer „Zweckkompatibilität" für eine Rechtmäßigkeit der Verarbeitung der Daten zu dem weiteren Zweck außerdem eine eigene Rechtsgrundlage im Hinblick auf die Verarbeitung gegeben sein muss, oder ob aufgrund des Vorhandenseins der „Zweckkompatibilität" die beabsichtigte Verarbeitung dem Grunde nach bereits gesetzlich legitimiert ist. 298

Dafür, dass es nicht des Vorliegens einer eigenständigen Rechtsgrundlage – neben dem Vorhandensein der „Zweckkompatibilität" – für die Verarbeitung der Daten zu dem weiteren Zweck bedarf, sprechen die Ausführungen in Satz 1 und Satz 2 des Erwägungsgrunds 50 zur DSGVO:[222] 299

> *„Die Verarbeitung personenbezogener Daten für andere Zwecke als die, für die die personenbezogenen Daten ursprünglich erhoben wurden, sollte nur zulässig sein, wenn die Verarbeitung mit den Zwecken, für die die personenbezogenen Daten ursprünglich erhoben wurden, vereinbar ist.* ***In diesem Fall ist keine andere gesonderte Rechtsgrundlage erforderlich als diejenige für die Erhebung der personenbezogenen Daten****".*

Im Hinblick auf die hier erörterte Fragestellung ist jedoch darauf hinzuweisen, dass der Grundsatz des „Verbots mit Erlaubnisvorbehalt"[223] ein Wesentlicher ist. Ginge man davon aus, dass es für die Verarbeitung der Daten zu dem weiteren Zweck keiner eigenen Rechtsgrundlage bedarf, hätte dies in einzelnen Konstellationen zur Folge, dass Daten aufgrund der ursprünglich beabsichtigten Verarbeitung auf Basis einer bestimmten Rechtsgrundlage erhoben worden sind, diese Rechtsgrundlage für die Verarbeitung der Daten zu dem weiteren Zweck aber nicht in Betracht kommt. Trotz dieses Umstands wäre die Einschlägigkeit einer anderen Rechtsgrundlage jedoch nicht zu prüfen. 300

221 Vgl. zu Verschlüsselungen durch „Trusted-Third-Parties" die Ausführungen unter Rn. 48.

222 Hierfür BfDI, Tätigkeitsbericht 2020, Seite 72.; a. A. *Albers/Veit,* in: Wolff/Brink, Datenschutzrecht, 37. Aufl. 2020, Art. 6 Rn. 75.

223 Vgl. zum Grundsatz des „Verbots mit Erlaubnisvorbehalt" die Ausführungen unter Rn. 147.

Beispiel 40:

Der Online-Shop-Betreiber O erhebt auf seinem Online-Shop, auf dem er ausschließlich „sichere" Zahlungsarten anbietet, den Namen (Vorname, Nachname) und die Postadressdaten seiner Kunden. Diese Daten verarbeitet der O zu den folgenden Zwecken:

- Führung eines Kundenkontos;
- Abwicklung von Bestellungen.

Rechtsgrundlage für die genannten Datenverarbeitungen ist die in Art. 6 Abs. 1 S. 1 lit. b) DSGVO.

Nun beabsichtigt der O eine „Zweckänderung" dahingehend, dass er den Namen und die Postadressdaten seiner Kunden auch zum Zweck der eigenen Printwerbung nutzen möchte. Im Hinblick auf diese Nutzung ist eine „Zweckkompatibilität" gegeben.[224] Rechtsgrundlage für die Verarbeitung der Daten zu dem weiteren Zweck der eigenen Printwerbung ist jedoch nicht die in Art. 6 Abs. 1 S. 1 lit. b) DSGVO, sondern die in Art. 6 Abs. 1 S. 1 lit. f) DSGVO.

301 *Praxishinweis:*

Auch wenn es zu der hier erörterten Fragestellung noch keine (relevanten) Rechtsprechungen gibt, sollten Verantwortliche vor der Vornahme einer „Zweckänderung" – bereits aus Gründen der Vorsicht – stets prüfen, ob für die Verarbeitung der jeweiligen Daten zu dem weiteren Zweck eine Rechtsgrundlage gegeben ist. Ist das Vorliegen einer „Zweckkompatibilität" in dem jeweiligen Sachverhalt zu bejahen, dürfte zumeist auch eine Rechtsgrundlage für die Verarbeitung der Daten zu dem weiteren Zweck vorliegen (so auch in dem **Beispiel 40**, da die Aussteuerung eigener adressierter Printwerbungen unter von der Rechtsgrundlage in Art. 6 Abs. 1 S. 1 lit. f) DSGVO erfasst wird). Dies muss jedoch nicht automatisch/immer der Fall sein.

III. Information über Zweckänderung

302 Möchte ein Verantwortlicher eine Zweckänderung vornehmen, hat er die Betroffenen vor der Verarbeitung der Daten zu dem weiteren Zweck über diese grundsätzlich zu informieren. Die Verpflichtung zur Information sowie der Umfang der zu erteilenden Informationen ergeben sich aus der Regelung in Art. 13 Abs. 3 DSGVO bzw. aus der in Art. 14 Abs. 4 DSGVO.

303 *Praxishinweis:*

Im „Online-Bereich" hat sich in Bezug auf die Erfüllung der Verpflichtung zur Information der Betroffenen vor der Verarbeitung von Daten zu einem weiteren Zweck ein Vorgehen dahingehend etabliert, dass der jeweilige Verantwortliche den Betroffenen – zumeist per E-Mail – die angepassten Hinweise zum Datenschutz zukommen lässt. Im „Betreff" der E-Mail sollte bereits ein Hinweis auf die Aktualisierung der Datenschutzhinweise erfolgen. Darüber hinaus sollte in dem „Fließtext" der Mail der weitere Zweck hervorgehoben genannt und dargelegt werden, an welcher Stelle der aktualisierten Hinweise zum Datenschutz Ausfüh-

224 Vgl. hierzu die Ausführungen unter Rn. 295 f.

rungen zu der Verarbeitung der Daten zu dem weiteren Zweck zu finden sind. Außerdem sollte kurz erläutert werden, warum der weitere Zweck, zu dem die Daten verarbeitet werden sollen, mit den Zwecken, zu denen die Daten ursprünglich erhoben worden sind, kompatibel ist.

Teil 3 – Informationspflichten

A. Schaffung von Transparenz als ein wesentliches Ziel der DSGVO

Ein wesentliches Ziel der DSGVO ist die Schaffung von Transparenz in Bezug auf erfolgende Datenverarbeitungen gegenüber den Betroffenen. Dies ist unter anderem dem Umstand zu entnehmen, dass der EU-Gesetzgeber die Erforderlichkeit der transparenten Verarbeitung von Daten in die Grundsätze der DSGVO (Art. 5 Abs. 1 Ziffer a) DSGVO) aufgenommen hat: 304

> *„Personenbezogene Daten müssen auf rechtmäßige Weise, nach Treu und Glauben und in einer **für die betroffene Person nachvollziehbaren Weise** verarbeitet werden (‚Rechtmäßigkeit, Verarbeitung nach Treu und Glauben, **Transparenz**')".*

Hieraus ergibt sich, dass diejenigen, die Daten erheben und verarbeiten, sehr weitgehende Informationspflichten treffen. Der grundsätzlich zu begrüßende Ansatz des Gesetzgebers, dass Datenverarbeitungen für die Betroffenen transparenter werden sollen, hat unter anderem aufgrund der konkreten gesetzlichen Ausgestaltung der Informationspflichten zur Folge, dass die Betroffenen sich mit seitenlangen Informationen zum Datenschutz konfrontiert sehen. Dieser Umstand hat in der Praxis häufig die Konsequenz, dass die Betroffenen die genannten Informationen überhaupt nicht zur Kenntnis nehmen. Diesbezüglich ist anzumerken, dass dieses Ergebnis nicht im Interesse solcher Unternehmen sein kann, denen ein verantwortungsvoller Umgang mit Daten wichtig ist. Diesen Unternehmen sollte daran gelegen sein, dass die Betroffenen sich einen Eindruck von dem verantwortungsvollen Umgang mit ihren Daten verschaffen können. Solchen Unternehmen ist daher dazu zu raten, neben den umfangreichen Informationen zum Datenschutz, die die gesetzlichen Anforderungen erfüllen und die von solchen Betroffenen zur Kenntnis genommen werden können, die sich für die Detailinformationen interessieren, Kurzinformationen zur Verfügung zu stellen. Diese Kurzinformationen können einzelnen Abschnitten der Datenschutzerklärung vorangestellt werden und eine Zusammenfassung des Inhalts des jeweiligen Abschnitts beinhalten. 305

Beispiel 41:

Zwecke der Datenverarbeitung/Rechtsgrundlagen/berechtigte Interessen/Empfänger

Kurzzusammenfassung Die XY GmbH verarbeitet zu Ihrer Person erhobene Daten zu unterschiedlichen Zwecken. Legen Sie z. B. ein Kundenkonto auf diesem von der XY GmbH betriebenen Online-Shop an, werden die in Ihrem Kundenkonto gespeicherten Daten zum Zweck der Führung des Kundenkontos durch die XY GmbH verarbeitet. Gleichzeitig werden in dem Kundenkonto gespeicherte Adressdaten aber unter anderem auch zum Zweck der Zustellung bestellter Waren und zur Vornahme einer Bonitätsprüfung für den Fall, dass Sie auf eine unsichere Zahlungsart (z. B. Rechnungskauf) bestellen, ge- 306 nutzt. Auch können einzelne über Sie erhobene Daten zum Zweck der Direktwerbung verarbeitet werden. So besteht z. B. die Möglichkeit, dass die XY GmbH Ihnen an die im Kundenkonto hinterlegte Adresse eigene Werbekataloge oder Werbekataloge von Partnern der XY GmbH sendet. Die XY GmbH kann Daten über Ihre Person in Einzelfällen außerdem an Dritte weitergeben. Dies ist z. B. bei der Auslieferung von Waren durch einen Zusteller/eine Spedition, aber auch bei der Vornahme einer Bonitätsabfrage bei einer externen Auskunftei (SCHUFA) bei der Auswahl einer unsicheren Zahlungsart (z. B. Rechnungskauf) durch Sie der Fall. Auch ist es möglich, dass die XY GmbH für den Fall der Nichtbegleichung offener Rechnungen durch Sie nach mehrmaliger erfolgloser Mahnung Ihre Forderungsdaten an einen Inkassodienstleister übermittelt. Insofern Sie im Rahmen des Anlegens eines Kundenkontos dazu verpflichtet sind, Ihre E-Mail-Adresse anzugeben, ist dies dahingehend erforderlich, dass die XY GmbH gesetzlich dazu verpflichtet ist, Ihnen nach Vornahme einer Bestellung eine elektronische Bestellbestätigung zukommen zu lassen. Die von Ihnen angegebene E-Mail-Adresse wird für die Zusendung von E-Mail-Werbe-Newslettern durch die XY GmbH dann genutzt, wenn Sie in den Erhalt eines solchen Newsletters eingewilligt haben. Die XY GmbH ist aber auch dazu berechtigt, Ihnen per E-Mail-Werbung über solche Waren/Leistungen zuzusenden, die mit denjenigen vergleichbar sind, die Sie in der Vergangenheit bereits bei der XY GmbH erworben haben. Über die Möglichkeit der Nutzung der E-Mail-Adresse zu diesem Zweck sowie über das diesbezüglich Ihrerseits bestehende Widerspruchsrecht werden Sie bei der Eröffnung des Kundenkontos ausdrücklich hingewiesen.

Aus Sicherheitsgründen sollten die Verantwortlichen bei einem derartigen Vorgehen aber darauf hinweisen, dass die Zurverfügungstellung der Kurzzusammenfassung nicht der Erfüllung der gesetzlichen Informationspflichten dient.

B. Erhebung von Daten beim Betroffenen (Art. 13 DSGVO)

307 Werden die Daten beim Betroffenen (z. B. im Rahmen des Abschlusses und der Durchführung einer Bestellung) erhoben, sind dem Betroffenen (z. B. Kunde) zum Zeitpunkt der Datenerhebung grundsätzlich die folgenden Informationen zur Verfügung zu stellen:

- Name und Kontaktdaten des Verantwortlichen (Art. 13 Abs. 1 Ziffer a) DSGVO);
- Kontaktdaten des Datenschutzbeauftragten (Art. 13 Abs. 1 Ziffer b) DSGVO);
- Zweck der Datenverarbeitung sowie Rechtsgrundlage (Art. 13 Abs. 1 Ziffer c) DSGVO);
- das konkrete berechtigte Interesse an einer Datenverarbeitung (Art. 13 Abs. 1 Ziffer d) DSGVO);
- Empfänger oder Kategorien von Empfängern der Daten (Art. 13 Abs. 1 Ziffer e) DSGVO);

- Absicht der Übermittlung der Daten in ein unsicheres Drittland (Art. 13 Abs. 1 Ziffer f) DSGVO);
- Dauer der Speicherung/Verarbeitung bzw. Kriterien für die Dauer (Art. 13 Abs. 2 Ziffer a) DSGVO);
- Hinweis auf die folgenden Rechte: Auskunft, Löschung, Einschränkung, Widerspruch, Datenübertragbarkeit, Widerruf der Einwilligung, Beschwerde bei der Behörde (Art. 13 Abs. 2 Ziffer b) bis d) DSGVO);
- Hinweis auf automatisierte Einzelfallentscheidungen inkl. „Profiling" (Art. 13 Abs. 2 Ziffer f) DSGVO).

Eine Informationserteilung hat jedoch dann nicht zu erfolgen, wenn der Betroffene über die jeweilige Information bereits verfügt (Art. 13 Abs. 4 DSGVO). 308

I. Verhältnis von Art. 13 Abs. 1 DSGVO zu Art. 13 Abs. 2 DSGVO

Die Vorschrift in Art. 13 DSGVO differenziert nach der hier vertretenen Ansicht zwischen Informationen, die zwingend zu erteilen sind (Art. 13 Abs. 1 DSGVO) und solchen, 309

> *„die notwendig sind, um eine **faire und transparente Verarbeitung** zu gewährleisten" (Art. 13 Abs. 2 DSGVO).*

Diese Interpretation des Verhältnisses der Regelung in Art. 13 Abs. 1 DSGVO zu der in Art. 13 Abs. 2 DSGVO entspricht den Ausführungen in Satz 2 des Erwägungsgrunds 60 zur DSGVO:

> *„Der Verantwortliche sollte der betroffenen Person **alle weiteren Informationen** zur Verfügung stellen, die unter Berücksichtigung der besonderen Umstände und Rahmenbedingungen, unter denen die personenbezogenen Daten verarbeitet werden, **notwendig sind, um eine faire und transparente Verarbeitung zu gewährleisten**".*

Welche der in Art. 13 Abs. 2 DSGVO genannten Informationen in Bezug auf die jeweilige Datenverarbeitung zu erteilen sind, damit die Verarbeitung 310

> *„fair und transparent"*

erfolgen kann, muss mittels einer Einzelfallprüfung festgestellt werden.

> *Praxishinweis:* 311
>
> Häufig ist es sehr schwierig rechtssicher festzustellen, welche der in Art. 13 Abs. 2 DSGVO aufgeführten Informationen in Bezug auf die jeweilige anvisierte Datenverarbeitung den Betroffenen mitzuteilen sind. Vor diesem Hintergrund sollten – aus Gründen der Vorsicht – stets sämtliche der in Art. 13 Abs. 1 und Abs. 2 DSGVO genannten Informationen erteilt werden.[225] Dies gilt auch vor dem Hintergrund, dass z.T. die Ansicht vertreten wird, dass stets sämtliche der in Art. 13 Abs. 2

225 Ebenso *Paal/Hennemann*, in: Paal/Pauly, DSGVO/BDSG, 3. Aufl. 2021, Art. 13 Rn. 23.

DSGVO genannten Informationen zu erteilen sind.[226] In den Fällen, in denen dies z. B. aus Platzgründen nicht möglich ist, sollte der Verantwortliche ein abgestuftes Vorgehen dahingehend anwenden, dass die wesentlichen Informationen direkt zur Verfügung gestellt werden und zuzüglich zu diesen ein Hinweis erteilt wird, wo die Betroffenen die weiteren Informationen einsehen können. Ein solches Vorgehen hat die DSK im Zusammenhang mit der Erteilung von Informationen über die Verarbeitung mittels einer Videoüberwachung erhobener Daten im Übrigen bereits als rechtskonform eingestuft.[227]

II. Die einzelnen Informationen

312 Im Nachfolgenden werden die einzelnen in Art. 13 Abs. 1 und Abs. 2 DSGVO aufgeführten Informationen erörtert.

1. Name und Kontaktdaten des Verantwortlichen

313 Zur Erfüllung der Vorgaben aus Art. 13 Abs. 1 Ziffer a) DSGVO sollten aus Gründen der Sicherheit die folgenden Informationen zur Verfügung gestellt werden:

- Vollständiger Name des Verantwortlichen/vollständige korrekte Firmenbezeichnung;
- ladungsfähige Postanschrift;
- E-Mail-Adresse zur elektronischen Kontaktaufnahme;
- vollständige Namen der gesetzlichen Vertreter, z. B. der Geschäftsführer.

2. Kontaktdaten des Datenschutzbeauftragten

314 In der Praxis kommt immer wieder die Frage auf, ob der konkrete Name des Datenschutzbeauftragten in den Hinweisen zum Datenschutz zu nennen ist. Hintergrund dieser Frage ist zumeist, dass Betroffene, die z. B. mit erteilten Auskünften „unzufrieden" sind, sich bei der Nennung des konkreten Namens veranlasst sehen könnten, zu versuchen, den Datenschutzbeauftragten privat zu kontaktieren.

Die zuvor aufgeworfene Frage ist eindeutig zu verneinen. Zu nennen sind nach dem Wortlaut der Regelung in Art. Art. 13 Abs. 1 Ziffer b) DSGVO die

*„**Kontaktdaten** des Datenschutzbeauftragten"*.

Sinn und Zweck dieser Vorgabe ist, dass den Betroffenen die Möglichkeit eingeräumt wird, sich mit ihren Anliegen direkt an die Datenschutzorganisation des jeweiligen Verantwortlichen zu wenden. Dies kann z. B. mittels der Einrichtung eines „Funktionspostfachs" ermöglicht werden. Eine Nennung des konkreten Namens des Datenschutzbeauftragten ist für die Einräumung der Kontaktmöglichkeit hingegen nicht erforderlich.[228]

---

226 *Franck*, in: Gola, DSGVO, 2. Aufl. 2018, Art. 13 Rn. 6.
227 Orientierungshilfe Videoüberwachung durch nicht-öffentliche Stellen v. 17.07.2020, Seite 17.
228 *Paal/Hennemann*, in: Paal/Pauly, DSGVO/BDSG, 3. Aufl. 2021, Art. 13 Rn. 15 m. w. N.

3. Zweck der Datenverarbeitung sowie Rechtsgrundlage

Weiterhin haben Verantwortliche die Betroffenen über die jeweiligen Zwecke, 315
die sie mit den einzelnen Datenverarbeitungen verfolgen und über die Rechtsgrundlagen, auf die sie die Datenverarbeitungen stützen, zu informieren.

> *Praxishinweis:* 316
>
> Die Information über die Zwecke, die mit den einzelnen Datenverarbeitungen verfolgt werden, sind von besonderer Praxisrelevanz. Dies liegt daran, dass Verantwortliche die einzelnen Zwecke bei Erhebung der Daten festlegen müssen.[229] Erfolgt eine Information zu den einzelnen Zwecken, dokumentiert der Verantwortliche hierdurch, dass er die Daten von Anfang an zu den beschriebenen Zwecken erhoben hat und in Bezug auf die Verarbeitung der Daten zu diesen keine „Zweckänderung" vorliegt. Bei der Darlegung der einzelnen Zwecke ist daher eine große Sorgfalt an den Tag zu legen. Wichtig ist insbesondere, dass sämtliche Zwecke in den Hinweisen zum Datenschutz genannt werden. Zu beachten ist diesbezüglich jedoch auch, dass es nicht möglich ist, Zwecke, von denen noch gar nicht feststeht, ob die Daten zu diesen auch tatsächlich verarbeitet werden sollen, in die Hinweise zum Datenschutz aufzunehmen.[230]

Des Weiteren sollten die Zwecke den Betroffenen hinreichend dargelegt und für 317
diese verständlich beschrieben werden. Die Betroffenen müssen sich ein „Bild" von der jeweiligen Datenverarbeitung machen können.[231] Die Beschreibung des einzelnen Zwecks kann (auch) zusammen mit der Beschreibung des jeweiligen „berechtigten Interesses" erfolgen, insofern die Datenverarbeitung auf die Rechtsgrundlage in Art. 6 Abs. 1 S. 1 lit. f) DSGVO gestützt wird.

In Bezug auf die Erforderlichkeit der Angabe der jeweiligen Rechtsgrundlage 318
sollte diese nicht nur „beschrieben", es sollte vielmehr die Norm ausdrücklich genannt werden. Neben der ausdrücklichen Nennung der Norm kann auch die im „Verkehr" für die Rechtsgrundlage verwendete Bezeichnung erwähnt werden.

> **Beispiel 42:**
>
> *„Die zuvor beschriebene Datenverarbeitung erfolgt auf der Rechtsgrundlage in Art. 6 Abs. 1 S. 1 lit. f) DGVO (Interessenabwägung)."*

4. Berechtigtes Interesse an der Datenverarbeitung

Umstritten ist, ob die Vorschrift in Art. 13 Abs. 1 Ziffer d) DSGVO nicht nur die 319
Benennung des jeweiligen „berechtigten Interesses" des datenschutzrechtlich Verantwortlichen bzw. eines Dritten, zu dessen Gunsten die Datenverarbeitung seitens des Verantwortlichen erfolgt, sondern auch eine Darlegung der Interessenabwägung erfordert. Die Vorschrift in Art. 13 Abs. 1 Ziffer d) DSGVO lautet wie folgt:

---

229 Vgl. Art. 5 Abs. 1 Ziffer b) DSGVO.
230 *Schantz*, in: Wolff/Brink, DSGVO/BDSG, 37. Aufl. 2020, Art. 5 Rn. 13.
231 *Bäcker*, in: Kühling/Buchner, DSGVO/BDSG, 3. Aufl. 2020, Art. 13 Rn. 25.

„(1) Werden personenbezogene Daten bei der betroffenen Person erhoben, so teilt der Verantwortliche der betroffenen Person zum Zeitpunkt der Erhebung dieser Daten Folgendes mit:

d) wenn die Verarbeitung auf Artikel 6 Absatz 1 Buchstabe f beruht, **die berechtigten Interessen**, die von dem Verantwortlichen oder einem Dritten **verfolgt werden**".

320 Eine etwaige Erforderlichkeit der Darlegung einer Interessenabwägung wird dort, wo eine solche bejaht wird, weitgehend damit begründet, dass nur bei einer Darlegung der Interessenabwägung die Betroffenen eine Beurteilung der Rechtmäßigkeit der Datenverarbeitung vornehmen könnten.[232] Diese Ansicht ist nachvollziehbar, dem Wortlaut der zuvor zitierten Norm ist die Notwendigkeit der Darlegung einer Interessenabwägung aber nicht im Ansatz zu entnehmen. Dieser begrenzt die Informationspflicht vielmehr ausdrücklich auf die Beschreibung der

„berechtigten Interessen",

die mit der Datenverarbeitung

„verfolgt werden".

Die Ansicht, nach der eine Darlegung der Interessenabwägung nicht erforderlich ist, ist daher vorzugswürdig.[233]

321 *Praxishinweis:*

Die mit der Datenverarbeitung verfolgten berechtigten Interessen sollten konkret und verständlich beschrieben werden. Eine genaue Beschreibung der Datenverarbeitung sowie eine solche des mit dieser verfolgten berechtigten Interesses sollte insbesondere in den Fällen erfolgen, in denen die Datenverarbeitung ausschließlich auf die Rechtsgrundlage in Art. 6 Abs. 1 S. 1 lit. f) DSGVO gestützt wird. Dies liegt daran, dass mittels einer transparenten Information über die Datenverarbeitung die „vernünftigen Erwartungen" der Betroffenen, die bei der Prüfung der Erfüllung der Voraussetzungen der Rechtsgrundlage in Art. 6 Abs. 1 S. 1 lit. f) DSGVO zu berücksichtigen sind, ein Stück weit „beeinflusst" werden können.[234]

5. Empfänger oder Kategorien von Empfängern

322 Unter den Begriff

„Empfänger"

fallen zunächst sämtliche „Dritte", denen Daten übermittelt werden. Fraglich ist jedoch, ob auch Auftragsverarbeiter als „Empfänger" zu qualifizieren sind. Dies könnte deswegen nicht der Fall sein, weil die Weitergabe von Daten an Auf-

232 *Knyrim*, in: Ehmann/Sellmayr, DSGVO, 2. Aufl. 2018, Art. 13 Rn. 29.

233 Im Ergebnis ebenso Spindler/Schuster, Recht der elektronischen Medien, 4. Aufl. 2019, Art. 13 DSGVO Rn. 16; Laue/Kremer DatenschutzR, § 3 Rn. 9; wohl auch HK-EuDSchVO/Ingold, DSGVO, Art. 13 Rn. 18; *Kamlah*, in: Plath, DSGVO/BDSG, 3. Aufl. 2018, Art. 13 Rn. 12.

234 Vgl. hierzu die Ausführungen unter Rn. 269.

tragsverarbeiter „privilegiert" ist.[235] Trotz dieses Umstands stellen auch Auftragsverarbeiter „Empfänger" dar. Dies ergibt sich aus der Legaldefinition des Merkmals „Empfänger" in Art. 4 Nr. 9 DSGVO, in der es unter anderem wie folgt heißt:

„Im Sinne dieser Verordnung bezeichnet der Ausdruck:

„Empfänger" eine natürliche oder juristische Person, Behörde, Einrichtung oder andere Stelle, denen personenbezogene Daten offengelegt werden, ***unabhängig davon, ob es sich bei ihr um einen Dritten handelt oder nicht****".*

Fraglich ist weiterhin, ob das Merkmal 323

„Empfänger"

und das der

„Kategorien von Empfängern",

in einem „Rangverhältnis" zueinander „stehen". Ein solches „Rangverhältnis" könnte dahingehend gegeben sein, dass in den Fällen, in denen zum Zeitpunkt der Erhebung der Daten deren „Empfänger" bereits feststehen, diese auch zu nennen sind.[236] Hiergegen spricht jedoch der Wortlaut der Regelung in Art. 13 Abs. 1 Ziffer e) DSGVO, dem das Vorliegen eines solchen „Rangverhältnisses" nicht zu entnehmen ist. Darüber hinaus würde eine derartige Auslegung der genannten Norm in der Praxis die ohnehin schon z. T. sehr umfangreichen Informationen zum Datenschutz, die durch die Betroffenen in annehmbarer Zeit häufig kaum durchdrungen werden können,[237] noch erweitern. In einer datengetriebenen Welt sind die Unternehmen darauf angewiesen, Datenverarbeitungen an Dienstleister auszulagern. Große Unternehmen arbeiten häufig mit einer Vielzahl an Auftragsverarbeitern zusammen. Eine vollständige Aufzählung der Auftragsverarbeiter würde den Umfang der Informationen zum Datenschutz häufig vollkommen „sprengen", ohne dass von der Aufzählung selbst für die Betroffenen, die sich mit dieser eingehend beschäftigen möchten, ein relevanter Mehrwert ausgehen würde. Die Betroffenen werden außerdem auch bei der Nennung von „Kategorien von Empfängern" durch die Regelung in Art. 19 DSGVO ausreichend geschützt. Da es sich – wie dargestellt wurde – bei Auftragsverarbeitern jedoch um „Empfänger" von Daten im Sinne des Art. 13 Abs. 1 Ziffer e) DSGVO handelt, sind die Betroffenen über den Einsatz von Auftragsverarbeitern zu informieren. Entsprechende Ausführungen hierzu in der Datenschutzerklärung können z. B. wie folgt lauten:

„Der Betreiber dieses Online-Shops (XY GmbH) setzt im Rahmen der Verarbeitung Ihrer Daten Auftragsverarbeiter ein. Bei einem Auftragsverarbeiter handelt es sich um eine natürliche oder juristische Person, Behörde, Einrichtung oder andere Stelle, die personenbezogene Daten im Auftrag des für die Datenverarbeitung

235 Vgl. hierzu die Ausführungen unter Rn. 95 ff.

236 Hierfür *Bäcker*, in: Kühling/Buchner, DSGVO/BDSG, 3. Aufl. 2020, Art. 13 Rn. 30; a. A. wohl *Franck*, in: Gola, DSGVO, 2. Aufl. 2018, Art. 13 Rn. 17.

237 Vgl. hierzu die Ausführungen unter Rn. 305.

Verantwortlichen verarbeitet. Auftragsverarbeiter nutzen die Daten nicht für eigene Zwecke, sondern führen die Datenverarbeitung ausschließlich für den Verantwortlichen aus.

Beispiel: Wenn Sie auf diesem Online-Shop bei der XY GmbH einen Artikel kaufen, so übermitteln Sie unter anderem Ihre E-Mail-Adresse an die XY GmbH, die diese unter anderem zum Zweck der Aussendung einer Bestellbestätigung nutzt. Die XY GmbH ist somit Verantwortliche für diese Datenverarbeitung. Zum Zwecke der Versendung einer Bestellbestätigung wird Ihre E-Mail-Adresse an einen Dienstleister durch die XY GmbH weitergegeben. Dieser Dienstleister übernimmt dann die Versendung der Bestellbestätigung an Sie für den gekauften Artikel. Dafür verarbeitet der Dienstleister Ihre E-Mail-Adresse alleinig im Auftrag der XY GmbH zu dem von der XY GmbH festgelegten Zweck (Versendung der Bestellbestätigung)".

324 *Praxishinweis:*

Auch wenn es für die Erfüllung der Vorgaben in Art. 13 Abs. 1 Ziffer e) DSGVO ausreichend ist, die „Kategorien von Empfängern" zu nennen, ist eine konkrete Nennung der „Empfänger" in der Praxis regelmäßig erforderlich. Dies liegt daran, dass die „Empfänger" der Daten die Verantwortlichen häufig dazu vertraglich verpflichten, die Informationen zur Verarbeitung der Daten durch den jeweiligen Empfänger den Betroffenen gegenüber, z. B. mittels einer Verlinkung, zugänglich zu machen. Dies gilt zumindest für die Fälle, in denen die Daten durch die Empfänger in deren Eigenschaft als Verantwortliche verarbeitet werden.

325 Das Merkmal der

„Kategorien von Empfängern"

spielt in der Praxis unter anderem im Bereich der Verarbeitung von Postadressdaten zu Drittwerbezwecken eine Rolle. Unternehmen, die Postadressdaten über ihre Kunden erheben, sind häufig dazu bereit, diese auch zu Printwerbezwecken Dritter an diese zu übermitteln.[238] Zumeist ist ihnen zum Zeitpunkt der Erhebung der Daten jedoch noch nicht bekannt, an welche Drittunternehmen die Daten in der Zukunft tatsächlich übermittelt werden. Durch Möglichkeit der Nennung der „Kategorien von Empfängern" können diese Unternehmen trotz des dargestellten Umstands den ihnen obliegenden Informationspflichten nachkommen.

6. Absicht der Übermittlung der Daten in unsichere Drittländer

326 Insofern der Verantwortliche beabsichtigt, Daten in ein unsicheres Drittland[239] zu übermitteln,[240] muss er hierüber informieren. Die Information muss außerdem die Garantien, auf deren Basis die Übermittlung erfolgt (z. B. EU-Standarddatenschutzklauseln) beinhalten.

---

238 Zu datenschutzrechtlichen Bewertung einer solchen Übermittlung vgl. die Ausführungen unter Rn. 682, 686.

239 Zum Begriff des „unsicheren Drittlands" vgl. die Ausführungen unter Rn. 519 f.

240 Zum Begriff der „Übermittlung" vgl. die Ausführungen unter Rn. 515 ff.

Praxishinweis: 327

In der Praxis sind in den Datenschutzinformationen z. T. immer noch Hinweise auf das vom EuGH als unwirksam erklärte „Privacy-Shield“[241] zu finden. Derartige Hinweise sind dringend zu löschen/zu korrigieren. Anhand dieser wird nämlich offenkundig, dass die Datenschutzinformationen keinem regelmäßigen Review unterliegen.

7. Dauer der Speicherung/Verarbeitung bzw. Kriterien für die Dauer

In der Praxis erfolgt eine Verarbeitung von Kundendaten häufig zu einer Vielzahl von Zwecken. Würden die Verantwortlichen in diesen Fällen die Speicherdauern der Daten zu den jeweiligen Zwecken vollumfänglich wiedergeben, hätte dies regelmäßig eine erhebliche „Überfrachtung“ der Hinweise zum Datenschutz zur Folge. Dies gilt auch vor dem Hintergrund, dass es für dieselbe Datenkategorie häufig unterschiedliche Speicherdauern gibt, insofern diese zu unterschiedlichen Zwecken verarbeitet wird.[242] Diese Konsequenz hat der Gesetzgeber bei der Normierung der hier erörterten Vorgabe nicht ausreichend erkannt, da nach dem Wortlaut der einschlägigen Vorschrift in Art. 13 Abs. 2 Ziffer a) DSGVO ein „Ausweichen“ auf die Nennung der 328

„Kriterien für die Festlegung der Dauer“

nur dann erfolgen kann, wenn die konkrete Nennung der Dauer

„nicht möglich“

ist.

In der Praxis hat sich aufgrund der dargestellten Konsequenz der „Überfrachtung“ der Hinweise zum Datenschutz sowie aufgrund der Tatsache, dass zum Zeitpunkt der Erhebung der Daten eine konkrete Speicherdauer sich häufig noch gar nicht benennen lässt (z. B. bei Dauerschuldverhältnissen), ein Vorgehen dahingehend etabliert, dass allgemeine Ausführungen zur Bestimmung der Speicherdauer in den Hinweisen zum Datenschutz wiedergegeben und in Bezug auf die für die Betroffenen relevantesten Datenverarbeitungen die konkrete Dauer benannt wird. 329

Beispiel 43 (Online-Shop):

„Die Dauer der Speicherung der über Sie erhobenen Daten ist von dem Zweck, zu dem die X GmbH die Daten verarbeitet, abhängig. Die Speicherung erfolgt, solange diese für die Erreichung des verfolgten Zwecks erforderlich ist. Insofern die X GmbH aufgrund gesetzlicher Verpflichtungen (z. B. steuerrechtliche Verpflichtungen) bestimmte Datenkategorien über einen bestimmten Zeitraum speichern muss, erfolgt die Fortführung der Speicherung der Daten, nachdem

241 Vgl. hierzu die Ausführungen unter Rn. 522 ff.
242 Vgl. hierzu auch die Ausführungen unter Rn. 144 f., 391.

deren Speicherung für die Erreichung des jeweiligen Zwecks nicht mehr erforderlich ist, ausschließlich zum Zweck der Erfüllung der jeweiligen gesetzlichen Verpflichtung. In diesen Fällen werden die Daten für Zugriffe gesperrt.

Beispielhafte Nennung von Speicherdauern

Daten im Kundenkonto: Unbegrenzte Speicherung der Stammdaten bei Aktivität des Kunden. Das Kundenkonto wird nach ... Jahren einer Inaktivität gelöscht.

Nutzung von Daten zu Marketingzwecken (ohne Tracking): ... Jahre

Einwilligungen: Dauerhafte Speicherung, solange die Einwilligungen kontinuierlich genutzt werden (z. B. dauerhafte Versendung von E-Mail-Newslettern).

Information über die Nutzung von Daten zu Drittwerbezwecken zum Zweck der Auskunfterteilung: ... Jahre.

Trackingdaten: .... Jahre.

Daten zum Zweck der Umsetzung von (Werbe-)widersprüchen: Unbegrenzte Speicherung".

330 Das zuvor beschriebene Vorgehen dürfte trotz des Umstands, dass nicht sämtliche Speicherdauern, sondern nur die der für die Betroffenen relevantesten Datenverarbeitungen konkret genannt werden, regelmäßig rechtskonform sein. Dies ist damit zu begründen, dass – nach der hier vertretenen Ansicht – nur solche Informationen aus Art. 13 Abs. 2 DSGVO den Betroffenen zur Verfügung zu stellen sind, die notwendig sind, um eine

> *„faire und transparente Verarbeitung zu gewährleisten".*[243]

Eine solche Verarbeitung dürfte bei der Umsetzung des beschriebenen Vorgehens zumeist gegeben sein.

331 *Praxishinweis:*

Der EuGH hat in seiner Entscheidung in der Rechtssache „Planet49"[244] festgestellt, dass bei dem Setzen von Cookies durch Websitebetreiber durch diese über die „Lebensdauer" der einzelnen Cookies zu informieren ist. Eine solche Information erfolgt in der Praxis häufig derart, dass die „Lebensdauer" im Rahmen der Beschreibung der einzelnen Trackingverfahren genannt wird. Derartige Beschreibungen sind regelmäßig über eine von Websitebetreibern eingesetzte „Consent-Management-Plattform" (CMP) für die User abrufbar.

8. Hinweis auf Betroffenenrechte

332 Die Betroffenen sind nach Art. 13 Abs. 2 Ziffer b) DSGVO auf das Bestehen der folgenden Rechte hinzuweisen:

- Recht auf Auskunft (Art. 15 DSGVO),
- Recht auf Berichtigung (Art. 16 DSGVO),
- Recht auf Löschung (Art. 17 DSGVO),

243 Vgl. hierzu die Ausführungen unter Rn. 309 ff.
244 EuGH, Urt. v. 01. 10. 2019 - C-673/17.

- Recht auf Einschränkung der Verarbeitung (Art. 18 DSGVO),
- Recht auf Datenübertragbarkeit (Art. 20 DSGVO),
- Recht zum Widerspruch (Art. 21 DSGVO).

Die Vorschrift in Art. 13 Abs. 2 Ziffer b) DSGVO gibt nicht vor, dass die Betroffenen vor der Erteilung einer Einwilligung über die Möglichkeit deren Widerrufs zu informieren sind. Die Verpflichtung zur Erteilung dieser Information ergibt sich jedoch aus Art. 7 Abs. 3 DSGVO sowie aus Art. 13 Abs. 2 Ziffer c) DSGVO. Der Hinweis auf die Möglichkeit des Widerrufs sollte direkt in den Einwilligungstext integriert werden.

Praxishinweis: 333

Die Vorschrift in Art. 7 Abs. 3 DSGVO und Art. 13 Abs. 2 Ziffer c) DSGVO beinhalten keine ausdrückliche Vorgabe dahingehend, dass der Einwilligungstext dauerhaft abrufbar sein muss.[245] Es ist Verantwortlichen dennoch zu raten, diesen in die dauerhaft abrufbaren Informationen zum Datenschutz zu integrieren. Hierdurch dokumentiert der Verantwortliche einerseits, dass er die Betroffenen bei Erhebung der Einwilligung über die Möglichkeit des Widerrufs informiert hat. Darüber hinaus ergibt sich aus Art. 7 Abs. 3 S. 4 DSGVO, dass der Widerruf einer Einwilligung so einfach wie die Erteilung der Einwilligung sein muss. Erteilt ein Betroffener auf einer Website eine Einwilligung, sollte ihm vor dem genannten Hintergrund auf derselben Website auch dauerhaft die Möglichkeit gegeben werden, diese zu widerrufen. Für die Ausübung des Widerrufsrechts werden Betroffene regelmäßig die Informationen zum Datenschutz einer Website aufrufen.

Fraglich ist, wie Verantwortliche zu verfahren haben, wenn auf Seiten der Be- 334 troffenen eines der von der Vorschrift in Art. 13 Abs. 2 Ziffer b) DSGVO erfassten Rechte nicht besteht. So müssen z. B. Verantwortliche, die keine Daten auf der Rechtsgrundlage der Einwilligung (Art. 6 Abs. 1 S. 1 lit. a) DSGVO oder Art. 9 Abs. 2 Ziffer a) DSGVO) oder zum Zweck der Vertragsdurchführung/dem der Durchführung vorvertraglicher Maßnahmen (Art. 6 Abs. 1 S. 1 lit. b) DSGVO) verarbeiten, das Recht auf Datenübertragbarkeit nicht erfüllen, da dessen Anwendungsbereich nicht eröffnet ist.[246] In Bezug auf diese Konstellation wird z. T. die Ansicht vertreten, dass ein Hinweis auf das jeweilige Recht nicht erfolgen sollte, um die Betroffenen nicht zu „verwirren".[247] Ein solches Vorgehen sollte durch Verantwortliche aber nur dann gewählt werden, wenn diese sich sicher sind, dass ihrerseits das jeweilige Betroffenenrecht nicht erfüllt werden muss. Sollte Zweifel dahingehend bestehen, ob das Betroffenenrecht in einzelnen Konstellationen nicht doch erfüllt werden muss, sollte aus Sicherheitsgründen ein entsprechender Hinweis auf dieses erfolgen.

9. Automatisierte Einzelfallentscheidung inklusive „Profiling"

Die Verantwortlichen müssen die Betroffenen grundsätzlich über die Vornahme 335 automatisierter Einzelfallentscheidungen informieren. Die Informationspflicht

245 Anders noch die Vorgabe in § 13 Abs. 2 Nr. 3 TMG a. F.
246 Vgl. hierzu die Ausführungen unter Rn. 414.
247 *Mester*, in: Taeger/Gabel, DSGVO/BDSG, 3. Aufl. 2019, Art. 13 Rn. 19.

bezieht sich nach dem Wortlaut der Regelung in Art. 13 Abs. 2 Ziffer f) DSGVO auf

> *„… das Bestehen einer automatisierten Entscheidungsfindung einschließlich Profiling* ***gemäß Artikel 22 Absätze 1 und 4****“,*

und damit nur auf solche automatisierten Einzelfallentscheidungen, die gegenüber den Betroffenen

> ***„rechtliche Wirkung entfalten*** *oder sie in* ***ähnlicher Weise erheblich beeinträchtigen****“ (Art. 22 Abs. 1 DSGVO).*

336 Gemäß Art. 13 Abs. 2 Ziffer f) DSGVO sind die Betroffenen des Weiteren grundsätzlich darüber zu informieren, dass ein „Profiling“ erfolgt. Fraglich ist, ob eine derartige Information nur dann zu erteilen ist, wenn das „Profiling“ im Zusammenhang mit einer automatisierten Einzelfallentscheidung erfolgt, die in den Anwendungsbereich der Vorschrift in Art. 22 DSGVO fällt, oder ob über jegliches „Profiling“ zu unterrichten ist. Dafür, dass nur in den Fällen der Einschlägigkeit der Norm in Art. 22 Abs. 1 DSGVO zu informieren ist spricht, dass der in Art. 4 Nr. 4 DSGVO legal definierte Begriff des „Profiling“ sehr weit gefasst ist. Dies könnte zur Folge haben, dass Verantwortliche in Bezug auf die Vornahme von Datenverarbeitungen, die unter den genannten Begriff fallen, umfangreiche Informationen erteilen müssen. Vor diesem Hintergrund könnte es sachgerechter sein, dass die Betroffenen nur über ein solches „Profiling“ zu unterrichten sind, das zu automatisierten Einzelfallentscheidungen führt, die relevante Auswirkungen auf die Betroffenen haben (Art. 22 Abs. 1 DSGVO) und die deswegen die Betroffenen in ihren Grundrechten und Grundfreiheiten spürbar beeinträchtigen.

337 Zum Teil wird jedoch die Auffassung vertreten, dass stets über die Vornahme eines „Profiling“ zu informieren ist. Diese Auffassung wird mit dem Gesetzeswortlaut der Regelung in Art. 13 Abs. 2 Ziffer f) DSGVO begründet[248]:

> *„…das Bestehen einer automatisierten Entscheidungsfindung einschließlich* ***Profiling*** *gemäß Artikel 22 Absätze 1 und 4 und –* ***zumindest in diesen Fällen*** *– aussagekräftige Informationen über die involvierte Logik sowie die Tragweite und die angestrebten Auswirkungen einer derartigen Verarbeitung für die betroffene Person“.*

Die Formulierung:

> *„… – zumindest in diesen Fällen –“,*

kann aber auch dahingehend verstanden werden, dass in anderen Fällen als denen des Art. 22 Abs. 1 DSGVO eine Informationspflicht nicht besteht.[249] Die Formulierung ist nicht eindeutig.

248 *Dix,* in: Simitis/Hornung/Spiecker gen. Döhmann, Datenschutzrecht, 1. Aufl. 2019, Art. 13 Rn. 16.

249 *Schmidt-Wudy,* in: Wolff/Brink, Datenschutzrecht, 37. Aufl. 2021, Art. 15 Rn. 22.

Eine Informationspflicht im Hinblick auf sämtliche „Profiling-Verarbeitungen" könnte sich außerdem aus dem Umstand ergeben, dass der Gesetzgeber davon ausgeht, dass von solchen relevante Risiken für die Grundrechte und Grundfreiheiten der Betroffenen ausgehen können. Dies ist dem Erwägungsgrund 75 zur DSGVO zu entnehmen: 338

„Die Risiken für die Rechte und Freiheiten natürlicher Personen – mit unterschiedlicher Eintrittswahrscheinlichkeit und Schwere – können aus einer Verarbeitung personenbezogener Daten hervorgehen, die zu einem physischen, materiellen oder immateriellen Schaden führen könnte, insbesondere ...... wenn Aspekte, die die Arbeitsleistung, wirtschaftliche Lage, Gesundheit, persönliche Vorlieben oder Interessen, die Zuverlässigkeit oder das Verhalten, den Aufenthaltsort oder Ortswechsel betreffen, ***analysiert oder prognostiziert werden, um persönliche Profile zu erstellen oder zu nutzen ....***"

Dass über Datenverarbeitungen, mit denen relevante Risiken für die Betroffenen verbunden sind aufgeklärt werden sollte, ist offenkundig.

Zu Bedenken ist diesbezüglich jedoch, dass aufgrund der großen Reichweite des Begriffs des „Profiling" mit einem solchen nicht immer erhebliche Risiken für die Grundrechte und Grundfreiheiten der Betroffenen verbunden sein müssen. Dieser Umstand ist auch der Tatsache zu entnehmen, dass es für die Vornahme eines „Profiling" nicht stets der Einholung einer Einwilligung bedarf.[250] 339

Im Ergebnis dürfte es sinnvoll sein, dass für jeden Einzelfall – unabhängig davon, ob die Voraussetzungen der Vorschrift in Art. 22 Abs. 1 DSGVO erfüllt sind – zu entscheiden ist, ob eine Aufklärung erfolgen muss, oder ob dies nicht der Fall ist. So können z. B. bereits aus der Bildung von sehr umfangreichen Profilen unter Nutzung einer extrem großen Datenbasis an sich relevante Risiken für die Grundrechte und Grundfreiheiten von Betroffenen entstehen. Dies gilt auch dann, wenn diese nicht für automatisierte Einzelfallentscheidungen im Sinne des Art. 22 Abs. 1 DSGVO genutzt werden. 340

> *Praxishinweis:* 341
>
> Verantwortliche, die das Vorliegen eines Verstoßes gegen die gesetzlichen Informationspflichten aus Art. 13 Abs. 2 Ziffer f) DSGVO vermeiden wollen, sollten über sämtliche Verarbeitungen, die unter die Legaldefinition des „Profiling" in Art. 4 Nr. 4 DSGVO fallen, informieren. Eine Information sollte aus Sicherheitsgründen aber auf jeden Fall dann erfolgen, wenn ein „Profiling" vorgenommen wird, von dem bereits an sich wesentliche Risiken für die Grundrechte und Grundfreiheiten der Betroffenen ausgehen können.

Des Weiteren ist zu beachten, dass in Bezug auf die Datenverarbeitungen, die in den Anwendungsbereich der Vorschrift in Art. 13 Abs. 2 Ziffer f) DSGVO fallen, 342

„aussagekräftige Informationen über die involvierte Logik"

zu erteilen sind. Diese Vorgabe kann – insofern man sie sehr weit auslegt – berechtigte Geheimhaltungsinteressen der Verantwortlichen tangieren.

---

250 Vgl. hierzu die Ausführungen unter Rn. 274 ff.

Beispiel 44:
Der Versandhändler V nimmt zur Berechnung von Ausfallwahrscheinlichkeiten in den Fällen der Inanspruchnahme der „unsicheren" Zahlungsart „Rechnung" ein „internes Scoring"[251] vor. Dieses „interne Scoring" stellt ein „Profiling" im Sinne des Art. 4 Nr. 4 DSGVO dar. Würde der Versandhändler V nun detailliert über die „Logik" des internen Scoring informieren, bestünde die Gefahr, dass dieses von den Kunden des V missbräuchlich „ausgehebelt" werden und das Scoring seine den V betreffende Schutzwirkung verlieren würde.

Vor diesem Hintergrund müssen die Informationen zu der „involvierten Logik" nur so detailliert ausgestaltet sein, dass von diesen keine Gefahren für die schutzwürdigen Geheimhaltungsinteressen der Verantwortlichen ausgehen.[252]

10. Zweckänderung

343 Sollten die Daten auf Basis einer Zweckänderung[253] verarbeitet werden, müssen dem Betroffenen vor der Datenverarbeitung die wesentlichen Informationen zu dem neuen Zweck und sämtliche weiteren wesentlichen Informationen aus Art. 13 Abs. 2 DSGVO zur Verfügung gestellt werden (Art. 13 Abs. 3 DSGVO).

III. Ausnahme: Betroffener verfügt bereits über die Informationen

344 Gemäß Art. 13 Abs. 4 DSGVO finden die Verpflichtungen zur Informationserteilung aus Art. 13 Abs. 1 bis Abs. 3 DSGVO dann keine Anwendung,

„soweit die betroffene Person bereits über die Informationen verfügt".

345 Auch wenn es sich bei der Regelung in Art. 13 Abs. 4 DSGVO um eine Ausnahmevorschrift handelt, weist diese in der Praxis durchaus einen relevanten Anwendungsbereich auf.

Beispiel 45:
Der Versandhändler V lässt durch einen Postdienstleister nicht adressierte Werbekataloge verteilen. In diesen Katalogen wird die Nummer der telefonischen Bestellhotline des V abgedruckt. Des Weiteren findet ein Abdruck der Hinweise zum Datenschutz in den Katalogen statt. K, dem ein solcher Katalog zugestellt wurde, ruft die Bestellhotline des V an und bestellt in dem Katalog beworbene Waren. Im Rahmen der Bestellung muss der K unter anderem seinen Namen und seine Postadressdaten zum Zweck der Zustellung der Waren angeben. Der Mitar-

251 Zum „internen Scoring" vgl. die Ausführungen unter Rn. 766 ff.
252 Zu Geheimhaltungsinteressen vgl. auch die Ausführungen unter Rn. 385.
253 Zu den Voraussetzungen einer „Zweckänderung" vgl. die Ausführungen unter Rn. 290 ff.

beiter des V, der diese Daten des K aufnimmt (Agent), muss vor/bei der Aufnahme der Daten nicht noch einmal auf die Datenschutzbestimmungen des V hinweisen, da diese dem K bereits in dem Katalog abgedruckt vorliegen.

Praxishinweis: 346

Es wird weitgehend die Ansicht vertreten, dass der jeweilige Verantwortliche die Beweislast dafür trägt, dass die Voraussetzungen aus Art. 13 Abs. 4 DSGVO erfüllt sind.[254] Aufgrund dieses Umstands ist insbesondere bei der Einräumung der Möglichkeit der Inanspruchnahme von Leistungen/dem Erwerb von Waren oder Dienstleistungen per Telefon penibel darauf zu achten, dass an sämtlichen „Touchpoints" (Website, Online-Shop, Katalog) die erforderlichen Informationen zum Datenschutz den Betroffenen zur Verfügung gestellt werden.

C. Nicht beim Betroffenen erhobene Daten (Art. 14 DSGVO)

Auch für die Fälle, in denen die Daten nicht beim Betroffenen erhoben werden, gibt die DSGVO umfangreiche Informationspflichten vor. 347

Beispiel 46:

Der Reiseveranstalter R möchte eine Printwerbekampagne zum Zweck der Neukundenakquise vornehmen. Da der R im Rahmen der Kampagne die potenziellen Neukunden persönlich mit deren Namen ansprechen möchte, erhebt er aus öffentlichen Quellen die Namen und die zu diesen gehörenden Postadressdaten von Betroffenen. Der R hat in dieser Konstellation den Betroffenen die in Art. 14 DSGVO vorgesehen Informationen zu erteilen.

Fraglich ist, ob die Vorgaben in Art. 14 DSGVO auch dann Anwendung finden, wenn die Daten durch einen Verantwortlichen beim Betroffenen erhoben und dann an einen anderen Verantwortlichen übermittelt werden. 348

Beispiel 47:

Der Online-Shop-Betreiber O erhebt im Rahmen der Anlage von Kundenkonten auf dem von ihm betriebenen Online-Shop unter anderem den Namen, die Postadressdaten und das Geburtsdatum seiner Kunden. Bestellt ein Kunde auf eine „unsichere" Zahlungsart, übermittelt der O die genannten Datenkategorien an die Auskunftei A zum Zweck der Abfrage von Bonitätsinformationen. Die Auskunftei A übermittelt dem O die bei ihr zu dem jeweiligen Kunden gespeicherten Bonitätsinformationen (z. B. Scorewert). In diesem Zusammenhang verarbeitet die Auskunftei die von dem O erhaltenen Daten als datenschutzrechtlich alleinig Verantwortliche.

254 *Schmidt-Wudy*, in: Wolff/Brink, Datenschutzrecht, 37. Aufl. 2021, Art. 13 Rn. 94.

In dem zuvor wiedergegebenen **Beispiel 47** stellt sich die Frage, ob in Bezug auf die Auskunftei A die Vorschrift in Art. 14 DSGVO einschlägig ist. Der Wortlaut der Regelung in Art. 14 Abs. 1 DSGVO ist diesbezüglich nicht eindeutig:

„Werden personenbezogene Daten nicht bei der betroffenen Person erhoben, so teilt der Verantwortliche der betroffenen Person Folgendes mit …"

Dass in dem **Beispiel 47** keine eigenständige Informationspflicht auf Seiten der Auskunftei A gegeben ist, könnte sich daraus ergeben, dass der Online-Shop-Betreiber O seine Kunden bereits gemäß Art. 13 Abs. 1 Ziffer c) und Ziffer e) DSGVO darüber informieren muss, dass dieser bestimmte Daten an die Auskunftei A zum Zweck der Abfrage von Bonitätsdaten übermittelt. Dafür, dass trotz dieses Umstands auf Seiten der Auskunftei A eine eigene Informationspflicht aus Art. 14 DSGVO besteht, könnte hingegen vorgebracht werden, dass den O aus Art. 13 DSGVO keine gesetzliche Pflicht dahingehend trifft, umfassende Informationen zu der Verarbeitung der Daten durch die Auskunftei A als datenschutzrechtlich Verantwortliche zu tätigen.

349 *Praxishinweis:*

Zur Schaffung von Rechtssicherheit sind in der Praxis Verantwortliche (Zweitverantwortliche), die von einem anderen Verantwortlichen (Erstverantwortlicher) durch diesen beim Betroffenen erhobene Daten übermittelt bekommen, dazu übergegangen, den Erstverantwortlichen zu verpflichten, die Hinweise des Zweitverantwortlichen zum Datenschutz bei der Erhebung der Daten zur Verfügung zu stellen. Dies kann z. B. mittels einer Verlinkung erfolgen.

350 Die gemäß Art. 14 DSGVO zu erteilenden Informationen entsprechen zum einen den Informationen, die zu erteilen sind, wenn die Daten beim Betroffenen erhoben worden sind (Art. 13 Abs. 1 bis Abs. 3 DSGVO).[255] Zum anderen besteht auf Seiten der Verantwortlichen zusätzlich eine Verpflichtung zur Information darüber,

- welche Kategorien personenbezogener Daten verarbeitet werden (Art. 14 Abs. 1 Ziffer d) DSGVO)

sowie eine Verpflichtung zur

- Angabe der Quelle, aus der die Daten erhoben worden sind und gegebenenfalls, ob diese aus öffentlich zugänglichen Quellen stammen (Art. 14 Abs. 2 Ziffer f) DSGVO).

I. Kategorien personenbezogener Daten

351 Auch wenn vielerorts die Ansicht vertreten wird, dass eine allgemeine Beschreibung der Kategorien der Daten ausreichend ist,[256] sollten diese aus Sicherheitsgründen genau bezeichnet werden. Die Beschreibung der Kategorien hat zu-

255 Vgl. hierzu die Ausführungen unter Rn. 307 ff.
256 *Paal/Hennemann*, in: Paal/Pauly, DSGVO/BDSG, 3. Aufl. 2021, Art. 14 Rn. 18 m. w. N.

mindest derart zu erfolgen, dass der Betroffene sich einen ersten Überblick über die verarbeiteten Datenkategorien verschaffen kann.[257]

II. Quelle für die Datenerhebung

Die Quelle der Datenerhebung ist genau zu nennen. Nicht ausreichend sind allgemeine Hinweise, wie z. B. der Folgende: 352

„Ihre Daten haben wir aus dem Internet erhoben".

Etwas anderes gilt nur dann, wenn die Daten aus einer Vielzahl an Quellen erhoben worden sind. Dies ergibt sich aus Satz 4 des Erwägungsgrunds 61 zur DSGVO:

„Konnte der betroffenen Person nicht mitgeteilt werden, woher die personenbezogenen Daten stammen, weil verschiedene Quellen benutzt wurden, so sollte die Unterrichtung allgemein gehalten werden".

III. „Frist" zur Erteilung der Informationen

Die Informationen aus Art. 14 Abs. 1 und Abs. 2 DSGVO sind nach Ablauf einer angemessenen Frist nach Erhebung der Daten, spätestens jedoch nach Ablauf eines Monats, zu erteilen (Art. 14 Abs. 3 Ziffer a) DSGVO). 353

1. Kommunikation mit den Betroffenen

Insofern die Daten zum Zweck der 354

„Kommunikation"

mit dem Betroffenen erhoben werden, sind die Informationen spätestens

„zum Zeitpunkt der ersten Mitteilung"

an die Betroffenen zu erteilen (Art. 14 Abs. 3 Ziffer b) DSGVO).

> *Praxishinweis:* 355
> Unter den Begriff der „Kommunikation" aus Art. 14 Abs. 3 Ziffer b) DSGVO fällt typischerweise die Nutzung von Daten zu Zwecken des Direktmarketing.

2. Offenlegung gegenüber Empfängern

Die Regelung in Art. 14 Abs. 3 Ziffer c) DSGVO gibt vor, dass in den Fällen, in denen beabsichtigt ist, die Daten gegenüber einem 356

„anderen Empfänger offenzulegen",

die Informationen spätestens zum Zeitpunkt der Offenlegung zu erteilen sind. Ein typischer Anwendungsfall der Vorschrift in Art. 14 Abs. 3 Ziffer c) DSGVO ist die Erhebung von Bonitätsdaten aus öffentlichen Registern (z. B. Schuldnerver-

257 *Bäcker*, in: Kühling/Buchner, DSGVO/BDSG, 3. Aufl. 2020, Art. 14 Rn. 17.

zeichnisse) zum Zweck deren Übermittlung durch eine Auskunftei an ihre Kunden.

357 Die genannte Regelung soll – wie dargestellt – deren Wortlaut nach dann greifen, wenn beabsichtigt ist, die Daten gegenüber einem

„anderen Empfänger“

offenzulegen. Unter den in Art. 4 Nr. 9 DSGVO legal definierten Begriff des „Empfängers“ fallen auch Auftragsverarbeiter.[258] Würde man den Begriff „Empfänger“ in Art. 14 Abs. 3 Ziffer c) DSGVO entsprechend auslegen, hätte dies in der Praxis z. B. zur Folge, dass für den Fall, dass z. B. eine Auskunftei Daten aus öffentlich zugänglichen Quellen erhebt und diese in ihrer Datenbank, die bei einem Dienstleister gehostet[259] wird speichert, eine Information der Betroffenen unmittelbar mit der Vornahme der Speicherung durch die Auskunftei erfolgen müsste. Dieses Ergebnis kann wohl kaum von der Regelung in Art. 14 Abs. 3 Ziffer c) DSGVO bezweckt sein. Der Begriff des „Empfängers“ in der genannten Norm sollte daher dahingehend ausgelegt werden, dass der Empfänger auch „Dritter“ im Sinne der Legaldefinition in Art. 4 Nr. 10 DSGVO sein muss.[260]

3. Verhältnis der Regelungen zueinander

358 Fraglich ist, in welchem Verhältnis die Regelung in Art. 14 Abs. 3 Ziffer a) DSGVO zu denen in Art. 14 Abs. 3 Ziffer b) und Ziffer c) DSGVO steht. Nicht eindeutig ist insbesondere, ob auch in den von den Vorschriften in Ziffer b) (Kommunikation mit dem Betroffenen) und Ziffer c) (Offenlegung gegenüber einem anderen Empfänger) erfassten Fällen die „Höchstfrist“ von einem Monat aus Ziffer a) einschlägig ist.

Beispiel 48:

Der Reiseveranstalter R möchte eine Printwerbekampagne zum Zweck der Neukundenakquise vornehmen. Da der R im Rahmen der Kampagne die potenziellen Neukunden persönlich mit deren Namen ansprechen möchte, erhebt er aus öffentlichen Quellen (u. a. Online-Telefonbücher) die Namen und die zu diesen gehörenden Postadressdaten von Betroffenen. Die Aussteuerung der Kampagne soll aus organisatorischen Gründen erst zwei Monate nach Erhebung der Daten erfolgen.

359 In dem zuvor wiedergegebenen **Beispiel 48** will der R die Daten zum Zweck der „Kommunikation“ mit den Betroffenen verarbeiten, so dass in Bezug auf die zu erteilenden Informationen die Vorschrift in Art. 14 Abs. 3 Ziffer b) DSGVO einschlägig ist. Es stellt sich nun die Frage, ob es in dem genannten Beispiel ausrei-

258 Vgl. hierzu die Ausführungen unter Rn. 97.

259 Das Hosting erfolgt zumeist im Rahmen eines Auftragsverarbeitungsverhältnisses, vgl. hierzu die Ausführungen unter Rn. 84.

260 A. A. *Dix*, in: Simitis/Hornung/Spiecker gen. Döhmann, Datenschutzrecht, 1. Aufl. 2019, Art. 14 Rn. 16.

chend ist, wenn der R die Informationen in dem Printwerbemittel abdruckt, oder ob bereits vorher, nämlich vor Ablauf der „Höchstfrist" von einem Monat aus Art. 14 Abs. 3 Ziffer a) DSGVO, eine Information gegenüber den Betroffenen zu erfolgen hat. Gegen die Erforderlichkeit einer vorherigen Information könnte man vorbringen, dass die Vorschriften in Art. 14 Abs. 3 Ziffer b) und Ziffer c) DSGVO zwei spezielle Konstellationen regeln. Diese Vorschriften könnten daher vollständig „eigenständig" und damit unabhängig von der Regelung in Art. 14 Abs. 3 Ziffer a) DSGVO sein. Wäre diese Ansicht korrekt, könnte dies in der Praxis in Einzelfällen jedoch zur Folge haben, dass eine Information gegenüber den Betroffenen gar nicht oder erst nach Ablauf eines sehr langen Zeitraums erfolgt. Ob diese Folge vor dem Hintergrund, dass die Daten durch den jeweiligen Verantwortlichen aufgrund deren Speicherung über den gesamten Zeitraum bereits verarbeitet werden, hingenommen werden kann, ist fraglich.[261]

Praxishinweis: 360

Aus Sicherheitsgründen sollten Verantwortliche (auch) in den Fällen, in denen die Verarbeitung von nicht beim Betroffenen erhobener Daten, die unter die Regelungen in Art. 14 Abs. 3 Ziffer b) und Ziffer c) DSGVO fallen, den Betroffenen die Informationen nach Art. 14 Abs. 1 und Abs. 2 DSGVO spätestens innerhalb eines Monats erteilen. In den Fällen des Art. 14 Abs. 3 Ziffer b) DSGVO (Nutzung der Daten zum Zweck der Kommunikation mit dem Betroffenen) sollten die internen Prozesse von vornherein derart ausgestaltet werden, dass die Kommunikation innerhalb eines Monats nach Erhebung der Daten erfolgt und die Informationen dann im Rahmen der Kommunikation zur Verfügung gestellt werden können.

IV. Informationen sind bereits bekannt

Die Vorgaben zur Informationserteilung aus Art. 14 DSGVO sind gemäß Art. 14 Abs. 5 Ziffer a) DSGVO dann nicht einschlägig, wenn 361

„die betroffene Person bereits über die Informationen verfügt".

Die Vorschrift in Art. 14 Abs. 5 Ziffer a) DSGVO ist eine „Parallelvorschrift" zu der in Art. 13 Abs. 4 DSGVO. In diesem Zusammenhang kann daher auf die zu der Vorschrift in Art. 13 Abs. 4 DSGVO getätigten Ausführungen verwiesen werden.[262] 362

Praxishinweis: 363

Der hier erörterte Ausnahmetatbestand weist eine hohe Praxisrelevanz auf. Dies liegt daran, dass Empfänger, die Daten zum Zweck der Verarbeitung als datenschutzrechtlich alleinig Verantwortliche von ihren Partnern übermittelt bekommen, diese Partner häufig vertraglich dazu verpflichten, die Informationen der Empfänger zum Datenschutz in die eigenen Datenschutzhinweise zu integrieren (Konzept der „vorgelagerten Informationserteilung"). Dies gilt zumindest in den Fällen, in denen die Partner die Daten bei den Betroffenen erheben. Ein derarti-

261 *Bäcker*, in: Kühling, DSGVO, 3. Aufl. 2020, Art. 14 Rn. 33.
262 Vgl. hierzu die Ausführungen unter Rn. 344 ff.

ges Vorgehen ist z.B. seitens einzelner Auskunfteien gegeben.[263] Die Integration der Informationen zum Datenschutz der Empfänger ist im Online-Bereich häufig unproblematisch möglich. Eine solche kann z.B. sehr einfach mittels einer Verlinkung erfolgen. Im Bereich der Printmedien stößt das Konzept der „vorgelagerten Informationserteilung" jedoch – bereits aus Platzgründen – nicht selten an Grenzen.

V. Unmöglichkeit/unverhältnismäßiger Aufwand

364 Die Informationen nach Art. 14 DSGVO sind nicht zu erteilen, wenn die Informationserteilung

*„sich als **unmöglich** erweist oder einen **unverhältnismäßigen Aufwand** erfordern würde" (Art. 14 Abs. 5 Ziffer b) DSGVO).*

365 Bei der Regelung in Art. 14 Abs. 5 Ziffer b) DSGVO handelt es sich um eine Ausnahmevorschrift. Hieraus ergibt sich, dass diese eng auszulegen ist. Dies gilt insbesondere auch für das Merkmal des „unverhältnismäßigen Aufwands", da dieses in einem Kontext mit der „Unmöglichkeit" der Informationserteilung genannt wird. Bei der Beurteilung der Frage, ob ein „unverhältnismäßiger Aufwand" gegeben ist, hat nach vielerorts vertretener Ansicht eine Abwägung zwischen dem tatsächlich anfallenden Aufwand (z.B. dem für eine Beschaffung von Kontaktdaten anfallenden Aufwand) und dem Informationsinteresse der Betroffenen zu erfolgen.[264] Im Zusammenhang mit der Beurteilung des Informationsinteresse der Betroffenen dürften insbesondere die Sensibilität der verarbeiteten Datenkategorien und der Zweck der Verarbeitung eine Rolle spielen.

366 *Praxishinweis:*

Insofern Verantwortliche darüber nachdenken, sich auf die Ausnahmevorschrift in Art. 14 Abs. 5 Ziffer b) DSGVO zu berufen, sollte ihnen aufgrund deren engen Anwendungsbereichs bewusst sein, dass hiermit ein Risiko einhergehen kann. Vor diesem Hintergrund sollte sich insbesondere in den Fällen, in denen eine Vielzahl an Daten betroffen ist, nur dann auf den hier erörterten Ausnahmetatbestand berufen werden, wenn sicher ist, dass dessen Voraussetzungen auch gegeben sind. So hat z.B. die polnische Datenschutzbehörde in der Vergangenheit ein Verfahren gegen eine Auskunftei geführt, die sich auf die Regelung in Art. 14 Abs. 5 Ziffer b) DSGVO berufen hatte. Aufgrund der hohen Anzahl an betroffenen Daten ist von diesem Verfahren eine große Öffentlichkeitswirksamkeit ausgegangen. Allein der Umstand, dass eine Vielzahl an Datensätzen betroffen ist, dürfte im Zweifelsfall im Übrigen nicht dazu führen, dass das Vorliegen eines „unverhältnismäßigen Aufwands" anzunehmen ist.

---

263 Zur Datenverarbeitung durch Auskunfteien vgl. die Ausführungen unter Rn. 757 ff.
264 *Mester*, in: Taeger/Gabel, 3. Aufl. 2019, Art. 14 Rn. 22.

D. Rechtsfolge bei Verstoß gegen die Informationspflichten

Insofern die gesetzlich vorgegebenen Informationen nicht oder nicht den gesetzlichen Vorgaben entsprechend erteilt werden, liegt ein Verstoß gegen die DSGVO vor. Dies hat aber nicht automatisch zur Folge, dass die Datenverarbeitungen, die Gegenstand der Informationen sind bzw. hätten sein müssen, rechtswidrig sind.[265] 367

Praxishinweis: 368

Wird eine Datenverarbeitung auf die Rechtsgrundlage in Art. 6 Abs. 1 S. 1 lit. f) DSGVO (Interessenabwägung) gestützt, kann eine nicht ausreichende oder unterbliebene Information aber zur Folge haben, dass die Datenverarbeitung nicht den „vernünftigen Erwartungen" der Betroffenen entspricht und die genannte Rechtsgrundlage aufgrund dieses Umstands nicht einschlägig ist.

265 Vgl. ausführlich *Bäcker,* in: Kühling/Buchner, DSGVO/BDSG, 3. Aufl. 2020, Art. 13 Rn. 61 ff.

Teil 4 – Rechte der Betroffenen/Automatisierte Einzelfallentscheidungen

A. Allgemeines zu den Rechten der Betroffenen

Ein zentraler Bestandteil der DSGVO sind die in Art. 15 DSGVO bis Art. 21 DSGVO normierten Rechte der Betroffenen. So ist z. B. das Recht auf Auskunft (Art. 15 DSGVO) für die Betroffenen dahingehend von besonderer Wichtigkeit, dass durch dessen Umsetzung der jeweilige Betroffene wesentliche Informationen zu den durch einen Verantwortlichen zu seiner Person verarbeiteten Daten erhält. Außerdem kann der Betroffene häufig erst nach Erteilung der Auskunft beurteilen, ob der jeweilige für die Datenverarbeitung Verantwortliche im Rahmen der Verarbeitung der Daten des Betroffenen die gesetzlichen datenschutzrechtlichen Vorgaben einhält.[266] 369

B. Die einzelnen Rechte

Die in Art. 15 DSGVO bis Art. 21 DSGVO geregelten Betroffenenrechte sind die Folgenden: 370

- Recht auf Auskunft (Art. 15 DSGVO),
- Recht auf Berichtigung (Art. 16 DSGVO),
- Recht auf Löschung (Art. 17 DSGVO),
- Recht auf Einschränkung der Verarbeitung (Art. 18 DSGVO),
- Mitteilungspflicht gegenüber Datenempfängern (Art. 19 DSGVO),
- Recht auf Datenübertragbarkeit (Art. 20 DSGVO),
- Widerspruchsrecht (Art. 21 DSGVO).

I. Recht auf Auskunft

Das Recht auf Auskunft (Art. 15 DSGVO) ist ein solches, dem der Gesetzgeber einen sehr hohen Stellenwert einräumt. Durch das Recht auf Auskunft erhält der Betroffene nämlich unter anderem die Möglichkeit, die Rechtmäßigkeit der Verarbeitung seiner Daten zu überprüfen.[267] Darüber hinaus stellt die Auskunft regelmäßig die Grundlage für die Geltendmachung weiterer Betroffenenrechte, z. B. für die des Rechts auf Löschung, dar. 371

266 Vgl. S. 1 des Erwägungsgrunds 63 zur DSGVO.
267 Vgl. S. 1 des Erwägungsgrunds 63 zur DSGVO.

1. Systematik

372 Die Vorschrift in Art. 15 DSGVO ist systematisch wie folgt unterteilt:

- Recht auf Bestätigung, ob in Bezug auf den jeweiligen Betroffenen personenbezogene Daten verarbeitet werden (Art. 15 Abs. 1 2. Hs. DSGVO);
- falls eine Verarbeitung von Daten zu dem jeweiligen Betroffenen erfolgt, hat dieser ein Recht auf Auskunft zu der Verarbeitung sowie ein Recht auf die Erteilung bestimmter Informationen, unter anderem zum Zweck der Verarbeitung (Art. 15 Abs. 1 1. Hs. DSGVO);
- Recht auf die Unterrichtung über die geeigneten Garantien bei einem Drittlanddatentransfer (Art. 15 Abs. 2 DSGVO);
- Recht auf Zurverfügungstellung einer Kopie der Daten, die verarbeitet werden (Art. 15 Abs. 3 DSGVO).

2. Recht auf Bestätigung sowie auf weitere Informationen

373 Insofern eine Verarbeitung von Daten zu dem jeweiligen Betroffenen gegeben ist, sind diesem gemäß Art. 15 Abs. 1 2. Hs. DSGVO die folgenden weiteren Informationen zu erteilen:

- Verarbeitungszwecke;
- Kategorien personenbezogener Daten, die verarbeitet werden;
- Empfänger oder Kategorien von Empfängern, insbesondere bei einem Drittlanddatentransfer;
- Dauer der Datenverarbeitung bzw. Kriterien für die Festlegung der Dauer, insofern die Nennung des genauen Zeitraums unmöglich ist;
- Bestehen eines Rechts auf Berichtigung, Löschung, Einschränkung der Verarbeitung, zum Widerspruch sowie zur Beschwerde bei der Aufsichtsbehörde;
- Herkunft der Daten, insofern diese nicht beim Betroffenen erhoben worden sind;
- Bestehen einer automatisierten Entscheidungsfindung inkl. „Profiling".

374 Die zuvor genannten Informationen stellen einen „Auszug" aus den Informationen, die gemäß Art. 13 DSGVO und/oder gemäß Art. 14 DSGVO zu erteilen sind, dar.[268] Daher kann in Bezug auf diese auf die Ausführungen zu den einschlägigen Informationspflichten aus Art. 13 DSGVO und Art. 14 DSGVO verwiesen werden.[269]

3. Informationen zum Drittlanddatentransfer

375 Liegt ein Drittlanddatentransfer[270] vor, haben die jeweiligen Betroffenen nach Art. 15 Abs. 2 DSGVO das Recht, über die im Zusammenhang mit der Übermitt-

---

268 Eine gute Übersicht bezüglich der Kongruenzen ist in *Franck*, in: Gola, DSGVO, 2. Aufl. 2018, Art. 15 Rn. 3 zu finden.

269 Vgl. hierzu die Ausführungen unter Rn. 307 ff., 347 ff.

270 Vgl. hierzu die Ausführungen unter Rn. 514 ff.

lung der Daten bestehenden geeigneten Garantien (Artikel 46 DSGVO[271]) unterrichtet zu werden. Die Vorgabe aus Art. 15 Abs. 2 DSGVO deckt sich zum Teil mit denen aus Art. 13 Abs. 1 Ziffer f) DSGVO und aus Art. 14 Abs. 1 Ziffer f) DSGVO,[272] ist aber nicht so weitreichend wie diese.

4. Der Betroffene verfügt bereits über die Informationen

Anders als die gesetzlichen Vorschriften zu den Informationspflichten (Art. 13 Abs. 4 DSGVO, Art. 14 Abs. 5 Ziffer a) DSGVO) beinhaltet Art. 15 DSGVO keine Regelung dahingehend, dass die Verpflichtungen nach Art. 15 Abs. 1 und Abs. 2 dann nicht einschlägig sind, wenn der jeweilige Betroffene bereits über die Informationen verfügt. Diesbezüglich wird zum Teil die Ansicht vertreten, dass eine analoge Anwendung der Vorschriften in Art. 13 Abs. 4 DSGVO und Art. 14 Abs. 5 Ziffer a) DSGVO erfolgen könne.[273] Die Möglichkeit der Vornahme einer solchen analogen Anwendung wird jedoch auch abgelehnt.[274] 376

Praxishinweis: 377

Sich in der Praxis darauf zu berufen, dass eine analoge Anwendung der Vorschriften in § 13 Abs. 4 DSGVO und Art. 14 Abs. 5 Ziffer a) DSGVO erfolgen kann, ist dahingehend mit Risiken verbunden, dass die Möglichkeit einer solchen Anwendung alles andere als klar ist. Dies gilt insbesondere vor dem Hintergrund, dass der BGH in einer kürzlich ergangenen Entscheidung die Ansicht vertritt, dass die Kopie der personenbezogenen Daten gemäß Art. 15 Abs. 3 DSGVO auch solche Datenverarbeitungen beinhalten muss, von denen der jeweilige Betroffene Kenntnis hat.[275] Eine Möglichkeit der hier erörterten analogen Anwendung sollte der Ausgestaltung der Auskunftsprozesse daher in der Praxis bereits aus Gründen der Sicherheit nicht zugrunde gelegt werden.

5. Kopie der verarbeiteten Daten

Gemäß Art. 15 Abs. 3 S. 1 DSGVO stellt der Verantwortliche dem Betroffenen eine Kopie der verarbeiteten Daten zur Verfügung. 378

Umstritten ist, wie das Verhältnis der Regelung in Art. 15 Abs. 3 S. 1 DSGVO zu denen in Art. 15 Abs. 1 und Abs. 2 DSGVO ausgestaltet ist. Zum Teil wird diesbezüglich die Auffassung vertreten, dass die nach § 15 Abs. 3 S. 1 DSGVO zur Verfügung zu stellende Kopie, „lediglich" die Vorgaben aus Art. 15 Abs. 1 und Abs. 2 DSGVO abbilden müsse. Hiervon abweichende Ansichten gehen jedoch von weitergehenden Verpflichtungen aus.[276] 379

In Bezug auf die Auslegung der Vorschrift in Art. 15 Abs. 3 S. 1 DSGVO hat der BGH eine Grundsatzentscheidung getroffen. In dieser legt der BGH dar, dass

271 Vgl. hierzu die Ausführungen unter Rn. 521 ff.
272 Vgl. hierzu die Ausführungen unter Rn. 326 f.
273 *Stollhoff*, in: Auernhammer, DSGVO, 6. Aufl. 2018, Art. 15 Rn. 26.
274 *Dix*, in: Simitis/Hornung/Spiecker gen. Döhmann, Datenschutzrecht, 1. Aufl. 2018, Art. 15 Rn. 85.
275 Vgl. hierzu die Ausführungen unter Rn. 379.
276 Vgl. hierzu eingehend *Schmidt-Wudy*, in: Wolff/Brink, Datenschutzrecht, 37. Aufl. 2021, Art. 15 Rn. 85.

grundsätzlich sämtliche Daten, die als personenbezogen im Sinne der Vorschrift in Art. 4 Nr. 1 DSGVO zu bewerten sind, in den Anwendungsbereich der Regelung in Art. 15 Abs. 3 S. 1 DSGVO fallen. Der genannte Anwendungsbereich ist daher – nach der Ansicht des BGH – regelmäßig in Bezug auf:

- Korrespondenzen mit den Betroffenen,
- interne Vermerke

sowie in Bezug auf

- Korrespondenzen mit Dritten über den Betroffenen,

eröffnet.

Auch sei das Recht auf Zurverfügungstellung einer Kopie nicht dahingehend teleologisch zu reduzieren, dass unter dieses nicht solche Datenverarbeitungen fallen, die dem jeweiligen Betroffenen bekannt sind.[277]

Nicht Gegenstand des Auskunftsanspruchs sind nach der Ansicht des BGH jedoch

- rechtliche Analysen, die auf der Grundlage der personenbezogenen Daten des Betroffenen erfolgen; wobei die konkreten Daten, die die Grundlage für die Beurteilung bilden,

sehr wohl vom Auskunftsanspruch erfasst sind.

Erklärt der Auskunftsschuldner, dass die Auskunft vollständig ist, kann (allein) der Verdacht, dass die erteilte Auskunft unvollständig oder unrichtig ist, einen Anspruch auf Auskunft in weitergehendem Umfang nicht begründen.[278]

380 Der BGH hat es abgelehnt, die Frage der Reichweite des Anwendungsbereichs der Vorschrift in Art. 15 Abs. 3 DSGVO dem EuGH zur Beantwortung vorzulegen. Dies hat der BGH wie folgt begründet:

> *„Die Durchführung eines Vorabentscheidungsverfahrens nach Art. 267 AEUV zur **Klärung des Begriffs der personenbezogenen Daten** i. S. d. Art. 15 i. V. m. Art. 4 Nr. 1 DS-GVO ist nicht geboten. Soweit im derzeitigen Stadium des streitgegenständlichen Verfahrens entscheidungserheblich, ist die Auslegung – dieses unionsrechtlichen Begriffs durch die Rechtsprechung des Gerichtshofs der Europäischen Union (Urteile vom 20. Dezember 2017 – Rs. C-434/16, NJW 2018, 767 Rn. 33–35 und vom 17. Juli 2014 – Rs. C-141/12 und C-372/12, CR 2015, 103 Rn. 39 ff.) eindeutig geklärt (‚acte clair', vgl. EuGH, Urteil vom 6. Oktober 1982 – Rs. C-283/81, NJW 1983, 1257, 1258; BVerfG, NVwZ 2015, 52 Rn. 35)".*[279]

Im Rahmen der zuvor getätigten Ausführungen verkennt der BGH nach der hier vertretenen Auffassung, dass die Frage, inwiefern der Anwendungsbereich der Vorschrift in Art. 15 Abs. 3 DSGVO z. B. in Bezug auf Datenverarbeitungen, die dem jeweiligen Betroffenen bekannt sind, gegebenenfalls teleologisch zu reduzieren ist, nicht eindeutig geklärt ist. Die vom BGH zitierten Rechtsprechungen

277 BGH, Urt. v. 15. 06. 2021 – VI ZR 576/19.
278 BGH, Urt. v. 15. 06. 2021 – VI ZR 576/19, Rz. 19.
279 BGH, Urt. v. 15.06.2021 – VI ZR 576/19, Rz. 29.

sind nicht zur DSGVO ergangen. Es bleibt daher zu hoffen, dass nationale Gerichte aus anderen Mitgliedstaaten dem EuGH diese Rechtsfrage zur Beantwortung vorlegen werden.

Praxishinweis: 381

Die dargestellte Entscheidung des BGH hat weitreichende Konsequenzen für die Praxis. Insbesondere größere Unternehmen mit einem relevanten Endkundenkontakt sind darauf angewiesen, die Kopien der Daten mittels automatisierter Verfahren zusammenzutragen. Dieser Umstand ergibt sich regelmäßig bereits daraus, dass die Anzahl geltend gemachter Auskunftsansprüche seit Anwendbarkeit der DSGVO in einem relevanten Maße gestiegen ist. Die vom BGH aufgestellten Anforderungen sind regelmäßig mittels des (ausschließlichen) Einsatzes automatisierter Verfahren jedoch nicht abbildbar. Dadurch, dass sich die Anzahl der Daten, die Gegenstand der Kopie sind, aufgrund der Entscheidung des BGH in der Zukunft häufig erhöhen wird, wird sich die Frage stellen, ob Unternehmen nicht dazu berechtigt sind, von dem jeweiligen Betroffenen eine Spezifizierung zu verlangen (vgl. S. 7 des Erwägungsgrunds 63 zur DSGVO). Auch wird sich in einem solchen Fall die Frage stellen, welche Folge sich daraus ergibt, wenn der Betroffene eine Spezifizierung nicht vornimmt.[280] Darüber hinaus ist anzumerken, dass in der Praxis – unter anderem im Rahmen von Arbeitsrechtsprozessen – zu beobachten ist, dass Betroffene mittels der Geltendmachung des Rechts auf Auskunft Verantwortliche unter Druck zu setzen versuchen. Diesbezüglich ist darauf hinzuweisen, dass eine Geltendmachung von Betroffenenrechten, mittels derer Ziele verfolgt werden, die nicht von dem jeweiligen Recht bezweckt werden, missbräuchlich ist.[281]

6. Ausnahmen

Der deutsche Gesetzgeber hat im BDSG 2018 Ausnahmen von der Verpflichtung zur Umsetzung des Rechts auf Auskunft geschaffen. Diese sind in § 34 Abs. 1 BDSG 2018 normiert. 382

Im Zusammenhang mit der Verarbeitung von Kundendaten kommen insbesondere die Ausnahmen in § 34 Abs. 1 Nr. 2a) und Nr. 2b) BDSG 2018 in Betracht: 383

- die Speicherung erfolgt ausschließlich zum Zweck der Erfüllung gesetzlicher (z. B. § 257 HGB[282]) oder satzungsmäßiger Aufbewahrungsvorschriften (§ 34 Abs. 1 Nr. 2a) BDSG 2018);
- die Verarbeitung der Daten dient ausschließlich dem Zweck der Datensicherung oder der Datenschutzkontrolle (§ 34 Abs. 1 Nr. 2b) BDSG 2018).

In beiden der zuvor genannten Konstellationen muss zusätzlich

„die Auskunftserteilung einen unverhältnismäßigen Aufwand erfordern"

und es muss

280 Vgl. hierzu *Dix*, in: Simitis/Hornung/Spiecker gen. Döhmann, Datenschutzrecht, 1. Aufl. 2019, Art. 15 Rn. 11.
281 LG Krefeld, Urt. v. 06. 10. 2021 – 2 O 448/20.
282 Vgl. hierzu die Ausführungen unter Rn. 392.

„eine Verarbeitung zu anderen Zwecken durch geeignete technische und organisatorische Maßnahmen ausgeschlossen“

sein (§ 34 Abs. 1 Nr. 2 BDSG 2018).

384 *Praxishinweis:*

Einzelne Aufsichtsbehörden vertreten die Ansicht, dass die Vorschrift in § 34 Abs. 1 Nr. 2 BDSG 2018 aufgrund deren Ausnahmecharakter (sehr) eng auszulegen ist. Zusätzlich wird dahingehend argumentiert, dass es nicht sicher ist, ob die genannte Vorschrift überhaupt europarechtskonform ist.[283] Der Erforderlichkeit einer (sehr) engen Auslegung kann jedoch entgegengehalten werden, dass die Vorschrift an sich bereits sehr hohe Anforderungen an deren Einschlägigkeit stellt. Insofern sich Unternehmen auf die Ausnahmeregelungen berufen, besteht aber regelmäßig ein gewisses Maß an rechtlicher Unsicherheit.

385 Außerdem ist zu beachten, dass das Recht auf Auskunft

„die Rechte und Freiheiten anderer Personen, etwa Geschäftsgeheimnisse oder Rechte des geistigen Eigentums und insbesondere das Urheberrecht an Software, nicht beeinträchtigen“

sollte (Satz 5 des Erwägungsgrunds 63 zur DSGVO, vgl. auch Art. 15 Abs. 4 DSGVO).

Hierunter fällt unter anderem das berechtigte Interesse einer Auskunftei, keine genauen Informationen zu den „Eigenschaften“ der von ihr verwendeten Scorewertformel zu beauskunften.

II. Recht auf Berichtigung

386 Das in Art. 16 DSGVO geregelte Recht auf Berichtigung ist „Ausfluss“ des Grundsatzes, dass verarbeitete Daten „sachlich richtig“ sein müssen (Art. 5 Abs. 1 Ziffer d) DSGVO).

Das Recht zur Berichtigung ist in der Praxis häufig dann einschlägig, wenn die ursprünglich erhobenen Daten korrekt waren, sich in Bezug auf diese aber Änderungen ergeben haben. So kann sich z. B. aufgrund einer Heirat der Nachname oder nach einem Umzug die Postadresse geändert haben.

387 Des Weiteren dürfte auch bei Vorliegen eines Identitätsdiebstahls auf Seiten des „Inhabers“ der Identität ein Berichtigungsanspruch nach Art. 16 DSGVO gegeben sein. Ein Identitätsdiebstahl ist dadurch gekennzeichnet, dass ein unbekannter Dritter unter Nutzung der Identität einer anderen Person (Vorname, Nachname, Postadresse, Geburtsdatum) kostenpflichtige Transaktionen (z. B. Bestellungen in einem Online-Shop) aufgibt und die Leistungen selbst in Anspruch nimmt (z. B. durch ein Abfangen von Waren). In diesem Fall wird auf Seiten des Anbieters der Leistung die Information gespeichert, dass der „Inhaber“ der Identität diese in Anspruch genommen hat. Dies ist objektiv falsch.

---

283 Zur Frage der Europarechtskonformität vgl. *Schmidt-Wudy*, in: Wolff/Brink, Datenschutzrecht, 37. Aufl. 2021, § 34 BDSG 2018 Rn. 7, 38.

Voraussetzung für die Geltendmachung des Rechts auf Berichtigung ist in der Praxis in dieser Konstellation regelmäßig, dass der Betroffene, dessen Identität „missbraucht" worden ist, ebenfalls ein Recht auf Auskunft in Bezug auf die im Zusammenhang mit dem identitätsdiebstahl gespeicherten Daten geltend machen kann.[284]

Praxishinweis: 388

Zu beachten ist, dass es in der Praxis vorkommt, dass Betroffene Daten, z. B. die Stammdaten in Nutzer-Accounts, ändern wollen, um sich Zahlungsverpflichtungen zu entziehen. Auch ist immer wieder festzustellen, dass Kunden wahrheitswidrig behaupten, Opfer eines Identitätsdiebstahls geworden zu sein. Hintergrund einer solchen Behauptung ist zumeist ebenfalls der Versuch, sich der Verpflichtung zur Zahlung des Entgelts zu entziehen. Verantwortliche haben vor diesem Hintergrund grundsätzlich die Möglichkeit und gegebenenfalls sogar die Pflicht, zum Zweck der Überprüfung der inhaltlichen Berechtigung des geltend gemachten Rechts auf Berichtigung Nachweise bei dem jeweiligen Betroffenen abzufragen. Dies ergibt sich bereits aus der Vorschrift in Art. 18 Abs. 1 Ziffer a) DSGVO. Bei der Festlegung des Umfangs der Überprüfung ist der „risikobasierte Ansatz"[285] zu berücksichtigen. Da Identitätsdiebstähle auf Seiten der Betroffenen zu großen Unannehmlichkeiten führen können, sollten diese Fälle mit besonderer Sensibilität seitens der Verantwortlichen bearbeitet werden.

III. Recht auf Löschung

Auch wenn die in Bezug auf das Recht auf Löschung einschlägige Vorschrift in Art. 17 Abs. 1 DSGVO davon „spricht", dass eine Löschung auf das 389

„Verlangen"

eines Betroffenen hin zu erfolgen hat, bedeutet dies im Umkehrschluss nicht, dass eine Löschung nur in den Fällen vorzunehmen ist, in denen ein Löschungsbegehren seitens eines Betroffenen tatsächlich vorliegt. Vielmehr hat eine Löschung auch dann zu erfolgen, wenn für die Speicherung der Daten keine Rechtsgrundlage mehr besteht. Dies ergibt sich aus Art. 5 Abs. 1 Ziffer e) DSGVO.

Eine Pflicht zur Löschung kann in den folgenden Konstellationen gegeben sein: 390

- Der ursprüngliche Zweck der einstigen Erhebung oder Verarbeitung ist entfallen.
- Die betroffene Person widerruft ihre Einwilligung.
- Es liegt ein Widerspruch gemäß Art. 21 DSGVO vor.
- Die Datenverarbeitung war unrechtmäßig.
- Die Pflicht zur Löschung wird durch ein Gesetz angeordnet.
- Die Einwilligung wurde im Kindesalter erteilt und wird nun widerrufen.

284 So auch LfDI Saarland, 29. Tätigkeitsbericht, Seite 112 f.; vgl. auch LG Krefeld, Urt. v. 06. 10. 2021 – 2 O 448/20.

285 Zum „risikobasierten Ansatz" vgl. die Ausführungen unter Rn. 473 f.

1. Zweckerreichung

391 Die in der Praxis wohl relevanteste Konstellation ist die Erforderlichkeit einer Löschung von Daten aufgrund des Vorliegens einer Zweckerreichung. Um festlegen zu können, wie lange Daten verarbeitet werden dürfen, muss in einem ersten Schritt eruiert werden, zu welchem Zweck, welche Daten verarbeitet werden. Hierbei kann es vorkommen, dass dieselben Daten auch zu unterschiedlichen Zwecken verarbeitet werden und im Hinblick auf die unterschiedlichen Zwecke voneinander abweichende Löschfristen bestehen.[286]

Durch die Vorgabe, dass eine Löschung nicht zu erfolgen hat, solange eine Zweckerreichung nicht vorliegt (Art. 17 Abs. 1 Ziffer a) DSGVO), werden die berechtigten Interessen der Verantwortlichen an der Fortsetzung der Datenverarbeitung geschützt. Dies ergibt sich aus dem folgenden

Beispiel 49:

Der Kunde K hat bei dem Versandhandelsunternehmen V einen Fernseher unter Nutzung eines Ratenkaufs erworben. Der Kunde K begehrt die Löschung seiner Daten zu einem Zeitpunkt, an dem noch 4 Raten offen sind. Die Information über die noch offenen Raten ist seitens des Versandhändlers V natürlich nicht zu löschen.

2. Gesetzliche Verpflichtungen zur Aufbewahrung

392 Nicht selten verlangen Betroffene die vollständige Löschung aller ihrer personenbezogenen Daten. Dem stehen aber häufig gesetzliche Aufbewahrungsfristen entgegen. Einschlägig in der Praxis sind in Bezug auf die Verarbeitung von Kundendaten zumeist die sich aus dem Steuerrecht (§ 147 AO) sowie die aus dem Handelsrecht (§ 257 HGB) ergebenden gesetzlichen Aufbewahrungspflichten. Insofern derartige Aufbewahrungspflichten gegeben sind, muss anstelle einer Löschung eine „Sperrung" der Daten erfolgen. Eine „Sperrung" der Daten bedeutet, dass nur noch ein eingeschränkter Zugriff auf diese besteht und die Daten auch nur noch zum Zweck der Erfüllung der gesetzlichen Aufbewahrungspflicht gespeichert werden. Eine „Sperrung" der Daten muss natürlich dann nicht vorgenommen werden, wenn deren Löschung aus anderen Gründen als der gesetzlichen Verpflichtung zur Aufbewahrung noch nicht erfolgen muss (der Zweck der Datenspeicherung ist z. B. noch nicht erreicht).

393 *Praxishinweis:*

Begehrt ein Betroffener die Löschung seiner Daten und kann der Verantwortliche dem Löschungsbegehren nicht (vollständig) nachkommen, da gesetzliche Aufbewahrungspflichten einschlägig sind, muss der Verantwortliche den Betroffenen hierüber ohne Verzögerung, spätestens jedoch innerhalb eines Monats, informieren (Art. 12 Abs. 4 DSGVO).

286 Vgl. hierzu auch die Ausführungen unter Rn. 144 f.

3. Recht auf Löschung und Werbewiderspruch

In der Praxis kommt es regelmäßig vor, dass Betroffene – z. B. aufgrund des Erhalts einer adressierten Printwerbung – einen Werbewiderspruch einlegen und gleichzeitig die Löschung ihrer Daten begehren. Eine vollständige Löschung der Daten ist in dieser Konstellation häufig bereits deswegen nicht möglich, weil der Verantwortliche zur Umsetzung des Werbewiderspruchs Kontaktdaten des Betroffenen in seine Werbesperrliste(n) aufnehmen muss. Auf diesen Umstand sollte der Verantwortliche in der gemäß Art. 12 Abs. 3 DSGVO vorzunehmenden Mitteilung hinweisen und dem Betroffenen eine Auswahlmöglichkeit dahingehend geben, ob seine Daten auf die Werbesperrliste(n) gesetzt werden sollen.[287] Ein entsprechender Hinweistext kann z. B. wie folgt lauten: 394

> *„Wir müssen Sie darauf hinweisen, dass eine vollständige Löschung Ihrer Daten nicht möglich ist, da es die Umsetzung des durch Sie eingelegten Werbewiderspruchs erfordert, dass wir die folgenden Datenkategorien ... auf unsere Werbesperrliste setzen. Insofern Sie eine Speicherung der genannten Datenkategorien auf unserer Werbesperrliste nicht wünschen, geben Sie uns bitte mittels einer E-Mail an ... Bescheid. In einem solchen Fall wird die Speicherung Ihrer Daten auf der Werbesperrliste nicht erfolgen; hierdurch kann es aber dazu kommen, dass Sie zukünftig wieder Werbung von uns erhalten".*

4. Pflicht zur Löschung und „Accountability"

Fraglich ist, ob der Umstand, dass Daten auf Verlangen Betroffener gelöscht worden sind, zum Nachweis dafür, dass die Löschung auch tatsächlich erfolgt ist, dokumentiert werden muss. Eine derartige Dokumentationspflicht könnte sich aus dem Grundsatz der „Accountability"[288] ergeben. Der genannte Grundsatz dürfte aber nicht zur Folge haben, dass eine vollständige Dokumentation der konkreten gelöschten bzw. zu löschenden Daten zu erfolgen hat. Dies würde das Recht auf Löschung „ad absurdum" führen. Ratsam dürfte es jedoch sein, den Eingang des Löschungsbegehrens sowie die Information, dass dieses umgesetzt worden ist, zu speichern. Im Hinblick auf die Dauer der Speicherung dieser Informationen können Verantwortliche sich an der Dauer der regelmäßigen Verjährung aus § 195 BGB (3 Jahre) orientieren. Im Hinblick auf die Datenkategorien, die z. B. aufgrund gesetzlicher Aufbewahrungsgründen nicht gelöscht werden können/dürfen, erfolgt eine Dokumentation in den einschlägigen Verarbeitungsübersichten. Aus dieser Dokumentation ergibt sich eine „Negativabgrenzung" dahingehend, welche Datenkategorien gelöscht werden. 395

5. Anonymisierung

Anstelle der Löschung von Daten kann nach der hier vertretenen Auffassung grundsätzlich deren Anonymisierung erfolgen. Diese Ansicht wird – mit zutref- 396

---

287 Orientierungshilfe der Aufsichtsbehörden zur Verarbeitung von personenbezogenen Daten für Zwecke der Direktwerbung unter Geltung der Datenschutz-Grundverordnung (DS-GVO), Stand: November 2018, Seite 13.

288 Zum Grundsatz der Accountability vgl. die Ausführungen unter Rn. 74 ff.

fenden Argumenten – unter anderem auch von der Datenschutzbehörde der Republik Österreich vertreten:

Eine Definition des Begriffs ‚Löschung von personenbezogenen Daten' im Sinne von Art. 17 Abs. 1 findet sich weder im verbindlichen Teil der DSGVO noch in den Erwägungsgründen der Verordnung. Nach Art. 4 Ziffer 2. sind das Löschen und die Vernichtung als alternative Formen der Verarbeitung angeführt (‚das Löschen oder die Vernichtung'), die nicht zwingend deckungsgleich sind. Daraus erhellt, dass eine Löschung nicht zwingend eine endgültige Vernichtung voraussetzt (vgl. den Bescheid der ehemaligen DSK vom 26. September 2008, GZ. K121.375/0012-DSK/2008, noch in Bezug auf Art 2 lit. b der Richtlinie 95/46/EG, wonach ebenso zwischen Löschen und Vernichtung differenziert wurde …). Eine derartige Differenzierung ergibt sich auch aus der Rechtsprechung des Verfassungsgerichtshofes (vgl. dazu VfSlg. 19.937/2014).

Daher steht dem Verantwortlichen hinsichtlich der Mittel – sohin der vorgenommenen Art und Weise der Löschung ein – Auswahlermessen zu …

Die Entfernung des Personenbezugs (‚Anonymisierung') von personenbezogenen Daten kann somit grundsätzlich ein mögliches Mittel zur Löschung im Sinne von Art. 4 Ziffer 2. i. V. m. Art. 17 Abs. 1 DSGVO sein".[289]

Die dargestellte Auffassung der Datenschutzbehörde der Republik Österreich wird im Ergebnis auch von dem Bundesbeauftragten für den Datenschutz und die Informationsfreiheit (BfDI) geteilt.[290]

397 Zum Teil wird jedoch auch die Ansicht vertreten, dass eine Anonymisierung anstelle der Löschung nicht oder nicht in sämtlichen Fällen vorgenommen werden kann. Diese Ansicht wird insbesondere damit begründet, dass im Fall der Vornahme einer Anonymisierung eine Zuordnung der Daten zu dem jeweiligen Betroffenen nicht gänzlich ausgeschlossen ist.[291] Dieses Argument ist aber dahingehend nicht überzeugend, dass die DSGVO davon ausgeht, dass bei einer Verarbeitung anonymer Daten die Grundrechte und Grundfreiheiten von Betroffenen bzw. deren Allgemeine Persönlichkeitsrechte nicht relevant tangiert sind. Erhebt ein Unternehmen personenbezogene Daten und anonymisiert diese nach deren Erhebung, fallen die anonymisierten Daten nicht unter ein in der Folge geltend gemachtes Recht auf Löschung. Es ist nicht erkennbar, warum in der Konstellation, in der die Daten aufgrund eines geltend gemachten Rechts auf Löschung anonymisiert werden, eine andere Beurteilung stattzufinden hat. Darüber hinaus ist zu bedenken, dass der Begriff des Personenbezugs in der DSGVO recht weitreichend ist[292], so dass auch faktisch von der Verarbeitung anonymer Daten – entsprechend der Wertung des Gesetzes – für die jeweiligen Betroffenen keine relevanten Risiken ausgehen.

---

289 DSB-D123.270/0009-DSB/2018, 05.12.2018.

290 BfDI, 29. Tätigkeitsbericht für den Datenschutz und die Informationsfreiheit, Seite 72.

291 Roßnagel, ZD 2020, 188 (191).

292 Vgl. hierzu die Ausführungen unter Rn. 34 ff.

Praxishinweis: 398

Auch wenn – nach der hier vertretenen Ansicht – anstelle der Löschung von Daten deren Anonymisierung erfolgen kann, ist diesbezüglich in der Praxis Vorsicht geboten. Dies ist damit zu begründen, dass der Begriff des Personenbezugs in der DSGVO recht weitreichend ist. Daten rechtssicher zu anonymisieren, ist daher häufig (sehr) schwierig. Dies gilt insbesondere dann, wenn die Anonymisierung mittels rein interner Maßnahmen durch den jeweiligen Verantwortlichen selbst vorgenommen werden soll. So ist z.B. allein die Löschung von „Identifiern" (z.B. Kundennummer) für eine Anonymisierung oft nicht ausreichend.

IV. Recht auf Einschränkung der Verarbeitung (Art. 18 DSGVO)

Art. 18 DSGVO regelt das Recht der Betroffenen auf eine Einschränkung der Verarbeitung. Das genannte Recht ist gemäß Art. 18 Abs. 1 DSGVO in den folgenden „Konstellationen" gegeben: 399

- Der Betroffene bestreitet die Richtigkeit der verarbeiteten Daten (Art. 18 Abs. 1 Ziffer a) DSGVO).
- Die Daten sind aufgrund einer Unrechtmäßigkeit der Datenverarbeitung zu löschen (Art. 18 Abs. 1 Ziffer b) DSGVO).
- Der Zweck der Datenverarbeitung ist auf Seiten des Verantwortlichen erfüllt, der Betroffene benötigt diese jedoch zur Geltendmachung, Ausübung oder Verteidigung von Rechtsansprüchen (Art. 18 Abs. 1 Ziffer c) DSGVO).
- Der Betroffene hat gegen die Datenverarbeitung nach Art. 21 Abs. 1 DSGVO Widerspruch eingelegt, es steht jedoch noch nicht fest, ob die berechtigten Gründe des Verantwortlichen an einer Fortsetzung der Datenverarbeitung überwiegen (Art. 18 Abs. 1 Ziffer d) DSGVO).

Das „Bestreiten" im Sinne des Art. 18 Abs. 1 Ziffer a) DSGVO muss nach wohl überwiegend vertretener Ansicht – anders als bei der Vorschrift in § 31 Abs. 2 Ziffer 4d) BDSG 2018[293] – kein substantiiertes sein. Das hier erörterte Recht auf Einschränkung soll das Recht auf Berichtigung aus Art. 16 DSGVO absichern. Dies hat zur Folge, dass in der Praxis für den Fall der Geltendmachung des Rechts auf Berichtigung – aus Gründen der Sicherheit – automatisch auch eine Einschränkung der Verarbeitung vorgenommen werden sollte.[294] Die Einschränkung hat so lange zu erfolgen, bis der Sachverhalt geklärt ist (Art. 18 Abs. 1 Ziffer a) DSGVO). 400

Insofern Daten unrechtmäßig verarbeitet werden, hat der Betroffene die Möglichkeit, anstelle der Löschung der Daten die Einschränkung der Verarbeitung zu verlangen (Art. 18 Abs. 1 Ziffer b) DSGVO). Die Einschränkung stellt ein „Minus" zur Löschung dar. Der Gesetzgeber gibt dem Betroffenen daher für den 401

293 Vgl. hierzu die Ausführungen unter Rn. 781.

294 So im Ergebnis auch *Meents/Hinzpeter*, in: Taeger/Gabel, DSGVO/BDSG, 3. Aufl. 2019, Art. 18 Rn. 11 f.

Fall einer unrechtmäßigen Datenverarbeitung, deren Folge grundsätzlich eine Verpflichtung zur Löschung der Daten ist (Art. 17 Abs. 1 Ziffer d) DSGVO), eine gewisse Dispositionsbefugnis. Eine unrechtmäßige Datenverarbeitung liegt insbesondere dann vor, wenn Daten ohne Vorliegen einer Rechtsgrundlage verarbeitet werden.[295]

402 Eine Löschung von Daten hat unter anderem dann zu erfolgen, wenn diese für den Zweck, der der Datenverarbeitung zugrunde gelegt wird, nicht mehr benötigt werden. Eine Löschung muss in diesem Fall unabhängig davon vorgenommen werden, ob der Betroffenen das Rechts auf Löschung aus Art. 17 DSGVO ausübt.[296] Hiervon macht die Regelung in Art. 18 Abs. 1 Ziffer c) DSGVO eine Ausnahme dahingehend, dass die Einschränkung durch den Betroffenen verlangt werden kann, wenn dieser die Daten zur Geltendmachung, Ausübung oder Verteidigung von Rechtsansprüchen benötigt.

403 Übt ein Betroffener ein Widerspruchsrecht gemäß Art. 21 Abs. 1 DSGVO aus, besteht die Möglichkeit, dass dieser Widerspruch nicht umzusetzen ist, wenn auf Seiten des Verantwortlichen berechtigte überwiegende Gründe für die Fortsetzung der Datenverarbeitung gegeben sind.[297] In Zweifelsfällen ist für den Zeitraum der Überprüfung, ob derartige Gründe gegeben sind, die Verarbeitung der Daten gemäß Art. 18 Abs. 1 Ziffer d) DSGVO einzuschränken. Für die Praxis ist wichtig, dass die Vorschrift in Art. 18 Abs. 1 Ziffer d) DSGVO keine Anwendung findet auf eingelegte Werbewidersprüche. Im Hinblick auf diese ist nämlich die Vorschrift in Art. 21 Abs. 2 DSGVO einschlägig, die nicht die Möglichkeit der Geltendmachung berechtigter überwiegender Gründe durch die Verantwortlichen vorsieht.[298]

404 Was unter dem Begriff der „Einschränkung“ zu verstehen ist, ergibt sich aus der Vorschrift in Art. 18 Abs. 2 DSGVO. Dieser ist zu entnehmen, dass – insofern eine der in Art. 18 Abs. 1 DSGVO aufgeführten „Konstellationen“ einschlägig ist – die betroffenen Daten lediglich zum Zweck der Umsetzung des Rechts auf Einschränkung verarbeitet werden dürfen. Eine Verarbeitung zu anderen Zwecken ist nur dann möglich, wenn der Betroffene in eine solche eingewilligt hat, oder die Verarbeitung zum Zweck der

> *„Geltendmachung, Ausübung oder Verteidigung von Rechtsansprüchen oder zum Schutz der Rechte einer anderen natürlichen oder juristischen Person oder aus Gründen eines wichtigen öffentlichen Interesses der Union oder eines Mitgliedstaats“,*

erfolgt.

405 Der Verantwortliche hat den Betroffenen im Übrigen zu unterrichten, bevor die Einschränkung der Verarbeitung aufgehoben wird (Art. 18 Abs. 3 DSGVO).

---

295 Vgl. hierzu die Ausführungen unter Rn. 146.

296 Vgl. hierzu die Ausführungen unter Rn. 389 ff.

297 Die Vorschrift in § 21 Abs. 1 DSGVO verwendet den Terminus „zwingende schutzwürdige Gründe“, vgl. hierzu die Ausführungen unter Rn. 424.

298 Vgl. hierzu die Ausführungen unter Rn. 425.

V. Mitteilungspflicht gegenüber Datenempfängern (Art. 19 DSGVO)

Art. 19 S. 1 DSGVO gibt vor, dass der jeweilige Verantwortliche 406

> *„Empfängern, denen personenbezogenen Daten offengelegt wurden, jede Berichtigung oder Löschung der personenbezogenen Daten oder eine Einschränkung der Verarbeitung"*

mitzuteilen hat.

Sinn und Zweck der Vorschrift in Art. 19 S. 1 DSGVO ist, dass Betroffene in den 407 Fällen einer „Offenlegung", die auch durch eine „Übermittlung" erfolgen kann,[299] die Rechte aus Art. 16 DSGVO bis Art. 18 DSGVO nicht eigenständig gegenüber den „Empfängern" der Daten geltend machen müssen. Die Intention des Gesetzgebers ist auch dahingehend nachvollziehbar, dass Verantwortliche die Möglichkeit haben, die Betroffenen im Rahmen der Erteilung der gesetzlich vorgeschriebenen Informationen „nur" über die „Kategorien von Empfängern" der Daten zu unterrichten, ohne diese konkret zu benennen.[300] Die Vorschrift in Art. 19 S. 1 DSGVO beinhaltet daher einen erweiterten Schutz der Betroffenen aufgrund der Fortwirkung geltend gemachter Betroffenenrechte aus Art. 16 DSGVO bis Art. 18 DSGVO.[301]

Unter den Begriff „Empfänger" fallen gemäß der Legaldefinition in Art. 4 Nr. 9 408 DSGVO auch Auftragsverarbeiter.[302] Dies bedarf deswegen eigentlich keiner besonderen Erläuterung, da z. B. für den Fall eines Löschungsbegehrens auch bei Auftragsverarbeitern des jeweiligen Verantwortlichen die Daten zu löschen sind, insofern die gesetzlichen Vorgaben für eine Löschung vorliegen.[303] Dies liegt daran, dass die Verantwortlichen für die Datenverarbeitungen durch deren Auftragsverarbeiter datenschutzrechtlich verantwortlich sind.[304]

Die Benachrichtigungspflicht aus Art. 19 S. 1 DSGVO spielt in der Praxis insbe- 409 sondere bei der Geltendmachung des Rechts auf Berichtigung durch Betroffene eine Rolle. Die Benachrichtigungspflicht hat in dieser Konstellation im Übrigen die positive Folge, dass Empfänger von Daten, die diese als Verantwortliche verarbeiten, durch den Erhalt der Information dazu imstande sind, die Vorgabe aus Art. 5 Abs. 1 Ziffer d) DSGVO einzuhalten.

Eine nicht allzu große Bedeutung in der Praxis hat die Benachrichtigungspflicht 410 bei einer Übermittlung von Daten durch einen Verantwortlichen an einen „Dritten"[305] und einer auf diese folgende Geltendmachung des Rechts auf Löschung durch einen Betroffenen gegenüber dem Verantwortlichen. Dies liegt daran,

299 Vgl. Art. 4 Nr. 2 DSGVO.
300 Vgl. hierzu die Ausführungen unter Rn. 322 ff.
301 *Paal*, in Paal/Pauly, DSGVO/BDSG, 3. Aufl. 2021, Art. 19 Rn. 3.
302 Vgl. hierzu die Ausführungen unter Rn. 97.
303 Vgl. zu diesen die Ausführungen unter Rn. 389 ff.
304 Vgl. hierzu die Ausführungen unter Rn. 81.
305 Auftragsverarbeiter sind nicht „Dritte", vgl. Art. 4 Nr. 10 DSGVO.

dass die Empfänger der Daten diese ohnehin löschen müssen, insofern eine Löschung auf Basis der Vorgaben in Art. 17 DSGVO nicht zu erfolgen hat.[306]

411 Die Benachrichtigung hat nicht zu erfolgen, insofern diese sich

> *„als unmöglich erweist oder mit einem unverhältnismäßigen Aufwand verbunden ist" (Art. 19 S. 1 DSGVO).*

Hierbei handelt es sich um eine Ausnahmevorschrift, die eng auszulegen ist.[307]

412 Abschließend ist noch darauf hinzuweisen, dass der Verantwortliche den jeweiligen Betroffenen über die „Empfänger" der Daten unterrichtet, wenn der Betroffene eine solche Unterrichtung verlangt (Art. 19 S. 2 DSGVO).

VI. Recht auf Datenübertragbarkeit (Art. 20 DSGVO)

413 Bei dem Recht auf Datenübertragbarkeit handelt es sich um ein solches, das nicht ausschließlich einen datenschutzrechtlichen Zweck verfolgt. Vielmehr soll die Normierung des Rechts auf Datenübertragbarkeit auch Betroffenen den „Umzug" von Nutzer-Accounts zu anderen Anbietern vereinfachen mit der Folge, dass so genannte „Lock-in-Effekte" aufgebrochen werden. Das Recht auf Datenübertragbarkeit verfolgt daher im Schwerpunkt einen wettbewerbsrechtlichen Zweck.[308] Diese Einschätzung wird dadurch bestätigt, dass ein Recht auf „Datenportabilität" (auch) in den Entwürfen zu einem Digital Markets Act, der auf die Regulierung von „Gatekeepern" abzielt, zu finden ist. Der von der Vorschrift in Art. 20 DSGVO verfolgte Zweck des Aufbruchs von „Lock-in-Effekten" hat sich in der Praxis bisher jedoch noch nicht im Ansatz realisiert.

1. Datenkategorien/Art der Verarbeitung

414 Das Recht auf Datenübertragbarkeit bezieht sich ausschließlich auf solche Daten, die der jeweilige Betroffene dem Verantwortlichen

> *„bereitgestellt"*

hat (Art. 20 Abs. 1 DSGVO). Darüber hinaus werden von dem Recht auf Datenübertragbarkeit nur solche Daten erfasst, die von dem Verantwortlichen mithilfe automatisierter Verfahren auf der Rechtsgrundlage in Art. 6 Abs. 1 S. 1 lit. a) DSGVO bzw. der in Art. 9 Abs. 2 Ziffer a) DSGVO (Einwilligung) oder auf der in Art. 6 Abs. 1 S. 1 lit. b) DSGVO (Verarbeitung zum Zweck der Durchführung eines Vertrags/der Durchführung vorvertraglicher Maßnahmen) verarbeitet werden. Das Recht auf Datenübertragbarkeit ist daher weniger umfangreich als das Recht auf Auskunft (Art. 15 DSGVO).

306 Vgl. hierzu die Ausführungen unter Rn. 389 ff.
307 Vgl. auch die Ausführungen unter Rn. 364 ff.
308 *Paal*, in: Paal/Pauly, DSGVO/BDSG, 3. Aufl. 2021, Art. 20 Rn. 6 m. w. N.

Praxishinweis: 415
In der Praxis verwechseln Betroffene häufig das Recht auf Datenübertragbarkeit mit dem Recht auf Auskunft. In diesen Fällen kommt es nicht selten vor, dass Betroffene sich nach Erhalt der vom Recht auf Datenübertragbarkeit erfassten Daten bei dem Verantwortlichen darüber beschweren, dass die „Auskunft" nicht vollständig sei. Um derartige Beschwerden und Unmut auf Seiten der Betroffenen zu vermeiden, sollte im Rahmen der Erteilung der Informationen zu den einzelnen Betroffenenrechten (Art. 13 Abs. 2 Ziffer b) DSGVO) sehr deutlich zwischen dem Recht auf Datenübertragbarkeit und dem Recht auf Auskunft unterschieden und die Anwendungsbereiche der genannten Rechte sollten erläutert werden.

Umstritten ist, wie der Begriff 416

„bereitgestellt"

in Art. 20 Abs. 1 DSGVO auszulegen ist. Zum Teil wird diesbezüglich die Ansicht vertreten, dass eine weite Auslegung zur erfolgen hat. Das Recht auf Datenübertragbarkeit würde daher auch über einzelne User durch Betreiber von Websites erhobene Trackingdaten erfassen.[309] Im Hinblick auf eine etwaige Verpflichtung zur Bereitstellung von Trackingdaten ist darauf hinzuweisen, dass in Bezug auf diese grundsätzlich die Vorschrift in Art. 11 Abs. 2 DSGVO, die auch das Recht aus Art. 20 DSGVO erfasst, einschlägig ist.[310] Darüber hinaus besteht die Möglichkeit, dass – im Anwendungsbereich der DSGVO – die Weiterverarbeitung von Trackingdaten nach deren Erhebung in bestimmten Konstellationen auch auf Basis der Rechtsgrundlage in Art. 6 Abs. 1 S. 1 lit. f) DSGVO erfolgen kann.[311] In den Fällen, in denen Trackingdaten durch Verantwortliche – z. B. zu Segmenten[312] – weiterverarbeitet werden, wurden die Ergebnisse der Weiterverarbeitung zweifelsfrei nicht von dem jeweiligen Betroffenen „bereitgestellt". Diese sind nämlich Ergebnis einer Weiterverarbeitung durch den Verantwortlichen.[313] Außerdem ist nach dem objektiven Empfängerhorizont mit einer „Bereitstellung" grundsätzlich eine aktive, bewusste Kundgabe von Daten, z. B. mittels einer Eingabe im Rahmen der Eröffnung eines Kundenaccounts, verbunden. Eine weite Auslegung des hier erörterten Begriffs ist daher insgesamt nicht angezeigt.

2. Format

Die von dem Recht auf Datenübertragbarkeit erfassten Daten müssen in einem 417

„strukturierten, gängigen und maschinenlesbaren Format",

zur Verfügung gestellt werden. In der Praxis wird von den Verantwortlichen überwiegend eines der folgenden Formate gewählt:

309 So *Herbst,* in: Kühling/Buchner, DSGVO/BDSG, 3. Aufl. 2020, Art. 20 Rn. 11.
310 Vgl. hierzu die Ausführungen unter Rn. 442 ff.
311 Vgl. hierzu die Ausführungen unter Rn. 616 ff.
312 Vgl. zur Verarbeitung von Segmenten auch die Ausführungen unter Rn. 634.
313 *Herbst,* in: Kühling/Buchner, DSGVO/BDSG, 3. Aufl. 2020, Art. 20 Rn. 11.

- CSV,
- JSON.

3. Übertragung an Dritte

418 Gemäß Art. 20 Abs. 2 DSGVO haben Betroffene das Recht, dass der Verantwortliche, dem gegenüber das Recht auf Datenübertragbarkeit geltend gemacht wird, die Daten an eine andere Stelle übermittelt.

Beispiel 50:

Der K hat einen Kundenaccount auf dem von dem A betriebenen Reisebuchungsportal R. Der K möchte diesen Kundenaccount „umziehen", da er zukünftig das von dem B betriebene Reisebuchungsportal Z nutzen möchte. Der K wendet sich an den A mit der Forderung der Übermittlung seiner Accountdaten an den B.

419 In der Praxis kommt es nur sehr selten vor, dass Betroffene unter Hinweis auf die Regelung in Art. 20 Abs. 2 DSGVO die Übermittlung von Daten an eine andere Stelle einfordern. Auch ist eine solche Übermittlung häufig gar nicht im Interesse der potenziellen Empfänger, da diese regelmäßig mit anderen Dateiformaten als die potenziellen Absender arbeiten. Vor diesem Hintergrund ist es den potenziellen Empfängern auch nicht zuzumuten, in die Vorschrift in Art. 20 Abs. 2 DSGVO eine Verpflichtung zur Annahme der Daten „hineinzulesen".[314]

4. Rechte Dritter

420 Gemäß Art. 20 Abs. 4 DSGVO darf die Umsetzung des Rechts auf Datenübertragbarkeit

„die Rechte und Freiheiten anderer Personen nicht beeinträchtigen".

421 Eine solche Beeinträchtigung kann insbesondere in so genannten „Multi-data-subject-Situationen" vorliegen.[315] Wesentliches Merkmal dieser Situationen ist, dass die zu dem jeweiligen Betroffenen, der das Recht geltend macht, gespeicherten Daten in einem direkten Kontext zu Daten stehen, die über Dritte von dem jeweiligen Verantwortlichen erhoben worden sind. Dies ist z. B. bei durch Betreiber von Social-Media-Plattformen gespeicherten Chats der Fall.

VII. Widerspruchsrecht

422 In Bezug auf die Verarbeitung von Kundendaten sind insbesondere die Regelung zur Möglichkeit der Einlegung eines Widerspruchs im Hinblick einer Verarbeitung von Daten auf der Rechtsgrundlage in Art. 6 Abs. 1 S. 1 lit. f) DSGVO (Art. 21 Abs. 1 DSGVO) sowie die zur Möglichkeit der Einlegung eines Wider-

314 *Munz,* in: Taeger/Gabel, DSGVO/BDSG, 3. Aufl. 2019, Art. 20 Rn. 44; a. A. *Piltz,* in: Gola, DSGVO, 2. Aufl. 2018, Art. 20 Rn. 29.
315 *Munz,* in: Taeger/Gabel, DSGVO/BDSG, 3. Aufl. 2019, Art. 20 Rn. 53.

spruchs gegen die Verarbeitung von Daten zum Zweck der „Direktwerbung" (Art. 21 Abs. 2 DSGVO) von Relevanz.

1. Widerspruch nach Art. 21 Abs. 1 DSGVO

Nach Art. 21 Abs. 1 DSGVO steht den Betroffenen grundsätzlich ein Widerspruchsrecht im Hinblick auf solche Datenverarbeitungen zu, die auf der Rechtsgrundlage in Art. 6 Abs. 1 S. 1 lit. e) DSGVO und/oder der Rechtsgrundlage in Art. 6 Abs. 1 S. 1 lit. f) DSGVO erfolgen. 423

Wird ein Widerspruch, der in den Anwendungsbereich der Vorschrift in Art. 21 Abs. 1 DSGVO fällt ausgeübt, hat dies aber nicht automatisch zur Folge, dass der Verantwortliche diesen auch umsetzen muss. Eine Umsetzung muss nämlich dann nicht erfolgen, wenn überwiegende, 424

> *„zwingende schutzwürdige Gründe"*

für eine Fortsetzung der Datenverarbeitung gegeben sind (Art. 21 Abs. 1 S. 2 DSGVO).

Beispiel 51:

A ist Kunde des Stromanbieters S. Der Kunde A bezahlt trotz mehrfacher Mahnung die inhaltlich korrekten und von A unbestrittenen Rechnungen des S über mehrere Monate hinweg nicht. Der S weist in einer der Mahnungen darauf hin, dass er berechtigt ist, die Information über das Bestehen der offenen Entgeltforderung an die Auskunftei K zu übermitteln. Nach diesem Hinweis erfolgt eine weitere Mahnung und sechs Wochen später übermittelt der S die Information über die offene Entgeltforderung an die Auskunftei K. Die Auskunftei K speichert diese Information auf der Basis der Rechtsgrundlage in Art. 6 Abs. 1 S. 1 lit. f) DSGVO.[316] Der A erfährt von der Speicherung der Information aufgrund der Geltendmachung seines Auskunftsrechts gegenüber K und legt im Hinblick auf die Speicherung einen Widerspruch ein. Dieser Widerspruch ist von K nicht umzusetzen. Die Fortsetzung der Speicherung der Information durch K dient dem Schutz von Drittunternehmen vor Forderungsausfällen aus zukünftigen Verträgen mit A. Der A ist in dieser Konstellation hingegen nicht schutzbedürftig, da die Information inhaltlich korrekt ist und ihm ausreichende Möglichkeiten zur Begleichung der Forderung durch den S gegeben worden sind.

Dafür, dass in dem jeweiligen Sachverhalt überwiegende, zwingende schutzwürdige Gründe für Fortsetzung der Verarbeitung der vom Widerspruch erfassten Daten gegeben sind, trägt der Verantwortliche die Beweislast. Dies ergibt sich unmittelbar aus dem Wortlaut der Regelung in Art. 21 Abs. 1 S. 2 DSGVO:

> *„Der Verantwortliche verarbeitet die personenbezogenen Daten nicht mehr, es sei denn, **er kann zwingende schutzwürdige Gründe für die Verarbeitung nachweisen**, die die Interessen, Rechte und Freiheiten der betroffenen Person überwiegen, oder die Verarbeitung dient der Geltendmachung, Ausübung oder Verteidigung von Rechtsansprüchen".*

316 Vgl. hierzu die Ausführungen unter Rn. 763.

2. Widerspruch nach Art. 21 Abs. 2 DSGVO („Direktwerbung")

425 Insofern Datenverarbeitungen zum Zweck der

> *„Direktwerbung"*

vorgenommen werden, ist auf Seiten der Betroffenen stets ein Widerspruchsrecht in Bezug auf diese Datenverarbeitungen gegeben (Art. 21 Abs. 2 DSGVO). Die Regelung in Art. 21 Abs. 2 DSGVO ist eine Spezialregelung im Verhältnis zu der in Art. 21 Abs. 1 DSGVO, da Art. 21 Abs. 2 DSGVO Datenverarbeitungen zum Zweck der „Direktwerbung", die auf Basis der Rechtsgrundlage in Art. 6 Abs. 1 S. 1 lit. f) DSGVO erfolgen, adressiert. Datenverarbeitungen, die auf der Rechtsgrundlage in Art. 6 Abs. 1 S. 1 lit. a) DSGVO vorgenommen werden, werden von der Vorschrift in Art. 21 Abs. 2 DSGVO hingegen nicht adressiert, da im Hinblick auf diese bzw. in Bezug auf die erteilte Einwilligung seitens der Betroffenen ein Widerrufsrecht und nicht ein Widerspruchsrecht ausgeübt werden kann (vgl. Art. 7 Abs. 3 S. 1 DSGVO). Im Gegensatz zu den Fällen, in denen die Regelungen in Art. 21 Abs. 1 DSGVO einschlägig ist, hat der Verantwortliche bei der Vornahme eines Widerspruchs in Bezug auf die Nutzung von Daten zum Zweck der „Direktwerbung" nicht die Möglichkeit, überwiegende, „zwingende schutzwürdige Gründe" für die Fortsetzung der Datenverarbeitung geltend zu machen.

3. Widerspruch mittels automatisierter Verfahren

426 Gemäß Art. 21 Abs. 5 DSGVO können Betroffene

> *„im Zusammenhang mit der Nutzung von Diensten der Informationsgesellschaft ...... ihr Widerspruchsrecht mittels automatisierter Verfahren ausüben, bei denen technische Spezifikationen verwendet werden".*

Die Legaldefinition des Merkmals „Dienste der Informationsgesellschaft" ist in Artikel 1 Nummer 1 Buchstabe b der Richtlinie (EU) 2015/1535 zu finden (vgl. Art. 4 Nr. 25 DSGVO). Unter dieses fallen unter anderem Social-Media-Networks, Online-Shops und Online-Spiele.[317]

427 In der Vergangenheit wurde im Hinblick auf den Anwendungsbereich der Vorschrift in Art. 21 Abs. 5 DSGVO insbesondere diskutiert, ob so genannte „Do-not-Track-Einstellungen" in Browsern unter diesen fallen und mittels solcher Einstellungen ein Widerspruch ausgeübt werden kann.[318] Diese Rechtsfrage war in der Vergangenheit von Praxisrelevanz, da nach dem Wortlaut der Vorschrift in § 15 Abs. 3 TMG a. F. sowie nach dem Inhalt der „Orientierungshilfe der Aufsichtsbehörden für Anbieter von Telemedien" aus dem Jahr 2019 grds. auch solche „Zugriffe" auf Endgeräte erfolgen konnten, die nicht „unbedingt erforderlich" im Sinne der Richtlinie 2002/58/EG sind,[319] ohne dass der Online-User in diese eingewilligt hatte. Seit der Entscheidung des BGH in der Rechtssache „Planet49" bedarf es für einen „Zugriff" auf ein Endgerät grundsätzlich einer

---

317 *Munz,* in: Taeger/Gabel, DSGVO/BDSG, 3. Aufl. 2019, Art. 21 Rn. 51.

318 *Forgo,* in: Wolff/Brink, Datenschutzrecht, 37. Aufl. 2021, Art. 21 Rn. 29.

319 Vgl. zum Merkmal „unbedingt erforderlich" die Ausführungen unter Rn. 553 ff.

Einwilligung. Dies ist nun auch entsprechend in § 25 Abs. 1 TTDSG normiert.[320] Wird eine solche individuell seitens des jeweiligen Online-Users erteilt, dürften (häufig voreingestellte) Browser-Einstellungen diese nicht überlagern. Insoweit ein Zugriff auf ein „Endgerät" – z. B. für die Zurverfügungstellung einer Website – „unbedingt erforderlich" im Sinne des § 25 Abs. 2 Nr. 2 TTDSG (z. B. technisch notwendige Cookies) und in Bezug auf diesen Zugriff die Rechtsgrundlage in Art. 6 Abs. 1 S. 1 lit. f) DSGVO einschlägig ist, besteht auf Seiten der Betroffenen kein Recht zum Widerspruch. Dies liegt daran, dass auf Seiten des Websitebetreibers „zwingende schutzwürdige Gründe" im Sinne der Regelung in Art. 21 Abs. 1 S. 2 DSGVO für den „Zugriff" gegeben sind. Dies ergibt sich bereits daraus, dass dieser „unbedingt erforderlich" ist. Die Praxisrelevanz der Vorschrift in Art. 26 Abs. 5 DSGVO hat sich daher in einem erheblichen Maße verringert.

4. Rechtsfolge eines umzusetzenden Widerspruchs

Ist der Verantwortliche dazu verpflichtet, den ausgeübten Widerspruch umzusetzen, ist er nicht mehr dazu berechtigt, die Daten zu dem Zweck, der von dem Widerspruch erfasst wird, zu verarbeiten (Art. 21 Abs. 1 S. 2 DSGVO bzw. Art. 21 Abs. 3 DSGVO). Darüber hinaus sind die Daten zu löschen (Art. 17 Abs. 1 lit. c) DSGVO. Eine Löschung der Daten muss aber dann nicht erfolgen, wenn der Verantwortliche zur Fortführung der Verarbeitung der Daten zu einem anderen Zweck weiterhin berechtigt ist. 428

Beispiel 52:

A ist Stammkunde bei dem Versandhandelsunternehmen V und hat auf dem von V betriebenen Online-Shop www.xyz.de ein Kundenkonto unter anderem unter Angabe seiner Postadressdaten angelegt. V sendet dem K auf Basis der Rechtsgrundlage in Art. 6 Abs. 1 S. 1 lit f) DSGVO eigene Werbekataloge zu. Da der A grundsätzlich keine Kataloge erhalten möchte, legt er gegenüber dem V einen Widerspruch in Bezug auf die Nutzung seiner Postadressdaten zum Zweck der Zusendung der Kataloge ein. Der V darf die Postadressdaten des A zu diesem Zweck nicht mehr nutzen, muss die Daten aber nicht löschen, da V diese weiterhin für die Führung des Kundenkontos des A benötigt.

Darüber hinaus hat eine Löschung der Daten grundsätzlich nicht zu erfolgen, wenn auf die Daten die Vorschrift in Art. 11 Abs. 2 DSGVO Anwendung findet, da diese sich auch auf die Vorschrift in Art. 17 Abs. 1 lit. c) DSGVO erstreckt.

5. Praktische Grenzen der Umsetzbarkeit

In der Praxis sind der Umsetzbarkeit von Widersprüchen in Einzelfällen praktische Grenzen gesetzt. Dies ist z. B. im Hinblick auf 429

- eine etwaige Erstreckung von Werbewidersprüchen auf nichtadressierte bzw. teiladressierte Postwurfsendungen

320 Vgl. hierzu die Ausführungen unter Rn. 567.

sowie

– bei einer etwaigen Erstreckung „allgemeiner Werbewidersprüche" auf den Einsatz von Online-Marketing-Tools

der Fall.

a) Nichtadressierte/teiladressierte Postwurfsendungen

430 Fraglich ist, ob sich gegenüber einem Verantwortlichen eingelegte Widersprüche, die sich auf die Verarbeitung von Daten zum Zweck der „Direktwerbung" erstrecken, auch auf den Erhalt von nichtadressierten und/oder teiladressierten Postwurfsendungen beziehen.

Beispiel 53:

Der B ist Kunde bei dem Telekommunikationsanbieter T. Der B erhält regelmäßig Printwerbungen über die neuen Tarife des T mittels eigens an den B adressierter Schreiben. Der B möchte derartige Schreiben nicht mehr erhalten und teilt dem T mit, dass er „Widerspruch im Hinblick auf die Verarbeitung seiner Daten zu Werbezwecken" (Werbewiderspruch) einlegt. Einige Zeit später findet der B in seinem Briefkasten eine Postwurfsendung des T, die *„an die Bewohner des Hauses …"* adressiert ist. Der B beschwert sich bei der für den T zuständigen Datenschutzbehörde darüber, dass der T den eingelegten Werbewiderspruch nicht beachtet habe.

431 In dem **Beispiel 53** liegt keine Missachtung des Werbewiderspruchs durch den T vor, da dessen Beachtung bei der Zustellung teiladressierter Postwurfsendungen in der Praxis nicht möglich ist. Diesbezüglich ist auf die überzeugenden Ausführungen des OLG Frankfurt in dessen Urteil vom 20.12.2019 zum Az.: 24 U 57/19 zu verweisen:

> *„Denn der Beklagten bzw. dem zustellenden Unternehmen ist es im Hinblick auf den erforderlichen Zeitaufwand weder personell noch wirtschaftlich zuzumuten, bei jeder Wohnanschrift einen Listenabgleich mit individuellen Sperrvermerken vorzunehmen und zugleich die Werbesendung dahingehend zu überprüfen, ob diese tatsächlich dem Widerspruch unterliegt. Letztlich würde der Kläger dadurch erreichen, dass sämtliche weitere Verbraucher, die in seinem Bezirk leben und der Postwurfsendung der Beklagten nicht widersprochen haben, diese nicht mehr erhalten. Solche Postwurfsendungen sind aber gerade nicht grundsätzlich unzulässig, sondern dienen auch dem Interesse des Verbrauchers, über das Leistungsangebot des werbenden Unternehmens einen Überblick zu erhalten (vgl. BGH, Urt. v. 20.12.1988 – VI ZR 182/88–, juris). (Rn. 40)"*[321].

Insofern es sich um nichtadressierte Postwurfsendungen handelt, dürfte ein Verstoß gegen die Regelung in Art. 21 Abs. 3 DSGVO schon deswegen ausscheiden, weil in diesem Zusammenhang gar keine personenbezogenen Daten verarbeitet werden.

321 OLG Frankfurt a. M., Urt. v. 20.12.2019 – 24 U 57/19.

b) Erstreckung auf Online-Marketing

In der Praxis tritt immer wieder die Frage auf, ob ein allgemeiner, schriftlich eingelegter Werbewiderspruch, wie der Folgende: 432

„Ich legen Ihnen gegenüber Widerspruch im Hinblick auf die Verarbeitung meiner Daten zu Werbezwecken ein",

sich auch auf die Verarbeitung von Daten durch Online-Marketing-Tools erstreckt. Dass die Verarbeitung von Trackingdaten zum Zweck der Werbung auch auf die Rechtsgrundlage in Art. 6 Abs. 1 S. 1 lit. f) DSGVO gestützt werden kann, ergibt sich daraus, dass im Hinblick die Weiterverarbeitung der genannten Daten nach deren Erhebung mittels des Zugriffs auf das jeweilige Endgerät die Vorgaben aus der DSGVO einschlägig sind.[322]

Die Frage, ob sich allgemeine Werbewidersprüche – wie der zuvor Zitierte – auch auf die Weiterverarbeitung von Trackingdaten erstrecken, ist in einer Vielzahl an Fällen schon deswegen zu verneinen, weil die Trackingdaten in der Praxis zumeist nicht einer konkreten Person, sondern einem Browser zugeordnet werden. Darüber hinaus können Trackingdaten in Einzelfällen auch anonyme Daten sein.[323] Insoweit es sich bei den Trackingdaten um pseudonyme und damit um personenbezogene Daten handelt, besteht in der Praxis das Problem, dass sich diese in den Fällen der Nutzung von Endgeräten durch mehrere Personen häufig nicht einem Betroffenen sicher zuordnen lassen.[324] Diesbezüglich ist zwar darauf hinzuweisen, dass die aufgrund dieses Umstands grundsätzlich einschlägige Regelung in Art. 11 Abs. 2 DSGVO, die einen Ausschluss von der Verpflichtung zur Umsetzung von Betroffenenrechten beinhaltet, keine Anwendung auf nach Art. 21 DSGVO eingelegte Widersprüche findet. Die Regelung in Art. 12 Abs. 2 S. 2 DSGVO sieht hingegen ein Verweigerungsrecht in Bezug auf die Umsetzung von Betroffenenrechten vor, wenn die Vorgaben aus Art. 11 Abs. 2 DSGVO grundsätzlich einschlägig sind, was im Fall einer nicht sicheren Möglichkeit einer Zuordnung von Daten zu der Person des „Antragstellers" der Fall ist. Art. 12 Abs. 2 S. 2 DSGVO umfasst auch die Umsetzung von Widersprüchen nach Art. 21 DSGVO. Im Ergebnis kann der dargestellte Wertungswiderspruch zwischen der Regelung in Art. 11 Abs. 2 DSGVO und der in Art. 12 Abs. 2 S. 2 DSGVO in der Praxis am besten dadurch aufgelöst werden, dass dem jeweiligen Nutzer in den Online-Datenschutzhinweisen in Bezug auf die einzelnen Online-Marketing-Tools funktionierende und leicht auszuübende Widerspruchsmöglichkeiten einräumt werden. Dass in einzelnen Konstellationen, in denen dies erforderlich ist, Betroffene auf bestimmte Prozesse verwiesen werden können, ist anerkannt.

322 Vgl. hierzu die Ausführungen unter Rn. 616 ff.
323 Vgl. hierzu Rn. 41.
324 Vgl. hierzu die Ausführungen unter Rn. 446 ff.

C. Vollmacht

433 In der Praxis kommt es vor, dass Betroffenenrechte nicht selbst durch den jeweiligen Betroffenen geltend gemacht werden bzw. die Geltendmachung nicht durch diesen übermittelt wird. Dies kann z. B. bei Vorliegen einer entsprechenden Bevollmächtigung oder einer Beauftragung (Botenstellung) der Fall sein. So hat es z. B. in der Vergangenheit ein privates Unternehmen gegeben, das über eine Online-Plattform eine Vielzahl an Werbewidersprüchen „eingesammelt" und diese als „Bote" an Unternehmen (Verantwortliche) übermittelt hat. Bei Nichteinhaltung dieser Werbewidersprüche durch die Verantwortlichen konnten Kooperationsanwälte mit deren anwaltlichen Durchsetzung beauftragt werden. Außerdem machen mittlerweile Anwälte im Namen ihrer Mandanten, z. B. im Rahmen streitiger Auseinandersetzungen, regelmäßig Betroffenenrechte geltend.

434 Insofern Betroffenenrechte durch einen Bevollmächtigten ausgeübt werden, greift die Regelung in § 174 BGB.[325] Auf den Boten findet die genannte Norm entsprechende Anwendung.[326] § 174 BGB sieht vor, dass eine Unwirksamkeit in Bezug auf die Geltendmachung vorliegt, wenn eine Vollmachtsurkunde nicht vorgelegt wird.

435 *Praxishinweis:*

Zu beachten ist, dass eine Unwirksamkeit nach § 174 BGB nur dann gegeben ist, wenn der Verantwortliche die Geltendmachung des Betroffenenrechts aufgrund der nicht erfolgten Vorlage der Urkunde „**unverzüglich**" zurückweist. Eine solche Zurückweisung ist dann nicht möglich, wenn der Betroffene den Verantwortlichen von der Bevollmächtigung/der Beauftragung in Kenntnis setzt. Die Vornahme der Zurückweisung sowie deren Zustellung sollten in der Praxis aus Sicherheitsgründen einer derartigen Dokumentation auf Seiten des Verantwortlichen unterliegen, dass diese in einem Verfahren bewiesen werden können.

D. Umsetzungsfrist

436 Die einschlägige Vorschrift in der DSGVO bezüglich des Zeitraums, in dem geltend gemachte Betroffenenrechte umzusetzen sind, ist in Art. 12 Abs. 3 DSGVO zu finden. In Satz 1 der genannten Vorschrift heißt es wie folgt:

> *„Der Verantwortliche stellt der betroffenen Person Informationen über die auf Antrag gemäß den Artikeln 15 bis 22 **ergriffenen Maßnahmen unverzüglich**, in jedem Fall aber **innerhalb eines Monats** nach Eingang des Antrags zur Verfügung".*

325 OLG Stuttgart, Urt. v. 31. 03. 2021 – 9 U 34/21.
326 *Schubert*, in: MünchKomm zum BGB, 9. Aufl. 2021, § 174 Rn. 3.

I. Information über ergriffene Maßnahmen

Der zuvor zitierten Regelung ist zu entnehmen, dass den Betroffenen Informationen über die „ergriffenen Maßnahmen“ zur Verfügung zu stellen sind. Hieraus ergibt sich, dass eine Information über die final erfolgte Umsetzung von Betroffenenrechten in Einzelfällen nicht zu erfolgen hat. 437

Beispiel 54:

Der K ist Inhaber eines Nutzeraccounts auf der von dem A betriebenen Social-Media-Plattform S. Der K wendet sich am 15.05.2021 an den A und verlangt die Löschung seines Nutzeraccounts auf der Plattform S. Der A informiert den K am 18.05.2021 darüber, dass er die Löschung des Accounts in die Wege geleitet hat und diese für den 21.05.2021 in den IT-Systemen des A vorgemerkt ist. Die Löschung erfolgt daraufhin am 21.05.2021. Der A ist nicht dazu verpflichtet, den K über die erfolgte Löschung gesondert zu informieren.

In Bezug auf bestimmte Betroffenenrechte kann die Information über die „ergriffenen Maßnahmen“ aber auch mit der Umsetzung des Betroffenenrechts einher gehen. Dies kann insbesondere in den Fällen, in denen Betroffene die Zurverfügungstellung eine „Kopie“ personenbezogener Daten gemäß Art. 15 Abs. 3 DSGVO[327] begehrt, der Fall sein.

II. Monatsfrist

Der in Art. 12 Abs. 3 S. 1 DSGVO genannte Zeitraum von einem Monat ist der grundsätzlich einzuhaltende Maximalzeitraum. Auch wenn dieser eingehalten wird, kann die Information bezüglich der Umsetzung des Betroffenenrechts zu spät erfolgt sein. Dies liegt daran, dass die genannte Vorschrift vorgibt, dass die Information 438

*„**unverzüglich**, in jedem Fall aber innerhalb eines Monats“*

zur Verfügung zu stellen ist. Auch wenn es nach der Regelung in Art. 12 Abs. 3 S. 1 DSGVO lediglich erforderlich ist, den Betroffenen über die „getroffenen Maßnahmen“ zu unterrichten, dürfte diese dahingehend zu verstehen sein, dass die Umsetzung des Betroffenenrechts ebenfalls „unverzüglich“, mindestens aber innerhalb der Monatsfrist, zu erfolgen hat.

III. Verlängerung der Frist

Die Monatsfrist aus Art. 12 Abs. 3 S. 1 DSGVO kann in Einzelfällen um zwei Monate verlängert werden. Dies ergibt sich aus der Regelung in Art. 12 Abs. 3 S. 2 DSGVO: 439

327 Vgl. zur „Kopie“ personenbezogener Daten die Ausführungen die Ausführungen unter Rn. 378 ff.

„Diese Frist kann um weitere zwei Monate verlängert werden, wenn dies unter Berücksichtigung der Komplexität und der Anzahl von Anträgen erforderlich ist".

Die Voraussetzungen, unter denen eine Verlängerung der Monatsfrist möglich ist, können insbesondere dann gegeben sein, wenn unvorhergesehener Weise in einer sehr kurzen Zeit von einer deutlich über dem Durchschnitt liegenden Anzahl an Betroffenen Betroffenenrechte geltend gemacht werden. Derartige Situationen treten in der Praxis regelmäßig nach großen, öffentlich bekannt gewordenen Datenpannen auf.

440 *Praxishinweis:*

Verantwortliche können sich in der Regel nicht darauf berufen, dass die Monatsfrist gemäß Art. 12 Abs. 3 S. 2 DSGVO zu verlängern ist, weil die bestehenden IT-Systeme derart komplex sind, dass z. B. der Aufwand der Ermittlung zu löschender Daten derart hoch ist, dass dieser nicht innerhalb eines Monats erbracht werden kann. Verantwortliche haben ihre Systeme vielmehr derart auszugestalten, dass die Einhaltung der gesetzlich vorgesehenen Zeiträume grundsätzlich möglich ist.

E. Form der Information

441 Es gibt keine gesetzliche Vorschrift dahingehend, in welcher Form die gemäß Art. 12 Abs. 3 S. 1 DSGVO zu erteilende Information über die ergriffenen Maßnahmen an die Betroffenen zu übermitteln sind. Es besteht jedoch eine Auslegungsregel dahingehend, dass in den Fällen, in denen der Antrag durch den Betroffenen elektronisch gestellt worden ist, die genannte Information auch auf elektronischem Weg übermittelt werden sollte (Art. 12 Abs. 3 S. 4 DSGVO). Die Regelung in Art. 12 Abs. 3 S. 4 DSGVO gibt ihrem Wortlaut nach nicht vor, dass die Information auf demselben elektronischen Weg übermittelt werden sollte. Ein solches Vorgehen dürfte in der Praxis jedoch zweckmäßig sein. Legt z. B. ein Betroffener gegenüber einem Verantwortlichen per E-Mail einen Werbewiderspruch ein, sollte die Information über die ergriffenen Maßnahmen durch den Verantwortlichen daher an die von dem Betroffenen verwendete E-Mail-Adresse versandt werden. Bei der Übermittlung der Information über die ergriffenen Maßnahmen auf elektronischem Weg treten in der Praxis regelmäßig „Konflikte" zu den Vorgaben aus Art. 32 DSGVO auf.[328]

F. Betroffenenrechte bei der Verarbeitung pseudonymer Daten

442 Werden gegenüber Websitebetreibern Betroffenenrechte geltend gemacht, bestehen auf deren Seite häufig Unsicherheiten dahingehend, welche Daten in den

328 Vgl. hierzu die Ausführungen unter Rn. 483 ff.

Anwendungsbereich des jeweiligen Rechts fallen. Im Bereich der „Online-Datenverarbeitung" stellt sich z.B. die Frage, ob Trackingdaten zu beauskunften sind. Ein grundsätzlicher Ausschluss von der Verpflichtung zur Umsetzung bestimmter Betroffenenrechte ist in den Fällen, die unter den Anwendungsbereich der Vorschrift in Art. 11 Abs. 2 DSGVO fallen, gegeben. Der genannte Anwendungsbereich ist regelmäßig bei der Verarbeitung von Pseudonymen/von pseudonymisierten Daten eröffnet.[329]

I. Vorschrift in Art. 11 Abs. 2 DSGVO

Ein zentraler Bestandteil der DSGVO sind die in Art. 15 DSGVO bis Art. 21 DSGVO normierten Rechte der Betroffenen.[330] Im Hinblick auf die Betroffenenrechte ist aber auch zu konstatieren, dass deren Umsetzung die Verantwortlichen nicht selten vor erhebliche Herausforderungen stellt, und dass die genannte Umsetzung häufig mit relevanten finanziellen Aufwänden verbunden ist. Eine dieser Herausforderungen basiert potenziell auf dem Umstand, dass der Europäische Gesetzgeber festgelegt hat, dass bei der Beurteilung, ob eine Information als personenbezogen zu bewerten und dadurch der Anwendungsbereich der DSGVO eröffnet ist, auch solche Informationen zu berücksichtigen sein können, die nicht auf Seiten des jeweiligen Verantwortlichen, sondern auf Seiten Dritter, vorliegen.[331] Darüber hinaus sind die für die Verarbeitung personenbezogener Daten Verantwortlichen aufgrund von Vorschriften aus der DSGVO dazu angehalten, Daten zu pseudonymisieren bzw. von Beginn an nur pseudonyme Daten zu verarbeiten. Die Umsetzung eines geltend gemachten Betroffenenrechts in Bezug auf pseudonyme Daten setzt in aller Regel zwingend voraus, dass Zusatzinformationen, die mindestens innerhalb der Organisation des Verantwortlichen getrennt aufbewahrt werden[332], zum Zweck der Re-Pseudonymisierung genutzt werden. Außerdem besteht häufig keine Sicherheit dahingehend, dass pseudonyme Daten auch wirklich der Person zuzuordnen sind, die das Betroffenenrecht geltend macht. 443

Einen Ausgleich zwischen den berechtigten Interessen der Betroffenen an der Umsetzung von Betroffenenrechten und den auf Seiten der Verantwortlichen im Zusammenhang mit der Umsetzung der genannten Rechte bestehenden Herausforderungen schafft die Vorschrift in Art. 11 Abs. 2 DSGVO.[333] Diese gibt vor, dass der jeweilige Verantwortliche die in Art. 15 DSGVO bis Art. 20 DSGVO geregelten Betroffenenrechte in bestimmten Fällen nicht umsetzen muss. Dies ist dann der Fall, wenn der Verantwortliche nachweislich nicht dazu in der Lage ist, den Betroffenen zu identifizieren und der Betroffene nicht solche Informa- 444

329 Hierzu umfassend Menke, K&R 2020, 650 ff. (Erstquelle).
330 Albrecht/Jotzo, Das neue Datenschutzrecht der EU, 1. Aufl. 2017, S. 38.
331 Vgl. Erwägungsgrund 26 zur DSGVO.
332 Vgl. Erwägungsgrund 29 zur DSGVO.
333 *Hansen*, in: Simitis/Hornung/Spieker gen. Döhmann, Datenschutzrecht, 1. Aufl. 2019, Art. 11 Rn. 5; *Klabunde*, in: Ehmann/Selmayr, DSGVO, 2. Aufl. 2018, Art. 11 Rn. 1.

tionen zur Verfügung stellt, die es dem Verantwortlichen ermöglichen, eine Identifizierung durchzuführen.

II. Einzelne Konstellationen

445 Als Konstellationen, in denen die Vorschrift in Art. 11 Abs. 2 DSGVO im Bereich der Online-Datenverarbeitung grundsätzlich einschlägig sein kann, kommen insbesondere

- die Nutzung von Endgeräten durch unterschiedliche Personen,
- das Vorliegen einer „Third-Party-Konstellation“,
- die Vornahme eines Online-Tracking durch Websitebetreiber,
- die Verarbeitung von Trackingdaten in gemeinsamer Verantwortlichkeit

und die Verarbeitung

- von ausschließlich durch interne Maßnahmen pseudonymisierter Daten in Betracht.

1. Nutzung von Endgeräten durch unterschiedliche Personen

446 In der Praxis kommt es häufig vor, dass Endgeräte, die von Usern für den Aufruf von Websites eingesetzt werden (Desktops, Handys, Tablets), von unterschiedlichen Personen genutzt werden. So wird z. B. in Familien vielfach ein Tablet gemeinschaftlich von den (erwachsenen) Familienmitgliedern genutzt. Auch ist es so, dass in einer Vielzahl von Fällen Personen im Internet Nutzeraccounts eröffnen, die dann seitens verschiedener Familienmitglieder genutzt werden. Des Weiteren werden Endgeräte, die für einen Aufruf von Websites eingesetzt wurden, im Alltag immer wieder an Dritte ohne Löschung von in dem Browser gesetzter Cookies veräußert.

447 Aus dem zuvor Beschriebenen ergibt sich, dass auf Seiten von Websitebetreibern keine Sicherheit dahingehend besteht, dass ihrerseits erhobene und zu einem Identifier (Cookie-ID/User-ID) hinzugespeicherte Trackingdaten (vollumfänglich) einer bestimmten Person faktisch zuzuordnen sind. Aus diesem Grund wird vielerorts die Ansicht vertreten, dass Websitebetreiber sich in derartigen Konstellationen grundsätzlich auf die Einschlägigkeit der Regelung in Art. 11 Abs. 2 DSGVO berufen können.[334] Im Hinblick auf diese Ansicht ist außerdem bestätigend zu berücksichtigen, dass Websitebetreiber grundsätzlich nicht einer natürlichen Person, sondern einem bei einem Aufruf ihrer Website eingesetzten Browser den für diesen vergebenen Identifier und die zu diesem erhobenen Trackingdaten zuordnen. Bei einem erneuten Aufruf einer Website unter Einsatz desselben Browsers „erkennt“ die Website auch nicht eine Person, sondern den jeweiligen Browser wieder.

334 *Hansen*, in: Simitis/Hornung/Spieker gen. Döhmann, Datenschutzrecht, 1. Aufl. 2019, Art. 11 Rn. 21.

Etwas anderes kann aber dann gelten, wenn ein Websitebetreiber die erhobenen Trackingdaten mit weiteren durch ihn erhobene/verarbeitete Daten über eine natürliche Person (z. B. Accountdaten) verknüpft. In der Praxis erfolgt zum Teil auch eine Verknüpfung von Daten, die über verschiedene Dienste erhoben worden sind. Eine Zuordnung der Daten zu einer natürlichen Person ist in der Regel theoretisch dann möglich, wenn ein User einen Account auf der Website eröffnet und sich in diesen einloggt. Unter diesen Umständen mag es fraglich sein, ob sich der Websitebetreiber gegebenenfalls noch auf die zuvor dargelegte Argumentation berufen kann, wenn er die Daten faktisch einer natürlichen Person zuordnet. Die Vorschrift in Art. 11 Abs. 2 DSGVO ist aber auch bei der Vornahme einer solche faktischen Zuordnung anwendbar, insofern weitere Pseudonymisierungsmaßnahmen erfolgen bzw. die Verarbeitung durch einen Datentreuhänder vorgenommen wird. 448

2. „Third-Party-Konstellationen"

Unter den Anwendungsbereich der Vorschrift in Art. 11 Abs. 2 DSGVO fallen grundsätzlich so genannte „Third-Party-Konstellationen". In diesen ist es so, dass ein Verantwortlicher für die Umsetzung eines ihm gegenüber geltend gemachten Betroffenenrechts Informationen bei einem Dritten, der diese Informationen selbst als Verantwortlicher verarbeitet, einholen müsste. In diesen „Third-Party-Konstellationen" stellt sich häufig die Frage, ob der Verantwortliche, dem gegenüber das Betroffenenrecht geltend gemacht worden ist, überhaupt personenbezogene Daten verarbeitet. Dies ist im Einzelfall zu prüfen. Da im Zusammenhang mit der Beantwortung der Frage, ob ein Personenbezug gegeben ist, unter anderem in Fällen der Online-Datenverarbeitung weiterhin Unsicherheiten bestehen, ist Verantwortlichen aber grundsätzlich dazu zu raten, aus Sicherheitsgründen von dem Vorliegen eines Personenbezugs und damit von einer Eröffnung des Anwendungsbereichs der DSGVO auszugehen. 449

Die Vorschrift in Art. 11 Abs. 2 DSGVO verweist auf die in Art. 11 Abs. 1 DSGVO, die wiederum vorgibt, dass der Verantwortliche zur Einhaltung der Vorgaben aus der DSGVO nicht dazu verpflichtet ist, zusätzliche Informationen „einzuholen".[335] Von der Notwendigkeit einer „Einholung" dürfte auf jeden Fall dann auszugehen sein, wenn derjenige, auf dessen Seite die für die Umsetzung des Betroffenenrechts erforderliche Zusatzinformation vorliegt, diese als Verantwortlicher oder als Auftragsverarbeiter eines Dritten verarbeitet. In einem solchen Fall unterläge nämlich die Übermittlung der erforderlichen Zusatzinformation an den Adressaten des von dem Betroffenen geltend gemachten Rechts der Erforderlichkeit einer datenschutzrechtlichen Rechtfertigung (Art. 6 DSGVO).

335 Ebenso Erwägungsgrund 57 zur DSGVO.

3. Verarbeitung von Daten durch Datentreuhänder

450 Datentreuhänder werden in der Praxis häufig im Bereich der Verarbeitung von größeren Datenmengen zum Zweck des Marketing oder im Bereich der Erstellung von Auswertungen von Umfragen zur Gesundheit eingesetzt. Datentreuhänder verarbeiten in diesem Zusammenhang im besten Fall nur solche Daten, die sie auf Basis der ihnen vorliegenden Informationen ohne ein Zusatzwissen Dritter einer natürlichen Person nicht zuordnen können. Insofern die Datenverarbeitung absolut weisungsgebunden erfolgt und diese wenig komplex ist, besteht vereinzelt die Möglichkeit, dass die Datentreuhänder im Rahmen der Verarbeitung der Daten als Auftragsverarbeiter tätig werden.[336] Häufig werden in der Praxis durch Datentreuhänder aber komplexe Datenverarbeitungen vorgenommen. In diesen Fällen scheidet das Vorliegen eines Auftragsverarbeitungsverhältnisses vielfach schon aus gesetzlichen Gründen aus, so dass der Datentreuhänder die Daten dann als (alleiniger) Verantwortlicher verarbeitet. Das Vorhandensein einer gemeinsamen Verantwortlichkeit dürfte häufig bereits deswegen ausscheiden, weil durch eine Auslagerung von Datenverarbeitungen an einen Datentreuhänder die Hoheit der Verarbeitung der Daten dem „Auftraggeber" zum Schutz der Grundrechte und Grundfreiheiten der Betroffenen gerade entzogen werden soll. Insofern in dieser Konstellation die durch den Datentreuhänder verarbeiteten Daten überhaupt personenbezogen sind,[337] kann dieser sich bei der Geltendmachung von Betroffenenrechten ihm gegenüber aber regelmäßig auf die Regelung in Art. 11 Abs. 2 DSGVO berufen.[338]

4. Verschlüsselung von Identifiern durch eine „Third-Party"

451 Eine weitere Konstellation, die in der Praxis existiert, ist diejenige, dass ein Verantwortlicher durch interne Maßnahmen Daten pseudonymisiert oder von vornherein pseudonyme Daten verarbeitet und die den einzelnen pseudonymen Datensätzen hinzugespeicherten Identifier (z. B. Cookie-/User-IDs) durch einen unabhängigen Dritten („Third-Party") als datenschutzrechtlich allein Verantwortlicher[339] verschlüsseln lässt.

452 In der zuvor dargelegten Konstellation kann sich der für die Verschlüsselung eingesetzte unabhängige Dritte – insofern dieser ausschließlich Pseudonyme, wie z. B. Cookie-/User-IDs, verarbeitet – zweifelsfrei auf die Vorschrift in Art. 11 Abs. 2 DSGVO berufen, wenn ihm gegenüber Betroffenenrechte geltend gemacht werden.

453 Diese Möglichkeit hat in der Regel aber auch der Auftraggeber des Dritten im Hinblick auf die durch ihn „unter" den verschlüsselten Identifiern gespeicherten

336 *Menke*, PinG 2020, 164.

337 Vgl. hierzu *Schleipfer*, ZD 2020, 287.

338 Dafür, dass Art. 11 Abs. 2 DSGVO dann nicht anwendbar ist, wenn der Treuhänder Auftragsverarbeiter ist, *Hansen*, in: Simitis/Hornung/Spieker gen. Döhmann Datenschutzrecht, 1. Aufl. 2019, Art. 11 Rn. 19.

339 Vgl. hierzu die Ausführungen unter Rn. 48.

pseudonymen Daten.[340] Dies kann in vielen Fällen unter anderem damit begründet werden, dass eine Rückverschlüsselung des jeweiligen Identifiers – insofern das Vorliegen des unverschlüsselten Identifiers für die Umsetzung des Betroffenenrechts erforderlich ist (was häufig der Fall sein wird) – mit zusätzlichen Aufwänden verbunden ist. Solche zusätzlichen Aufwände dürften insbesondere dann gegeben sein, wenn vor der Verschlüsselung durch den unabhängigen Dritten bereits eine weitere Pseudonymisierungsmaßnahme in Bezug auf die Identifier, wie z. B. ein Hashing unter Verwendung einer Zufallskennung („Salt"),[341] erfolgt. Darüber hinaus ist der Einsatz von Drittdienstleistern zur Verbesserung des Schutzes der Betroffen im Rahmen der Pseudonymisierung von Daten häufig mit wesentlichen Kosten verbunden. Die Regelung in Art. 11 Abs. 2 DSGVO soll gegenüber den Verantwortlichen einen Anreiz zur Vornahme von (gegebenenfalls über das Gesetz hinaus gehenden) Pseudonymisierungen schaffen.[342] Ein solcher Anreiz wäre aber dann nicht gegeben, wenn der Verantwortliche sich trotz der beschriebenen Einbindung eines unabhängigen Dritten und der mit dieser in der Regel verbundenen aufwendigen Implementierung von IT-Prozessen nicht auf die Regelung in Art. 11 Abs. 2 DSGVO berufen könnte. Das Gegenteil wäre vielmehr der Fall. Außerdem ist im Rahmen des von der Vorschrift in Art. 11 Abs. 2 DSGVO bezweckten Interessenausgleiches zu beachten, dass die Gefahren, die von einer Verarbeitung stark pseudonymisierter bzw. fast anonymer Daten für die Grundrechte und Grundfreiheiten der Betroffenen ausgeht, gering sind.[343]

5. Online-Tracking durch Websitebetreiber

Eine weitere Konstellation, in der die Vorschrift in Art. 11 Abs. 2 DSGVO häufig 454 Anwendung findet, ist die Verarbeitung von Tracking-Daten durch einen Websitebetreiber. Erhebt ein Websitebetreiber Tracking-Daten zu einem User und eröffnet der User keinen Nutzeraccount auf der Website, hat der Betreiber in aller Regel keinerlei Möglichkeit, auf Basis der diesem vorliegenden Informationen die Trackingdaten, die dem für den Browser des jeweiligen Users vergebenen Identifier (z. B. Cookie-/User-ID) hinzugespeichert sind oder den Identifier an sich, einer natürlichen Person zuzuordnen. Eine solche Zuordnung ist zumindest in den Fällen, in denen der Websitebetreiber ein selbst entwickeltes Tracking verwendet und die für die Browser der einzelnen User durch den Websitebetreiber vergebenen Identifier „unique" sind, sogar beinahe objektiv ausgeschlossen.

---

340 Im Ergebnis ebenso *Wolff*, in: Wolff/Brink, Datenschutzrecht, 37. Aufl. 2020, Art. 11 Rn. 17.

341 Vgl. hierzu die Ausführungen unter Rn. 47.

342 *Hansen*, in: Simitis/Hornung/Spieker gen. Döhmann, Datenschutzrecht, 1. Aufl. 2019, Art. 11 Rn. 6.

343 Dazu, dass in der vorliegenden Konstellation eine starke Pseudonymisierung vorliegt, vgl. *Schleipfer*, ZD 2020, 286 f.

455 Etwas anderes könnte aber dann gelten, wenn der Websitebetreiber einen Dienstleister mit der Erhebung der Trackingdaten beauftragt. Eine abweichende Bewertung kommt insbesondere in Betracht, wenn der beauftragte Dienstleister im Rahmen anderer Datenverarbeitungen, die er (in großem Umfang) als Verantwortlicher oder als Auftragsverarbeiter für Dritte vornimmt, solche Daten erhebt, deren auf eine Zuordnung ausgerichtete Nutzung eine Zuordnung der für den Websitebetreiber erhobenen Daten zu einer natürlichen Person tatsächlich ermöglicht. Zumindest in den Fällen, in denen der Dienstleister als Auftragsverarbeiter des Websitebetreibers tätig wird, ist aber auch in der dargestellten Konstellation die Regelung in Art. 11 Abs. 2 DSGVO zugunsten des Websitebetreibers einschlägig. Dies liegt daran, dass der Dienstleister die im Auftrag erhobenen Daten ausschließlich für den Auftraggeber verarbeiten darf und eine Zusammenführung mit anderen durch den Dienstleister (im Auftrag Dritter) erhobener Daten bereits aus gesetzlichen Gründen zumeist nicht rechtmäßig ist. Außerdem ist eine solche Zusammenführung vom Auftragsverarbeitungsverhältnis auch regelmäßig nicht umfasst. Darüber hinaus ist dem Websitebetreiber bei einem Vorliegen eines Auftragsverarbeitungsverhältnisses nur das Wissen auf Seiten des Dienstleisters zuzurechnen, welches sich aus der Verarbeitung der Daten im Auftrag ergibt. Der Dienstleister ist im Übrigen im Hinblick auf die Daten, die er als Auftragsverarbeiter verarbeitet, gegenüber den Betroffenen nicht zur Umsetzung von Betroffenenrechten verantwortlich. Die gesetzliche Verantwortung für die Umsetzung trifft den Verantwortlichen, wobei der Auftragsverarbeiter diesen im Rahmen der Umsetzung der Betroffenenrechte aufgrund der verpflichtend diesbezüglich zu treffenden vertraglichen Regelungen zu unterstützen hat.[344]

6. Verarbeitung von Trackingdaten in gemeinsamer Verantwortlichkeit

456 Aufgrund der Entscheidung des EuGH vom 29.7.2019 zum Az. C-40/17 („Fashion-ID") kommt z. B. bei der Implementierung eines Pixels eines Werbepartners in eine Website die Verarbeitung von über das Pixel erhobener Trackingdaten durch den Websitebetreiber und den Werbepartner in gemeinsamer Verantwortlichkeit in Betracht. Pixel werden unter anderem zum Zweck der Ausspielung von Retargeting-Werbungen des Websitebetreibers auf dem „Inventar" des Werbepartners (z. B. Social-Media-Plattform) oder auf einer einem Werbenetzwerk angeschlossenen Website eingesetzt. Der Werbepartner bedingt sich in diesem Zusammenhang häufig gegenüber dem Websitebetreiber vertraglich aus, die über das Pixel erhobenen Trackingdaten auch zu eigenen Zwecken (z. B. zur Profilbildung) und/oder zu Zwecken anderer Dritter nutzen zu können. Nach der Begründung der genannten Entscheidung des EuGH beschränkt sich in der beschriebenen Konstellation die Verarbeitung der Daten im Rahmen der gemeinsamen Verantwortlichkeit häufig auf die Erhebung der Daten über das Pixel und deren Weiterleitung an den Werbepartner. Die Weiterverarbeitung

344 Vgl. Art. 28 Abs. 3 S. 2 lit. e) DSGVO.

durch den Werbepartner erfolgt dann regelmäßig in dessen alleiniger Verantwortlichkeit.[345]

457 Im Hinblick auf die Geltendmachung von Betroffenenrechten in Bezug auf die Verarbeitung von Daten in gemeinsamer Verantwortlichkeit ist in Art. 26 Abs. 3 DSGVO eine Sonderregelung normiert. Diese beinhaltet, dass die Betroffenen gegenüber jedem der gemeinsam Verantwortlichen die ihnen zustehenden Betroffenenrechte geltend machen können.[346] In der Praxis ist in der hier erörterten Konstellation die Umsetzung geltend gemachter Betroffenenrechte durch den Websitebetreiber ohne die Übermittlung von Informationen durch den Werbepartner an den Websitebetreiber häufig nur sehr schwer bzw. gar nicht möglich. Dies liegt daran, dass die über das Pixel erhobenen Trackingdaten in aller Regel erst nach deren Weiterleitung an den Werbepartner durch diesen persistiert gespeichert werden. Der Websitebetreiber selbst hat daher (spätestens) nach der Weiterleitung der Daten an den Werbepartner keinerlei Zugriff mehr auf diese.

Es stellt sich die Frage, ob der Websitebetreiber und der Werbepartner in den Fällen, in denen in der vorliegenden Konstellation gegenüber dem Websitebetreiber Betroffenenrechte geltend gemacht werden, zum Zweck der Erfüllung der Betroffenenrechte im Hinblick auf die in gemeinsamer Verantwortlichkeit verarbeiteten Daten zusammenarbeiten müssen, oder ob sich der Websitebetreiber auf die Regelung in Art. 11 Abs. 2 DSGVO berufen kann. Diesbezüglich ist einerseits darauf hinzuweisen, dass eine solche Zusammenarbeit zwischen dem Websitebetreiber und dem Werbepartner nur dann gesetzlich erforderlich sein kann, wenn der Werbepartner sich selbst nicht (auch) in Bezug auf die (Weiter-)Verarbeitung der an ihn weitergeleiteten Daten auf die Regelung in Art. 11 Abs. 2 DSGVO berufen kann. Die beschriebene Verpflichtung zur Zusammenarbeit zum Zweck der Umsetzung geltend gemachter Betroffenenrechte ist also z. B. dann nicht gegeben, wenn der Werbepartner die in gemeinsamer Verantwortlichkeit mit dem Websitebetreiber verarbeiteten Daten nicht ohne Zuhilfenahme eines Zusatzwissen Dritter („Third-Party-Konstellation") einer natürlichen Person zuordnen kann. Dies ist z. B. auf Seiten vieler „AdTech-Dienstleister" (z. B. AdServer-Betreiber) der Fall, wobei diese in der Praxis auch häufig Daten als Auftragsverarbeiter ihrer Kunden verarbeiten. Andererseits ist zu bedenken, dass in den Anwendungsbereich der Regelung in Art. 26 Abs. 3 DSGVO nur die Verarbeitung von Daten in gemeinsamer Verantwortlichkeit fallen kann. Da – wie bereits dargestellt wurde – im Rahmen der hier erörterten Verarbeitung von Daten in gemeinsamer Verantwortlichkeit die Daten nicht persistiert gespeichert werden, ist bereits deswegen auf Seiten der Websitebetreiber keinerlei Verpflichtung zur Umsetzung der Betroffenenrechte in Bezug auf diese Verarbeitung gegeben. Dies liegt daran, dass eine persistierte Speiche-

345 Menke, PinG 2020, 163 f.
346 Vgl. hierzu die Ausführungen unter Rn. 124.

rung Voraussetzung für das Vorliegen einer Verpflichtung zur Umsetzung von Betroffenenrechten ist.[347]

7. Pseudonymisierung durch ausschließlich interne Maßnahmen

458 Dem Erwägungsgrund 29 zur DSGVO ist zu entnehmen, dass eine Pseudonymisierung von Daten auch durch rein interne Maßnahmen erfolgen kann. In dieser Konstellation besteht häufig (theoretisch) die Möglichkeit, dass der Verantwortliche, gegenüber dem Betroffenenrechte geltend gemacht werden, die durch rein interne Maßnahmen pseudonymisierten Daten auf Basis von auf Seiten des Verantwortlichen vorliegenden weiteren Informationen natürlichen Personen zuordnen kann. Vor diesem Hintergrund wird zum Teil die Ansicht vertreten, dass bei der Vornahme von Pseudonymisierungen durch rein interne Maßnahmen die Vorschrift in Art. 11 Abs. 2 DSGVO aufgrund deren „Ratio" nicht einschlägig sei, was sich auch aus dem Wortlaut der Norm ergebe.[348] Diese Ansicht kann in dieser Absolutheit nicht zugestimmt werden. Ob ein Verantwortlicher sich in der hier erörterten Konstellation auf die Regelung in Art. 11 Abs. 2 DSGVO berufen kann, muss im Einzelfall entschieden werden. Auch Pseudonymisierungen durch rein interne Maßnahmen können unterschiedlich stark ausgeprägt sein. Es gibt Pseudonymisierungen, die zwar auf rein internen Maßnahmen basieren, eine Zuordnung der Daten zu einem Betroffenen aber ganz erheblich erschweren. Dies kann z. B. dann der Fall sein, wenn Trackingdaten hinzugespeicherte Identifier derart pseudonymisiert werden, dass deren „Rückverschlüsselung" nicht möglich ist und auch keine so genannten „Lookup-Tabellen" existieren, in denen die so verschlüsselten Identifier einem anderen Identifier (z. B. der Nummer eines Accounts) zugeordnet sind. In diesem Fall ist die Zuordnung der pseudonymisierten Daten zu einem Betroffenen nur dadurch möglich, dass die Trackingdaten individuell „ausgewertet" und die Ergebnisse der Auswertung mit in anderen Datenbanken des Verantwortlichen gespeicherten Klarinformationen verglichen werden. Ein derartiger Aufwand ist einem Verantwortlichen – auch bei Berücksichtigung des großen Interesses des jeweiligen Betroffenen an der Umsetzung von durch ihn geltend gemachter Betroffenenrechte – kaum zumutbar. Außerdem ist zu berücksichtigen, dass auch in dem beschriebenen Sachverhalt die tatsächliche Vornahme einer Verknüpfung der pseudonymisierten Daten mit über den Betroffenen gespeicherten Klardaten unwahrscheinlich ist, da eine solche mittels rein automatisierter Prozesse zumeist nicht einfach umsetzbar ist.

347 *Kamlah*, in: Plath, DSGVO/BDSG, 3. Aufl. 2018, Art. 11 Rn. 5.
348 *Wolff*, in: Wolff/Brink, Datenschutzrecht, 37. Aufl. 2020, Art. 11 Rn. 16.

G. Automatisierte Einzelfallentscheidung (Art. 22 DSGVO)

In Art. 22 Abs. 1 DSGVO ist ein grundsätzliches „Verbot" der Vornahme bestimmter automatisierter Einzelfallentscheidungen (inklusive „Profiling") normiert.[349] Die Vorschrift in Art. 22 DSGVO beinhaltet keine Rechtsgrundlage, durch die eine Datenverarbeitung legitimiert wird. Dies gilt auch für die Vornahme eines „Profiling". Sie stellt vielmehr – neben der Erforderlichkeit des Vorliegens einer Rechtsgrundlage für die Datenverarbeitung aus bzw. gemäß Art. 6 DSGVO[350] – weitere Anforderungen an die Rechtmäßigkeit einer Datenverarbeitung, insofern diese im Rahmen einer gemäß Art. 22 Abs. 1 DSGVO relevanten automatisierten Einzelfallentscheidung erfolgt. 459

I. Automatisierte Einzelfallentscheidung

Die Entscheidung muss mittels einer (ausschließlich) automatisierten Datenverarbeitung erfolgen. Nicht einschlägig ist die Vorschrift in Art. 22 DSGVO dann, wenn das Ergebnis der automatisierten Verarbeitung manuell nachgeprüft wird. Für eine solche Nachprüfung ist es aber nicht ausreichend, wenn das Ergebnis durch eine natürliche Person nur „formal" bestätigt wird. Vielmehr muss eine valide inhaltliche Überprüfung vorgenommen werden.[351] 460

II. Rechtliche Wirkung/Beeinträchtigung in ähnlicher Weise

Das „Verbot" aus Art. 22 Abs. 1 DSGVO greift grundsätzlich dann, wenn 461

> *„die Entscheidung rechtliche Wirkung entfaltet oder den Betroffenen in ähnlicher Weise beeinträchtigt".*

Zur Beantwortung der Frage, im Rahmen welcher Datenverarbeitungen eine der zuvor zitierten Anforderungen erfüllt ist, können die Ausführungen in Erwägungsgrund 71 zur DSGVO herangezogen werden: 462

> *„Die betroffene Person sollte das Recht haben, keiner Entscheidung – was eine Maßnahme einschließen kann – zur Bewertung von sie betreffenden persönlichen Aspekten unterworfen zu werden, die ausschließlich auf einer automatisierten Verarbeitung beruht und die rechtliche Wirkung für die betroffene Person entfaltet oder sie in ähnlicher Weise erheblich beeinträchtigt, **wie die automatische Ablehnung eines Online-Kreditantrags oder Online-Einstellungsverfahren ohne jegliches menschliche Eingreifen**".*

Der Anwendungsbereich der Vorschrift in Art. 22 Abs. 1 DSGVO kann im Zusammenhang mit der rein automatisierten Verarbeitung von Kundendaten zu folgenden Zwecken regelmäßig eröffnet sein:

349 Abel, ZD 2018, 305.
350 *Schulz*, in: Gola, DSGVO, 2. Aufl. 2018, Art. 22 Rn. 3.
351 *Taeger*, in: Taeger/Gabel, DSGVO/BDSG, 3. Aufl. 2019, Art. 22 Rn. 26.

- Bonitätsprüfung,
- Fraud-Prüfung,
- Dynamic Pricing.[352]

463 Nach wohl überwiegend vertretener Ansicht sollen automatisierte Einzelfallentscheidungen im Zusammenhang mit der Aussteuerung von Werbung auf Basis von über den jeweiligen User/Kunden erhobener Daten nicht unter den Anwendungsbereich der Vorschrift in Art. 22 Abs. 1 DSGVO fallen.[353] Auch soll die genannte Vorschrift dann nicht anwendbar sein, wenn die automatisierte Einzelfallentscheidung ausschließlich zum Vorteil des jeweiligen Betroffenen erfolgt.[354]

Beispiel 55:

Der K hat eine Reise nach Mallorca gebucht. Um sich auf der Insel unabhängig fortbewegen zu können, denkt er darüber nach, über das Internet einen Mietwagen zu buchen. In diesem Zusammenhang besucht er wiederholt die Website des Mietwagenunternehmens M. Die Website des M hat den hierbei durch den K genutzten Browser mehrfach wiedererkannt. Um einen Anreiz für die Buchung eines Mietwagens zu schaffen, entscheidet M im Rahmen eines automatisierten Verfahrens, bei einer erneuten Wiederkennung des Browsers – und damit mit einer gewissen Wahrscheinlichkeit gegenüber dem K – einen Gutschein in Höhe von 20 € auf seiner Website auszuspielen.

Dass eine automatisierte Einzelfallentscheidung nur dann in den Anwendungsbereich der Vorschrift in Art. 22 DSGVO fallen kann, wenn diese nachteilige Auswirkungen auf die Betroffenen hat, ergibt sich aus der folgenden Formulierung in Art. 22 Abs. 1 DSGVO:

*„... ähnlicher Weise **beeinträchtigt**".*

III. Ausnahmen

464 Sind die Voraussetzungen aus Art. 22 Abs. 1 DSGVO erfüllt, kann die automatisierte Einzelfallentscheidung trotzdem durchgeführt werden, wenn

- diese für den Abschluss eines Vertrags erforderlich ist (Art. 22 Abs. 2 Ziffer a) DSGVO),

oder wenn

- die automatisierte Einzelfallentscheidung aufgrund von europäischen/nationalen Vorschriften zulässig ist und diese angemessene Maßnahmen zur Wahrung der Rechte und Freiheiten sowie der berechtigten Interessen der Betroffenen enthalten (Art. 22 Abs. 2 Ziffer b) DSGVO),

352 Vgl. zum „Dynamic Pricing" die Ausführungen unter Rn. 676 ff.
353 Vgl. beispielhaft *Schulz*, in: Gola, DSGVO, 2. Aufl. 2018, Art. 22 Rn. 28; Drewes, ZD 2019, 296 (299); Plath/Grages, CR 2018, 770 (773).
354 *Kamlah*, in: Plath, DSGVO/BDSG, 3. Aufl. 2018, Art. 22 Rn. 7e.

oder wenn

- von dem Betroffenen eine ausdrückliche Einwilligung in die Durchführung der automatisierten Einzelfallentscheidung erteilt wurde (Art. 22 Abs. 2 Ziffer c) DSGVO).

1. Erforderlichkeit der automatisierten Einzelfallentscheidung (Art. 22 Abs. 2 Ziffer a) DSGVO)

Damit die Ausnahmevorschrift in Art. 22 Abs. 2 Ziffer a) DSGVO einschlägig ist, 465 muss nicht die Datenverarbeitung (wie bei der Rechtsgrundlage in Art. 6 Abs. 1 S. 1 lit. b) DSGVO), sondern die automatisierte Einzelfallentscheidung an sich für den Abschluss oder die Durchführung eines Vertrags zwischen dem Verantwortlichen und dem Betroffenen erforderlich sein. Eine solche Erforderlichkeit ist in der Regel im Rahmen von Massengeschäften des täglichen Lebens gegeben.

Beispiel 56:

Der Versandhändler O betreibt einen reichweitenstarken Online-Shop. Auf diesem bietet er die Möglichkeit der Inanspruchnahme „unsicherer Zahlungsarten" (z. B. Rechnung) durch dessen Nutzer/Kunden. Zwingende Voraussetzung für das Angebot „unsicherer Zahlungsarten" ist die Möglichkeit der Durchführung von Bonitäts-/Fraud-Prüfungen. Da auf dem reichweitenstarken Online-Shop des O im Durchschnitt mehrere hundert Bestellungen pro Sekunde unter Auswahl einer „unsicheren Zahlungsart" getätigt werden, ist die manuelle Nachbearbeitung sämtlicher automatisiert vorgenommener Bonitäts-/Fraud-Prüfungen nicht abbildbar. Eine entsprechende Vornahme automatisierter Einzelfallentscheidungen durch O ist mithin erforderlich.

2. Zulässigkeit aufgrund europäischer/nationaler Regelungen (Art. 22 Abs. 2 Ziffer b) DSGVO)

Art. 22 Abs. 2 lit. b) DSGVO beinhaltet eine „Öffnungsklausel". Im Hinblick auf 466 die Verarbeitung von Kundendaten könnten die vom Deutschen Gesetzgeber in § 31 BDSG 2018 normierten Regelungen zum „Schutz des Wirtschaftsverkehrs bei Scoring und Bonitätsauskünften" von dieser erfasst sein. Diesbezüglich wird jedoch vielerorts – richtigerweise – die Ansicht vertreten, dass dies nicht der Fall ist. Die „Öffnungsklausel" in Art. 22 Abs. 2 lit. b) DSGVO erfasst nämlich – entsprechend dem Anwendungsbereich der Vorschrift in Art. 22 Abs. 1 DSGVO – lediglich die Möglichkeit der Schaffung von nationalen Regelungen in Bezug auf die Vornahme automatisierter Einzelfallentscheidungen an sich. Nicht erfasst von dieser Öffnungsklausel werden hingegen Regelungen zu der automatisierten Einzelfallentscheidung vorgelagerten Datenverarbeitungen, auch wenn diese unter den Begriff des „Profiling" subsumiert werden können.[355]

355 *Taeger*, in: Taeger/Gabel, DSGVO/BDSG, 3. Aufl. 2019, Art. 22 Rn. 57.

3. Einwilligung (Art. 22 Abs. 2 Ziffer c) DSGVO)

467 Außerdem ist es möglich, für die Durchführung automatisierter Einzelfallentscheidungen eine Einwilligung einzuholen. Die Anforderungen, die an die Einholung der Einwilligung zu stellen sind, ergeben sich aus Art. 4 Ziffer 11. DSGVO i. V. m. Art. 7 DSGVO.[356] Die eingeholte Einwilligung muss sich auf die Vornahme der automatisierten Einzelfallentscheidung und nicht auf die Datenverarbeitung, die dieser vorgelagert ist, beziehen.

Beispiel 57:

Der A möchte zur Finanzierung eines Hauses einen Kredit in Höhe von 100.000,00 € bei dem Online-Finanzinstitut F in Anspruch nehmen. Hierzu muss der A dem F Informationen zu seiner Bonität übermitteln. Die Rechtsgrundlage für die Verarbeitung dieser Informationen zum Zweck der Prüfung, ob der Kredit eingeräumt werden kann, ist die in Art. 6 Abs. 1 S. 1 lit. b) DSGVO.[357] Insofern der F mittels einer automatisierten Einzelfallentscheidung über die Krediteinräumung entscheiden möchte, muss er hierfür von dem K eine Einwilligung einholen.

468 *Praxishinweis:*

Eine Einwilligung in die Durchführung einer automatisierten Einzelfallentscheidung sollte bei einer Eröffnung des Anwendungsbereichs der Vorschrift in Art. 22 Abs. 1 DSGVO nur dann erfolgen, wenn die Ausnahmeregelung in Art. 22 Abs. 2 Ziffer a) DSGVO (Erforderlichkeit) nicht einschlägig ist. Dies liegt daran, dass die Einwilligung unter anderem freiwillig erteilt werden muss und von dem Betroffenen jederzeit widerrufen werden kann.[358] Daher ist die Einholung einer Einwilligung z. B. in dem **Beispiel 56** für den Online-Shop-Betreiber O keine praxistaugliche Alternative, wobei in diesem gegebenenfalls die Möglichkeit einer „Kopplung"[359] gegeben sein könnte.

IV. Weitere Anforderungen (Art. 22 Abs. 3 DSGVO)

469 Insofern eine automatisierte Einzelfallentscheidung auf die Ausnahmeregelung in Art. 22 Abs. 2 Ziffer a) DSGVO (Erforderlichkeit der automatisierten Einzelfallentscheidung) oder die in Art. 22 Abs. 2 Ziffer c) DSGVO (Einwilligung) gestützt wird, sind dem Betroffenen (mindestens) die folgenden Rechte einzuräumen:

- Recht auf Erwirkung eines Eingreifens einer natürlichen Person;
- Recht auf Darlegung des eigenen Standpunkts;
- Recht zur Anfechtung der Entscheidung.

470 Der jeweilige Betroffene kann die zuvor genannten Rechte nur dann geltend machen, wenn deren Bestehen diesem auch bekannt ist. Auch wenn weder der

356 Vgl. die Ausführungen zur Einwilligung unter Rn. 152 ff.
357 Vgl. hierzu die Ausführungen unter Rn. 208 f.
358 Vgl. hierzu die Ausführungen unter Rn. 154, 198 ff.
359 Vgl. zur Vornahme von „Kopplungen" die Ausführungen unter Rn. 155 ff.

Vorschrift in Art. 13 Abs. 2 Ziffer f) DSGVO, noch der in Art. 14 Abs. 2 Ziffer g) DSGVO ausdrücklich zu entnehmen ist, dass eine Information über die in Art. 22 Abs. 3 DSGVO aufgeführten Rechte zu erteilen ist, sollte eine solche aufgrund des genannten Umstands erfolgen.

V. Besondere Kategorien personenbezogener Daten

471 Gemäß Art. 22 Abs. 4 DSGVO dürfen automatisierte Einzelfallentscheidungen nicht auf die Vorschrift in Art. 22 Abs. 2 DSGVO gestützt werden, wenn diese auf der Verarbeitung besonderer Kategorien personenbezogener Daten (Art. 9 Abs. 1 DSGVO) beruhen. Dies gilt nicht, wenn die Vorgaben aus Art. 9 Abs. 2 Ziffer a) DSGVO (Einwilligung) oder die aus Art. 9 Abs. 2 Ziffer g) DSGVO (Öffentliches Interesse) erfüllt und ausreichende Schutzmaßnahmen getroffen worden sind. Die Einwilligung muss sich anders als in den Fällen des Art. 22 Abs. 2 Ziffer c) DSGVO[360] nicht auf die automatisierte Einzelfallentscheidung, sondern auf die Verarbeitung der besonderen Kategorie personenbezogener Daten beziehen. Will ein Verantwortlicher auf Basis der Regelung in Art. 22 Abs. 2 Ziffer c) DSGVO eine automatisierte Einzelfallentscheidung vornehmen und in diesem Zusammenhang besondere Kategorien personenbezogener Daten verarbeiten wollen, muss dieser sowohl für die Verarbeitung der besonderen Kategorien personenbezogener Daten als auch für die Durchführung der automatisierten Einzelfallentscheidung eine Einwilligung einholen. Die Einholung der jeweiligen Einwilligung sollte aus Sicherheitsgründen separat erfolgen.[361]

360 Vgl. hierzu die Ausführungen unter Rn. 467.

361 Vgl. zu einer etwaigen Erforderlichkeit der Einholung separater Einwilligungen die Ausführungen unter Rn. 175 ff.

Teil 5 – Technische und organisatorische Maßnahmen

A. Regelung in Art. 32 DSGVO

Die DSGVO beinhaltet in Art. 32 Vorgaben bezüglich technischer und organisatorischer Maßnahmen, die zum Schutz von Daten zu treffen sind. Zumindest nach der Ansicht der deutschen Aufsichtsbehörden können Betroffene grundsätzlich nicht auf die Einhaltung dieser Vorgaben – z. B. mittels der Erteilung einer Einwilligung – verzichten, da diese nicht disponibel seien.[362] Ob die Auffassung der deutschen Aufsichtsbehörden korrekt ist, ist vor dem Hintergrund, dass es ein wesentliches Element der DSGVO ist, dass die Betroffenen über die Verarbeitung ihrer Daten autark entscheiden können, zu bezweifeln. Ausfluss dieses Elements ist im Übrigen die Möglichkeit der Erteilung von Einwilligungen. Wie Gerichte die hier erörterte Rechtsfrage entscheiden werden, bleibt jedoch abzuwarten. 472

I. „Risikobasierter Ansatz"

In diesem Zusammenhang geht die DSGVO von einem „risikobasierten Ansatz" aus. Dies bedeutet, dass das einzuhaltende Schutzniveau von der Gefahr, die von einer Datenverarbeitung für die Betroffenen ausgeht, abhängig ist. Dies ist unmittelbar der Vorschrift in Art. 32 Abs. 2 DSGVO zu entnehmen: 473

> *„Bei der Beurteilung des angemessenen Schutzniveaus sind insbesondere die **Risiken** zu berücksichtigen, die mit der Verarbeitung – insbesondere durch Vernichtung, Verlust oder Veränderung, ob unbeabsichtigt oder unrechtmäßig, oder unbefugte Offenlegung von beziehungsweise unbefugten Zugang zu personenbezogenen Daten, die übermittelt, gespeichert oder auf andere Weise verarbeitet wurden – **verbunden sind**".*

Im Rahmen der Bewertung der bestehenden Risiken sind unter anderem die folgenden Umstände zu berücksichtigen: 474

- Welche Kategorien personenbezogener Daten werden verarbeitet (ggfls. besondere Kategorien personenbezogener Daten, wie z. B. Gesundheitsdaten (Art. 9 DSGVO))?
- Besteht die Möglichkeit, dass die Daten – z. B. bei Vornahme eines unberechtigten Zugriffs – mit weiteren Daten zu denselben Betroffenen zusammengeführt werden können und wie hoch ist die Wahrscheinlichkeit einer solchen Zusammenführung?
- Welches Risiko besteht für die Betroffenen, wenn unrechtmäßig auf die Daten zugegriffen wird (wären z. B. Kreditkarteninformationen betroffen, deren

362 Beschluss der DSK zur Möglichkeit der Nichtanwendung technischer und organisatorischer Maßnahmen nach Art. 32 DSGVO auf ausdrücklichen Wunsch betroffener Personen v. 24. 11. 2021.

Missbrauch zu wirtschaftlichen Schäden auf Seiten der Betroffenen führen könnte)?
- Wie hoch ist die Anzahl an Datensätzen, die zu den einzelnen Betroffenen verarbeitet werden?

II. Adressaten

475 Die Vorschrift in Art. 32 DSGVO ist eine derjenigen, die sowohl die für eine Datenverarbeitung Verantwortlichen als auch Auftragsverarbeiter unmittelbar adressiert.[363]

> *Praxishinweis:*
>
> **Gemäß Art. 28 Abs. 1 DSGVO dürfen Verantwortliche nur solche Auftragsverarbeiter beauftragen, die ausreichende technische und organisatorische Maßnahmen zum Schutz der von der Auftragsverarbeitung erfassten Daten treffen. Um dies vor der Beauftragung/der Weitergabe der Daten an den Auftragsverarbeiter überprüfen zu können, hat sich in der Praxis der Einsatz von „Checklisten" etabliert. Mittels derer werden die vom Auftragsverarbeiter getroffenen Maßnahmen dokumentiert. Des Weiteren besteht auf Seiten der Auftragsverarbeiter die Möglichkeit, die Schaffung ausreichender Maßnahmen durch Zertifizierungen nachzuweisen. In diesem Zusammenhang ist jedoch zu beachten, dass die Zertifizierung sich auch auf die vom Auftragsverarbeitungsverhältnis erfasste Datenverarbeitung beziehen muss. Bei risikobehafteten Datenverarbeitungen sollte auf Seiten des Verantwortlichen außerdem die Durchführung einer „Vor-Ort-Kontrolle" in Betracht gezogen werden.**

III. Einzelne Maßnahmen

476 Die Regelung in Art. 32 Abs. 1 DSGVO beinhaltet eine Aufzählung von Maßnahmen/Fähigkeiten, mittels derer ein angemessenes Schutzniveau gewährleistet werden kann:
- Pseudonymisierung/Verschlüsselung;
- Sicherstellung der Vertraulichkeit, Integrität, Verfügbarkeit und Belastbarkeit der Systeme;
- Fähigkeit zur raschen Wiederherstellung der Verfügbarkeit von Daten bei einem physischen oder technischen Zwischenfall;
- Verfahren zur regelmäßigen Überprüfung, Bewertung und Evaluierung der Wirksamkeit der technischen und organisatorischen Maßnahmen.

477 Die Aufzählung in Art. 32 Abs. 1 ist nicht abschließend.[364] Gleichzeitig ist es so, dass nicht stets sämtliche der zuvor genannten Maßnahmen/Fähigkeiten vorgenommen bzw. bestehen müssen. Dies ist der folgenden Formulierung in der Regelung in Art. 32 Abs. 1 DSGVO zu entnehmen:

*„… diese Maßnahmen schließen **gegebenenfalls unter anderem** Folgendes ein".*

---

363 Vgl. in Bezug auf Auftragsverarbeiter Rn. 106.
364 *Jandt*, in: Kühling/Buchner, DSGVO/BDSG, 3. Aufl. 2020, Art. 32 Rn. 14.

Nicht ausdrücklich in der beispielhaften Aufzählung in Art. 32 Abs. 1 DSGVO genannt ist das so genannte „Trennungsgebot". Dies beinhaltet den Grundsatz, dass die Möglichkeit bestehen muss, dass zu unterschiedlichen Zwecken erhobene Daten getrennt voneinander verarbeitet werden können (vgl. Ziffer 8 der Anlage zu § 9 S. 1 BDSG 2009). Zur Einhaltung des „Trennungsgebots" ist grundsätzlich das Vorliegen einer „logischen Trennung" ausreichend.[365] Auch wenn das „Trennungsgebot" nicht ausdrücklich in der Aufzahlung in Art. 32 Abs. 1 DSGVO genannt ist, ist dies weiterhin zu beachten. Dieser Umstand ergibt sich mindestens aus dem Grundsatz, dass Daten nach „Treu und Glauben" zu verarbeiten sind (Art. 5 Abs. 1 Ziffer a) DSGVO. 478

Praxishinweis: 479

Die beispielhafte Aufzahlung in Art. 32 Abs. 1 DSGVO ist weniger detailliert als es die in der Anlage zu § 9 S. 1 BDSG 2009, die ebenfalls zu treffende technische und organisatorische Maßnahmen beschrieb, gewesen ist. Da der Inhalt der Beschreibung von Maßnahmen in der Anlage zu § 9 S. 1 BDSG 2009 weiterhin für eine Risikoeinschätzung geeignet ist, kann dieser im Rahmen der Durchführung einer solchen auch unter Geltung der DSGVO mitberücksichtigt werden.[366]

B. Berechtigungskonzepte

Eine in der Praxis sehr wichtige organisatorische Maßnahme ist die Implementierung von Berechtigungskonzepten. Es muss sichergestellt sein, dass nur solche Personen auf Daten zugreifen können, die einen Zugriff für die Ausübung ihrer Tätigkeit auch benötigen. Die einzelnen Berechtigungen sind zu dokumentieren und die Erforderlichkeit des Fortbestands der jeweiligen Berechtigung ist regelmäßig zu kontrollieren. In der Praxis stellt sich nämlich die Herausforderung, dass einzelne Personen nach einer Veränderung ihrer Tätigkeit bestimmte Berechtigungen nicht mehr benötigen. 480

C. Faktische Bewertung/Qualifikation

Eine weitere Herausforderung, die sich in der Praxis insbesondere kleineren Unternehmen häufig stellt, ist diejenige, dass Datenschutzbeauftragte sich oft nicht dazu in der Lage sehen, eine korrekte Risikoeinschätzung vorzunehmen bzw. zu beurteilen, welche genauen technischen und organisatorischen Maßnahmen zur Begrenzung des Risikos zu treffen sind. Dies ist insbesondere häufig dann der Fall, wenn der Datenschutzbeauftragte keinen technischen „Background" hat. 481

365 *Bock,* in: Wolff/Brink, Datenschutzrecht, 37. Aufl. 2020, § 64 BDSG 2018 Rn. 79.
366 *Paulus,* in: Wolff/Brink, Datenschutzrecht, 37. Aufl. 2020, Art. 32 Rn. 6.

482 *Praxishinweis:*

Vor diesem Hintergrund ist es grundsätzlich sinnvoll, neben einer/einem Datenschutzbeauftragten auch einen Bereich „Informationssicherheit" zu „implementieren". Dieser sollte in Bezug auf die Risikobeurteilung durch die jeweilige Stelle sowie in die Bewertung von durch Auftragnehmer getroffene technische und organisatorische Maßnahmen zwingend einbezogen werden.

D. Identifizierung

483 Aus den Vorgaben in Art. 32 DSGVO ergibt sich auch eine Verpflichtung dahingehend, dass Verantwortliche vor einer Übermittlung von Daten sicherstellen müssen, dass deren Empfänger zum Erhalt der Daten berechtigt sind. In der Praxis spielt diese Thematik insbesondere bei der Erteilung von Auskünften eine Rolle.[367] In diesem Zusammenhang kommt es regelmäßig zu einem Konflikt zwischen den Vorgaben in Art. 12 Abs. 3 S. 4 DSGVO und denen in Art. 32 DSGVO. Art. 12 Abs. 3 S. 4 DSGVO beinhaltet eine Auslegungsregel[368] dahingehend, dass für den Fall, dass Betroffenenrechte elektronisch durch den jeweiligen Betroffenen ausgeübt werden, der Betroffene über die von dem Verantwortlichen getroffenen Maßnahmen durch diesen auch auf elektronischem Weg unterrichtet werden sollte.[369]

Beispiel 58:

Der M betreibt ein Autohaus für hochwertige Sportwagen. In diesem Zusammenhang organisiert er regelmäßig Veranstaltungen, auf denen neue Sportwagen vorgestellt werden. Zu diesen Veranstaltungen lädt der M seine Stammkunden per Brief ein. Die Adressdaten seiner Stammkunden pflegt der M in einer Datei. Nicht Bestandteil der Datei sind die E-Mail-Adressen der Stammkunden.

Der M erhält an die E-Mail-Adresse des Autohauses eine E-Mail, in der – zumindest den Ausführungen nach – der Stammkunde S Auskunft nach Art. 15 DSGVO begehrt. Der M hat jedoch keine Kenntnis darüber, ob der S auch Inhaber der E-Mail-Adresse ist, über die das Auskunftsbegehren versendet worden ist. Nach den Vorgaben in Art. 12 Abs. 3 S. 4 DSGVO müsste der M jedoch das Auskunftsbegehren per E-Mail an die Absenderadresse beantworten.

484 Auch im Zusammenhang mit der Verpflichtung zur Identifizierung der Empfänger von Daten greift der risikobasierte Ansatz aus Art. 32 Abs. 2 DSGVO.[370] So ist es z. B. anerkannt, dass Auskunfteien dadurch, dass diese sensible Bonitätsinformationen speichern, verlangen können, dass Betroffene vor einer Umsetzung des Rechts auf Auskunft gemäß Art. 15 DSGVO durch die Auskunftei dieser

367 So auch in dem Verfahren vor dem LG Bonn, Urt. v. 11. 11. 2020 – 29 OWi 1/20, Rz. 70 f.

368 *Pohle/Spittka,* in: Taeger/Gabel, DSGVO/BDSG, 3. Aufl. 2019, Art. 12 Rn. 16.

369 Vgl. hierzu auch die Ausführungen unter Rn. 441.

370 LG Bonn, Urt. v. 11. 11. 2020 – 29 OWi 1/20, Rz. 70 f.

gegenüber ihre Identität mittels der Zusendung einer geschwärzten Ausweiskopie nachweisen müssen.[371] Die Anforderung von geschwärzten Ausweiskopien in den Fällen, in denen lediglich Kundenstammdaten (u.a. Name, Postadresse, E-Mail-Adresse) sowie Bestellinformationen (Informationen über in Anspruch genommene Leistungen/über gekaufte Waren) verarbeitet werden, soll hingegen grundsätzlich nicht erforderlich sein.[372] Eine solche Anforderung könnte gegebenenfalls sogar einen Rechtsverstoß darstellen. Es könnte nämlich argumentiert werden, dass durch die Anforderung der geschwärzten Ausweiskopie den Betroffenen die Ausübung des ihnen gesetzlich zustehenden Betroffenenrechts – unter Zuwiderhandlung gegen die Vorgaben aus Art. 12 Abs. 2 S. 1 DSGVO – erschwert wird.

In Bezug auf den dargestellten Konflikt zwischen den Vorgaben aus Art. 12 485
Abs. 3 S. 4 DSGVO und denen aus Art. 32 DSGVO ist anzumerken, dass bei Vorliegen von Zweifeln an der Identität des die Datenübermittlung Begehrenden – unter Berücksichtigung des risikobasierten Ansatzes – durch den Verantwortlichen weitere Informationen, auf Basis derer eine Identifizierung erfolgen kann, anzufordern sind. Dies ergibt sich aus Art. 12 Abs. 6 DSGVO. Sollten auch nach dem Eingang weiterer Informationen Zweifel an der Identität bestehen bleiben, ist der Einhaltung der Vorgaben aus Art. 32 DSGVO eine größere Relevanz einzuräumen als der Einhaltung der Vorgabe aus Art. 12 Abs. 3 S. 4 DSGVO. Dies ergibt sich bereits daraus, dass Art. 12 Abs. 3 S. 4 DSGVO lediglich eine „Auslegungsregel" beinhaltet.

Praxishinweis: 486

Insofern Verantwortliche Online-Angebote (z. B. Online-Shops) betreiben, für deren Nutzung ein Kundenaccount angelegt werden muss/angelegt werden kann[373], ist es sachdienlich, den Prozess der Geltendmachung von Betroffenenrechten dahingehend auszugestalten, dass die Kunden im Kundenaccount die genannten Rechte ausüben können. Dies hat den Vorteil, dass eine Identifizierung mittels des Log-ins in den Account erfolgt und die Einhaltung der Vorgaben aus Art. 32 DSGVO in Bezug auf die Identifizierung hierdurch sichergestellt ist. Bei einer derartigen Ausgestaltung ist jedoch zu beachten, dass auch solche Betroffenen, die nicht Inhaber eines Kundenaccounts sind, die Möglichkeit haben müssen, dem Verantwortlichen gegenüber ihre Betroffenenrechte geltend zu machen.

E. Geschäftsgeheimnisgesetz (GeschGehG)

Die Schaffung ausreichender technischer und organisatorischer Maßnahmen 487
spielt auch im Bereich des GeschGehG eine Rolle. Seit der Einführung des

371 Der Hessische Beauftragte für Datenschutz und Informationsfreiheit, Auskunfteien – häufig gestellte Fragen, Seite 11.

372 Raji, ZD 2020, 279 (282).

373 Zu einer etwaigen Verpflichtung der Anlage eines Kundenaccounts vgl. die Ausführungen unter Rn. 139 ff.

genannten Gesetzes ist es nicht mehr ausreichend, bestimmte Inhalte subjektiv als Geschäftsgeheimnis einzustufen. Vielmehr muss die Stelle, die sich auf einen Schutz von Inhalten nach dem GeschGehG berufen möchte, aktiv Maßnahmen zum Schutz dieser Informationen treffen (§ 2 Nr. 1a) GeschGehG). Eine derartige Maßnahme kann unter anderem die Vereinbarung entsprechender vertraglicher Regelungen darstellen.[374] Außerdem sind insbesondere auch technische Maßnahmen ein geeignetes Mittel, Inhalte derart zu schützen, dass in Bezug auf diese ein Schutz nach dem GeschGehG gegeben ist.[375] Wie stark einzelne Inhalte genau geschützt werden müssen, ist weder dem Gesetzestext noch der Gesetzesbegründung zu entnehmen. Im Hinblick auf diese Frage gibt es zwar bereits erste Urteile[376], eine genauere Ausdifferenzierung der einzuhaltenden Anforderungen muss durch die Rechtsprechung jedoch noch erfolgen.

488 *Praxishinweis:*

Vielerorts wird – richtigerweise – die Ansicht vertreten, dass personenbezogene Daten in einzelnen Konstellationen einem Schutz aus dem GeschGehG unterliegen können. Dies kann z. B. in Bezug auf „Segmente", die zu Marketingzwecken genutzt werden können, der Fall sein.[377] In diesem Zusammenhang kann es in einzelnen Konstellationen ratsam sein, insbesondere mit Auftragsverarbeitern vertragliche Regelungen zu treffen, aus denen in Bezug auf die verarbeiteten Daten ein Schutz aus dem GeschGehG erwächst. Mittels dieser Maßnahme kann – aufgrund der drohenden Rechtsfolgen bei einer Verletzung des Geschäftsgeheimnisses (Unterlassung, Schadensersatz, Strafbarkeit) – einem Missbrauch der Daten durch den Auftragsverarbeiter vorgebeugt werden. Eine solche Vorbeugung des Missbrauchs kann außerdem aus der Sicht des Verantwortlichen negative Auswirkungen auf eine gemäß Art. 6 Abs. 1 S. 1 lit. f) DSGVO vorzunehmende Interessenabwägung verhindern.[378]

374 BT-Drucks. 19/4727, Seite 24; Krüger/Wiencke/Koch, GRUR 2020, 578 (582).
375 BT-Drucks. 19/4727, Seite 24.
376 Vgl. beispielhaft OLG Hamm, Urt. v. 15.09.2020 – 4 U 177/19.
377 Zu der Eigenschaft von „Segmenten" vgl. die Ausführungen unter Rn. 634.
378 Vgl. hierzu auch die Ausführungen unter Rn. 256.

Teil 6 – Datenpannen

A. Allgemeines

Die DSGVO differenziert bei einer Kenntnisnahme von einer Verletzung des „Schutzes personenbezogener Daten" zwischen einer Meldeverpflichtung gegenüber der Aufsichtsbehörde und einer Verpflichtung zur Benachrichtigung der jeweiligen betroffenen Person. In Art. 33 DSGVO ist 489

- die Pflicht zur Meldung an die Aufsichtsbehörde

und in Art. 34 DSGVO ist

- die Pflicht zur Benachrichtigung der betroffenen Person

geregelt.

Die Pflicht zur Meldung einer Verletzung des „Schutzes personenbezogener Daten" an die Aufsichtsbehörde, insofern eine solche gegeben ist, stellt den Regel-, die Pflicht zur Benachrichtigung des jeweiligen Betroffenen, den Ausnahmefall dar. 490

B. Adressaten der Regelungen

Die Verpflichtungen aus Art. 33 DSGVO und die aus Art. 34 DSGVO adressieren den für die Verarbeitung der betroffenen Daten Verantwortlichen. 491

Nicht zur Meldung/Benachrichtigung verpflichtet sind Auftragsverarbeiter. Dies ergibt sich aus den Regelungen in Art. 33 Abs. 2 DSGVO, Art. 34 Abs. 1 DSGVO und Art. 28 Abs. 3 S. 2 lit. f) DSGVO. 492

Insofern eine Melde-/Benachrichtigungspflicht in Bezug auf die Verletzung des Schutzes von Daten gegeben ist, die in gemeinsamer Verantwortlichkeit verarbeitet werden, sind alle gemeinsam Verantwortlichen für die Einhaltung der gesetzlichen Vorgaben aus Art. 33 DSGVO bzw. der aus Art. 34 DSGVO verantwortlich.[379] 493

> *Praxishinweis:* 494
>
> Auch wenn die Vorschrift in Art. 26 Abs. 1 DSGVO im Hinblick auf die zwischen den gemeinsam Verantwortlichen zu treffenden vertraglichen Vereinbarungen – in nicht abschließender Aufzählung – Regelungen bzgl. der Umsetzung von Betroffenenrechten und der Einhaltung der Transparenzpflichten nennt, sollte die genannte vertragliche Vereinbarung auch Regelungen in Bezug auf die Einhaltung der Vorgaben aus Art. 33 DSGVO und der aus Art. 34 DSGVO beinhalten.[380]

---

379 *Schultze-Melling*, in: Taeger/Gabel, DSGVO/BDSG, 3. Aufl. 2019, Art. 33 Rn. 7.
380 Ebenso *Schultze-Melling*, in: Taeger/Gabel, DSGVO/BDSG, 3. Aufl. 2019, Art. 33 Rn. 7.

C. Verletzung des Schutzes personenbezogener Daten

495 Sowohl die Vorschrift in Art. 33 DSGVO als auch die in Art. 34 DSGVO setzen das Vorliegen einer

„Verletzung des Schutzes personenbezogener Daten"

voraus.

496 Der Begriff der „Verletzung des Schutzes personenbezogener Daten" ist in Art. 4 Nr. 12 DSGVO legal definiert. Eine solche ist insbesondere dann gegeben, wenn die „Integrität" von Daten, z. B. durch eine unberechtigte Offenlegung oder einen unbefugten Zugriff betroffen ist.

497 *Praxishinweis:*

Für die Praxis ganz wichtig ist, dass die Vorschriften in Art. 33 DSGVO und in Art. 34 DSGVO keine „Selbstbezichtigungspflicht" statuieren. Dies bedeutet insbesondere, dass nicht eine jede Feststellung einer datenschutzwidrigen Verarbeitung von Daten gleichzeitig eine Meldepflicht gegenüber der Aufsichtsbehörde auslöst.[381]

Beispiel: Der Websitebetreiber W holt Einwilligungen für die Versendung von E-Mail-Newslettern ein. Der Inhalt der hierfür eingesetzten Einwilligungstexte entspricht nicht den gesetzlichen Vorgaben, da dieser zu unbestimmt ist.[382] Hieraus folgt, dass die Verarbeitung der E-Mail-Adressen zum Zweck der Versendung der Newsletter nach der DSGVO datenschutzwidrig erfolgt. Dieser Umstand löst jedoch keine Meldepflicht nach Art. 33 DSGVO aus.

D. Verantwortungsbereich

498 Zu einer Meldung/Benachrichtigung kann ein Verantwortlicher nur dann verpflichtet sein, wenn die Datenpanne in seinem „Verantwortungsbereich" auftritt. In der Praxis existieren Konstellationen, in denen der Schutz personenbezogener Daten, die bei einem Verantwortlichen gespeichert sind, nicht bei diesem verletzt wird.

Beispiel 59:

Der Payment-Anbieter P bietet Endkunden die Möglichkeit, im Internet Zahlungen vorzunehmen. Zu diesem Zweck speichert der P Daten von Endkunden. Zu diesen Daten gehören unter anderem die Namen und die Kreditkartendaten. Unbekannte Dritte versenden wahllos an eine Vielzahl von Verbrauchern E-Mails unter Verwendung des Logos des P. Mittels dieser E-Mails fragen die unbekannten Dritten die Namen und die Kreditkartendaten der Empfänger ab (so ge-

381 *Schultze-Melling,* in: Taeger/Gabel, DSGVO/BDSG, 3. Aufl. 2019, Art. 33 Rn. 12.
382 Vgl. hierzu die Ausführungen unter Rn. 175 ff.

nannte „Phishing-Mails"), um diese für Betrugstaten zu nutzen. Der Endkunde E, der bei P einen Account hat, erhält eine solche Mail und teilt dessen Absender seinen Namen und seine Kreditkartendaten mit.

In dem **Beispiel 59** besteht auf Seiten des P keine Verpflichtung zur Meldung/Benachrichtigung, da die Verletzung des Schutzes der Daten des E in dessen „Verantwortungsbereich" und nicht in dem des P entstanden ist.

E. Keine Differenzierung nach Datenkategorien

Die Vorschrift in Art. 33 DSGVO und die in Art. 34 DSGVO greifen – im Gegensatz 499 zu den früher bei dem Vorliegen einer Datenpanne einschlägigen Vorgaben im BDSG 2009 – nicht nur dann, wenn bestimmte (besonders) schützenswerte Datenkategorien (z. B. Gesundheitsdaten) betroffen sind. Der Umstand, welche Datenkategorien bei Vorliegen einer Datenpanne von dieser betroffen sind, kann jedoch Auswirkungen auf das für den jeweiligen Betroffenen bestehende Risiko und damit für die Beurteilung, ob eine Ausnahme von der Verpflichtung zur Meldung an die Behörde (Art. 33 Abs. 1 S. 1 DSGVO)[383] und für die, ob eine Pflicht zu Benachrichtigung des Betroffenen besteht (Art. 34 Abs. 1 DSGVO),[384] haben. Im Hinblick auf die früher geltende Rechtslage ist der Vollständigkeit halber darauf hinzuweisen, dass bereits vor Anwendbarkeit der DSGVO mit § 15d TMG a. F. eine Regelung zur Meldepflicht gegenüber der Aufsichtsbehörde bestand, die nicht nur auf eine Verletzung des Schutzes (besonders) schützenswerter Datenkategorien abzielte. Diese umfasste jedoch nur die Verletzung des Schutzes so genannter „Nutzungs-" und „Bestandsdaten". Die Vorschrift in Art. 15d TMG wurde seit Anwendbarkeit der DSGVO von der in Art. 33 DSGVO verdrängt.[385] Mit Inkrafttreten des TTDSG am 01. 12. 2021 wurde die Vorschrift in § 15d TMG nun auch aufgehoben.

F. Verschulden

Das Vorliegen einer Verpflichtung zur Meldung gegenüber der Aufsichtsbe- 500 hörde (Art. 33 DSGVO) sowie die Benachrichtigungspflicht gegenüber den Betroffenen (Art. 34 DSGVO) hängen nicht davon ab, dass der Verantwortliche die Verletzung des Schutzes der personenbezogenen Daten, z. B. mangels der Schaffung ausreichender technischer und/oder organisatorischer Maßnahmen, zu vertreten hat.

383 Vgl. hierzu die Ausführungen unter Rn. 501 f.
384 Vgl. hierzu die Ausführungen unter Rn. 506 f.
385 *Brink*, in: Wolff/Brink, Datenschutzrecht, 37. Aufl. 2019, Art. 33 Rn. 14.

G. Ausnahme von der Meldepflicht gegenüber der Aufsichtsbehörde

501 Eine Meldung an die Aufsichtsbehörde muss gemäß Art. 33 Abs. 1 S. 1 DSGVO nicht erfolgen, wenn

> *„die Verletzung des Schutzes personenbezogener Daten voraussichtlich* ***nicht zu einem Risiko*** *für die Rechte und Freiheiten natürlicher Personen führt".*

502 Ob ein derartiges Risiko im Einzelfall nicht gegeben ist, hängt von verschiedenen Faktoren ab und kann nicht pauschal beantwortet werden. Zu den genannten Faktoren dürfte aber der Umstand gehören, ob z. B. auf Seiten desjenigen, dem gegenüber Daten unberechtigt zugänglich gemacht worden sind, eine Missbrauchsabsicht im Hinblick auf die Daten gegeben ist. Auch kann von Relevanz sein, ob die betroffenen Daten „sensibel" sind und welches Risiko von deren Missbrauch ausgeht.

Beispiel 60:

Der Versandhändler V versieht die von ihm versendeten Pakete mit Retourenscheinen. Aufgrund eines Fehlers wird in das Paket der Kundin M auch der Retourenschein gelegt, der eigentlich für das Paket der Kundin K vorgesehen war. Inhalt des Retourenscheins ist der Name sowie die Postadresse der K und die Information, dass die K bei V eine Jeans bestellt hat. Die M informiert den V darüber, dass sich der Retourenschein der K in ihrem Paket befunden hat. Auf Bitte des V vernichtet die M den Retourenschein der K und bestätigt dem V die Vernichtung schriftlich.

In dem **Beispiel 60** kann trotz des Vorliegens einer „Verletzung des Schutzes personenbezogener Daten" der K gut dahingehend argumentiert werden, dass eine Meldepflicht gegenüber der Aufsichtsbehörde nach Art. 33 DSGVO nicht gegeben ist, da von der genannten Verletzung keine Risiken für die Rechte und Freiheiten der K ausgehen.

503 *Praxishinweis:*

Insofern Verantwortliche unsicher sind, ob eine Meldepflicht in einem bestimmten Fall ausnahmsweise nicht gegeben ist, sollte aus Sicherheitsgründen eine Meldung erfolgen. In der Praxis werden Datenschutzberater regelmäßig mit der Befürchtung von Verantwortlichen konfrontiert, dass die Aufsichtsbehörde aufgrund der Vornahme einer Meldung den Eindruck gewinnen könnte, dass der jeweilige Verantwortliche dem Thema Datenschutz eine nicht ausreichend hohe Priorität einräumt. Diesbezüglich ist darauf hinzuweisen, dass das Entstehen von Datenpannen in der Praxis nie zu 100 % zu verhindern ist und für das Bestehen einer Meldepflicht auch kein Verschulden des Verantwortlichen vorliegen muss. Von der Vornahme einer Meldung geht gegenüber der Aufsichtsbehörde vielmehr regelmäßig das Signal aus, dass der jeweilige Verantwortliche ein funktionierendes Incident-Managementsystem implementiert und dieser im Hinblick auf die Verpflichtung zur Meldung seinen gesetzlichen Verpflichtungen nachkommt. Auch kann die Aufsichtsbehörde – zumindest nach der hier vertretenen

Ansicht – z. B. aufgrund des Umstands, dass die Datenpanne durch die nicht erfolgte Schaffung ausreichender technischer und organisatorischer Maßnahmen begünstigt wurde, nicht gegen den jeweiligen Verantwortlichen mittels der Einleitung eines Bußgeldverfahrens vorgehen.[386]

H. Inhalt der Meldung an die Aufsichtsbehörde

Im Rahmen der Meldung sind der Aufsichtsbehörde die folgenden Informationen mitzuteilen: 504

- Beschreibung der Art der Verletzung des Schutzes der personenbezogenen Daten.
- Angabe der Kategorien der Daten sowie Angabe der ungefähren Anzahl der betroffenen Personen und der Datensätze.
- Name und Kontaktdaten des Datenschutzbeauftragten.
- Beschreibung der wahrscheinlichen Folgen der Verletzung.
- Darlegung der bereits ergriffenen oder denkbaren Maßnahmen zur Behebung des Vorfalls.

Praxishinweis: 505

Viele deutsche Datenschutzbehörden haben auf ihrer Website die Möglichkeit eingerichtet, eine Datenpanne „online“ zu melden. Hierfür muss regelmäßig ein Online-Formular ausgefüllt werden, dessen Muster die gesetzlichen Anforderungen an den Inhalt einer Meldung bereits berücksichtigt.

I. Verpflichtung zur Benachrichtigung der Betroffenen

Eine Benachrichtigung der Betroffenen über das Vorliegen einer Datenpanne hat gemäß Art. 34 Abs. 1 DSGVO nur dann zu erfolgen, wenn diese 506

> *„voraussichtlich ein hohes Risiko für die persönlichen Rechte und Freiheiten natürlicher Personen zur Folge“*

hat.

Dafür, ob ein derartiges Risiko gegeben ist, kann wiederum unter anderem eine Rolle spielen, welche Sensibilität die betroffenen Datenkategorien aufweisen, und ob z. B. aufgrund des Vorliegens eines Angriffs auf eine Infrastruktur des Verantwortlichen von einer Missbrauchsabsicht des Angreifers in Bezug auf die erlangten Daten auszugehen ist. Relevant dürfte auch sein, welche Folgen ein solcher Missbrauch hätte. 507

386 Vgl. hierzu die Ausführungen unter Rn. 513.

Beispiel 61:

Der Zahlungsdienstleister Z hat Kreditkartendaten natürlicher Personen gespeichert. Der Z stellt einen Angriff auf die Infrastruktur fest, in der die Kreditkartendaten unverschlüsselt gespeichert sind. Dieser Angriff hatte nach den Erkenntnissen des Z einen Abfluss der unverschlüsselten Daten zur Folge. Mittels der abgeflossenen Daten kann der Angreifer unberechtigte Transaktionen zu Lasten der betroffenen Personen vornehmen.

In dem zuvor wiedergegebenen **Beispiel 61** ist von dem Vorliegen eines „hohen Risikos" im Sinne der Vorschrift in Art. 34 Abs. 1 DSGVO und damit von einer Verpflichtung zur Benachrichtigung der Betroffenen auszugehen. Hätte der Z die Daten in der angegriffenen Infrastruktur derart verschlüsselt abgelegt, dass eine Entschlüsselung der Daten seitens des Angreifers ausgeschlossen ist, wäre eine Benachrichtigung der Betroffenen im Übrigen nicht erforderlich (Art. 34 Abs. 3 Ziffer a) DSGVO).

J. Inhalt der Benachrichtigung

508 Die Benachrichtigung muss nach Art. 34 Abs. 2 DSGVO die folgenden Informationen beinhalten:

- Beschreibung der Art der Verletzung des Schutzes der personenbezogenen Daten.
- Angabe der Kategorien der Daten sowie Angabe der ungefähren Anzahl der betroffenen Personen und der Datensätze.
- Name und Kontaktdaten des Datenschutzbeauftragten.
- Beschreibung der wahrscheinlichen Folgen der Verletzung.
- Darlegung der bereits ergriffenen oder denkbaren Maßnahmen zur Behebung des Vorfalls.

K. Melde-/Benachrichtigungsfrist

509 Der Verantwortliche hat das Vorliegen einer Datenpanne an die Aufsichtsbehörde „unverzüglich", „möglichst" aber innerhalb von 72 Stunden, nachdem ihm diese bekannt wurde, zu melden (Art. 33 Abs. 1 DSGVO). In der Praxis problematisch sind insbesondere die Fälle, in denen ein „Incident" festgestellt wurde, aber (zunächst) nicht sicher eruiert werden kann, ob eine Verletzung der Integrität von Daten[387] vorliegt. In diesen Fällen ist – soweit möglich – abzuschätzen, mit welcher Wahrscheinlichkeit eine Verletzung der Integrität von Daten gegeben ist. Im Zweifelsfall sollte eine vorsorgliche Meldung erfolgen. Dass eine gesetzliche Verpflichtung zu der Vornahme einer Meldung auch dann

387 Vgl. zur Verletzung der „Integrität" von Daten die Ausführungen unter Rn. 496.

gegeben sein kann, wenn noch nicht alle für eine vollständige Meldung erforderlichen Informationen eruiert werden konnten, ergibt sich aus der Regelung in Art. 33 Abs. 4 DSGVO. Diese sieht die schrittweise Ergänzung einer zunächst unvollständigen Meldung vor.

Insofern eine Verpflichtung zur Benachrichtigung der Betroffenen besteht, hat diese „unverzüglich" zu erfolgen (Art. 34 Abs. 1 DSGVO). Ist eine Benachrichtigung mit einem unverhältnismäßig hohen Aufwand verbunden, kann anstelle einer solchen eine öffentliche Bekanntmachung oder ähnliche Maßnahme erfolgen (Art. 34 Abs. 3 Ziffer c) DSGVO). Als Beispiel einer solchen öffentlichen Bekanntmachung nannte die Vorschrift in § 42a BDSG 2009 die Schaltung von Anzeigen in zwei bundesweit erscheinenden Tageszeitungen. In der Praxis vorgeschlagen wurde seitens Aufsichtsbehörden auch bereits die Veröffentlichung einer entsprechenden Information auf der Website des jeweiligen Unternehmens.

Praxishinweis: 510

Aus der Sicht eines Praktikers ist bereits die Maximalfrist von 72 Stunden eher kurz bemessen. Hieraus ergibt sich, dass der Aufbau eines – auch außerhalb der Geschäftszeiten – funktionierenden „Incident-Management-Prozesses" für Unternehmen zwingend erforderlich ist und dieser wesentlicher Bestandteil des DSMS sein muss. Dies gilt zumindest dann, wenn eine relevante Anzahl an und/oder sensible Daten durch den Verantwortlichen verarbeitet wird bzw. werden.

L. Dokumentation

Der Verantwortliche hat die Datenpanne an sich, deren Umstände und die getroffenen Abhilfemaßnahmen zu dokumentieren (Art. 33 Abs. 5 S. 1 DSGVO). 511

Praxishinweis: 512

In die Dokumentation sollten in den Fällen, in denen von einer Meldung der Datenpanne an die Aufsichtsbehörde und/oder von einer Benachrichtigung der Betroffenen abgesehen wurde, die Erwägungen, auf denen die Entscheidung basiert, mit aufgenommen werden. Dies ergibt sich bereits daraus, dass die Aufsichtsbehörde anhand eines Einblicks in die Dokumentation dazu imstande sein muss, die Einhaltung der Vorgaben aus Art. 33 DSGVO zu überprüfen (Art. 33 Abs. 5 S. 2 DSGVO). Darüber hinaus kann die Aufsichtsbehörde (auf der Grundlage der Dokumentation) verlangen, dass der Verantwortliche eine Benachrichtigung der Betroffenen nachzuholen hat (Art. 34 Abs. 4 DSGVO).

M. Verwertungsverbot

Fraglich ist, ob bzw. inwiefern die zuständige Aufsichtsbehörde aufgrund einer 513
ordnungsgemäßen Meldung einer Datenpanne gegen den Verantwortlichen der Behörde grundsätzlich zustehende Maßnahmen einleiten kann. Stellt die zu-

ständige Behörde z. B. aufgrund einer Meldung fest, dass der meldende Verantwortliche keine ausreichenden technischen und organisatorischen Maßnahmen zum Schutz der von der Datenpanne betroffenen Daten getroffen hat, stellt sich die Frage, ob die Behörde gegen den Verantwortlichen gegebenenfalls ein Ordnungswidrigkeitenverfahren einleiten kann. Dafür, dass dies möglich ist, sprechen die Ausführungen in Satz 3 des Erwägungsgrunds 87 zur DSGVO:

> *„Die entsprechende Meldung kann zu einem Tätigwerden der Aufsichtsbehörde im Einklang mit ihren in dieser Verordnung festgelegten Aufgaben und Befugnissen führen".*

Dieses Ergebnis wäre jedoch nur schwerlich mit dem Nemo-Tenetur-Grundsatz zu vereinbaren.[388] Dies hat auch der deutsche Gesetzgeber erkannt. Er hat in § 42 Abs. 4 BDSG 2018 und in § 43 Abs. 4 BDSG 2018 Regelungen geschaffen, die eine Verwertung der Informationen aus einer Meldung nach Art. 33 DSGVO und/oder einer Benachrichtigung nach Art. 34 DSGVO zumindest im Rahmen von Ordnungswidrigkeiten- und Strafverfahren ausschließen, insofern der Verantwortliche der Verwertung nicht zustimmt.

388 Vgl. hierzu *Martini,* in: Paal/Pauly, DSGVO/BDSG, 3. Aufl. 2021, Art. 33 Rn. 27.

Teil 7 – Drittlanddatentransfer

A. „Übermittlung" in unsichere Drittländer

Ein Transfer von Daten in unsichere Drittländer ist dann gegeben, wenn Daten in Länder, deren Rechtsordnungen kein Datenschutzniveau aufweisen, das mit dem Datenschutzniveau in den Ländern des EWR vergleichbar ist, „übermittelt" werden. In diesen Fällen sind die Vorschriften in Art. 44 ff. DSGVO durch die Übermittelnden einzuhalten. Diese Vorschriften adressieren sowohl Verantwortliche als auch Auftragsverarbeiter (Art. 44 S. 1 DSGVO). 514

I. „Übermittlung"

Die gesetzlichen Vorgaben aus der DSGVO zum Transfer von Daten in unsichere Drittländer finden dann Anwendung, wenn eine 515

„Übermittlung"

von Daten in ein unsicheres Drittland oder an eine internationale Organisation gegeben ist (Art. 44 S. 1 DSGVO).

Der Begriff der „Übermittlung" ist in der deutschen Sprachfassung der DSGVO auch in der Legaldefinition der „Verarbeitung" in Art. 4 Nr. 2 DSGVO zu finden. Es wird jedoch weitgehend die Ansicht vertreten, dass der Begriff der „Übermittlung" in Art. 44 S. 1 DSGVO und der in Art. 4 Nr. 2 DSGVO nicht deckungsgleich sind. Dies wird zum einen mit der abweichenden Formulierung in der englischen Sprachfassung der DSGVO begründet. Zum anderen wird dahingehend argumentiert, dass der Begriff der „Übermittlung" in Art. 44 S. 1 DSGVO weiter als der in Art. 4 Nr. 2 DSGVO ausgelegt werden muss, da die Vorgaben in Art. 44 ff. DSGVO ganz besondere Relevanz für den Schutz der Grundrechte und Grundfreiheiten der Betroffenen aufweisen.[389] 516

> *Praxishinweis:* 517
>
> Weitgehend klar ist, dass eine jede „Übermittlung" im Sinne der Legaldefinition in Art. 4 Nr. 2 DSGVO auch eine „Übermittlung" im Sinne des Art. 44 S. 1 DSGVO darstellt. Nach der Legaldefinition in Art. 4 Nr. 2 DSGVO ist die „Übermittlung" ein Fall der „Offenlegung". In der Praxis ist eine „Offenlegung" unter anderem bei einem Zugriff zum Zweck der Erbringung von Support-Leistungen gegeben. Insofern Support-Leistungen durch Mitarbeiter von Dienstleistern erbracht werden, z. B. durch solche von Anbietern von Cloud-Infrastrukturen, die ihren Sitz in einem unsicheren Drittland haben, sind die Vorgaben zum Drittlanddatentransfer aus Art. 44 ff. DSGVO einzuhalten. Dies wird in der Praxis häufig übersehen.

Die Thematik der Reichweite des Begriffs der „Übermittlung" in Art. 44 S. 1 DSGVO spielt insbesondere dann eine Rolle, wenn ein nach der DSGVO unbe- 518

389 Vgl. beispielhaft *Kamp/Beck*, in: Wolff/Brink, Datenschutzrecht, 37. Aufl. 2021, Art. 44 Rn. 14 f.

rechtigter Zugriff auf Daten aus einem unsicheren Drittland theoretisch nicht vollständig ausgeschlossen werden kann.

Beispiel 62:

Der Websitebetreiber W hostet seine Website in der Cloud-Infrastruktur des Anbieters A. Der A hat seinen Sitz in der EU und die über die Website des W erhobenen Daten werden in der von dem A angebotenen Infrastruktur physisch in der EU gespeichert. Die „Muttergesellschaft" des A hat ihren Sitz in den USA. Die „Muttergesellschaft" des A unterliegt der Section 702 des FISA.[390] Der A könnte aufgrund der Rechtslage in den USA in einzelnen Fällen dazu verpflichtet sein, durch den A im Auftrag des W gespeicherte Daten an staatliche Institutionen der USA weiterzugeben.

In dem zuvor wiedergegebenen **Beispiel 62** stellt sich die Frage, ob eine „Übermittlung" im Sinne des Art. 44 S. 1 DSGVO bereits deswegen gegeben ist, weil theoretisch die Möglichkeit besteht, dass in der Zukunft eine Weitergabe der durch den A im Auftrag des W gespeicherten Daten an Institutionen der USA erfolgen könnte. Insofern man in der beschriebenen Konstellation das Vorliegen einer solchen „Übermittlung" annehmen würde, läge eine Fiktion vor. Sachgerechter wäre es daher, erst dann das Vorhandensein einer „Übermittlung" in die USA anzunehmen, wenn eine Weitergabe der Daten durch den A auch tatsächlich erfolgt.[391] Anzumerken ist jedoch, dass vielerorts die Ansicht vertreten wird, dass bereits zum Zeitpunkt der Speicherung der Daten in der Cloud-Infrastruktur des A in dem **Beispiel 62** eine „Übermittlung" im Sinne des Art. 44 S. 1 DSGVO gegeben ist.

II. Unsicheres Drittland

519 Unsichere Drittländer sind solche Länder, von deren Rechtsordnungen kein Datenschutzniveau ausgeht, das mit dem, welches von der DSGVO gewährleistet wird, vergleichbar ist. Ein solches Schutzniveau besteht grundsätzlich nicht in Ländern außerhalb des EWR. Eine Ausnahme von diesem Grundsatz ist dann gegeben, wenn die EU-Kommission einen Beschluss dahingehend gefasst hat, dass die Rechtsordnung eines Drittlandes oder die eines Teils eines Drittlandes ein mit der DSGVO vergleichbares Datenschutzniveau aufweist (Art. 45 Abs. 1 DSGVO). Ein derartiger Beschluss existiert aktuell in Bezug auf die Rechtsordnungen der folgenden Länder:

- Andorra, Argentinien, Kanada (nur kommerzielle Organisationen), Färöer, Guernsey, Israel, Isle of Man, Jersey, Neuseeland, Schweiz, Republik Korea, Uruguay, Japan und Großbritannien.

390 Vgl. zur Section 702 des FISA die Ausführungen unter Rn. 532.

391 Ebenso *Herbst*, in: Kühling/Buchner, DSGVO/BDSG, 2. Aufl. 2018, Art. 4 Rn. 31.

Praxishinweis: 520

Die Rechtmäßigkeit des Erlasses des Beschlusses in Bezug auf Großbritannien ist umstritten. Unter anderem hatte sich das Europäische Parlament gegen eine Anerkennung von Großbritannien als datenschutzrechtlich sicheres Drittland ausgesprochen. Der Beschluss der EU-Kommission sieht außerdem vor, dass dieser mit Ablauf von 4 Jahren nach dessen Inkrafttreten ausläuft und dann zu erneuern ist. Aus Gründen der Vorsicht sollte damit gerechnet werden, dass Großbritannien nicht dauerhaft als sicheres Drittland eingestuft wird. Insofern möglich, sollten daher bei der Ausgestaltung von Datenübermittlungen nach Großbritannien bereits heute die gesetzlichen Vorgaben aus Art. 44 ff. DSGVO berücksichtigt werden.

B. Geeignete Garantien

Eine Übermittlung von Daten in unsichere Drittländer ist nur dann rechtmäßig, 521
wenn in Bezug auf die Verarbeitung der Daten „geeignete Garantien" geschaffen worden sind und den Betroffenen „durchsetzbare Rechte und wirksame Rechtsbehelfe zur Verfügung stehen" (Art. 46 Abs. 1 DSGVO). Geeignete Garantien können insbesondere bestehen in:

- Binding-Corporate-Rules (Art. 46 Abs. 2 Ziffer b) DSGVO,
- EU-Standarddatenschutzklauseln (Art. 46 Abs. 2 Ziffer c) DSGVO).

I. Entscheidung des EuGH in der Rechtssache „Schrems II"

Die Entscheidung des EuGH in der Rechtssache „Schrems II"[392] hat für großes 522
Aufsehen gesorgt. Dies lag insbesondere daran, dass durch die genannte Entscheidung die Absicherung bzw. die Möglichkeit der „Übermittlung" von Daten aus der EU in die USA deutlich erschwert worden ist. Dieser Umstand ist dahingehend von ganz erheblicher Praxisrelevanz, dass in Europa ansässige Unternehmen regelmäßig mit US-Technologieanbietern zusammenarbeiten (u. a. im Bereich des Online-Tracking sowie in dem der Nutzung von Cloud-Infrastrukturen).

Der EuGH hat in seiner Entscheidung in der Rechtssache „Schrems II" zum einen 523
das „EU-US-Privacy-Shield-Abkommen" für unwirksam erklärt. Datenübermittlungen in die USA können auf Basis des genannten Abkommens daher nicht mehr erfolgen.

Zum anderen hat der EuGH in der genannten Entscheidung festgestellt, dass die 524
EU-Standarddatenschutzklauseln[393] grundsätzlich dazu geeignet sind, geeignete Garantien zu schaffen, die für die Übermittlung von Daten in ein unsicheres Drittland erforderlich sind. Insofern die Verpflichtungen, die sich aus den EU-Standarddatenschutzklauseln auf Seiten des Datenimporteurs ergeben, aber

392 EuGH, Urt. v. 16.07.2020 – C-311/18.

393 Zu den EU-Standarddatenschutzklauseln vgl. die Ausführungen unter Rn. 526 ff.

gesetzlichen Regelungen des Landes widersprechen, in dem der Datenimporteur seinen Sitz hat, bedarf es jedoch weiterer Maßnahmen zur Schaffung eines vergleichbaren Datenschutzniveaus. Es hat vor einer Übermittlung von Daten in ein unsicheres Drittland daher stets eine Analyse der für das Datenschutzniveau relevanten Rechtsvorgaben in dem Drittland zu erfolgen.[394]

II. Binding-Corporate-Rules

525 Bei den Binding-Corporate-Rules handelt es sich um von der zuständigen Aufsichtsbehörde genehmigte interne verbindliche Vorschriften, mittels deren Einhaltung die gesetzlichen Vorgaben zum Drittlanddatentransfer innerhalb eines Konzerns/einer Unternehmensgruppe eingehalten werden. Die einschlägige Norm zu den Binding-Corporate-Rules ist in Art. 47 DSGVO zu finden. Diese beinhaltet auch die an die Binding-Corporate-Rules gestellten Anforderungen. Deren Implementierung ist in der Praxis zumeist sehr aufwendig. Vor diesem Hintergrund ist es misslich, dass die Feststellungen des EuGH zu den EU-Standarddatenschutzklauseln[395] nach weitgehend vertretener Ansicht auch auf die Schaffung geeigneter Garantien durch die Implementierung von Binding-Corporate-Rules zu übertragen sind.[396] Vor diesem Hintergrund werden Konzerne/Unternehmensgruppe zukünftig sicherlich genau prüfen, ob der hohe Implementierungsaufwand in einem angemessenen Verhältnis zu dem von den Binding Corporate Rules ausgehenden Maß an Rechtssicherheit steht.

III. EU-Standarddatenschutzklauseln

526 Bei den EU-Standarddatenschutzklauseln handelt es sich um von der EU-Kommission herausgegebene Vertragsmuster. Diese beinhalten Verpflichtungen auf Seiten des jeweiligen Datenimporteurs. Mittels der Einhaltung dieser Verpflichtungen soll ein ausreichendes Datenschutzniveau gewährleistet werden.

527 In der Vergangenheit gab es EU-Standarddatenschutzklauseln für die folgenden Verarbeitungskonstellationen:

- „Controller to Controller",
- „Controller to Processor".

528 Die EU-Kommission hat am 27.06.2021 (Inkrafttreten des Beschlusses) neue EU-Standarddatenschutzklauseln herauszugeben. Diese sind seit dem 27.09.2021 zu verwenden. In der Vergangenheit abgeschlossene, „alte" EU-Standarddatenschutzklauseln, sind bis zum 27.12.2022 weiterhin wirksam, müssen mit Ablauf dieses Datums aber durch die „neuen" EU-Standarddatenschutzklauseln ersetzt worden sein.

394 EuGH, Urt. v. 16.07.2020 – C-311/18, Rz. 105.

395 Vgl. hierzu die Ausführungen unter Rn. 522.

396 EDSA, in: „Häufig gestellte Fragen zum Urteil des Gerichtshofs der Europäischen Union in der Rechtssache C-311/18 – Data Protection Commissioner gegen Facebook Ireland Ltd und Maximilian Schrems" v. 23.07 2020, Seite 5.

Herausgegeben wurden „neue" EU-Standarddatenschutzklauseln für die folgenden Konstellationen:

- „Controller to Controller",
- „Controller to Processor"
- „Processor to Processor",
- „Processor to Controller".

Praxishinweis: 529

Insbesondere der Umstand, dass nun EU-Standarddatenschutzklauseln für die Übermittlung von Daten im Verhältnis „Processor to Processor" existieren, vereinfacht den Einsatz von Auftragsverarbeitern mit Sitz in unsicheren Drittländern ungemein. Die „alten" EU-Standarddatenschutzklauseln mussten nämlich seitens des Datenexporteurs und damit durch den Verantwortlichen abgeschlossen werden („Direktabschluss"). Wollte ein Auftragsverarbeiter einen Subunternehmer mit Sitz in einem unsicheren Drittland beauftragen, musste er sich auch in Bezug auf den Abschluss der EU-Standarddatenschutzklauseln an den Verantwortlichen wenden. Außerdem ist darauf hinzuweisen, dass seit Anwendbarkeit der DSGVO zwischen dem Auftraggeber und dem Auftragsverarbeiter mit Sitz in einem unsicheren Drittland zweifelsfrei keine zusätzliche Abrede zur Auftragsverarbeitung mehr abzuschließen ist. Auch dieser Umstand vereinfacht das „Handling" in der Praxis.

Die „neuen" EU-Standarddatenschutzklauseln nehmen einzelne Maßnahmen, 530
deren Durchführung aufgrund der Entscheidung des EuGH in der Rechtssache „Schrems II"[397] erforderlich ist, konkret auf. Diesbezüglich ist z. B. auf die Erforderlichkeit der Durchführung eines „Transfer-Impact-Assessments" (TIA) zu verweisen. Festzustellen ist jedoch auch, dass die sich aus der Entscheidung des EuGH in der genannten Rechtssache ergebenen Probleme allein durch den Abschluss der neuen EU-Standarddatenschutzklauseln – zumindest bei einer Übermittlung von Daten in die USA – nicht gelöst werden können.

C. Cloud-Infrastrukturen

Im Bereich der Verarbeitung von Kundendaten ist es häufig erforderlich, in 531
Bezug auf die Kapazität der eingesetzten Infrastruktur Skalierungen vornehmen zu können. Um dies zu ermöglichen, werden am Markt häufig so genannte „Public-Cloud-Dienste" genutzt. Ein wesentliches Merkmal dieser Dienste ist, dass die von dem jeweiligen Anbieter zur Verfügung gestellten technischen Ressourcen teilweise von mehreren Kunden gemeinsam („shared") genutzt werden und diese über das Internet abrufbar sind.

397 Vgl. hierzu die Ausführungen unter Rn. 522.

I. Section 702 des FISA

532 Ein Großteil der am Markt angebotenen und leistungsfähigsten Cloud-Lösungen („Hyperscaler") werden von Unternehmen betrieben, die ihren Sitz in der EU haben, deren „Muttergesellschaften" aber in den USA ansässig sind. Dies ist dahingehend problematisch, dass die genannten „Muttergesellschaften" (regelmäßig) der Section 702 des FISA unterfallen und hierdurch die Gefahr besteht, dass staatliche Institutionen der USA einen solchen Zugriff auf die in der jeweiligen Infrastruktur gespeicherten Daten erhalten, der mit den Vorgaben aus der DSGVO nicht vereinbar wäre und aufgrund dessen ein ausreichendes Datenschutzniveau nicht vorliegen würde.[398] Im Rahmen des durchzuführenden TIA[399] ist zu berücksichtigen, wie wahrscheinlich ein unberechtigter Zugriff durch eine staatliche Institution ist.[400] Vor diesem Hintergrund sind einzelne Anbieter von Cloud-Infrastrukturen dazu übergegangen, die Anzahl an Anfragen bzgl. einer Datenübermittlung durch staatliche Institutionen der USA (ihren Kunden gegenüber) offenzulegen.

II. Schutzmaßnahmen

533 Der zuvor dargelegte Umstand hat jedoch nicht zur Folge, dass die beschriebenen Cloud-Dienste für Verarbeitungen von Daten, die in den Anwendungsbereich der DSGVO fallen, per se nicht genutzt werden können. Es bedarf jedoch (z. B. neben dem Abschluss von EU-Standarddatenschutzklauseln) der Vornahme weiterer, in der Praxis häufig sehr aufwendiger Maßnahmen, mittels derer ein ausreichendes Datenschutzniveau herbeigeführt wird.[401] Zu den genannten Maßnahmen zählen insbesondere

- die Verschlüsselung

und

- die Anonymisierung/Pseudonymisierung

der in der Cloud-Infrastruktur verarbeiteten Daten.[402]

Die Verarbeitung von verschlüsselten/pseudonymisierten Daten ist insbesondere bei der Nutzung von Infrastructure-as-a-Service- und/oder Plattform-as-a-Service-Leistungen möglich. Die Verschlüsselung/Pseudonymisierung der Daten ist hingegen bei der Nutzung von Software-as-a-Service-Lösungen grundsätzlich nur in einem begrenzten Maße möglich. In diesen Fällen sollte

398 Vgl. EuGH, Urt. v. 16.07.2020 – C-311/18.

399 Vgl. hierzu die Ausführungen unter Rn. 524.

400 Grages, Datenschutz-Berater 2020, 304 (306).

401 Vgl. die Entscheidung des Conseil d'etat v. 12.03.2021 – 450163.

402 LfDI Baden-Württemberg, Orientierungshilfe: Was jetzt in Sachen internationaler Datentransfer?, Stand: September 2021, Seite 7; EDSA, in: Empfehlungen 01/2020 zu Maßnahmen zur Ergänzung von Übermittlungstools zur Gewährleistung des unionsrechtlichen Schutzniveaus für personenbezogene Daten, Rn. 80.

daher auf jeden Fall eine Ergänzung der EU-Standarddatenschutzklauseln/der Abrede zur Auftragsverarbeitung vorgenommen werden.[403]

Praxishinweis: 534
Insofern Datenverarbeitungen in Cloud-Infrastrukturen erfolgen, die unter die Vorgaben in Art. 44 ff. DSGVO aufgrund des Sitzes des Anbieters der Infrastruktur oder des Sitzes der „Muttergesellschaft" des Anbieters fallen (könnten), sollten solche technische und organisatorische Maßnahmen getroffen werden, die die Daten nicht nur vor einem Zugriff Dritter, sondern auch vor einem Zugriff des jeweiligen Anbieters der Cloud-Infrastruktur an sich schützen.

Daten können vor einem unberechtigten Zugriff durch Dritte und/oder durch 535
den Anbieter der Cloud-Infrastruktur dadurch geschützt werden, dass sämtliche personenbezogenen „Identifier" (z. B. Kundennummer) vor einem Transfer der Daten in die Cloud-Infrastruktur mittels eines sicheren Algorithmus verhasht[404] werden. Außerdem besteht die Möglichkeit, personenbezogene „Identifier" vor deren Übermittlung in die Cloud-Infrastruktur zu verschlüsseln und den Schlüssel in einem eigenen Rechenzentrum („on premises") zu halten oder diesen durch einen Datentreuhänder verwalten zu lassen. Anbieter von Cloud-Infrastrukturen bieten regelmäßig die Möglichkeit der Nutzung so genannter „Key-Management-Systeme" (KMS) an. Im Zusammenhang mit der Nutzung solcher KMS werden die Schlüssel in einer gesondert geschützten Umgebung in der Cloud-Infrastruktur abgelegt. Die Berechtigung der Einräumung der Möglichkeit eines Zugriffs auf den Schlüssel liegt in diesen Fällen in der alleinigen „Hoheit" des Nutzers der Cloud-Infrastruktur.

Insofern die Verarbeitung von Daten in der Cloud-Infrastruktur in den Anwen- 536
dungsbereich der Vorschriften in Artikel 44 ff. DSGVO fällt bzw. fallen könnte, sollte aus Gründen der Sicherheit bei der Nutzung eines KMS des Anbieters der Cloud-Infrastruktur folgendes beachtet werden:

- Der Schlüssel sollte von dem Nutzer der Cloud-Infrastruktur selbst erzeugt werden;
- der eingesetzte Verschlüsselungsalgorithmus sollte von dem Nutzer der Cloud-Infrastruktur ausgewählt und verwaltet werden;
- die Zugriffe auf den in dem KMS gespeicherten Schlüssel sollten „gemonitored" werden.

Weiterhin ist anzumerken, dass in der Praxis Daten regelmäßig in einzelnen von 537
Externen angebotenen Applikationen verarbeitet werden, die wiederum in Cloud-Infrastrukturen „gehostet" werden. Die Daten sollten in einem solchen Fall nicht nur vor dem Anbieter der Cloud-Infrastruktur, sondern auch vor dem Anbieter der Applikation geschützt werden. Insofern der Anbieter der Applikation oder dessen „Muttergesellschaft" seinen/ihren Sitz in einem unsicheren

403 LfDI Baden-Württemberg, Orientierungshilfe: Was jetzt in Sachen internationaler Datentransfer?, Stand: September 2021, Seite 9.
404 Zum „Hashing" vgl. die Ausführungen unter Rn. 45.

Drittland hat, sollte der Schutz der Daten dadurch sichergestellt werden, dass der Anbieter keinen Zugriff auf den eingesetzten Schlüssel hat.

538 Außerdem ist bei einem Transfer der Daten innerhalb der Cloud-Infrastruktur (z. B. von einer Applikation zu einer anderen) eine Transportverschlüsselung vorzunehmen.

III. Modell der „geteilten Verantwortlichkeit"

539 Einige Anbieter von Cloud-Infrastrukturen legen der Zusammenarbeit mit den Nutzern der Infrastruktur (Kunden) das Modell der so genannten „geteilten Verantwortlichkeit" zugrunde. Gegenstand dieses Modells ist, dass der Anbieter der Cloud-Infrastruktur für die Sicherheit der Infrastruktur an sich und der Kunde für die Sicherheit der Verarbeitung der Daten „in" dieser (z. B. in den eingesetzten Applikationen) verantwortlich ist. Dies hat zur Folge, dass der Anbieter bereits aufgrund der vertraglichen Absprachen mit seinen Kunden nicht dazu berechtigt ist, die in der Cloud-Infrastruktur verarbeiteten verschlüsselten Daten zu entschlüsseln. Insofern der Anbieter der Cloud-Infrastruktur trotz dieses Umstands versucht, die Daten zu entschlüsseln, verstößt dieser hierdurch gegen die vertraglichen Vereinbarungen mit seinen Kunden. Hat der Anbieter der Cloud-Infrastruktur seinen Sitz in der EU und versucht dieser die Daten zu entschlüsseln, um die Daten dann z. B. aufgrund von Weisungen seiner in einem unsicheren Drittland ansässigen „Muttergesellschaft" in dieses zu übermitteln, würde der Anbieter der Cloud-Infrastruktur außerdem selbst gegen die DSGVO, nämlich gegen die Vorgaben aus Art. 46 Abs. 1 DSGVO, verstoßen.

IV. Richtlinien für die Praxis

540 Insofern Datenverarbeitungen in Cloud-Infrastrukturen erfolgen, sollten grundsätzlich die folgenden Richtlinien eingehalten werden, um Verstöße gegen die Vorgaben aus Art. 44 ff. DSGVO zu vermeiden:

- Der Anbieter der Infrastruktur sollte seinen Sitz im EWR haben;
- die Daten sollten physisch im EWR gespeichert/verarbeitet werden;
- die Daten sind derart zu verschlüsseln/zu pseudonymisieren, dass diese auch vor dem Cloud-Anbieter an sich geschützt sind.

541 *Praxishinweis:*

Einige Anbieter von Cloud-Infrastrukturen, die angehöriger US-Amerikanischer Konzerne sind, geben ihren Kunden heute grundsätzlich die Möglichkeit, dass die Daten der Kunden ausschließlich in der EU verarbeitet werden. In diesem Zusammenhang ist jedoch auch darauf hinzuweisen, dass derartige Anbieter zumeist Zusatzleistungen anbieten, für deren Nutzung ein Transfer der Daten in unsichere Drittländer erforderlich ist. Vor diesem Hintergrund müssen sämtliche Leistungen, die in Anspruch genommen werden sollen, gesondert überprüft werden.

D. Tracking-/Marketing-Tools

Auch der Einsatz von Tracking-/Marketing-Tools weist häufig Berührungspunkte zu den Vorgaben in Art. 44 ff. DSGVO auf. So hatte z. B. die Entscheidung des EuGH in der Rechtssache „Schrems II"[405] die Übermittlung von Daten durch die Facebook Ireland Ltd. an die Facebook Inc. mit Sitz in den USA zum Gegenstand. 542

In der Praxis werden relevante Tracking-/Marketing-Tools häufig von in Europa (zumeist in Irland) ansässigen Gesellschaften, deren „Muttergesellschaften" ihren Sitz in den USA haben, am europäischen Markt angeboten. In diesem Zusammenhang erfolgt regelmäßig auch ein Transfer von über die Tools erhobener Daten in die USA. 543

Insbesondere der Einsatz der hier erörterten Marketing-Tools ist regelmäßig derart ausgestaltet, dass die Daten von dem in der EU ansässigen Toolanbieter in gemeinsamer Verantwortlichkeit mit dem jeweiligen Websitebetreiber erhoben und dann durch den Toolanbieter in alleiniger Verantwortlichkeit weiterverarbeitet werden.[406] Gegenstand dieser Weiterberarbeitung ist auch ein etwaiger Transfer der Daten in die USA, so dass der jeweilige Websitebetreiber für einen solchen datenschutzrechtlich nicht verantwortlich ist. Hierfür spricht auch, dass die Websitebetreiber spätestens nach der Erhebung der Daten in aller Regel keinen Zugriff auf diese haben. Trotz des zuvor dargelegten Umstands sollten Websitebetreiber im Rahmen der Erfüllung der ihnen obliegenden Informationspflichten darauf hinweisen, dass der Toolanbieter die Daten in ein unsicheres Drittland (z. B. in die USA) übermitteln kann, und dass in dem Drittland (das genannt werden sollte) kein Datenschutzniveau gegeben ist, das mit den der EU vergleichbar ist.

Darüber hinaus ist zu bedenken, dass die Toolanbieter die erhobenen Daten nicht stets natürlichen Personen zuordnen können. Gleiches gilt für Dritte (z. B. staatliche Institutionen), insofern diese unberechtigt auf die Daten zugreifen. Die Möglichkeit einer Zuordnung der Daten zu einer natürlichen Person ist z. B. regelmäßig dann nicht gegeben, wenn im Rahmen der Erhebung von Trackingdaten 1st-Party-IDs eingesetzt werden.[407] Dass die Verarbeitung pseudonymer/pseudonymisierter Daten grundsätzlich dazu geeignet ist, ein angemessenes Datenschutzniveau zu gewährleisten, ist anerkannt.[408] 544

Seit der Entscheidung des EuGH in der Rechtssache „Schrems II"[409] sind einige Websitebetreiber dazu übergegangen, einen Transfer von Daten in ein unsicheres Drittland im Zusammenhang mit dem Einsatz von Tracking-/Marketing-Tools durch die Einholung von Einwilligungen in die Vornahme eines solchen 545

---

405 EuGH, Urt. v. 16.07.2020 – C-311/18.
406 Vgl. hierzu die Ausführungen unter Rn. 126.
407 Vgl. hierzu die Ausführungen unter Rn. 41.
408 Vgl. hierzu die Ausführungen unter Rn. 533.
409 EuGH, Urt. v. 16.07.2020 – C-311/18.

Transfers abzusichern (vgl. Art. 49 Abs. 1 S. 1 lit. a) DSGVO). Diesbezüglich besteht jedoch unter anderem das Problem, dass der Transfer von Daten in das jeweilige unsichere Drittland in der Regel nicht von dem Einsatz des jeweiligen Tools „getrennt" werden kann. Dies bedeutet, dass nicht die Möglichkeit besteht, dass die Nutzer der jeweiligen Website in den Einsatz des Tools einwilligen, ohne gleichzeitig auch dem Transfer der Daten in das unsichere Drittland zuzustimmen. Ob die Möglichkeit einer getrennten Zustimmung gegeben sein muss, da der Transfer der Daten z. B. einen eigenen „Datenverarbeitungsvorgang" darstellt[410], ist bisher nicht geklärt. Außerdem ist zu beachten, dass die DSK im Zusammenhang der Übermittlung von Trackingdaten in ein unsicheres Drittland mit Verweis auf den Ausnahmecharakter der Vorschrift in Art. 49 Abs. 1 DSGVO davon ausgeht, dass diese grundsätzlich nicht einschlägig sein kann. Die Begründung der DSK, die zu diesem Ergebnis führt, ist jedoch wenig dezidiert.[411]

E. „Content-Delivery-Networks"

546 Auch im Zusammenhang mit der Verarbeitung von Daten durch so genannte „Content-Delivery-Networks" (CDN) können Berührungspunkte zu den Vorgaben in Art. 44 ff. DSGVO gegeben sein. Aufgrund dieses Umstands wird in der Praxis der Einsatz von CDN durch Datenschutzbehörden regelmäßig überprüft.[412]

CDN werden von Websitebetreiber unter anderem dahingehend genutzt, dass mittels dieser der „Content" (u. a. Produktbilder) der Websites auf verschiedenen Servern, die an unterschiedlichen Standorten belegen sind, gespeichert wird. Dies hat seinen Grund darin, dass der „Content" dann schneller angezeigt werden kann, wenn der Server, von dem dieser abgerufen wird, sich nicht zu weit entfernt von dem Standort des die Website aufrufenden Nutzers befindet.

547 *Praxishinweis:*

Durch CDN wird der „Content" von Websites häufig auch auf Servern gespeichert, die ihren Standort außerhalb des EWR haben. Insofern der „Content" auch Abbildungen von Personen beinhaltet, weist dieser einen Personenbezug auf.[413] Um die Speicherung dieser personenbezogenen Daten auf Servern außerhalb des EWR abzusichern, sollten die Websitebetreiber sich von den „Content-Lieferanten" weltweite Nutzungsrechte einräumen und sich zusichern lassen, dass die Lieferanten zu der Einräumung auch berechtigt sind. Außerdem sollten die Websitebetreiber eine Regelung in die einschlägigen vertraglichen Abreden dahingehend aufnehmen, dass die Ausübung der Nutzungsrechte nicht gegen Rechte Dritter (z. B. das APR) verstößt.

410 Vgl. zum Begriff des „Datenverarbeitungsvorgangs" die Ausführungen unter Rn. 68 ff.
411 DSK, OH Telemedien 2021, Seite 31 f.
412 So beinhalteten z. B. Fragebögen von Datenschutzbehörden zum Einsatz von Hosting-Dienstleistern auch Fragen zum Einsatz von CDN.
413 Vgl. hierzu die Ausführungen unter Rn. 36.

Aufgrund des beschriebenen Zwecks des Einsatzes von CDN in dem erörterten Anwendungsbereich kommt es bei diesem grundsätzlich nicht vor, dass Aufrufe von Websites durch Betroffene (User), die sich bei dem Aufruf in der EU aufhalten, an Server außerhalb der EU weitergeleitet werden. Trotz dieses Umstands ist genau zu prüfen, ob durch das CDN personenbezogene Daten verarbeitet werden. Wenn dies der Fall ist, sollte – neben der Vornahme weiterer erforderlicher datenschutzrechtlicher Prüfungen (z. B. Bestehen einer Rechtsgrundlage für die Datenerhebung) – stets überprüft werden, ob die Datenverarbeitungen mit den Vorgaben in Art. 44 ff. DSGVO vereinbar sind. Dies liegt bereits daran, dass in der Praxis CDN auch durch solche Unternehmen betrieben werden, deren „Muttergesellschaften" der Section 702 des FISA unterfallen. 548

Teil 8 – Online-Tracking/Online-Marketing

A. Online-Tracking

Der Bereich des Online-Tracking ist seit längerer Zeit Gegenstand umfangreicher datenschutzrechtlicher Diskussionen. Diese Diskussionen drehten sich zunächst primär um die Frage, ob für die Vornahme eines Online-Tracking grundsätzlich eine Einwilligung einzuholen ist. Des Weiteren wurde bzw. wird immer noch diskutiert, welche genauen Anforderungen an die Einholung von Einwilligungen für die Vornahme eines Online-Tracking zu stellen sind, insofern eine solche Einholung erfolgen muss. Die Entscheidung des EuGH[414] sowie die des BGH[415] in der Rechtssache „Planet49" und die Schaffung der Vorschrift in § 25 TTDSG[416] haben in Bezug auf die genannten Themenbereiche ein Stück weit Klarheit geschaffen; sämtliche bestehenden Fragestellungen wurden durch diese jedoch nicht beantwortet. 549

Des Weiteren sind einzelne Browser-Anbieter dazu übergangen, so genannte „Third-Party-Cookies" zu blocken. Google hat in diesem Zusammenhang angekündigt, dass der von Google betriebene Browser „Chrome" zukünftig websiteübergreifendes Tracking („Privacy-Sandbox-Projekt") unterbinden wird. Außerdem hat Apple neue Vorgaben in Bezug auf die Einholung von Einwilligung für die Nutzung der „IDFA" als „App-Identifier" getätigt. Diese Veränderungen werden insbesondere das heute noch existierende individualisierte Online-Marketing auf „User-Ebene" verändern. Wie sich die beschriebenen Veränderungen tatsächlich in der Praxis auswirken werden, bleibt abzuwarten. Sicher ist jedoch, dass mit diesen weitere (neue) datenschutzrechtliche Diskussionen entstehen werden. 550

I. ePrivacy-Richtlinie (Richtlinie 2002/58/EG)

In Bezug auf die Erhebung von Trackingdaten ist die einschlägige EU-Vorschrift in Art. 5 Abs. 3 der so genannten ePrivacy-Richtlinie (Richtlinie 2002/58/EG modifiziert durch die Richtlinie 2009/136/EG) zu finden. Nach dieser erfordert die Speicherung von Daten auf Endgeräten (z. B. durch den Einsatz von Cookies) sowie das Abrufen von Daten aus Endgeräten („Zugriff") grundsätzlich eine Einwilligung des Nutzers. Hinter dieser Vorgabe „steht" der Grundgedanke, dass die Integrität von Endgeräten schützenswert ist. Die Integrität von Endgeräten ist nach der Ansicht des Europäischen Gesetzgebers sogar derart schützenswert, dass das grundsätzliche Einwilligungserfordernis auch dann greift, wenn die durch den „Zugriff" auf das jeweilige Endgerät verarbeiteten Daten anonym sind.[417] 551

---

414 EuGH, Urt. v. 01. 10. 2019 – C-673-17.
415 BGH, Urt. v. 28. 05. 2020 – I ZR 7/16.
416 Vgl. hierzu die Ausführungen unter Rn. 566 ff.
417 EuGH, Urt. v. 01. 10. 2019 – C-673-17.

1. Technikneutralität

552 Die Vorschrift in Art. 5 Abs. 3 der Richtlinie 2002/58/EG ist technikneutral. Dies bedeutet, dass diese nicht nur auf das Setzen von „Cookies", sondern auch auf den Einsatz anderer Technologien, wie z. B. auf den des „Browser-Fingerprinting", Anwendung findet. Vor diesem Hintergrund ist die vielfach verwendete Bezeichnung „Cookie-Richtlinie" für die Richtlinie 2009/136/EG, durch die die Richtlinie 2002/58/EG modifiziert wurde, irreführend. Die Vorgaben aus Art. 5 Abs. 3 der Richtlinie 2002/58/EG dürften im Übrigen grundsätzlich auch auf die Vornahme eines serverseitigen Trackings Anwendung finden. Das serverseitige Tracking wird in der Praxis mittlerweile verstärkt deswegen eingesetzt, weil einzelne Browser-Anbieter dazu übergegangen sind, das Setzen bestimmter Cookies in die von ihnen betriebenen Browser zu unterbinden (u. a. Safari, Firefox).

2. Ausnahmen vom Einwilligungserfordernis

553 Gemäß Art. 5 Abs. 3 der Richtlinie 2002/58EG ist die Einholung einer Einwilligung unter anderem dann nicht erforderlich, wenn das Abspeichern von Informationen auf und/oder das Abrufen von Informationen aus Endgeräten

> *„**unbedingt erforderlich** ist, damit der Anbieter eines Dienstes der Informationsgesellschaft, der vom Teilnehmer oder Nutzer ausdrücklich gewünscht wurde, diesen Dienst **zur Verfügung stellen kann**".*

554 In diesem Zusammenhang ist mangels des Vorliegens einer gesetzlichen Definition in der genannten Richtlinie nicht abschließend geklärt, was unter dem Merkmal

> *„unbedingt erforderlich"*

zu verstehen ist. Auch hat sich der deutsche Gesetzgeber dazu entschlossen, keine Beispiele in die Vorschrift in § 25 Abs. 2 Nr. 2 TTDSG aufzunehmen, die das hier erörterte Merkmal konkretisieren. Dies ist dahingehend bedauerlich, dass der deutsche Gesetzgeber es hierdurch verpasst hat, ein Stück Rechtssicherheit – insbesondere für die Verantwortlichen – zu schaffen.

555 Weitgehend ist jedoch eine Einigkeit dahingehend gegeben, dass bei der Beurteilung der hier erörterten Thematik auf die jeweilige Unterseite/das jeweilige „Feature" einer Website abzustellen ist.[418] Darüber hinaus kann der User aus Art. 5 Abs. 3 der Richtlinie 2002/58/EG keinen Anspruch ableiten, dass ein Websitebetreiber seine Website derart ausgestaltet, dass diese z. B. keine „Features" (z. B. das Angebot eines Merkzettels in einem Online-Shop) beinhaltet, für deren Funktionsfähigkeit das Setzen eines Cookies zwingend erforderlich ist. Insoweit technisch möglich, darf z. B. das Setzen eines Cookies in diesen Fällen aber erst dann erfolgen, wenn der jeweilige User das „Feature" auch in Anspruch nimmt.[419] In diesem Zusammenhang sind insbesondere Betreiber von Websites

418 Vgl. beispielhaft Piltz/Kühner, ZD 2021, 123 (126).
419 Ebenso DSK, OH Telemedien 2021, Seite 21 f.

mit redaktionellen Inhalten in jüngerer Vergangenheit dazu übergegangen, Inhalte von Drittseiten (z. B. Kommentare auf sozialen Netzwerken) erst dann einzublenden, wenn der jeweilige User die Anzeige z. B. mittels eines Klicks aktiviert. Hintergrund dieses Vorgehens ist jedoch zumeist, dass mit der Einblendung des Inhalts Datenverarbeitungen verbunden sind, für die der Websitebetreiber eine Einwilligung einholt bzw. gesetzlich zu einer solchen Einholung verpflichtet ist.

In Bezug auf die im Nachfolgenden getätigten Ausführungen ist darauf hinzuweisen, dass deutsche Aufsichtsbehörden das Merkmal „unbedingt erforderlich" z. T. sehr eng auslegen. Unter dieses sollen z. B. nicht solche „Zugriffe" auf Endgeräte fallen können, die aus wirtschaftlichen Gründen erforderlich sind.[420]

a) Technisch erforderliche Cookies

Sicher ist, dass unter die hier erörterte Ausnahme des Einwilligungserfordernisses aus Art. 5 Abs. 3 der Richtlinie 2002/58/EG so genannte „technisch erforderliche" Cookies fallen. Das Setzen solcher Cookies ist z. B. für 556

- die Ermöglichung einer Warenkorbanzeige

oder

- die Aufrechterhaltung eines Log-ins

zwingend notwendig.

b) Umsetzung gesetzlicher Vorgaben

Weitgehend anerkannt ist auch, dass unter anderem das Setzen von Cookies zum Zweck der Umsetzung gesetzlicher Vorgaben keiner Einholung einer Einwilligung bedarf. 557

Beispiel 63:

Der User U surft auf der Website X und erteilt auf dieser eine Einwilligung in die Verarbeitung von Trackingdaten zum Zweck der Ausspielung individualisierter Online-Werbung der Website X. Der U ruft in der Folgezeit erneut die Website X auf und widerruft die durch ihn erteilte Einwilligung mittels des Anklickens eines Widerrufs-Links in der Datenschutzerklärung der Website X. Durch das Anklicken des Links wird ein so genannter „Zero-Cookie" gesetzt. Mittels des Auslesens des gesetzten „Zero-Cookies" kann die Website X zukünftig erkennen, dass der U die erteilte Einwilligung widerrufen hat und die Website X nicht (mehr) dazu berechtigt ist, Trackingdaten zum Zweck der individualisierten Online-Werbung zu erheben.

In dem zuvor wiedergegebenen Beispiel ist sowohl das Setzen des „Zero-Cookies", als auch das Auslesen des genannten Cookies

420 Vgl. beispielhaft HBfDI, Das TTDSG – Neue Regelungen zum Einsatz von Cookies und vergleichbaren Technologien, Stand: 30.11.2021, abrufbar unter: *https://datenschutz-hamburg.de/pages/ttdsg/*, zuletzt abgerufen am 30.11.2021.

„unbedingt erforderlich"

im Sinne des Art. 5 Abs. 3 der Richtlinie 2002/58/EG.

c) Reichweitenmessung

558 Vielfach in der Praxis diskutiert wird die Frage, ob das Speichern von Daten auf einem Endgerät sowie das Abrufen von Daten aus einem Endgerät zum Zweck der Durchführung einer Reichweitenmessung (insb. Analyse der Anzahl der Aufrufe einzelner Unterseiten) ohne die Einholung einer Einwilligung möglich ist. Diesbezüglich wird seitens der CNIL eine sinnvolle und pragmatische Position vertreten. Nach dieser ist z. B. das Setzen von Cookies zum Zweck einer Analyse aggregierter Trackingdaten dann möglich, wenn der Nutzer hierüber informiert und ihm diesbezüglich ein Widerspruchsrecht eingeräumt wird.

d) Abrechnungszwecke

559 In der Praxis werden Cookies häufig für Abrechnungszwecke gesetzt. Dies ist unter anderem im Bereich des „Affiliate-Marketing" der Fall. In diesem Bereich werden die Websitebetreiber, auf deren Websites Werbungen ausgesteuert werden (Publisher), für jeden durch einen Online-User erfolgten Klick auf die jeweilige Werbefläche durch den Werbenden (Advertiser) vergütet (Cost-per-Click-Vergütung). Klickt ein Online-User auf eine nicht individualisierte Werbeanzeige auf der Website eines Publishers und wird der Online-User daraufhin auf die Website des Advertisers weitergeleitet, ist das Setzen eines Cookies regelmäßig zwingend erforderlich, um den erfolgten Click nachweisen, die Abrechnung vornehmen und diese überprüfen zu können. Das Setzen der Cookies erfolgt zumeist durch Dienstleister, die Netzwerke betreiben, die Advertiser und Publisher „zusammenbringen" (so genannte „Affiliate-Netzwerke"). Die im Zusammenhang mit dem Setzen der Cookies durch die Betreiber der Netzwerke erhobenen Daten können durch diese (ohne ein Zusatzwissen Dritter) natürlichen Personen nicht zugeordnet werden. Des Weiteren besteht die Möglichkeit, dass auch auf den Websites der Advertiser Daten erhoben werden. Dies ist z. B. dann der Fall, wenn der Publisher für eine jede Transaktion (z. B. Kauf), die ein Online-User nach dem Klick auf die Werbefläche vornimmt, (zusätzlich) vergütet wird (Cost-per-Order-Vergütung). Um die „Order" dem „Click" zuordnen zu können, ist es ebenfalls erforderlich, dass bei dem Click auf die Werbefläche ein Cookie gesetzt wurde.

560 Die Aussteuerung von Werbungen auf Websites ist häufig notwendig, um den Betrieb von Websites finanzieren zu können. Die Auswahl der Art und Weise, wie Websitebetreiber den Betrieb ihrer Website finanzieren, obliegt ausschließlich diesen, insofern die Art und Weise der Finanzierung mit den bestehenden gesetzlichen Vorgaben im Einklang steht. In diesem Zusammenhang ist darauf hinzuweisen, dass es keine gesetzliche Vorgabe gibt, die es Websitebetreibern verbietet, nicht individualisierte Werbung in ihre Website zu integrieren. Bei der Anzeige nicht individualisierter Werbungen auf Websites sind zwar einzelne gesetzliche Vorgaben zu beachten, diese sind aber insbesondere wettbewerbs-

rechtlicher und nicht datenschutzrechtlicher Natur. Auch obliegt es ausschließlich dem Advertiser und dem Publisher zu entscheiden, welche Art der Vergütung sie vereinbaren. Dass der Umstand, dass ein Vergütungsanspruch entstanden ist, von dem Schuldner der zu vergütenden Leistung nachgewiesen werden können muss, entspricht den allgemeinen zivilrechtlichen Grundsätzen. Insofern für einen solchen Nachweis das Setzen von Cookies notwendig ist, muss dies auch „unbedingt erforderlich" im Sinne der Vorschrift in Art. 5 Abs. 3 der Richtlinie 2002/58/EG sein. Folgerichtig wurde im Gesetzgebungsverfahren zum TTDSG auch vorgeschlagen, eine Ausnahmeregelung von dem Einwilligungserfordernis für das Abspeichern und das Abrufen von Daten aus Endgeräten zum Zweck der Abrechnung, zu schaffen.[421]

e) „Fraud-Prevention"

Zum Teil wird die Ansicht vertreten, dass ein „Zugriff" auf ein Endgerät – z. B. im Rahmen der Erstellung von Browser-Fingerprints[422] – zum Zweck der Betrugsprävention auch unter Berücksichtigung der Vorschrift in Art. 5 Abs. 3 der Richtlinie 2002/58/EG keiner Einwilligung bedarf.[423] 561

Dass diese Ansicht korrekt ist, ergibt sich bereits daraus, dass eine Erforderlichkeit bezüglich der Einholung einer entsprechenden Einwilligung den Zweck der in der Praxis häufig zwingend erforderlichen Datenverarbeitung[424] vollständig konterkarieren würde. Es macht wohl nur wenig Sinn, eine Person, die z. B. einen Bestellbetrug begehen möchte, um die Erteilung einer Einwilligung in Bezug auf einen „Zugriff" auf deren Endgerät zum Zweck der Betrugsvermeidung zu bitten. 562

Darüber hinaus ist zu bedenken, dass nach der Regelung in Nr. 29. des Anhangs zu § 3 Abs. 3 UWG eine 563

> *„Aufforderung zur Bezahlung nicht bestellter, aber gelieferter Waren oder erbrachter Dienstleistungen",*

wettbewerbsrechtlich unlauter ist. Der zuvor zitierte Tatbestand kann auch dann einschlägig sein, wenn die Aufforderung zur Bezahlung – z. B. aufgrund des Vorliegens eines Identitätsdiebstahls – auf einem Irrtum basiert.[425] Daher geht von der genannten Norm zumindest mittelbar eine gesetzliche Verpflichtung zur Implementierung von Maßnahmen zur Vermeidung von Identitätsdiebstählen aus. Den Zweck einer solchen Vermeidung verfolgen am Markt angebotene Browser-Fingerprinting-Technologien.[426] Deren Einsatz dient daher (auch) der Einhaltung gesetzlicher Vorgaben. Dies spricht ebenfalls dafür, dass für einen solchen die Einholung einer Einwilligung nicht erforderlich ist.[427]

421 Benedikt, Stellungnahme zum TTDSG-E v. 21. 04. 2021, Seite 3.
422 Vgl. zur Erstellung von Browser-Fingerprints die Ausführungen unter Rn. 235 ff.
423 Vgl. Benedikt, Stellungnahme zum TTDSG-E v. 21. 04. 2021, Seite 3.
424 Vgl. hierzu die Ausführungen unter Rn. 231.
425 BGH, Urt. v. 06. 06. 2019 – I ZR 216/17.
426 Zur Funktionsweise dieser Technologien vgl. die Ausführungen unter Rn. 235 ff.
427 Vgl. hierzu die Ausführungen unter Rn. 557.

II. „Umsetzung" im Telemediengesetz (TMG)

564 Die Vorgaben aus der Richtlinie 2002/58EG müssen bekanntlich durch die Mitgliedstaaten der EU mittels nationaler Vorschriften umgesetzt werden. Die Möglichkeit einer unmittelbaren Anwendung der Regelung in Art. 5 Abs. 3 der genannten Richtline im Fall einer Nichtumsetzung wurde im Übrigen vielerorts mit dem nachvollziehbaren Argument, dass diese für eine solche Anwendung nicht hinreichend bestimmt ist, abgelehnt.

565 Der deutsche Gesetzgeber berief sich vor Inkrafttreten des TTDSG in Bezug auf eine erfolgte Umsetzung im nationalen Recht zum Teil auf eine Vorschrift, die besagte, dass pseudonyme Nutzungsprofile zum Zweck der

„Werbung und der Markt- und Meinungsforschung"

dann von einem Websitebetreiber erstellt werden dürfen, wenn dieser auf die Erhebung von Trackingdaten zu diesem Zweck hinweist und den Nutzern ein Widerspruchsrecht in Bezug auf die Erhebung einräumt (§ 15 Abs. 3 TMG a. F.).

Der EuGH hat in der Rechtssache „Planet49"[428] festgestellt, dass die beschriebene „Opt-out-Regelung" nicht europarechtskonform war. Der BGH hat daraufhin entschieden, dass § 15 Abs. 3 TMG a. F. entsprechend den Vorgaben aus Art. 5 Abs. 3 der Richtlinie 2002/58/EG ausgelegt werden musste.[429] Auch nach deutschem Recht mussten Websitebetreiber für die Erhebung von Trackingdaten daher bereits vor Inkrafttreten des TTDSG grundsätzlich eine Einwilligung vom Nutzer einholen. Diesbezüglich wurde zwar zum Teil die Ansicht vertreten, dass die vom BGH vorgenommene entsprechende Auslegung – welche unter dogmatischen Gesichtspunkten vielfach zu Recht kritisiert worden ist[430] – nur für die Bereiche der

„Werbung und der Markt- und Meinungsforschung",

die in dem Gesetzestext in § 15 Abs. 3 TMG a. F. ausdrücklich genannt wurden, galt. Aber selbst für den Fall, dass diese Ansicht korrekt ist, ist zu bedenken, dass bereits der Begriff der

„Werbung"

derart weit auszulegen ist, dass unter diesen sämtliche den Absatz unmittelbar oder mittelbar fördernde Maßnahmen fallen.[431] Hieraus folgt, dass in der Praxis auch bei Bejahung der dargestellten Ansicht in den allermeisten Fällen das Erfordernis der Einholung einer Einwilligung gegeben war.

---

428 EuGH, Urt. v. 01. 10. 2019 – C-673/17.
429 BGH, Urt. v. 28. 05. 2020 – I ZR 7/16.
430 Jandt, ZD 2020, 551 (552).
431 Vgl. hierzu die Ausführungen unter Rn. 707.

III. Telekommunikation-Telemedien-Datenschutzgesetz (TTDSG)

Das Telekommunikation-Telemedien-Datenschutzgesetz (TTDSG) ist am 01.12.2021 in Kraft getreten. Mit dessen Inkrafttreten wurden unter anderem die Vorschriften zum Online-Tracking im TMG aufgehoben. 566

Das TTDSG beinhaltet in §25 TTDSG eine Vorschrift, die der in Art. 5 Abs. 3 der Richtlinie 2002/55/EG entspricht. Dies ist einerseits dahingehend konsequent, dass auf Seiten der nationalen Gesetzgeber bei der Umsetzung der Vorgaben aus der genannten Europäischen Vorschrift ohnehin nur ein eingeschränkter Spielraum gegeben ist. Die Vorschrift in §25 TTDSG ist daher auch anhand der Rechtsprechung des EuGH zu der Regelung in Art. 5 Abs. 3 der Richtlinie 2002/58/EG auszulegen. §25 TTDSG gilt daher z. B. auch für die Verarbeitung nicht personenbezogener Daten.[432] 567

Andererseits hat der deutsche Gesetzgeber es verpasst, Regelungen aufzunehmen, die das Merkmal der „unbedingten Erforderlichkeit" in Art. 5 Abs. 3 der Richtlinie 2002/58/EG konkretisieren, was zu einem größeren Maß an Rechtssicherheit geführt hätte. Im Gegensatz hierzu wurde das genannte Merkmal einfach in §25 Abs. 2 Nr. 2 TTDSG übernommen.[433] 568

IV. Entwürfe einer ePrivacy-Verordnung

Die EU verhandelt seit geraumer Zeit über die Verabschiedung einer ePrivacy-Verordnung. Bestandteil dieser Verordnung soll auch eine Neuregelung der europäischen gesetzlichen Vorgaben zum Online-Tracking sein. Die bisherigen Entwürfe der Verordnung weisen unter anderem die folgenden, in Bezug auf das Online-Tracking sehr wichtigen, Vorgaben auf: 569

- Für das Abspeichern von Informationen auf Endgeräten und/oder das Abrufen von Informationen aus Endgeräten bedarf es grundsätzlich der Einholung einer Einwilligung;
- die Vorschriften zum Online-Tracking greifen auch dann, wenn es sich bei den auf den Endgeräten gespeicherten und/oder aus diesen abgerufenen Informationen um anonyme Daten handelt.

Im Hinblick auf die Vorgaben, die bei der Einholung der Einwilligungen einzuhalten sind, sollen die Vorschriften zur Einwilligung aus der DSGVO gelten. Diskutiert wird außerdem eine Ergänzung/Konkretisierung der Vorschrift zur Vornahme einer „Kopplung" in Art. 7 Abs. 4 DSGVO.[434] Diese Ergänzung/Konkretisierung betrifft die Thematik des „Bezahlens mit Daten".[435] 570

432 Vgl. hierzu die Ausführungen unter Rn. 551.
433 Zu dem Merkmal „unbedingt erforderlich" vgl. die Ausführungen unter Rn. 553 ff.
434 Zur „Kopplung" vgl. die Ausführungen unter Rn. 155 ff.
435 Zu dieser Thematik vgl. die Ausführungen unter Rn. 157 ff.

571 In Betracht gezogen wird des Weiteren die Schaffung von Ausnahmeregelungen in Bezug auf das zuvor genannte Einwilligungserfordernis für die folgenden „Bereiche“:

- Betrugsprävention,
- Reichweitenmessung.

V. Privacy-Sandbox-Projekt

572 Die Ankündigung von Google, im Jahr 2022 relevante Änderungen an dem in Deutschland am weitesten verbreiteten Browser „Chrome“ vorzunehmen, hat am Werbemarkt für Unruhe gesorgt. Google möchte – nach eigenen Angaben – zur Stärkung der Privatsphäre der Nutzer eine so genannte „Privacy-Sandbox“ einführen. In diesem Zusammenhang ist es erklärtes Ziel von Google, websiteübergreifendes Tracking zu unterbinden. Vielerorts wird das „Sterben“ so genannter „3rd-Party-Cookies“, die zum jetzigen Zeitpunkt (häufig) zur Wiedererkennung von Nutzern auf Websites Dritter („Publisher“) und damit für die Ausspielung individualisierter Werbung auf Basis von auf der eigenen Website der Werbetreibenden („Advertiser“) erhobener Daten (z. B. Retargeting) erforderlich sind, prognostiziert. Was unter dem Gesichtspunkt des Datenschutzes – isoliert betrachtet – zu befürworten ist, privilegiert jedoch unter anderem solche Marktteilnehmer, die aufgrund der Erforderlichkeit der Vornahme eines Log-ins für die Nutzung ihrer Dienste, die Nutzer auch ohne den Einsatz von „3rd-Party-Cookies“ identifizieren können. Bei diesen Marktteilnehmern handelt es sich insbesondere um große US-amerikanische Plattform-Ökosysteme, die bereits heute Unmengen an Daten über Nutzer sammeln. Insgesamt wird die Abhängigkeit der „Advertiser“ und der „Publisher“ von den bereits heute den Werbemarkt dominierenden Plattform-Ökosystemen zukünftig wohl noch größer werden. Verstärkt wird diese Abhängigkeit noch dadurch, dass Apple die Möglichkeit der Nutzung der IDFA als stabilen „Identifier“ zur Aussteuerung von „In-App-Werbungen“ seit Mai 2021 einschränkt.

573 Nach den aktuell zur „Privacy-Sandbox“ vorliegenden Informationen werden „Advertiser“ die Möglichkeit haben, Informationen in den bei Aufruf ihrer Website von dem jeweiligen Nutzer verwendeten Chrome-Browser zu „schreiben“. Diese Informationen können dann durch den Websitebetreiber zum Zweck der Aussteuerung individualisierter Werbung auf Drittseiten („Publisher“) genutzt werden. Wie die Nutzung technisch genau von statten gehen soll, ist noch nicht bekannt. Die „Publisher“ sollen jedoch – nach aktuellem Stand – keinen Zugriff auf die Informationen erhalten. Auch ein derartiges „Schreiben“ von Informationen in den Browser dürfte unter den Anwendungsbereich der Vorschrift in § 25 TTDSG fallen.

574 Darüber hinaus wird Google mittels der „Privacy-Sandbox“ nach aktuellem Stand Online-User in so genannte „Kohorten“ (FLoC) einordnen. Die Mitglieder einer Kohorte weisen ein ähnliches Nutzerverhalten auf. Für die Einordnung eines Users in die jeweilige Kohorte können gegebenenfalls die von diesem

aufgerufenen URLs ausgelesen werden. Darüber hinaus besteht die Möglichkeit, dass für die Einordnung von Usern in die jeweilige Kohorte der Inhalt der von diesen aufgerufenen Websites „gecrawled" werden. Die Bezeichnung der jeweiligen Kohorte wird im Browser („Chrome") gespeichert. Die Kohorten-Bezeichnungen werden nicht „sprechend" sein, sie werden von Websitebetreibern aber abgerufen werden können. Auf das Abrufen der jeweiligen Bezeichnung dürfte die Vorschrift in § 25 TTDSG Anwendung finden. Inwiefern die Bezeichnungen der Kohorten zum Zweck der Aussteuerung individualisierter Online-Werbung praktisch genutzt werden können, bleibt abzuwarten.

Auch nach Einführung der „Privacy-Sandbox" wird die Erhebung von Tracking- 575
daten auf Basis des Einsatzes von „1st-Party-Cookies" weiterhin technisch möglich sein. Die mittels des Einsatzes von „1st-Party-Cookies" erhobenen Trackingdaten können unter anderem für die folgenden Maßnahmen genutzt werden:

- Individualisierung der eigenen Website auf Basis von Interessensclustern;
- Anpassung der Suchtrefferanzeige auf Basis der Auswertung des Userverhaltens durch Online-Shops;
- Optimierung der Aussteuerung von Werbeanzeigen auf Online-Marktplätzen („Sponsored-Products");
- Nutzung von Informationen über das Klickverhalten zur Optimierung von Vorschlägen vergleichbarer Inhalte durch Streaming-Plattformen.

Im Hinblick auf die Tatsache, dass ein „1st-Party-Cookie-Tracking" auch nach 576
Einführung der „Privacy-Sandbox" möglich sein wird, ist anzumerken, dass einzelne große Plattform-Ökosysteme dieses optimal nutzen können, da sie z. B. im Gegensatz zu originären Online-Shops über ihre eigenen Dienste Daten erheben können und diese Dienste häufig gleichzeitig auch reichweitenstarke Werbeflächen aufweisen.

Bei der Durchführung eines Online-Tracking unter Einsatz von „1st-Party-Coo- 577
kies" sind ebenfalls die Vorgaben aus § 25 TTDSG zu beachten. Die mittels des Tracking unter Einsatz eines „1st-Party-Cookies" erhobenen Daten können – wie dargestellt – unter anderem zur Individualisierung der eigenen Website genutzt werden. Inwiefern die Möglichkeit der Nutzung dieser Daten zum Zweck der Aussteuerung von Werbungen auf Websites Dritter („Publisher") zukünftig noch möglich sein wird, bleibt jedoch abzuwarten.

VI. Einwilligung

Insofern die Regelung in § 25 Abs. 1 TTDSG vorgibt, dass die Speicherung von 578
Daten auf Endgeräten sowie der Abruf von Daten aus Endgeräten der Einholung einer Einwilligung bedürfen, gelten im Hinblick auf diese Einholung die einschlägigen Vorgaben aus der DSGVO (Art. 4 Nr. 11 DSGVO, Art. 7 DSGVO).[436]

436 EuGH, Urt. v. 01. 10. 2019 – C-673/17, Rz. 42.

579 Es werden umfangreiche Diskussionen zu Themenkomplexen geführt, die in einem unmittelbaren Zusammenhang mit der Einholung von Einwilligungen für die Vornahme eines Online-Tracking stehen. Bei diesen Themenkomplexen, die im Nachfolgenden erörtert werden, handelt es sich insbesondere um die Folgenden:

- (Konkludente) Erteilung von Einwilligungen mittels eines „Weitersurfens“;
- „Nudging“/„Cookie-Walls“;
- Verlinkung von Einwilligungstexten;
- Einholung von Einwilligungen mittels „Browser-Settings“;
- Privacy Information Management Systeme (PIMS);
- Dokumentation/Nachweis der Einwilligungen.

1. Einwilligungserteilung mittels eines „Weitersurfens“

580 Art. 4 Nr. 11 DSGVO gibt unter anderem vor, dass Einwilligungen

„unmissverständlich“

erteilt werden müssen.

581 Der EuGH hat in seiner Entscheidung in der Rechtssache „Planet49“[437] hohe Anforderungen an die „Unmissverständlichkeit“ gestellt. In der genannten Rechtssache hatte die Beklagte dahingehend argumentiert, dass eine Einwilligung in das Setzen von Cookies dadurch rechtmäßig erteilt worden sei, dass der jeweilige User auf das Setzen von Cookies bei einer Teilnahme an dem streitgegenständlichen Gewinnspiel hingewiesen wurde und er seine Zustimmung hierzu durch das Anklicken des „Mitmachen-Buttons“ „unmissverständlich“ erteilt habe. Der Einwilligungstext bezüglich des Setzens von Cookies war mit einer vorangekreuzten Checkbox versehen. Die zuvor beschriebene Ausgestaltung ist der nachfolgenden Abbildung 2 zu entnehmen:

437 EuGH, Urt. v. 01. 10. 2019 – C-673/17.

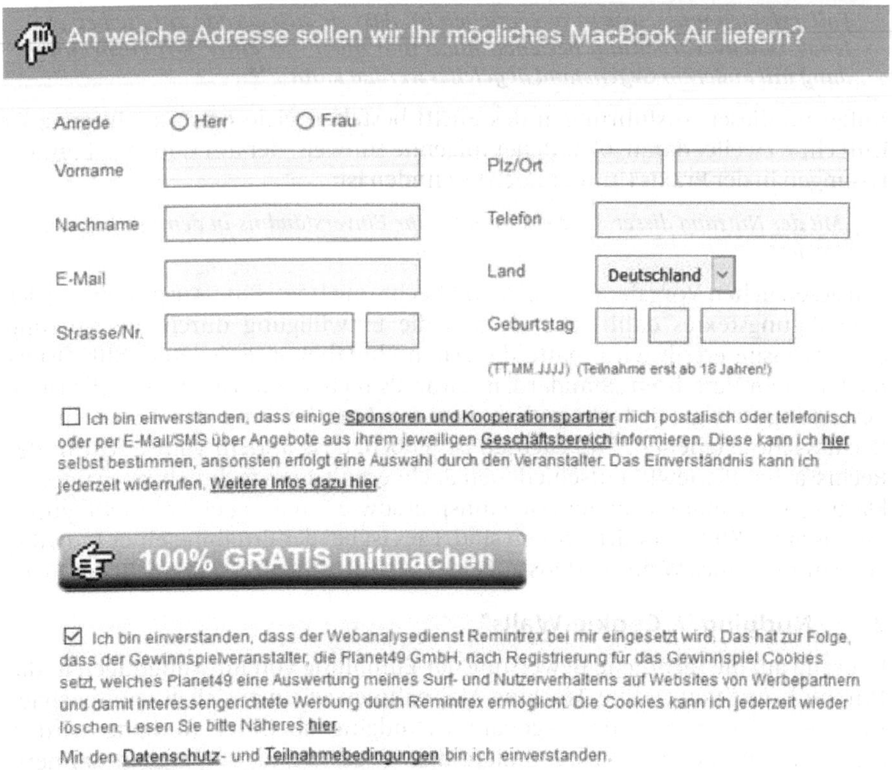

Abbildung 2: „Planet49-Opt-out"
Quelle: dr-datenschutz.de

Der EuGH ist der Argumentation der Beklagten nicht gefolgt und hat seine Entscheidung unter anderem wie folgt begründet:

> *„Wie der Generalanwalt in Nr. 60 seiner Schlussanträge ausgeführt hat, deutet das Erfordernis einer ‚Willensbekundung' der betroffenen Person klar auf ein aktives und nicht passives Verhalten hin. Eine Einwilligung, die durch ein voreingestelltes Ankreuzkästchen erteilt wird, impliziert aber kein aktives Verhalten des Nutzers einer Website . . . . . . Insoweit erscheint es praktisch unmöglich, in objektiver Weise zu klären, ob der Nutzer einer Website dadurch, dass er ein voreingestelltes Ankreuzkästchen nicht abgewählt hat, tatsächlich seine Einwilligung zur Verarbeitung seiner personenbezogenen Daten gegeben hat; unklar bleibt jedenfalls, ob diese Einwilligung in Kenntnis der Sachlage erteilt wurde.* ***Es kann nämlich nicht ausgeschlossen werden, dass der Nutzer die dem voreingestellten Ankreuzkästchen beigefügte Information nicht gelesen hat oder dass er dieses Kästchen gar nicht wahrgenommen hat, bevor er seine Aktivität auf der von ihm besuchten Website fortsetzte.*** *Hinzuzufügen ist, dass die in Art. 2 Buchst. h der Richtlinie 95/46 angesprochene Willensbekundung u. a. ‚**für den konkreten***

Fall' erfolgen muss, was so zu verstehen ist, dass sie sich gerade auf die betreffende Datenverarbeitung beziehen muss und nicht aus einer Willensbekundung mit anderem Gegenstand abgeleitet werden kann".[438]

582 Aufgrund dieser Ausführungen des EuGH bestehen vielerorts – nicht ganz zu Unrecht – Zweifel daran, ob z. B. der folgende Hinweis, der auf Consent-Banner-Lösungen in der Praxis (immer noch) zu finden ist:

> *„Mit der Nutzung dieser Seite erklären Sie Ihr Einverständnis in den Einsatz von Cookies"*,

den gesetzlichen Vorgaben ausreichend Rechnung trägt. Eine Ausgestaltung des Einwilligungstextes dahingehend, dass die Einwilligung durch die Nutzung einer Website erteilt wird, hatte die Datenschutzbehörde der Republik Österreich in dem Verfahren „Standard.at" zwar als rechtskonform erachtet.[439] Diese Bewertung erfolgte jedoch zeitlich vor der Entscheidung des EuGH in der Rechtssache „Planet49". Zu beachten ist jedoch, dass in dem vom EuGH in der Rechtssache „Planet49" entschiedenen Sachverhalt zwei rechtlich relevante Erklärungen (Teilnahme an dem Gewinnspiel sowie Erteilung einer Einwilligung) mittels eines Klicks erklärt worden sind. Dies ist bei der Erteilung einer Einwilligung mittels eines Weitersurfens auf einer Website hingegen (so) nicht der Fall.

2. „Nudging"/„Cookie-Walls"

583 In Bezug auf die rechtliche Bewertung der Einholung von Einwilligungen in die Durchführung von Online-Tracking-Maßnahmen zeichnet sich eine Intensivierung der Diskussion um das so genannte „Nudging" ab. Unter „Nudging" wird in diesem Zusammenhang insbesondere die Ausgestaltung von Opt-in-Bannern dahingehend verstanden, dass diese die Online-Nutzer zu der Erteilung einer Zustimmung verleitet.

584 Teilweise wird die Ansicht vertreten, dass eine freiwillige Erteilung einer Einwilligung nur dann gegeben ist, wenn die Möglichkeit der Zustimmung zu der Vornahme von Tracking-Maßnahmen sowie die Möglichkeit der Ablehnung der Einwilligung gleichberechtigt ausgestaltet sind. Um diese Anforderung zu erfüllen, würde es z. B. zwei gleich große, nebeneinanderstehende und farblich neutral ausgestaltete Buttons, bedürfen. Eine entsprechende Auffassung wurde unter anderem seitens des Bundesrats in dessen Stellungnahme zum Entwurf des TTDSG vertreten, in der der Bundesrat folgende Ergänzung des § 24 TTDSG-E vorgeschlagen hat:

> *„In den Fällen des Absatzes 1 sind die Einwilligung in die Speicherung von Informationen in der Endeinrichtung des Endnutzers oder in den Zugriff auf Informationen, die bereits in der Endeinrichtung gespeichert sind, wie auch die entsprechende Ablehnung so zu gestalten, dass der Nutzer seine Einwilligung oder seine Ablehnung durch Nutzung von Schaltflächen, die gut lesbar mit nichts anderem*

438 EuGH, Urt. v. 01.10.2019 – C-673/17, Rz. 52 ff.
439 DSB-D122.931/0003-DSB/2018.

als den Wörtern ‚Einwilligung' und ‚Ablehnung' beschriftet sind, erklären kann. Die Schaltflächen müssen auf derselben Ebene ***graphisch gleichwertig dargestellt*** *werden".*[440]

In einer Studie der ConPolicy GmbH, die im Auftrag des Bundesministeriums der Justiz und für Verbraucherschutz (BMJV) erstellt worden ist, heißt es im Hinblick auf die hier erörterte Thematik des „Nudging" wie folgt: 585

„Generell ist der Bewertung des EDSA zuzustimmen, dass die gesteigerte Menge an Einwilligungsersuchen den beabsichtigten Warneffekt schmälert, doch ***sind auch jene Stimmen nachvollziehbar, die eine übergebührliche Bevormundung der Betroffenen mit dem Verweis darauf ablehnen, dass sich die Betroffenen durch vorschnelles ‚Weiterklicken' eigenverantwortlich der eigenen Informiertheit berauben****, es also letztlich immer noch um eine* ***privatautonome Handlung*** *geht. Zudem kann eine Pflicht zur Vermeidung von zahlreichen Einwilligungen dem Wortlaut der DS-GVO nicht entnommen werden. Art. 7 enthält dazu keinerlei Aussagen, es besteht lediglich die Pflicht zur verständlichen und leicht zugänglichen Form.* ***Es scheint überdies nicht interessengerecht, denjenigen, die gesetzlich verpflichtet sind, Einwilligungen einzuholen, die Korrektur der negativen Folgen aufzuerlegen, wenn eine Einwilligung eingeholt wird****".*[441]

Die zuvor zitierten Ausführungen aus der Studie der ConPolicy GmbH sind überzeugend. Websitebetreiber haben ein berechtigtes Interesse daran, Einwilligungen zum Zweck der Erhebung von Online-Tracking-Daten einzuholen. Häufig sind Websitebetreiber sogar auf die Einholung derartiger Einwilligungen in einem erheblichen Maße angewiesen. Dies gilt z. B. in den Fällen, in denen die jeweilige Website keine relevante „organische Reichweite" hat und eine ausreichende „Frequency" nur durch den Einsatz bestimmter Online-Marketing-Tools erreicht werden kann. 586

Insofern die Praxis zeigt, dass die User von der Ausspielung von Consent-Bannern zumeist „genervt" sind und sie deswegen häufig eine Zustimmung ohne eine ausreichende Kenntnisnahme der erteilten Informationen zu den jeweiligen Datenverarbeitungen erteilen, kann dieser Umstand nicht den Websitebetreibern angelastet werden. Ein Gesetz ist nur dann ein Gutes, wenn dieses in der Praxis auch die gewünschte Wirkung erzielt. Insofern dies – wie in dem hier erörterten Themenbereich – nicht der Fall ist, kann es nicht Aufgabe der Marktteilnehmer (hier der Websitebetreiber) sein, den von dem Gesetz ausgehenden „Mangel" durch eine überschießende Umsetzung der gesetzlichen Vorgaben auszugleichen. Des Weiteren ist darauf hinzuweisen, dass einem jeden User bewusst sein muss, dass er z. B. mittels des Anklickens eines „Zustimmen-Buttons" eine rechtlich relevante Entscheidung trifft. 587

Außerdem ist zu bedenken, dass die Möglichkeit besteht, Banner in Bezug auf deren Größe dahingehend auszugestalten, dass die User die jeweilige Website ohne relevante Einschränkung nutzen können, ohne dass eine Interaktion mit 588

440 BT-Drucks. 19/28396, Seite 3 f. sowohl auch DSK, OH Telemedien 2021, Seite 29.
441 Innovatives Datenschutz-Einwilligungsmanagement – Abschlussbericht, Stand 07.09.2020, Seite 40.

dem Banner erforderlich ist. Da in diesem Fall die Nutzer nicht dazu gezwungen werden, sich mit der Frage, ob eine Einwilligung erteilt werden soll, auseinanderzusetzen, ist für die Einholung einer im Sinne der DSGVO „freiwillig" erteilten Einwilligung, bei der hier erörterten Ausgestaltung die Wiedergabe eines gleichwertigen Ablehnen-Buttons zweifelsfrei nicht erforderlich. Da unter anderem auch diese Konstellation von der seitens des Bundesrats vorgeschlagenen Ergänzung des § 24 TTDSG-E erfasst wäre, wäre eine derartige Ergänzung nicht europarechtskonform. Dies liegt daran, dass im Hinblick auf die Auslegung des Begriffs der Einwilligung in Art. 5 Abs. 3 der ePrivacy-Richtlinie (Richtlinie 2002/58/EG) die einschlägigen Vorgaben aus der DSGVO gelten. Da es sich bei der DSGVO um eine Verordnung handelt, dürfen die Mitgliedstaaten von deren Vorgaben – außerhalb bestehender Öffnungsklauseln – nicht abweichen. Mit einer vergleichbaren Begründung hat die Bundesregierung den hier erörterten Ergänzungsvorschlag des Bundesrats auch zurückgewiesen.[442]

589 Anzumerken ist jedoch auch, dass es in der Praxis Ausgestaltungen von „Consent-Bannern" gibt, bei denen es fraglich ist, ob diese den gesetzlichen Anforderungen entsprechen. So werden z. B. zum Teil so genannte „Cookie-Walls" (vgl. Abbildung 3) eingesetzt. Diese „Cookie-Walls" sind dahingehend ausgestaltet, dass die User die Website erst dann nutzen können, wenn sie mit der „Cookie-Wall" interagiert haben. Insofern im Rahmen dieser Ausgestaltung die „Cookie-Wall" mit einem auffallenden „Zustimmen-Button" versehen ist, der User die Erteilung der Einwilligung aber nur dann ablehnen kann, wenn er z. B. die in der „Wall" verlinkten Datenschutzhinweise aufrufen und in diesen umfangreich nach der Möglichkeit der Ablehnung suchen muss, dürften Gerichte mit einer nicht geringen Wahrscheinlichkeit zu dem Ergebnis kommen, dass in dieser Konstellation erteilte Einwilligungen mangels des Vorliegens einer „Freiwilligkeit" nicht wirksam sind.

442 BT-Drucks. 19/28396, Seite 9.

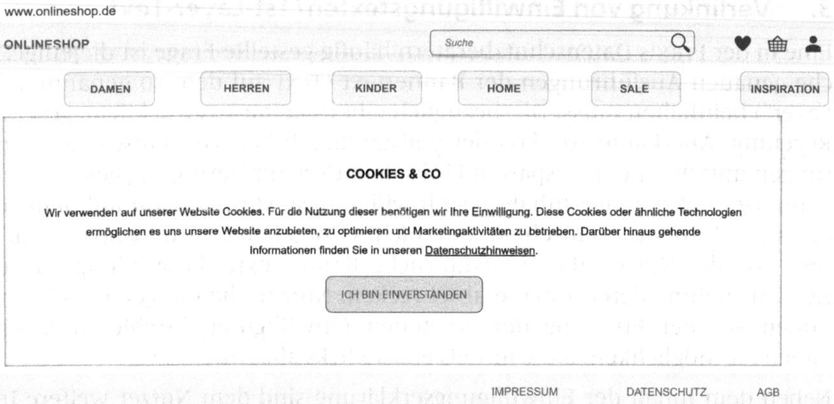

Abbildung 3: „Cookie-Wall"
Quelle: Eigene Darstellung

Trotz dieses Umstands ist im Rahmen der datenschutzrechtlichen Bewertung 590
der Einholung von Einwilligungen unter Einsatz von Consent-Bannern stets zu bedenken, dass die User jederzeit die Möglichkeit haben, von einer Nutzung der jeweiligen Website aufgrund der Anzeige von Consent-Bannern und damit auch von der Erteilung einer Einwilligung abzusehen. Dieses Argument kann aber natürlich nur dann Geltung entfalten, wenn die User auf die Nutzung der Website nicht faktisch angewiesen sind. Außerdem bestehen in Bezug auf den Einsatz von „Cookie-Walls" in den Fällen des „Bezahlens mit Daten"[443] keine grundsätzlichen Bedenken.

Praxishinweis: 591

Insofern Websitebetreiber Einwilligungen mittels des Einsatzes von Consent-Bannern einholen möchten, sollten sie aus Sicherheitsgründen die Größe der Banner derart ausgestalten, dass die User die Website noch „vernünftig" nutzen können, ohne dass sie mit dem „Banner" interagieren müssen. Sinnvoll dürfte es außerdem sein, in den Einwilligungstext die Möglichkeit einer Ablehnung der Einwilligung zu integrieren. Insofern die User diese Möglichkeit nicht zur Kenntnis nehmen, weil sie die Einwilligung erteilen, ohne sich mit deren Inhalt beschäftigt zu haben, ist dieser Umstand dem Verantwortungsbereich der User zuzuordnen. Darüber hinaus kann es Sinn machen, die „Banner" mit einem „X" zu versehen und diese nach einem Anklicken des „X" durch den User auszublenden. Weiterhin ist bei der Ausgestaltung der „Banner" stets zu bedenken, dass mit steigender Größe sich die „Bounce-Rates" erhöhen dürften. Insoweit Websitebetreiber trotzdem eine „Cookie-Wall" einsetzen möchten, sollte diese eine „gleichwertige" Möglichkeit der Ablehnung der Erteilung der Einwilligung beinhalten. Außerdem sollte beim Aufruf des Impressums sowie der Datenschutzerklärung einer Website kein Banner angezeigt werden. Diese Unterseiten sollten auch „trackingfrei" sein.

443 Vgl. hierzu die Ausführungen unter Rn. 157 ff.

3. Verlinkung von Einwilligungstexten/1st-Layer-Text

592 Eine in der Praxis Datenschutzberatern häufig gestellte Frage ist diejenige, welche genauen Ausführungen der Bannertext (Text auf dem so genannten „1st-Layer") beinhalten muss. Diesbezüglich gibt es keine ausdrückliche gesetzliche Regelung. Anerkannt ist, dass der vollständige Inhalt von Einwilligungserklärungen mittels eines transparent Links dem User zur Verfügung gestellt werden kann. Der vollständige Inhalt des Einwilligungstextes ist dann auf dem so genannten „2nd-Layer" einsehbar. Ein solches Vorgehen ist grundsätzlich auch im Interesse der Nutzer, da zu ausführliche Bannertexte diese häufig von einer Kenntnisnahme deren Inhalte abschrecken. Nutzer, die die genauen Informationen vor der Erteilung der erbetenen Einwilligung durchlesen möchten, haben die Möglichkeit, diese mittels eines Klicks abzurufen.[444]

593 Neben dem Inhalt der Einwilligungserklärung sind dem Nutzer weitere Informationen zur Gewährleistung einer ausreichenden Transparenz sowie zur Sicherstellung einer fairen Verarbeitung der Daten zur Verfügung zu stellen. Anhaltspunkte dafür, welche Informationen hierfür erforderlich sind, können den Ausführungen in den Sätzen 3 und 4 des Erwägungsgrunds 39 zur DSGVO entnommen werden:

> *„Der Grundsatz der Transparenz setzt voraus, dass alle Informationen und Mitteilungen zur Verarbeitung dieser personenbezogenen Daten leicht zugänglich und verständlich und in klarer und einfacher Sprache abgefasst sind. [4]Dieser Grundsatz betrifft insbesondere die Informationen über die **Identität des Verantwortlichen** und die **Zwecke der Verarbeitung** und **sonstige Informationen**, die eine faire und transparente Verarbeitung im Hinblick auf die betroffenen natürlichen Personen gewährleisten …".*

594 Unter Berufung auf den zuvor zitierten Erwägungsgrund wird die Ansicht vertreten, dass die folgenden Informationen in dem „1st-Layer" (Bannertext) wiederzugeben sind:

- „Bezeichnung" des Verantwortlichen, der die Einwilligung einholt;
- die Anzahl der Partner, denen Daten auf Basis der Einwilligung übermittelt werden und die diese als Verantwortliche auf der Grundlage der Einwilligung weiterverarbeiten;
- die Zwecke der Datenverarbeitungen;
- der Umstand, dass ein „Profiling" erfolgt, insofern dies der Fall ist;
- Hinweis darauf, dass auf dem „2nd-Layer" die erteilte Einwilligung dauerhaft widerrufen werden kann.

Des Weiteren sollte eine Verlinkung dahingehend erfolgen, dass genaue Informationen zu den Partnern mittels des Anklickens des Links abgerufen werden können.

---

444 Vgl. hierzu *Klement,* in: Simitis/Hornung/Spiecker gen. Döhmann, Datenschutzrecht, 1. Aufl. 2019, Art. 7 Rn. 74.

4. Erteilung von Einwilligungen mittels Browser-Settings

Einzelne Entwürfe zu einer ePrivacy-Verordnung sahen vor, dass das Einwilligungsmanagement in Bezug auf Online-Trackingmaßnahmen auch mittels Einstellungen in den Browser-Settings erfolgen kann. Außerdem war „alternativ" weiterhin die Möglichkeit vorgesehen, dass Einwilligungen individuell auf der Website eingeholt werden können. Für die Einholung dieser Einwilligungen sollten die einschlägigen Vorgaben aus der DSGVO gelten. Dieser Vorschlag wurde insbesondere aus wettbewerbspolitischen Gründen massiv kritisiert. Dies liegt daran, dass die Browser-Anbieter z. T. heute bereits eine „Gatekeeperstellung" im Online-Bereich einnehmen. Vor diesem Hintergrund wäre es eine falsche Maßnahme, ihnen eine weitere „Torwächterstellung" einzuräumen. 595

Vorgeschlagen wurde außerdem in Entwürfen zum TTDSG, dass die Erteilung von Einwilligungen für das Abspeichern von Daten auf dem Endgerät sowie für das Abrufen von Daten aus dem Endgerät mittels der Vornahme von Einstellungen in den Browser-Settings erfolgen kann. Insoweit das TTDSG in diesem Zusammenhang grundsätzlich ein Einwilligungserfordernis statuiert, gelten in Bezug auf die Einholung der Einwilligung die einschlägigen Vorgaben aus der DSGVO.[445] 596

Fraglich ist, ob die Erteilung von Einwilligungen durch die Vornahme von Einstellungen in den Browser-Settings überhaupt den seitens der DSGVO an die Einholung von Einwilligungen gestellten Anforderungen entsprechen kann. Hierfür sprechen zunächst die im Nachfolgenden zitierten Ausführungen in Satz 1 und Satz 2 des Erwägungsgrunds 32 zur DSGVO: 597

> *„Die Einwilligung sollte durch eine eindeutige bestätigende Handlung erfolgen, mit der freiwillig, für den konkreten Fall, in informierter Weise und unmissverständlich bekundet wird, dass die betroffene Person mit der Verarbeitung der sie betreffenden personenbezogenen Daten einverstanden ist, etwa in Form einer schriftlichen Erklärung, die auch elektronisch erfolgen kann, oder einer mündlichen Erklärung. Dies könnte etwa durch Anklicken eines Kästchens beim Besuch einer Internetseite,* ***durch die Auswahl technischer Einstellungen für Dienste der Informationsgesellschaft*** *oder durch eine andere Erklärung oder Verhaltensweise geschehen, mit der die betroffene Person in dem jeweiligen Kontext eindeutig ihr Einverständnis mit der beabsichtigten Verarbeitung ihrer personenbezogenen Daten signalisiert".*

Zu beachten ist jedoch, dass auf verschiedenen Websites unterschiedliche Tracking-Technologien eingesetzt werden. Stellt ein Online-User seine Browser-Einstellungen z. B. derart ein, dass das Setzen von 3rd-Party-Cookies durch den Browser nicht verhindert wird, kann unter Berücksichtigung der strengen Anforderungen, die die DSGVO an die Einholung von Einwilligungen stellt, wohl nur schwerlich alleine aufgrund der Vornahme der Einstellung eine Einwilligung in das Setzen von 3rd-Party-Cookies durch die unterschiedlichsten Websites gegeben sein. Der Online-User weiß zu dem Zeitpunkt, an dem er die

445 Vgl. hierzu die Ausführungen unter Rn. 578.

Einstellung vornimmt, noch gar nicht, welche Websites er besuchen wird und zu welchen Zwecken die 3rd-Party-Cookies gesetzt werden. Insofern man trotz dieser Umstände davon ausgeht, dass eine den Anforderungen der DSGVO entsprechende Einwilligung in das Setzen von 3rd-Party-Cookies gegeben ist, kann diese sich aber auf jeden Fall nur auf das Setzen der Cookies und nicht auf die Weiterverarbeitung von in diesem Zusammenhang generierter Trackingdaten beziehen.

5. Privacy Information Management Systeme (PIMS)

598 Bei PIMS handelt es sich um Systeme, mittels derer Online-User Einwilligungen verwalten können. PIMS werden am Markt auch zusammen mit der Nutzung so genannter „Single-Sign-On-Dienste" (SSO-Dienste) angeboten. Mittels der SSO-Dienste können Online-User sich unter Nutzung derselben Anmeldedaten auf verschiedenen Websites in ihren Nutzeraccount einloggen.

599 Die Bundesregierung hat die Förderung der Etablierung von PIMS am Markt in ihre Datenstrategie aufgenommen.[446] PIMS sind außerdem Gegenstand der Entwürfe zu einem Europäischen Data-Governance-Act.[447] Darüber hinaus befürwortet auch die Stiftung Datenschutz die Förderung der Etablierung von PIMS.[448]

600 Folgerichtig hat der deutsche Gesetzgeber in § 26 TTDSG eine Regelung zu PIMS aufgenommen. Diese stellt zunächst klar, dass die Möglichkeit besteht, dass Einwilligungen nach § 25 TTDSG durch solche Systeme/Dienste verwaltet werden (§ 26 Abs. 1 TTDSG). Darüber hinaus stellt Art. 26 Abs. 1 TTDSG Anforderungen auf, die die Betreiber von PIMS erfüllen müssen, damit diesen die Anerkennung von einer noch mittels einer Rechtsverordnung zu benennenden unabhängigen Stelle erteilt werden kann. Wesentliche Voraussetzungen sind in diesem Zusammenhang, dass

- die Betreiber der PIMS kein eigenes wirtschaftliches Interesse an den erteilten Einwilligungen und den verwalteten Daten haben sowie unabhängig sein müssen von Unternehmen, die ein solches Interesse aufweisen,

und dass

- die Betreiber der PIMS die Daten sowie die Einwilligungen für keine anderen Zwecke als die Verwaltung verarbeiten.

601 Ein ganz zentrales Element der Vorschrift in § 26 TTDSG für die Praxis ist die Regelung in § 26 Abs. 2 Nr. 3 TTDSG, nach der eine „Software zum Abrufen und Darstellen von Informationen aus dem Internet" (z. B. Browser) von Nutzern getätigte Opt-in-Einstellungen befolgen und die Einbindung anerkannter PIMS berücksichtigen müssen. Einzelheiten hierzu sowie weitere Anforderungen

---

446 Datenstrategie der Bundesregierung, Kabinettsfassung v. 27. 01. 2021, Seite 34.

447 Entw. v. 25. 11. 2020 – COM (2020) 767.

448 Stiftung Datenschutz, Neue Wege bei der Einwilligung im Datenschutz – technische, rechtliche und ökonomische Herausforderungen.

(z.B. zum Verfahren der Anerkennung und zu den von den PIMS einzuhaltenden technischen und organisatorischen Maßnahmen) hat die Bundesregierung durch eine Rechtsverordnung mit Zustimmung des Bundestages und Bundesrates zu bestimmen (§26 Abs. 2 TTDSG). Ob die zuvor genannte Befolgungspflicht auf Seiten der Softwareanbieter lediglich für die Opt-in-Einstellungen in PIMS, oder z.B. auch für individuell auf einer Website z.B. in einem „Privacy-Center"[449] getätigte Einstellungen gilt, ist nicht eindeutig. Es spricht aber vieles, unter anderem der Verlauf des Gesetzgebungsverfahrens sowie die Normierung der Befolgungspflicht in der Regelung zu den PIMS in §26 TTDSG dafür, dass deren Anwendungsbereich sich nur auf die Einstellungen in PIMS erstreckt.[450]

6. Nachweis der Erteilung von Einwilligungen

Auf Seiten von Verantwortlichen, die für die Legitimierung einer Datenverar- 602
beitung eine Einwilligung einholen, besteht im Hinblick auf die erfolgte (ordnungsgemäße) Einholung der Einwilligung eine Nachweispflicht (Art. 7 Abs. 1 DSGVO).[451]

a) Aktueller Stand der Diskussion

Leider gibt es im Online-Bereich kein etabliertes und von den Gerichten akzep- 603
tiertes Verfahren zur Erfüllung der Nachweispflicht, wie dies z.B. im Bereich des E-Mail-Marketing (u.a. Double-Opt-in-Verfahren, Speicherung der Time-Stamps)[452] der Fall ist.

Weitgehend anerkannt ist jedoch, dass allein die technische Sicherstellung, dass 604
z.B. Cookies erst dann gesetzt werden, wenn eine Einwilligung auch erteilt worden ist, für die Erfüllung der gesetzlichen Nachweispflicht nicht ausreichend ist.[453]

b) Umfang der Dokumentation zum Zweck der Nachweiserbringung

Erteilt ein User im Rahmen der Nutzung einer Website eine Einwilligung, sollte 605
zum Zweck der Erfüllung der gesetzlichen Nachweispflicht das Folgende dokumentiert/gespeichert werden:

- Zeitpunkt der Erteilung der Einwilligung (Time-Stamp);
- IP-Adresse;
- Reichweite der Einwilligung (für den Einsatz welcher Tools/für welche Datenverarbeitungen wurde eine Einwilligung erteilt);
- im Zusammenhang mit dem Einsatz der Tools/der vorgenommenen Datenverarbeitungen vergebene Identifier (z.B. Cookie-ID);
- Inhalt des Einwilligungstextes.

449 Zu den Eigenschaften eines „Privacy-Centers" vgl. die Ausführungen unter Rn. 179.
450 A.A. Hanloser, ZD 2021, 399 (402).
451 Zur Nachweispflicht vgl. die Ausführungen unter Rn. 189ff.
452 Zum „Double-Opt-in-Verfahren" vgl. die Ausführungen unter Rn. 722.
453 Vgl. Hanloser, ZD 2019, 287 (288).

Die Vornahme von Maßnahmen durch den Verantwortlichen, die die Herbeiführung einer Identifikation der Person ermöglichen, ist (zu diesem Zeitpunkt) nicht erforderlich.[454]

606 Die DSK geht in deren „Orientierungshilfe für Anbieter von Telemedien" aus dem Jahr 2019 im Übrigen von einer weniger umfangreichen Dokumentationspflicht aus:

> *„Damit die Entscheidung des Nutzers für oder gegen eine Einwilligung bei einem weiteren Aufruf der Website berücksichtigt wird und das Banner nicht erneut erscheint, kann deren Ergebnis auf dem Endgerät des Nutzers ohne Verwendung einer User-ID o. ä. vom Verantwortlichen gespeichert werden.* ***Durch ein solches Verfahren kann der Nachweis einer vorliegenden Einwilligung erbracht werden****".*[455]

607 Da jedoch nicht sicher ist, ob das von der DSK beschriebene Vorgehen den gesetzlichen Anforderungen an die Nachweispflicht entspricht, sollte aus Sicherheitsgründen – entsprechend der zuvor getätigten Ausführungen bezüglich der zu speichernden Informationen – eine umfangreichere Dokumentation erfolgen.

c) Zuordnung zu einer Person

608 Einwilligungen werden durch Personen erteilt und die jeweilige Erteilung ist diesen daher – soweit möglich – grundsätzlich auch zuzuordnen. Im Zusammenhang mit der Einholung von Einwilligungen im Bereich des Online-Tracking können die Erteilung einer Einwilligung und die bezüglich der Erteilung der Einwilligung dokumentierten Informationen einer Person häufig dann zugeordnet werden, wenn auf einer Website ein Nutzeraccount angelegt wird und ein Log-in in diesen erfolgt. In diesem Zusammenhang ist jedoch darauf hinzuweisen, dass es in der Praxis regelmäßig zu der Nutzung eines Devices und/oder eines Kundenkontos durch mehrere Nutzer kommt. Dies kann zur Folge haben, dass die Person, die die Einwilligung erteilt hat und die Person, die Inhaber des jeweiligen Accounts ist, in den ein Log-in erfolgt, nicht identisch sind.

Beispiel 64:

In der Familie F existiert ein Tablet, das von mehreren Mitgliedern der Familie genutzt wird. Der V, der Mitglied der Familie F ist, ist Inhaber eines Kundenaccounts bei der Streaming-Plattform S. Die M ist die Ehefrau des V. Sie nutzt das Tablet, ruft die Streaming-Plattform S auf und erteilt auf dieser eine Einwilligung in die Durchführung eines Online-Tracking. Daraufhin loggt sie sich in den Ac-

454 So wohl Orientierungshilfe der Aufsichtsbehörden für Anbieter von Telemedien, Stand: März 2019, Seite 9.

455 Orientierungshilfe der Aufsichtsbehörden für Anbieter von Telemedien, Stand: März 2019, Seite 9.

count des V ein. Der Betreiber der Streaming-Plattform S könnte nun die Information über die Erteilung der Einwilligung (durch die M) den Accountdaten des V zuordnen, was inhaltlich nicht korrekt wäre.

Diese Problematik ist in der Praxis nur sehr schwer bzw. gar nicht lösbar. Hier 609 kollidieren die praktischen Gegebenheiten mit den an diesen nicht ausgerichteten gesetzlichen Vorgaben. Zu beachten ist auch, dass – wie den Ausführungen in **Beispiel 64** zu entnehmen ist – bei der Zuordnung von Tracking-Opt-ins zu Personen Verstöße gegen den sich aus Art. 5 Abs. 1 Ziffer d) DSGVO ergebenden Grundsatz der „Richtigkeit der Daten" auftreten könnten. Vor diesem Hintergrund sollten die gesetzlichen Vorgaben nicht dahingehend ausgelegt werden, dass Websitebetreiber erteilte Tracking-Opt-ins natürlichen Personen zuzuordnen haben. Insofern eine solche Zuordnung erfolgt, diese inhaltlich aber nicht korrekt ist, weil z. B. ein Accountinhaber seine Accountdaten einem Dritten zugänglich macht, kann die Falschzuordnung in einzelnen Konstellationen aber dem Verantwortungsbereich des einzelnen Betroffenen zuzurechnen sein.

Praxishinweis:

Datenschutzberatern wird in der Praxis häufig die Frage gestellt, ob in den Fällen, in denen Websitebetreiber eine erteilte Einwilligung zu einer Person hinzuspeichern, die unter Nutzung des einen Endgeräts erteilte Einwilligung auch auf andere von der Person bei Aufruf der Website verwendeten Geräte „übertragen" werden kann.

Beispiel: Die Online-Hotelbuchungsplattform H setzt auf ihrer Website ein „1st-Party-Tracking" ein. Der Online-Nutzer N ruft die Website der Plattform H unter Nutzung seines Desktops auf und erteilt eine Einwilligung in das Setzen des „1st-Party-Cookies". Der N loggt sich danach in seinen Account auf der Plattform H ein und die Plattform kann den Umstand der Erteilung der Einwilligung den Daten des N hinzuspeichern. Einige Tage später ruft der N unter Nutzung seines Handys die Website der Plattform H auf. Die Plattform „erkennt" den N zunächst nicht und bittet mittels der Anzeige eines Consent-Banners um die Erteilung einer Einwilligung in die Vornahme des „1st-Party-Trackings". Der N erteilt die Einwilligung nicht, lehnt die Erteilung aber auch nicht ab. Daraufhin loggt er sich in seinen Account ein und die Plattform H stellt fest, dass zu der Person des N die Information gespeichert ist, dass eine Einwilligung in die Durchführung des „1st-Party-Trackings" erteilt worden ist. Auf Basis dieser Information setzt die Plattform H nun auch einen 1st-Party-Cookie in den Browser des Handys des N.

Im Hinblick auf die hier erörterte Frage ist zu Bedenken zu geben, dass die Vorschrift in § 25 TTDSG den Schutz des (jeweiligen) Endgeräts bezweckt.[456] Auch wenn es keinerlei Rechtsprechung zu der vorliegenden Fragestellung gibt, sollte vor diesem Hintergrund – aus Sicherheitsgründen – eine „Übertragung" einer Einwilligung auf andere Endgeräte nicht erfolgen. Dies bedeutet aber auch, dass sich ein Widerruf einer Einwilligung nur auf das bei Vornahme des Widerrufs genutzte Endgerät beziehen kann.

456 Vgl. hierzu die Ausführungen unter Rn. 551, 566 ff.

d) Dokumentation des Widerrufs der Einwilligung

610 Insofern ein Online-User eine erteilte Einwilligung widerruft, sollte auch der Widerruf der Einwilligung aus Gründen der in der DSGVO verankerten „Accountability“[457] dokumentiert werden. Insoweit der Widerruf sich nur auf einzelne Tools/Datenverarbeitungen bezieht, muss dieser auch nur im Hinblick auf diese Tools/Datenverarbeitungen umgesetzt und dokumentiert werden. Zum Zweck der Dokumentation sollten die folgenden Informationen gespeichert werden:

- Zeitpunkt des Widerrufs („Time-Stamp“);
- Reichweite des Widerrufs (in Bezug auf welche Tools/auf welche Datenverarbeitungen ist ein Widerruf erfolgt);
- Zeitpunkt und Art und Weise der Umsetzung des Widerrufs (z. B. Zeitpunkt des Setzens eines „Zero-Cookies“).

611 *Praxishinweis:*

Die hier erörterte Dokumentation der Erteilung und die des Widerrufs von Einwilligungen ist in der Praxis häufig mit sehr hohen technischen Aufwänden verbunden. Angeboten am Markt werden durch spezialisierte Unternehmen so genannte Consent-Management-Plattform-Lösungen. Diese beinhalten sowohl die Zurverfügungstellung von „Privacy-Centern“[458] als auch die Vornahme der genannten Dokumentationen. Diese Lösungen können Unternehmen, denen es nicht möglich ist, die sehr hohen technischen Aufwände zu erbringen, bei der Einhaltung ihrer Dokumentationspflichten unterstützen. Die von den einzelnen Anbietern gewählten Lösungen sind vor deren Inanspruchnahme naturgemäß durch die Websitebetreiber dahingehend zu überprüfen, ob diese dazu geeignet sind, die bestehenden gesetzlichen Vorgaben zu erfüllen.

e) IAB-Framework („TCF 2.0“)

612 Zum Nachweis des Umfangs von Einwilligungen sowie zum Nachweis des Umstands, dass solche erteilt worden sind, setzt sich in der Praxis nach und nach die Nutzung des so genannten „IAB-Frameworks“ durch. Insofern das „IAB-Framework“ in eine Website implementiert wird, werden über dieses so genannte „Consent-Strings“ übertragen. Hierdurch sollen die an einer Ausspielung individualisierter Werbung beteiligten Stellen (u. a. AdTech-Unternehmen) in die Lage versetzt werden, zu den einzelnen Usern den jeweiligen „Einwilligungs-Status“ abzurufen. Dass sich die Nutzung des „IAB-Frameworks“ in der Praxis immer mehr durchsetzt, liegt daran, dass unter anderem Vermarkter von „Online-Werbeinventar“ den Einsatz des Frameworks für eine Zusammenarbeit als zwingend voraussetzen. Dieses Vorgehen ist eine Folge weitreichender Überprüfungen von Online-Tracking-Maßnahmen durch die deutschen Datenschutzbehörden.

457 Vgl. hierzu die Ausführungen unter Rn. 74 ff.
458 Vgl. zur Ausgestaltung von Privacy-Centern die Ausführungen unter Rn. 179.

Praxishinweis: 613

Insofern ein Verantwortlicher in eine von ihm betriebene Website das „IAB-Framework“ integrieren möchte, muss er neben den Vorgaben zur technischen Einbindung auch die Vorgaben des IAB in Bezug auf die Art und Weise der Einholung der Einwilligungen für die Durchführung von Online-Tracking-Maßnahmen einhalten. Dies bedeutet, dass er eine „Consent-Management-Plattform“ (CMP) nutzen muss. Derartige CMPs, mittels der in der Regel „Banner-Lösungen“ abgebildet werden, werden von Dienstleistern am Markt angeboten. Es besteht aber auch die Möglichkeit, dass die Websitebetreiber eine eigene CMP-Lösung entwickeln, die dann vom IAB im Hinblick auf die Einhaltung der Vorgaben des IAB überprüft wird. Diese Vorgaben betreffen unter anderem die in die „Banner-Lösungen“ zu integrierenden Einwilligungs-/Hinweistexte. Zu beachten ist jedoch, dass auch bei Einhaltung der Vorgaben des IAB keine Rechtssicherheit besteht, da es noch keine relevante gerichtliche Entscheidung dazu gibt, ob die Vorgaben des IAB den einschlägigen gesetzlichen Vorgaben entsprechen.

7. Userverhalten vor Erteilung der Einwilligung

Datenverarbeitungen dürfen nur dann erfolgen, wenn für diese eine Rechtsgrundlage besteht (Verbot mit Erlaubnisvorbehalt).[459] Ist für eine Datenverarbeitung die Einholung einer Einwilligung erforderlich bzw. wird die Datenverarbeitung auf die Rechtsgrundlage in Art. 6 Abs. 1 S. 1 lit. a) DSGVO gestützt, dürfen Daten erst dann zu den von der Einwilligung umfassten Zwecken erhoben werden, nachdem diese erteilt worden ist. Dies hat unter anderem zur Folge, dass es nicht rechtmäßig ist, eine „Session“ mittels einwilligungsbedürftiger Tracking-Tools von deren Anfang an (ohne Vorliegen einer entsprechenden Einwilligung) „aufzuzeichnen“ und für den Fall der Erteilung einer Einwilligung im Verlauf der „Session“ die Daten über die komplette „Session“ zu verarbeiten.[460] Dies kann in der Praxis im Übrigen zur Folge haben, dass so genannte „Einsprünge“ nicht getrackt werden können. 614

In der Praxis kommt es im Bereich des Online-Tracking im Übrigen immer wieder vor, dass Daten durch einen „Zugriff“ auf das jeweilige Endgerät erhoben werden, ohne dass eine ausreichende Rechtsgrundlage hierfür vorliegt. Teilweise erfolgt eine solche Datenerhebung, ohne dass die erhobenen Daten in der Folge weiterverarbeitet werden. Diese Fälle basieren häufig auf einem Implementierungsfehler. 615

Beispiel 65:

Der Websitebetreiber B arbeitet mit dem AdServer-Betreiber[461] A zusammen. Der A steuert in diesem Zusammenhang als Dienstleister Werbungen des B auf Drittseiten („Publisher") aus. Die Wiedererkennung von Nutzern der Website des B auf den Drittseiten erfolgt mittels eines von dem A gesetzten 3rd-Party-Cookie. Ruft ein Online-User die Website des B auf, liest der A den Browser dahingehend

459 Vgl. hierzu die Ausführungen unter Rn. 147.

460 Vgl. auch LG Frankfurt a. M., Urt. v. 19. 10. 2021 – 3-06 O 24/21.

461 Zur Tätigkeit von Ad-Server-Betreibern vgl. die Ausführungen unter Rn. 642.

aus, ob in diesem ein von ihm vergebener 3rd-Party-Cookie gespeichert ist. Gleichzeitig übermittelt der B an den A den Opt-in-Status des jeweiligen Nutzers. Hat der Nutzer keine Einwilligung gegenüber dem B in Bezug auf die Vornahme eines „Zugriffs" auf sein Endgerät erteilt, wird durch den A die Information, dass in dem Browser des jeweiligen Nutzers der Website des B ein 3rd-Party-Cookie des A gespeichert ist, gelöscht.

Das in dem zuvor wiedergegebenen **Beispiel 65** beschriebene Vorgehen ist im Zweifel nicht rechtskonform. Dies gilt trotz des Umstands, dass eine Weiterverarbeitung der zunächst erhobenen Informationen nicht erfolgt. Das Auslesen des Browsers durch den AdServer-Betreiber A darf nämlich nur dann stattfinden, wenn von dem jeweiligen Nutzer gegenüber dem B diesbezüglich eine Einwilligung erteilt worden ist.

VII. Verhältnis der ePrivacy-Richtlinie zur DSGVO

616 Entsprechend des Schutzzwecks der Vorschrift in Art. 5 Abs. 3 der Richtlinie 2002/58/EG beschränkt sich das aus dieser Vorschrift ergebende Einwilligungserfordernis auf das Abspeichern von Informationen auf sowie das Abrufen von Information aus Endgeräten. Die genannte Vorschrift bezweckt den Schutz des Endgeräts, was sich auch aus dem Umstand ergibt, dass unter diese ebenfalls die Speicherung/der Abruf nicht personenbezogener Daten fällt.[462] Dieses Verständnis wird durch die Ausführungen in Erwägungsgrund 66 der Richtlinie 2009/136/EG, durch die die Richtlinie 2002/58/EG modifiziert worden ist, bestätigt:

> *„Es ist denkbar, dass Dritte aus einer Reihe von Gründen Informationen auf der **Endeinrichtung eines Nutzers speichern oder auf bereits gespeicherte Informationen zugreifen** wollen, die von legitimen Gründen (wie manchen Arten von Cookies) bis hin zum unberechtigten Eindringen in die Privatsphäre (z. B. über Spähsoftware oder Viren) reichen. Daher ist es von größter Wichtigkeit, dass den Nutzern eine klare und verständliche Information bereitgestellt wird, **wenn sie irgendeine Tätigkeit ausführen, die zu einer solchen Speicherung oder einem solchen Zugriff führen könnte**".*

617 Aus den zuvor getätigten Ausführungen ergibt sich, dass zwischen dem Abspeichern von Informationen auf einem Endgerät/dem Abrufen von Informationen aus einem Endgerät und der Weiterverarbeitung abgerufener Informationen in Bezug auf die anzuwendenden Gesetze zu unterscheiden ist. Das Abspeichern/Abrufen fällt in den Anwendungsbereich der Vorschrift in Art. 5 Abs. 3 der Richtlinie 2002/58/EG und damit in den der Vorschrift in § 25 TTDG,[463] die Weiterverarbeitung abgerufener Informationen unter den Anwendungsbereich der DSGVO[464]. Dass die Richtlinie 2002/58/EG im Hinblick auf das Abrufen von Informationen aus sowie das Abspeichern von personenbezogenen Informatio-

462 Vgl. hierzu die Ausführungen unter Rn. 551.
463 Vgl. hierzu die Ausführungen unter Rn. 567.
464 Drewes, CR 2020, 602 (606).

nen auf Endgeräten die DSGVO verdrängt, folgt aus der Regelung in Art. 95 DSGVO, deren Wortlaut zugegebenermaßen verunglückt ist:

„Diese Verordnung erlegt natürlichen oder juristischen Personen in Bezug auf die Verarbeitung in Verbindung mit der Bereitstellung öffentlich zugänglicher elektronischer Kommunikationsdienste in öffentlichen Kommunikationsnetzen in der Union keine zusätzlichen Pflichten auf, soweit sie besonderen in der Richtlinie 2002/58/EG festgelegten Pflichten unterliegen, die dasselbe Ziel verfolgen".

Das zuvor dargelegte Verständnis hat der BGH in der Begründung seiner Entscheidung in der Rechtssache „Planet49" bestätigt: 618

„Art. 95 der Verordnung (EU) 2016/679 bestimmt für das Verhältnis zur Richtlinie 2002/58/EG, dass die Verordnung natürlichen oder juristischen Personen in Bezug auf die Verarbeitung in Verbindung mit der Bereitstellung öffentlich zugänglicher elektronischer Kommunikationsdienste in öffentlichen Kommunikationsnetzen in der Union keine zusätzlichen Pflichten auferlegt, soweit sie besonderen in der Richtlinie festgelegten Pflichten unterliegen, die dasselbe Ziel verfolgen. Art. 95 der Verordnung (EU) 2016/679 regelt die Abgrenzung der Anwendungsbereiche beider Rechtsakte im Kollisionsfall, der nur dann gegeben ist, wenn beide Rechtsakte konkurrierende Pflichten enthalten, die dasselbe Ziel verfolgen..

Art. 5 Abs. 3 der Richtlinie 2002/58/EG betrifft nicht den Regelungsgegenstand der Verordnung (EU) 2016/679, gemäß ihres Art. 1 Abs. 1 die Verarbeitung personenbezogener Daten, sondern die Speicherung von oder den Zugriff auf Informationen, die im Endgerät des Nutzers gespeichert sind. Dieser Unterschied im Anwendungsbereich hat seinen Grund in den ***unterschiedlichen Schutzzwecken der betroffenen Regelungen. ...***

Wird die Anwendbarkeit des Art. 5 Abs. 3 der Richtlinie 2002/58/EG durch die Geltung der Verordnung (EU) 2016/679 nicht berührt, bleibt es auch bei der Anwendbarkeit des diese Regelung umsetzenden § 15 Abs. 3 Satz 1 TMG. ***Ein Anwendungsvorrang der Richtlinie erstreckt sich auch auf diese Richtlinie umsetzendes nationales Recht****".*[465]

Praxishinweis: 619

Die zuvor erörterte Thematik ist nicht rein akademischer Natur. In der Praxis werden häufig mittels eines Klicks, z. B. auf einen „Zustimmungs-Button" in einem Consent-Banner, Einwilligungen für den Zugriff auf das jeweilige Endgerät und gleichzeitig auch für die Weiterverarbeitung der derart erhobenen Daten mittels des Einsatzes einer Vielzahl an Tools eingeholt. Der Inhalt von Einwilligungserklärungen unterliegt der AGB-Kontrolle.[466] Es stellt sich die Frage, ob eine derartige Einholung von Einwilligungen in Bezug auf die Datenverarbeitung durch eine Vielzahl an Tools einer solchen Kontrolle standhält. Ähnliche Diskussionen sind aus dem Bereich der Einholung von Einwilligungen für eine Vielzahl an Partnern zum Zweck des E-Mail-Marketing bekannt. Diesbezüglich sind in der Vergangenheit z. T. (sehr) strenge Rechtsprechungen ergangen.[467] Vor diesem Hintergrund sollten so viele Folgeverarbeitungen wie möglich derart ausgestaltet

465 BGH, Urt. v. 28.05.2020 – I ZR 7/16, Rz. 59 ff.
466 Vgl. hierzu die Ausführungen unter Rn. 193 ff.
467 Vgl. hierzu die Ausführungen unter Rn. 194.

werden, dass diese auf die Rechtsgrundlage in Art. 6 Abs. 1 S. 1 lit. f) DSGVO (Interessenabwägung) gestützt werden können. Darüber hinaus sieht das TTDSG in Bezug auf die Nichteinhaltung der Vorgaben aus § 25 TTDS, mittels derer die aus Art. 5 Abs. 3 der Richtlinie 2002/58/EG umgesetzt werden, ein Maximalbußgeld in Höhe von „nur" 300.000,00 € vor.

VIII. Diskussion um Google-Analytics

620 Für Aufsehen gesorgt haben im November 2019 Pressemitteilungen verschiedener deutscher Datenschutzbehörden zum Einsatz von Google-Analytics. Inhalt dieser Pressemitteilungen war, dass Google-Analytics durch Websitebetreiber nur dann eingesetzt werden dürfe, wenn diese hierfür eine Einwilligung einholen. Begründet wurde diese Ansicht damit, dass Google sich vertraglich das Recht einräumen würde, mittels Google-Analytics erhobene Daten auch zu eigenen Zwecken zu verarbeiten. Aufgrund dieses Umstands sei ein Auftragsverarbeitungsverhältnis nicht gegeben.[468]

621 Die Pressemitteilungen haben deswegen für Aufsehen gesorgt, weil in der Vergangenheit von deutschen Datenschutzbehörden die Auffassung vertreten wurde, dass durch Websitebetreiber Google-Analytics dann ohne Einholung einer Einwilligung eingesetzt werden kann, wenn vor einer Übermittlung der Daten die IP-Adresse gekürzt („anonymizeIP") und zwischen dem Websitebetreiber und Google eine Abrede zur Auftragsverarbeitung abgeschlossen wird.

622 Die Behauptung, dass der Einsatz von Google-Analytics nicht auf Basis einer Auftragsverarbeitung abgebildet werden kann, ist in dieser Pauschalität nicht korrekt. Vielmehr ist es so, dass zwischen den unterschiedlichen Möglichkeiten der Nutzung von Google-Analytics zu unterscheiden ist. Insofern Google-Analytics lediglich als „Basistracking" genutzt wird, sichert Google den Websitebetreibern zu, die über das Tool erhobenen Daten ausschließlich zu Zwecken der Websitebetreiber zu verarbeiten. Folgerichtig schließt Google mit den Websitebetreibern in dieser Konstellation eine Abrede zur Auftragsverarbeitung ab. Nutzen die Websitebetreiber neben Google-Analytics einzelne Marketing-Tools von Google und nutzt Google in diesem Zusammenhang (auch) über Google-Analytics erhobene Daten, bedingt sich Google bei der Aktivierung der Data-Sharing-Einstellungen das Recht aus, die über Google-Analytics erhobenen Daten auch zu eigenen Zwecken/zu Zwecken Dritter zu verarbeiten. In dieser Konstellation ist den deutschen Datenschutzbehörden dahingehend zuzustimmen, dass ein Auftragsverarbeitungsverhältnis nicht vorliegt. Die zuvor beschriebene Differenzierung „spiegelt" sich auch in der technischen Umsetzung wider. Bei einem Einsatz von Google-Analytics im Rahmen eines Auftragsverarbeitungsverhältnisses setzt Google eine 1st-Party-ID; wenn Google die Daten außerhalb eines Auftragsverarbeitungsverhältnisses auch zu eigenen Zwecken/zu Zwecken Dritter verarbeitet, setzt Google eine 3rd-Party-ID.

468 Vgl. die Pressemitteilung des Hamburgischen Beauftragten für Datenschutz und Informationsfreiheit v. 14. 11. 2019.

Praxishinweis: 623

Websitebetreiber müssen genau darauf achten, welche vertraglichen Regelungen sie in ihrem Google-Account akzeptieren. Abhängig von dem Inhalt der von Google in dem Account zur Verfügung gestellten Verträge, verarbeitet Google die mittels Google-Analytics erhobenen Daten ausschließlich zu Zwecken des Websitebetreiber (AV-Verhältnis) oder auch zu eigenen Zwecken/zu Zwecken Dritter (in dieser Konstellation geht Google aktuell von dem Vorliegen eines „Controller to Controller-Verhältnisses“[469] aus).

IX. Cross-Device-Tracking

624 In der Praxis werden – unter anderem durch Retargeting-Dienstleister – so genannte „Cross-Device-Technologien“ eingesetzt. Durch den Einsatz dieser Technologien ist es den Retargeting-Dienstleistern potenziell möglich, gegenüber Usern, die sich z. B. auf einem Reiseportal Angebote unter Nutzung eines bestimmten Endgeräts angesehen haben, eine Retargeting-Werbung auf einem anderen, von dem jeweiligen User ebenfalls genutzten Endgerät, anzuzeigen. Die „Zuordnung“ unterschiedlicher Endgeräte zu demselben User erfolgt zumeist durch die Übermittlung von Hashwerten von E-Mail-Adressen an den Retargeting-Dienstleister, die die Partner des Retargeting-Dienstleisters (z. B. Reiseportal) einzelnen Usern zuordnen können.

Beispiel 66:

Der Online-User A surft mittels seines Desktops auf dem Reiseportal B. In das Reiseportal B ist ein „Pixel“ des Retargeting-Dienstleisters R eingebunden. Der Retargeting-Dienstleister R vergibt für den von dem User A bei dem Aufruf des Reiseportals genutzten Browser die ID 1234. Der A loggt sich nun in sein Nutzeraccount auf dem Reiseportal B ein und der B sendet den Hashwert XYZ der in dem Nutzeraccount des A hinterlegten E-Mail-Adresse an den Retargeting-Dienstleister R. Dieser „weiß“ nun, dass die ID 1234 dem Hashwert XYZ zuzuordnen ist. Der Online-User A surft zu einem späteren Zeitpunkt unter Nutzung seines Mobiltelefons auf der Gebrauchtwagenplattform C. In die Gebrauchtwagenplattform C ist ebenfalls ein Pixel des Retargeting-Dienstleisters R eingebunden. Der R vergibt für den bei Aufruf der Gebrauchtwagenplattform C durch den A verwendeten Browser die ID 5678. Der A loggt sich nun in seinen Nutzeraccount auf der Gebrauchtwagenplattform C ein und der C sendet den Hashwert XYZ der in dem Nutzeraccount des A hinterlegten E-Mail-Adresse an den Retargeting-Dienstleister R. Dieser „weiß“ nun, dass sowohl die ID 1234 als auch die ID 5678 dem Hashwert XYZ zuzuordnen ist.

625 Ob die dargestellte Übermittlung der Hashwerte von E-Mail-Adressen zum Zweck des „Cross-Device-Tracking“ ohne Einholung einer Einwilligung vorgenommen werden kann, hängt stark von der konkreten Ausgestaltung des Verfahrens ab.[470] Verantwortliche, die eine solche Übermittlung vornehmen wol-

469 Zum „Controller to Controller-Verhältnis“ vgl. die Ausführungen unter Rn. 112 ff.
470 Ebenso *Schulz*, in: Gola, DSGVO, 2. Aufl. 2018, Art. 6 Rn. 90.

len, müssen insbesondere darauf achten, dass das Hashing der E-Mail-Adressen durch den Verantwortlichen selbst und nicht (erst) durch den Retargeting-Dienstleister erfolgt. Außerdem ist zum Zweck des Hashing ein „sicherer" Algorithmus einzusetzen.[471] In der Praxis wird der Schutz der Grundrechte und Grundfreiheiten der Betroffenen des Weiteren dadurch erhöht, dass einzelne Retargeting-Anbieter vorgeben, dass die E-Mail-Adressen mehrfach zu verhashen sind. Dafür, dass die hier erörterte Übermittlung der Hashwerte auf die Rechtsgrundlage in Art. 6 Abs. 1 S. 1 lit. f) DSGVO (Interessenabwägung) gestützt werden kann, spricht zusätzlich, dass Retargeting-Dienstleister – anders als z. B. Betreiber von Social-Media-Plattformen – in der Regel keine die Betroffenen an sich identifizierenden Daten (z. B. Name, E-Mail-Adresse) erheben. Ob die Übermittlung von Hashwerten von E-Mail-Adressen zum Zweck des „Cross-Device-Tracking" (auch) bei Vorliegen einer transparenten Information hierüber den „vernünftigen Erwartungen" der Betroffenen entsprechen kann, ist bisher nicht abschließend geklärt.

B. Spezielle Online-Marketing-Verfahren

626 Im Nachfolgenden erfolgt eine Erörterung spezifischer und in der Praxis im Zusammenhang mit der Verarbeitung von Kundendaten relevanter Online-Marketing-Verfahren.

I. Realtime-Bidding-Verfahren

627 Im Bereich des Online-Marketing werden in den letzten Jahren verstärkt so genannte Realtime-Bidding-Verfahren eingesetzt. Im Rahmen dieser Verfahren werden Online-Werbeflächen in Realtime versteigert. Werbetreibende (Advertiser) haben z. B. die Möglichkeit, für die Ausspielung individualisierter Online-Werbung auf Werbeflächen Dritter (Publisher) gegenüber Usern, zu denen ihnen Informationen (z. B. Affinitäten) vorliegen, Gebote abzugeben.

628 Die Nutzung von Realtime-Bidding-Verfahren wird unter datenschutzrechtlichen Gesichtspunkten vielerorts kritisiert. Dies liegt vor allen Dingen daran, dass an diesen in der Regel eine Vielzahl technischer Dienstleister beteiligt ist und die Abläufe für die User von Websites nicht ganz leicht nachzuvollziehen sind. Insbesondere aufgrund des genannten Umstands, dass häufig eine Vielzahl technischer Dienstleister eingesetzt wird, wird in Bezug auf Realtime-Bidding-Verfahren regelmäßig behauptet, dass deren Einsatz grundsätzlich mit einem Verlust der Kontrolle über die verarbeiteten Daten einhergeht.

629 Im Rahmen der Durchführung von Realtime-Bidding-Verfahren auf Einzel-User-Ebene ist es zwingend erforderlich, dass User, denen gegenüber auf Websites der Publisher individualisierte Werbung ausgespielt werden soll, seitens

471 Vgl. zu einzelnen Algorithmen die Ausführungen unter Rn. 51.

der Advertiser und der Publisher identifiziert werden können. Identifiziert werden nicht die User an sich, sondern deren Endgeräte bzw. Browser. Dies erfolgt aktuell mittels des Einsatzes von 3rd-Party-Cookie-IDs oder des von Mobile-Identifiern (z. B. IDFA, Google-Ad-ID). Insofern Apple dazu übergegangen ist, die Nutzung der IDFA einzuschränken und einzelne Browser-Betreiber das websiteübergreifende Wiedererkennen von Usern mittels 3rd-Party-Cookies unterbinden wollen,[472] ist die zukünftige Relevanz von Realtime-Bidding-Verfahren ein Stück weit ungewiss. Dieser Umstand wird vielerorts aus Datenschutzgründen begrüßt. Zu bedenken ist diesbezüglich jedoch, dass im Worst-Case einzelne technische Dienstleister ihre Geschäftstätigkeit werden einschränken müssen. Dies ist unter wettbewerbspolitischen Gesichtspunkten alles andere als zu befürworten, da die Betreiber großer Plattform-Ökosysteme bereits heute marktrelevante AdTech-Infrastrukturen betreiben und deren Betrieb nach vorne hin sicherlich auch werden sicherstellen können. Prognostiziert wird daher das Entstehen einer noch größeren Abhängigkeit von diesen Infrastrukturen.

Ob die hier beschriebenen Realtime-Bidding-Verfahren zukünftig neben den 630 den Werbemarkt dominierenden Angeboten großer Plattform-Ökosysteme in der Praxis noch eine relevante Rolle spielen werden, hängt insbesondere auch davon ab, ob es gelingt, „alternative Identifier-Lösungen" zu den heutigen 3rd-Party-Cookies und Mobile-Identifiern (IDFA, Google-Ad-ID) zu etablieren. Unter wettbewerbspolitischen Gesichtspunkten wäre eine solche Etablierung zumindest zu begrüßen. Darüber hinaus kann der Einsatz der genannten Verfahren, wie im Nachfolgenden dargelegt wird, sehr wohl derart ausgestaltet werden, dass von einem solchen kein unbeherrschbares Risiko für die Grundrechte und Grundfreiheiten von Online-Usern ausgeht. Die weit verbreitete Skepsis gegenüber dem Einsatz von Realtime-Bidding-Verfahren basiert häufig auch auf einer nicht genauen Kenntnis deren Funktionsweisen.

1. Einzelne technische Dienstleister/Infrastrukturen

Im Zusammenhang mit dem Realtime-Bidding kommen insbesondere die fol- 631 genden technischen Dienstleister/Infrastrukturen zum Einsatz:

- Data-Management-Plattformen (DMP),
- Demand-Side-Plattformen (DSP),
- Supply-Side-Plattformen (SSP),
- AdServer-Betreiber.

Bei der DMP, der DSP und dem AdServer handelt es sich um Infrastrukturen, die 632 durch die Advertiser genutzt werden. Die SSP wird für die Publisher tätig. Die im Zusammenhang mit dem Einsatz von Realtime-Bidding-Verfahren üblicherweise stattfindenden Datenverarbeitungen sind wie folgt (vgl. Abbildung 4) bildlich darzustellen:

472 Vgl. hierzu die Ausführungen unter Rn. 572.

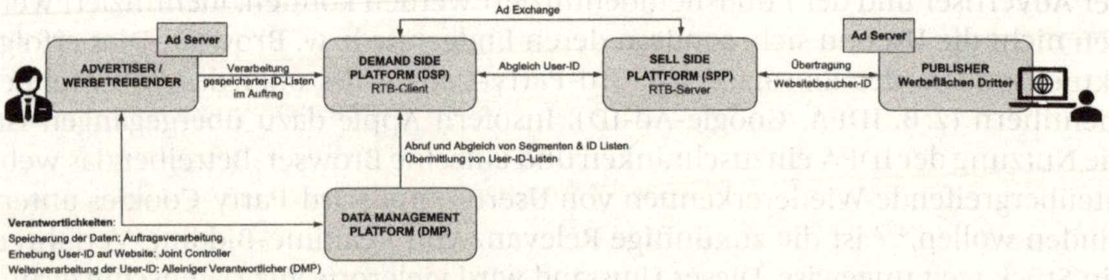

Abbildung 4: Übersicht Realtime-Bidding-Verfahren
Quelle: Eigene Darstellung

633 In den Nachfolgenden Ausführungen wird – sicherheitshalber – davon ausgegangen, dass es sich bei den durch die Dienstleister/Infrastrukturen verarbeiteten Daten um personenbezogene handelt.[473]

a) Data-Management-Plattform (DMP)

634 In einer DMP werden Daten zu einzelnen User-IDs hinzugespeichert. Bei diesen Daten handelt es sich um solche, die für die Ausspielung individualisierter Online-Werbung von Relevanz sind. So können in einer DMP z. B. den einzelnen User-IDs so genannte Segmente hinzugespeichert werden. Bei diesen Segmenten kann es sich z. B. um Sozio-Demographika (PLZ-Bereich, Geschlecht, Alterskategorie), aber auch um Informationen zu Affinitäten (z. B. „technikaffin") handeln. Die Segmente können auf Basis von Rohdaten, die z. B. die Websitebetreiber erhoben haben, die die DMP nutzen (Nutzer der DMP), erstellt worden sein.

635 Die User-IDs werden regelmäßig durch die DMP über die Websites/Apps der Nutzer der DMP erhoben. Da es sich bei den User-IDs aktuell insbesondere um 3rd-Party-Cookie-IDs und/oder um Mobilie-Identifier (IDFA, Google-Ad-ID) handelt, besteht die Möglichkeit, dass Nutzer der jeweiligen DMP ihre bei dieser zu einzelnen User-IDs gespeicherten Segmente untereinander austauschen. Ein solches „Sharing" findet in der Praxis zum Teil auch statt.

636 *Praxishinweis:*

Es sollte seitens der Nutzer von DMPs bei der Ausgestaltung der vertraglichen Regelungen mit dem jeweiligen DMP-Dienstleister penibel darauf geachtet werden, dass der DMP-Dienstleister die Daten (z.B. Segmente) ausschließlich auf Weisung des Nutzers der DMP verarbeiten darf. Vor diesem Hintergrund sollte mit dem DMP-Dienstleister eine Abrede zur Auftragsverarbeitung abgeschlossen werden. Im Zusammenhang mit dem Abschluss der Abrede zur Auftragsverarbeitung ist bei der Beschreibung der technischen und organisatorischen Maßnahmen des DMP-Dienstleisters genau darauf zu achten, dass diese dazu geeignet sind, die Einhaltung des gesetzlich vorgesehenen „Trennungsgebots"[474] zu gewährleisten. Da der DMP-Dienstleister die über die Websites/Apps seiner einzel-

---

473 Vgl. hierzu auch die Ausführungen unter Rn. 43.
474 Zum „Trennungsgebot" vgl. die Ausführungen unter Rn. 478.

nen Nutzer erhobenen User-IDs in der Regel für unterschiedliche Nutzer der DMP verarbeitet, fallen die User-IDs nicht in den Anwendungsbereich des Auftragsverarbeitungsverhältnisses.[475] In Bezug auf die Erhebung der User-IDs liegt regelmäßig eine gemeinsame Verantwortlichkeit zwischen dem DMP-Dienstleister und dem Betreiber der Website/der App vor. Die Weiterverarbeitung der User-IDs nach deren Erhebung erfolgt in alleiniger Verantwortlichkeit des DMP-Dienstleisters. Insofern ein Sharing (von Segmenten) in der DMP erfolgen soll, ist genau darauf zu achten, dass die jeweiligen User der Websites/Apps im Hinblick auf ein solches eingewilligt haben. Die Vornahme eines Sharing von Segmenten ohne Vorliegen einer solchen Einwilligung dürfte nur schwer rechtskonform abbildbar sein.

Einzelne DMPs bieten ihren Nutzern den Einsatz eines so genannten K-Anonymity-Verfahrens an. Mittels dieses Verfahrens wird durch den DMP-Dienstleister sichergestellt, dass die einzelnen Kombinationen an Segmenten eines Nutzers der DMP, die einzelnen User-IDs in der DMP zugeordnet sind, immer bei einer bestimmten Anzahl an User-IDs vorliegen (Anzahl=K). Desto größer die Anzahl der User-IDs (K) ist, desto geringer ist die Wahrscheinlichkeit, dass ein User auf Basis der Kombination an Segmenten identifiziert werden kann. 637

Praxishinweis: 638

Insofern eine DMP den Einsatz eines K-Anonymity-Verfahrens anbietet, sollte dieses zur Absicherung der Datenverarbeitung auch genutzt werden. Durch den Einsatz eines K-Anonymity-Verfahrens können Gefahren, die von der Datenverarbeitung in einer DMP für die Grundrechte der Online-User ausgehen, nämlich wirksam begrenzt werden.

b) Demand-Side-Plattform (DSP)

In einer DSP werden so genannte „User-ID-Listen" gespeichert. Diese Listen beinhalten IDs aus der DMP von Online-Usern, die beworben werden sollen. 639

Beispiel 67:

Der Advertiser A hat in der DMP einzelnen User-IDs das Merkmal „weiblich" hinzugespeichert. Der A möchte nun eine Online-Werbekampagne aussteuern, die sich an Frauen richtet. Der A filtert nun alle User-IDs in der DMP heraus, denen das Segment „weiblich" zugeordnet ist und „pusht" diese User-IDs in die DSP.

Dem Inhalt der Listen ist lediglich zu entnehmen, dass die in diesen wiedergegebenen User-IDs in einem bestimmten Verhältnis zueinander stehen. Insofern die Listenbezeichnungen nicht „sprechend" sind, weiß der DSP-Dienstleister aber nicht, um welches genaue Verhältnis es sich handelt. Der Inhalt der Liste hat in diesem Fall daher weder für den DSP-Dienstleister noch für einen Dritten, der auf die in der DSP gespeicherte Liste (unberechtigt) zugreift, eine relevante Aussagekraft.

475 Vgl. zu den Voraussetzungen eines Auftragsverarbeitungsverhältnisses Rn. 81 f.

640 *Praxishinweis:*

Die Nutzer einer DSP sollten mit dieser vereinbaren, dass die DSP die Listen ausschließlich zu Zwecken des jeweiligen Nutzers der DSP und auf dessen Weisung hin verarbeiten darf. Es sollte folglich mit dem DSP-Dienstleister eine Abrede zur Auftragsverarbeitung abgeschlossen werden. Sichergestellt werden muss in diesem Zusammenhang insbesondere, dass seitens der DSP-Dienstleister wirksame technische und organisatorische Maßnahmen, die eine Nutzung ausschließlich zu Zwecken des jeweiligen Nutzers der DSP beinhalten, getroffen werden.

c) Supply-Side-Plattform (SSP)

641 Die SSP wird auf Seiten der Publisher tätig. Die SSP bildet in diesem Zusammenhang den „Gegenpart“ zur DSP.

Beispiel 68:

Werbeflächen auf der Website www.xyz.de werden im Realtime-Bidding-Verfahren versteigert. Der User X besucht unter Nutzung eines Browsers die genannte Website. In diesem Zusammenhang ruft der SSP-Dienstleister der Website die für ihn relevante, in dem Browser gespeicherte ID ab. Die SSP kommuniziert nun mit DSPs dahingehend, ob in diesen die ID durch Advertiser (Nutzer der DSP) zum Zweck der Aussteuerung individualisierter Werbung gespeichert ist. Ist dies (mehrfach) der Fall, wird ermittelt, welcher Advertiser das höchste Gebot für den Werbeplatz hinterlegt hat.

d) AdServer-Betreiber

642 AdServer-Betreiber speichern im Auftrag der jeweiligen Advertiser die Online-Werbeflächen, die nach dem Gewinn einer Auktion gegenüber dem jeweiligen User ausgesteuert werden. Die AdServer-Betreiber übernehmen auch die technische Aussteuerung der Flächen.

2. Rechtliche Beurteilung

643 Für die rechtliche Beurteilung der im Zusammenhang mit dem Einsatz von Realtime-Bidding-Verfahren erfolgenden Verarbeitungen von Daten ist von wesentlicher Relevanz, ob es sich bei diesen um

- personenbezogene Daten

handelt.

Darüber hinaus ist im Rahmen der rechtlichen Bewertung zwischen

- dem Setzen/der Erhebung der User-IDs

und deren

- Weiterverarbeitung

zu unterscheiden.

Außerdem hat eine datenschutzrechtliche Beurteilung in Bezug auf die

- Verarbeitung von Daten, die den User-IDs in der DMP zugeordnet werden (z. B. Segmente),

zu erfolgen.

a) Personenbezug

Fraglich ist, ob es sich bei den User-IDs um personenbezogene Daten handelt. 644
Dies kann, muss aber nicht zwingend der Fall sein.[476] Insofern es sich bei den User-IDs um Cookie-IDs handelt, ist im Hinblick auf die hier erörterte Frage zu bedenken, dass die in Realtime-Bidding-Verfahren eingesetzten Cookie-IDs häufig mit anderen IDs „synchronisiert" sind, da am Markt mehrere Werbenetzwerke existieren. Darüber hinaus ist davon auszugehen, dass es sich bei Mobile-Identifiern wie der IDFA und der Google-Ad-ID um personenbezogene Daten handelt.

Praxishinweis: 645

Aus Gründen der Vorsicht sollte davon ausgegangen werden, dass es sich bei den User-IDs und damit auch bei den Informationen, die diesen hinzugespeichert sind (z. B. Segmente), um personenbezogene Daten handelt.

b) Setzen/Erheben der User-IDs

Das Setzen sowie das Abrufen von User-IDs in einen bzw. aus einem Browser 646
bedarf gemäß § 25 Abs. 1 TTDSG grundsätzlich der Einholung einer Einwilligung. Gleiches gilt für das Abrufen von Mobile-Identifiern (z. B. IDFA, Google-Ad-ID). Dies gilt unabhängig davon, ob es sich bei den IDs um personenbezogene, oder um anonyme Daten handelt.[477] Insofern zukünftig als „Identifier" auch Daten in Betracht kommen, die nicht in den Browser abgespeichert und aus diesem bzw. „aus" dem Endgerät abgerufen werden (z. B. Hashwerte von E-Mail-Adressen),[478] fällt deren Erhebung nicht unter die Vorschrift in § 25 TTDSG. Die datenschutzrechtliche Beurteilung der Erhebung solcher „Identifier" hat vielmehr unter Zugrundelegung der Vorgaben aus der DSGVO zu erfolgen. Daher ist eine Rechtfertigung der genannten Erhebung auf Basis der Rechtsgrundlage in Art. 6 Abs. 1 S. 1 lit. f) DSGVO (Interessenabwägung) nicht per se ausgeschlossen.

c) Weiterverarbeitung der User-IDs

In Bezug auf die datenschutzrechtliche Beurteilung der Weiterverarbeitung der 647
User-IDs (z. B. deren Speicherung in den technischen Infrastrukturen (u. a. DSP, DMP)), sind die Vorgaben aus der DSGVO einschlägig. Ob diese Weiterverarbeitung auf der Rechtsgrundlage in Art. 6 Abs. 1 S. 1 lit. f) DSGVO (Interessenabwägung) gestützt werden kann, hängt sehr stark von der konkreten Ausgestaltung

476 Vgl. hierzu die Ausführungen unter Rn. 41.
477 Vgl. hierzu die Ausführungen unter Rn. 551, 567.
478 Zum „Hashing" vgl. die Ausführungen unter Rn. 45.

der Nutzung von Realtime-Bidding-Verfahren im Einzelfall ab. Insofern mit der genannten Nutzung eine umfangreiche Synchronisation der User-IDs mit 3rd-Party-IDs (anderer Werbenetzwerke) stattfindet, sollte aus Gründen der Sicherheit (auch) die Weiterverarbeitung der User-IDs, d.h. deren Verarbeitung zum Zweck der Aussteuerung individualisierter Werbung, auf die Rechtsgrundlage der Einwilligung (Art. 6 Abs. 1 S. 1 lit. a) DSGVO) gestützt werden.

d) Verarbeitung hinzugespeicherter Daten (Segmente)

648 Die im Rahmen von Realtime-Bidding-Verfahren genutzten Segmente werden in der Praxis in der Regel durch die Verarbeitung granularer Rohdaten, z.B. durch die Verarbeitung von Trackingdaten, gebildet. Für die Erhebung von Trackingdaten zum Zweck der Segmentbildung ist die Einholung einer Einwilligung zwingend erforderlich.[479]

649 Die Weiterverarbeitung der Trackingdaten zu Segmenten ist datenschutzrechtlich an den Vorgaben der DSGVO zu messen. In diesem Zusammenhang kommen für eine Rechtfertigung der Bildung der Segmente und deren Weiterverarbeitung die Rechtsgrundlagen in Art. 6 Abs. 1 S. 1 lit. a) DSGVO (Einwilligung) und die in Art. 6 Abs. 1 S. 1 lit. f) DSGVO (Interessenabwägung) in Betracht. Ob die genannten Verarbeitungen auf die Rechtsgrundlage in Art. 6 Abs. 1 S. 1 lit. f) DSGVO gestützt werden können, ist im Einzelfall zu beurteilen. In diesem Zusammenhang kann es z.B. eine Rolle spielen, ob die Rohdaten über unterschiedliche Websites erhoben worden sind.

650 *Praxishinweis:*

Da der Einsatz von Realtime-Bidding-Verfahren Gegenstand öffentlicher Kritik ist, sollte die Erhebung der Rohdaten sowie deren Verarbeitung zum Zweck der Segmentbildung sowie die Nutzung der Segmente zum Zweck der Aussteuerung individualisierter Werbung grundsätzlich mittels der Einholung einer Einwilligung abgesichert werden.

II. Audience-Matching

651 In der Praxis werden Online-Marketing-Tools zur Nutzung angeboten, deren Funktionsweise darauf basiert, dass Online-User, die ein Unternehmen bewerben möchte, durch den Abgleich von E-Mail-Adressen bzw. den von Hashwerten von E-Mail-Adressen, die sowohl der Werbende als auch der Toolanbieter erhoben haben, bestimmt werden. Die Möglichkeit der Nutzung derartiger Marketing-Tools dürfte in der Zukunft für viele Werbetreibende aufgrund des Vorgehens einzelner Browser-Anbieter dahingehend, dass diese unter anderem das Setzen von 3rd-Party-Cookies blockieren, weiter an Relevanz gewinnen.

479 Vgl. hierzu die Ausführungen unter Rn. 551.

1. Funktionsweise der Tools

Die Funktionsweise der Audience-Matching-Tools ist regelmäßig derart ausgestaltet, dass der Nutzer des Tools (Werbetreibender) eine Liste mit in der Regel selbst erhobenen Daten, die er solchen Personen zuordnet, die er bewerben oder auch nicht bewerben möchte, zusammenstellt. So kann z.B. ein Online-Shop-Betreiber, der an Frauen gerichtete Online-Werbung (z.B. Frauenmode) aussteuern will, eine Liste von E-Mail-Adressen von solchen Inhabern eines Kundenkontos seines Online-Shops erstellen, von denen der Werbetreibende weiß, dass diese weiblich sind. Die von dem Werbetreibenden erstellte Liste wird mit Daten, die der Anbieter des Tools erhoben hat bzw. als datenschutzrechtlich Verantwortlicher verarbeitet, abgeglichen. Bei den Tool-Anbietern kann es sich z.B. um Betreiber von Social-Media-Plattformen oder um andere Plattformbetreiber handeln, die bei dem Anlegen eines Nutzer-Accounts für die jeweilige Plattform die E-Mail-Adressen des den Account anlegenden Betroffenen abfragen. Das Ergebnis des Abgleichs ist eine Liste von Daten von Nutzern, die sowohl der Werbetreibende als auch der Tool-Anbieter „kennt" („Audience"). Der Tool-Anbieter hat dann unter anderem die Möglichkeit, auf einer von ihm betriebenen Website (z.B. Social-Media-Plattform) und/oder auf Drittseiten die von dem Werbetreibenden vorgesehene Werbung an die Nutzer, die Bestandteil der „Audience" sind, auszusteuern. Außerdem besteht die Möglichkeit, dass der Tool-Anbieter auf Basis weiterer Daten über Online-Nutzer, die er als datenschutzrechtlich Verantwortlicher verarbeitet, so genannte „Lookalike-Audiences" erstellt. Die Betroffenen, die Bestandteil dieser „Lookalike-Audience" sind, weisen nach den dem Tool-Anbieter vorliegenden Informationen ähnliche Merkmale (z.B. Affinitäten) auf, wie dies bei den Nutzern der Fall ist, die Bestandteil der „Audience" sind, die durch den Datenabgleich mit den Daten des Werbetreibenden entstanden ist. Die Bildung von „Lookalike-Audiences" erfolgt in der Regel zum Zweck der Neukundengewinnung. Sowohl die Aussteuerung der Werbung als auch die Bildung von „Lookalike-Audiences" erfolgt bei den am Markt befindlichen Angeboten grundsätzlich vollkommen autark durch den Toolanbieter. 652

2. Rechtsgrundlage für die Datenverarbeitung durch den Werbetreibenden

Im Zusammenhang mit der Nutzung eines „Audience-Matching-Tools" erfolgt eine Verarbeitung personenbezogener Daten durch den Werbetreibenden als datenschutzrechtlich Verantwortlicher. Eine solche (alleinige) Verantwortlichkeit ist z.B. im Hinblick auf die Erhebung der Daten, die durch den Werbetreibenden zum Zweck der Durchführung des Abgleichs erhoben werden (z.B. E-Mail-Adressen), zweifelsfrei gegeben. 653

Die Datenverarbeitung, für die der Werbetreibende datenschutzrechtlich verantwortlich ist, kann entweder durch die Einholung einer Einwilligung (Art. 6 Abs. 1 S. 1 lit. a) DSGVO) oder unter Umständen auf Basis einer Interessenabwägung (Art. 6 Abs. 1 S. 1 lit. f) DSGVO) datenschutzrechtlich gerechtfertigt werden. 654

Die Einholung einer Einwilligung – insbesondere in Bezug auf Daten, die in der Vergangenheit erhoben worden sind – ist unter dem Gesichtspunkt einer ausreichenden „Conversion" häufig jedoch nicht zweckmäßig.

655 Darüber hinaus ist anzumerken, dass einige der am Markt angebotenen „Audience-Matching-Tools" vorsehen, dass die Daten, die der Werbetreibende zum Zweck der Durchführung des Abgleichs erhebt, vor der Vornahme des Abgleichs verhasht werden. Der Tool-Anbieter verhasht die von ihm erhobenen Daten vor der Vornahme des Abgleichs unter Einsatz desselben Algorithmus, den auch der Werbetreibende für das Hashing genutzt hat. Auch wenn für das Hashing ein „sicherer Algorithmus" (z. B. SHA-256)[480] eingesetzt wird, stellt dieses keine Anonymisierung der Daten dar. Dies gilt zumindest in dem Beispiel der Nutzung von E-Mail-Adressen für solche Adressen, die der Tool-Anbieter auch selbst erhoben bzw. als datenschutzrechtlich Verantwortlicher verarbeitet hat. Eine Aussteuerung individualisierter Werbung durch den Tool-Anbieter an die Nutzer, die Bestandteil der „Audience" sind, kann nämlich nur dann erfolgen, wenn dieser die Hashwerte den Nutzern auch zuordnen kann. Eine solche Zuordnung erfolgt häufig über so genannte „Lookup-Table", mittels derer dem jeweiligen Hashwert eindeutige personenbezogene „Identifier", wie z. B. die nicht verhashte E-Mail-Adresse, zugeordnet werden können. Die DSGVO findet damit in aller Regel auch auf die Durchführung des Abgleichs Anwendung.[481]

3. Ausgestaltung des Abgleichs als Auftragsverarbeitung

656 Für die Beantwortung der Frage, ob die Verarbeitung der Daten (z. B. von E-Mail-Adressen), für die der Werbetreibende datenschutzrechtlich verantwortlich ist, auf der Rechtsgrundlage in Art. 6 Abs. 1 S. 1 lit. f) DSGVO erfolgen kann, ist unter anderem von Bedeutung, ob die Durchführung des Abgleichs im Rahmen eines Auftragsverarbeitungsverhältnisses erfolgen kann, wobei der Werbetreibende im Hinblick auf die Verarbeitung der von ihm erhobenen Daten Auftraggeber wäre. Die Möglichkeit der Durchführung des Abgleichs im Rahmen eines Auftragsverarbeitungsverhältnisses hätte dahingehend positive Auswirkungen auf die gemäß Art. 6 Abs. 1 S. 1. lit. f) DSGVO vorzunehmende Interessenabwägung, dass es für die Übertragung der Daten an die den Abgleich vornehmenden Stelle keiner eigenen Rechtsgrundlage bedarf.[482]

a) Gesamtheitliche Bewertung versus Bewertung einzelner Phasen

657 Für die Beantwortung der Frage, ob ein Auftragsverarbeitungsverhältnis gegeben sein kann, ist es relevant, ob der Abgleich der Daten isoliert datenschutzrechtlich zu bewerten ist, oder ob es einer gesamtheitlichen Bewertung sämtlicher Datenverarbeitungsschritte, die im Zusammenhang mit der Nutzung des

480 Die BNetzA hat den Algorithmus SHA-256 für bis mindestens 2022 als sicher eingestuft; Bekanntmachung zur elektronischen Signatur der BNetzA v. 09. 12. 2015.
481 Ebenso VG Bayreuth, Beschl. v. 08. 05. 2018 – B 1 S 18.105.
482 Vgl. hierzu die Ausführungen unter Rn. 95 ff.

Tools (u. a. Erhebung der Daten, Abgleich, Aussteuerung der Werbung) erfolgen, bedarf.

Eines der am Markt bekanntesten „Audience-Matching-Tools“ ist das Tool „Facebook-Custom-Audience aus einer Kundenliste“. Der BayVGH hat in einer Entscheidung zum BDSG 2009, die sich mit der Nutzung des Tools „Facebook-Custom-Audience aus einer Kundenliste“ beschäftigt, die Ansicht vertreten, dass die Durchführung des Abgleichs nicht im Rahmen eines Auftrags(daten)verarbeitungsverhältnisses erfolgen kann, da es einer gesamtheitlichen Bewertung sämtlicher Datenverarbeitungsschritte bedarf. Unter Berücksichtigung dieses Umstands könne ein Auftrags(daten)verarbeitungsverhältnis unter anderem schon deswegen nicht vorliegen, da der Werbetreibende keinen Einfluss auf die Aussteuerung der Werbung durch den Toolanbieter Facebook hat.[483] 658

Die dargestellte Begründung kann nach der Entscheidung des EuGH in der Rechtssache „Fashion-ID“[484], in der dieser den „Phasenbezug“[485] endgültig anerkannt hat, jedoch nicht mehr aufrechterhalten werden.

b) Durchführung des Abgleichs durch den Tool-Anbieter

Einzelne Tool-Anbieter haben den Prozess des Abgleichs derart ausgestaltet, dass der Abgleich durch den Tool-Anbieter selbst vorgenommen wird. In dieser Konstellation werden die Daten durch den Werbetreibenden an den Tool-Anbieter zum Zweck der Vornahme des Abgleichs transferiert. Nach der Vornahme des Abgleichs durch den Tool-Anbieter werden die Daten, die dieser von dem Werbetreibenden erhalten hat, gelöscht. Ob in dieser Konstellation der Tool-Anbieter im Rahmen der Verarbeitung der Daten des Werbetreibenden als Auftragsverarbeiter des Werbetreibenden fungieren kann, ist fraglich. Dies liegt daran, dass der Tool-Anbieter im Zusammenhang mit dem Abgleich gleichzeitig „seine“ Daten als datenschutzrechtlich Verantwortlicher und die Daten, die er von dem Werbetreibenden erhalten hat, als Auftragsverarbeiter verarbeiten würde. Ob eine Abgrenzung der Zwecke dahingehend, dass der Tool-Anbieter „seine“ Daten zu eigenen Zwecken und damit als datenschutzrechtlich Verantwortlicher und gleichzeitig die Daten des Werbetreibenden für dessen Zwecke als Auftragsverarbeitung verarbeitet möglich ist, ist nicht abschließend geklärt. Da die Möglichkeit einer solchen Abgrenzung zum Teil abgelehnt wird[486], ist die hier erörterte Ausgestaltung zumindest mit Risiken verbunden. 659

c) Durchführung des Abgleichs durch eine neutrale Drittstelle

Alternativ zur zuvor beschriebenen Vorgehensweise besteht die Möglichkeit, dass der Abgleich durch eine neutrale Drittstelle durchgeführt wird. Die Durchführung von Abgleichen bei einer neutralen Drittstelle ist im Bereich des Print- 660

483 BayVGH, Beschl. v. 26.09.2018 – 5 CS 18.1157, Rz. 13 ff.
484 EuGH, Urt. v. 29.07.2019 – C-40/17.
485 Zum „Phasenbezug“ vgl. die Ausführungen unter Rn. 126.
486 Artikel-29-Datenschutzgruppe, WP 169, Seite 30.

marketing unter anderem im Zusammenhang mit der Durchführung so genannter „Waschabgleiche" zu Zwecken der Neukundengewinnung seit vielen Jahren am Markt etabliert.[487] Der Datenabgleich bei einer neutralen Drittstelle ist derart ausgestaltet, dass sowohl der Werbetreibende als auch der Tool-Anbieter die abzugleichenden Daten an den Dritten transferieren und dieser den Abgleich und damit die Bildung der „Audience" übernimmt. Die Daten, die Bestandteil der „Audience" sind, werden dann an den Tool-Anbieter rückübertragen. Vorteil der dargestellten Ausgestaltung des Datenabgleichs ist, dass der Tool-Anbieter nur solche Daten rückübertragen bekommt, die er bereits vor der Durchführung des Abgleichs selbst als datenschutzrechtlich Verantwortlicher erhoben bzw. als solcher verarbeitet hat.

661 Fraglich ist, ob der Datenabgleich bei einer neutralen Drittstelle im Rahmen eines bzw. mehrerer Auftragsverarbeitungsverhältnisse erfolgt. Das Vorliegen von Auftragsverarbeitungsverhältnissen in der hier erörterten Konstellation könnte deswegen zu verneinen sein, weil man die Ansicht vertreten könnte, dass der Werbetreibende und der Tool-Anbieter und gegebenenfalls auch die neutrale Drittstelle die Zwecke und Mittel der Datenverarbeitung gemeinsam festlegen. Somit kommt auch das Vorhandensein einer gemeinsamen Verantwortlichkeit im Sinne des Art. 26 Abs. 1 S. 1 DSGVO in Betracht.

aa) Neutrale Drittstelle als Auftragsverarbeiter

662 Ein wesentliches Merkmal, das bei der Abgrenzung der Auftragsverarbeitung zu einer gemeinsamen Verantwortlichkeit berücksichtigt werden muss, ist der Umstand, inwiefern bzw. in welchem Umfang eine Weisungsgebundenheit vorliegt. Im Hinblick auf den Umfang bzw. das Vorliegen einer Weisungsgebundenheit sind auch die Inhalte der zwischen den Parteien geschlossenen vertraglichen Abreden zu berücksichtigen.[488] Die „Auslagerung" des Datenabgleichs dahingehend, dass dieser durch einen neutralen Dritten vorgenommen wird, hat den Sinn, dass die von dem Abgleich bzw. von der Verarbeitung von Daten im Zusammenhang mit der Nutzung der Tools ausgehenden Risiken für die Grundrechte und Grundfreiheiten der Betroffenen minimiert werden. Dieser Zweck kann nur dann erreicht werden, wenn mit dem neutralen Dritten vertragliche Vereinbarungen geschlossen werden, die unter anderem eine Nutzung der Daten zu eigenen Zwecken des neutralen Dritten und/oder zu Drittzwecken sowie eine Verarbeitung der Daten zu anderen Zwecken als der Durchführung des Abgleichs, nicht zulassen. Dies bedeutet, dass dem neutralen Dritten keinerlei eigenes Ermessen im Hinblick auf den Zweck der Datenverarbeitung einzuräumen ist. Hieraus ergibt sich wiederum, dass der neutrale Dritte nicht zusammen mit dem Werbetreibenden und/oder dem Tool-Anbieter gemeinsam verantwortlich im Sinne des Art. 26 Abs. 1 S. 1 DSGVO für die Datenverarbeitung im Rahmen der Durchführung des Abgleichs sein kann. Der neutrale Dritte ist

487 Vgl. hierzu die Ausführungen unter Rn. 691.
488 *Spoerr*, in: Wolff/Brink, Datenschutzrecht, 37. Aufl. 2021, Art. 28 Rn. 22.

aufgrund der erforderlichen strengen Weisungsgebundenheit vielmehr jeweils Auftragsverarbeiter.

bb) Tool-Anbieter und Werbetreibender als gemeinsam Verantwortliche?

Weiterhin besteht die Möglichkeit, dass der Werbetreibende und der Tool-Anbieter im Hinblick auf den durch die neutrale Drittstelle durchzuführenden Abgleich gemeinsam verantwortlich im Sinne des Art. 26 Abs. 1 S. 1 DSGVO sind. 663
Die gemeinsame Verantwortlichkeit könnte sich unter anderem daraus ergeben, dass der Werbetreibende und der Tool-Anbieter gemeinsam den Zweck der durch die neutrale Drittstelle als Auftragsverarbeiter vorgenommenen Datenverarbeitung bestimmen. Zu beachten ist diesbezüglich jedoch, dass auch bei der Beurteilung, ob eine gemeinsame Verantwortlichkeit vorliegt, der Sinn und Zweck der „Auslagerung" des Abgleichs an eine neutrale Drittstelle zu berücksichtigen ist.[489] Die „Auslagerung" des Abgleichs hat für die Rechte und Grundfreiheiten der Betroffenen den Vorteil, dass weder der Werbetreibende noch der Tool-Anbieter Zugriff auf die komplette Datenbasis, die für den Abgleich genutzt wird, hat. Ein solcher Zugriff soll durch die Einschaltung einer neutralen Drittstelle gerade vermieden werden. Die neutrale Drittstelle kann zumindest in den Fällen, in denen die Daten vor dem Abgleich mittels eines sicheren Algorithmus (z. B. SHA-256) verhasht werden, diese einer natürlichen Person ohne eine (in der Regel rechtswidrige) Hinzuziehung eines Zusatzwissens Dritter, nicht zuordnen. Läge eine gemeinsame Verantwortlichkeit vor, würde der mit der Auslagerung verfolgte Zweck, dass weder der Werbetreibende noch der Tool-Anbieter Zugriff auf die gesamte Datenbasis haben, unter anderem im Rahmen der Umsetzung von Betroffenenrechten (vgl. Art. 26 Abs. 3 DSGVO) nicht erreicht werden (vgl. Abbildung 5).

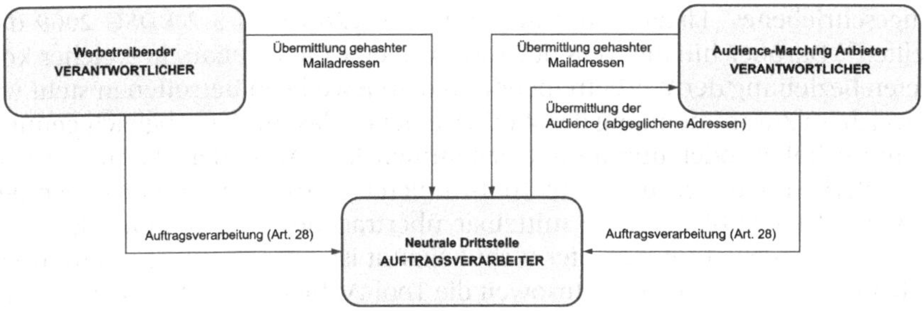

Abbildung 5: Übersicht Audience-Matching
Quelle: Eigene Darstellung

489 Vgl. hierzu die Ausführungen unter Rn. 125.

4. Interessenabwägung

664 Dass die Möglichkeit der Nutzung von Daten zum Zweck der „Direktwerbung" ein berechtigtes Interesse im Sinne der Vorschrift in Art. 6 Abs. 1 S. 1. lit. f) DSGVO (Interessenabwägung) darstellen kann, ergibt sich aus Erwägungsgrund 47 zur DSGVO. Unter den in Erwägungsgrund 47 zur DSGVO genannten Begriff der „Direktwerbung" fällt nicht nur die Aussteuerung einer Werbemaßnahme an sich, sondern auch die die Aussteuerung vorbereitende Datenverarbeitung. Ohne diese ist die Aussteuerung einer Direktwerbung nämlich grundsätzlich nicht möglich.[490] Auf Seiten des Werbetreibenden besteht aber auch ein berechtigtes Interesse daran, Daten zum Zweck der Bildung einer so genannten „Ausschluss-Audience" zu verarbeiten.[491] Eine „Ausschluss-Audience" beinhaltet Daten von Betroffenen, die gerade nicht beworben werden sollen. Die Bildung einer „Ausschluss-Audience" kann z. B. dann sinnvoll sein, wenn der Werbetreibende Neukunden gewinnen und vor diesem Hintergrund bestehende Kunden von der Werbung ausschließen möchte.

665 Es besteht die Möglichkeit, dass der Werbetreibende die Datenverarbeitung, für die er im Rahmen der Nutzung der Tools datenschutzrechtlich verantwortlich ist, derart ausgestaltet, dass durch diese die Grundrechte und Grundfreiheiten der Betroffenen nur marginal beeinträchtigt werden. Insofern der Datenabgleich bei einer neutralen Drittstelle im Rahmen von Auftragsverarbeitungsverhältnissen erfolgt, erhält der jeweilige Tool-Anbieter – wie bereits dargelegt – nur solche Daten nach dem Abgleich von der neutralen Drittstelle rückübertragen, die er selbst zuvor erhoben bzw. als datenschutzrechtlich Verantwortlicher verarbeitet hat. Insofern der Tool-Anbieter mittelbar die Information übertragen bekommt, dass der Werbetreibende den jeweiligen Betroffenen ebenfalls „kennt", handelt es sich bei dieser Information um ein nicht sonderlich schützenswertes Datum. Dies ergibt sich bereits daraus, dass diese Information ein „ungeschriebenes" Listendatum im Sinne des § 28 Abs. 3 S. 2 BDSG 2009 darstellte.[492] Darüber hinaus weiß der Tool-Anbieter nicht genau, in welcher konkreten Beziehung der Werbetreibende zu dem jeweiligen Betroffenen steht und in welchem Zusammenhang der Werbetreibende das für den Abgleich genutzte Datum erhoben oder übermittelt bekommen hat. Außerdem kann zwischen dem Werbetreibenden und dem Tool-Anbieter vertraglich vereinbart werden, dass der Tool-Anbieter diese mittelbar übertragende Information, deren genauer Gehalt dem Tool-Anbieter nicht bekannt ist – nicht zu eigenen und/oder zu Drittzwecken nutzen darf. Insoweit die Tool-Anbieter dem Werbetreibenden die Möglichkeit einräumen, die jeweilige „Audience" mit einer Bezeichnung zu versehen, sollte der Werbetreibende hierfür keine „Klarbezeichnung" (z. B. „Bestkunden"), sondern eine codierte Bezeichnung wählen, der der Tool-Anbieter keine weiteren Informationen entnehmen kann. Außerdem sollten die Daten, die zum Zweck des Abgleichs erhoben werden, vor der Vornahme des

---

490 ICO Direct marketing code of practice, Seite 14.
491 Vgl. hierzu die Ausführungen unter Rn. 227 f.
492 *Simitis*, in: Simitis, BDSG, 8. Aufl. 2014, § 28 Rn. 232.

Abgleichs mittels eines sicheren Algorithmus (z.B. SHA-256) verhasht und damit pseudonymisiert werden. Die Vornahme einer Pseudonymisierung kann positive Auswirkungen zugunsten des die Daten verarbeitenden Verantwortlichen haben.[493] Weiterhin ist darauf hinzuweisen, dass die hier erörterte Datenverarbeitung durch den Werbetreibenden weniger eingriffsintensiv ist als dies bei anderen Online-Marketing-Maßnahmen, wie z.B. der Vornahme eines Retargeting, der Fall ist. Dies liegt daran, dass im Rahmen der Nutzung der in diesem Beitrag erörterten Online-Marketing-Tools ein Zugriff auf das vom Fernmeldegeheimnis geschützte Endgerät des jeweiligen Betroffenen durch den Werbetreibenden nicht erforderlich ist. Insofern der Werbetreibende Daten zum Zweck der Bildung einer „Ausschluss-Audience" verarbeitet, werden auch hierdurch die Grundrechte und Grundfreiheiten der Betroffenen nur marginal berührt.[494] Im Rahmen der Interessenabwägung ist im Übrigen nicht zu berücksichtigen, dass der Werbetreibende für die datenschutzrechtliche Rechtfertigung der Nutzung des jeweiligen Tools auch eine Einwilligung der Betroffenen hätte einholen können.[495]

Die Erhebung der Daten durch den Werbetreibenden zum Zweck der Nutzung 666
des jeweiligen Tools und die Vornahme des Abgleichs ist im Übrigen auch erforderlich, da ohne diese die Aussteuerung einer individualisierten Werbung auf einer Drittseite nicht möglich ist.

Es ist Nutzern von Websites seit vielen Jahren bekannt, dass Websitebetreiber 667
über sie erhobene Daten nutzen können, um auf anderen Websites individualisierte Werbung gegenüber den Nutzern auszuspielen. Insofern die Betroffenen in den Datenschutzerklärungen des Werbetreibenden über die Erhebung von Daten zum Zweck der Nutzung des jeweiligen Tools und über die Funktionsweise des Tools transparent informiert werden, entspricht die durch den Werbetreibenden für die Nutzung des jeweiligen Tools vorzunehmende Datenverarbeitung auch den „vernünftigen Erwartungen"[496] der Betroffenen.

5. Betroffenenrechte

Der Werbetreibende muss bei der Erfüllung ihm gegenüber geltend gemachter 668
Betroffenenrechte die Datenverarbeitungen berücksichtigen, für die er im Rahmen der Nutzung der Tools datenschutzrechtlich verantwortlich ist.

Im Hinblick auf die Umsetzung von Betroffenenrechten dürfte – im Zusammenhang mit der Nutzung der Tools – insbesondere die eingelegter „Werbewidersprüche" relevant sein. Der Werbetreibende darf die Daten des jeweiligen Betroffenen nach der Einlegung eines „Werbewiderspruchs" nicht mehr zu Zwecken des Abgleichs nutzen. Insofern die Daten des jeweiligen Betroffenen be-

493 *Marit Hansen*, in: Simitis/Hornung/Spiecker gen. Döhmann, Datenschutzrecht, 1. Aufl. 2019, Art. 4 Nr. 5 Rn. 17.

494 Vgl. hierzu die Ausführungen unter Rn. 227 f.

495 So aber BayVGH, Beschl. v. 26. 09. 2018 – 5 CS 18.1157, Rz. 29.

496 Vgl. zu den „vernünftigen Erwartungen" die Ausführungen unter Rn. 268 ff.

reits Bestandteil einer „Audience" sind, müsste der Betroffene den „Werbewiderspruch" (auch) gegenüber dem jeweiligen Tool-Anbieter einlegen, da dieser für die Verarbeitung der durch ihn gespeicherten „Audiences" datenschutzrechtlich alleinig verantwortlich ist. Auch ist der Werbetreibende nicht gemäß Art. 19 S. 1 DSGVO dazu verpflichtet, den jeweiligen Tool-Anbieter über die Einlegung des „Werbewiderspruchs" und einer sich aus dieser etwaig ergebenden Verpflichtung zur Löschung der Daten des Betroffenen, der den Widerspruch eingelegt hat, zu informieren. Dies liegt daran, dass Bestandteil der „Audiences" nur solche Daten sind, die der Tool-Anbieter schon vor der Vornahme des Abgleichs erhoben bzw. als datenschutzrechtlich Verantwortlicher verarbeitet hat. Hieraus ergibt sich, dass der Werbetreibende diese Daten dem Tool-Anbieter gegenüber nicht „offengelegt" hat.

669 In der Praxis sollte der Werbetreibende aber verhindern, dass der Tool-Anbieter unter Nutzung von „Audiences", die dadurch entstanden sind, dass der Werbetreibende vor der Einlegung des Widerspruchs auch die Daten des Betroffenen, der den Widerspruch eingelegt hat, zum Zweck der Bildung von „Audiences" verarbeitet hat, den Betroffenen mit Werbemitteln des Werbetreibenden bewirbt. Dies kann der Werbetreibende einerseits dadurch sicherstellen, dass er regelmäßig, mindestens aber einmal im Monat (vgl. Art. 12 Abs. 3 S. 1 DSGVO), unter Zusammenarbeit mit dem Tool-Anbieter neue Abgleiche vornimmt, deren Gegenstand nicht solche Daten von Betroffenen sind, die einen „Werbewiderspruch" eingelegt haben. Andererseits kann der Werbetreibende monatlich eine „Ausschluss-Audience" bilden, die die Daten der Betroffenen beinhaltet, die einen „Werbewiderspruch" gegenüber dem Werbetreibenden eingelegt haben. Insofern die dargestellten Vorgehen über die den Werbetreibenden treffenden gesetzlichen Verpflichtungen hinaus gehen, ist dies zugunsten des Werbetreibenden im Rahmen der Interessenabwägung (Art. 6 Abs. 1. S. 1 lit. f) DSGVO) zu berücksichtigen.[497]

III. Vorteilsangebote auf Websites

670 Es gibt Unternehmen, die Betreibern von Websites die Möglichkeit geben, auf ihrer Website „Vorteilsangebote" Dritter zu bewerben (vgl. Abbildung 6). Ein in der Praxis häufig anzutreffender Anwendungsfall ist die Ausspielung von kostenlosen Zeitschriften-Probeabonnements auf Bestellbestätigungsseiten von Online-Shops. Die Ausspielung der „Vorteilsangebote" erfolgt zumeist „individualisiert".

Beispiel 69:

Der Kunde K kauft auf dem von dem O betriebenen Online-Shop S eine Ware. Zum Zweck der Abwicklung des Vertrags erhebt der O den vollständigen Namen, die Anrede und die Postadressdaten des K. Der O arbeitet mit dem Dienstleister S

497 Im Ergebnis ebenso Orientierungshilfe der Aufsichtsbehörden für Anbieter von Telemedien, Stand: März 2019, Seite 17.

zusammen. Der S bietet eine technische Lösung an, mittels derer auf den Bestellbestätigungsseiten des O kostenlose Probeabonnements von Verlagen ausgesteuert werden können. Bei den Verlagen handelt es sich um Partner des S. Damit eine „individualisierte" Aussteuerung eines Probeabonnements erfolgen kann, übermittelt der O dem S nach Abschluss des Kaufs die Anrede sowie die Postleitzahl des K. Auf Basis dieser Informationen kann der S z.B. Abonnements von Tageszeitungen aus der Region des K für die Aussteuerung auswählen.

Im Zusammenhang mit der Bewerbung des Vorteilsangebots wird in der Regel eine so genannte „Prefill-Funktion" genutzt. Diese ist dahingehend ausgestaltet, dass die für die Erbringung des Vorteilsangebots erforderlichen Daten (bei der Zustellung von Zeitschriften der Name und die Post- sowie die E-Mail-Adresse) in die Werbung seitens des Websitebetreibers integriert werden. Nimmt der jeweilige Nutzer das Vorteilsangebot in Anspruch, erfolgt eine Übermittlung der Daten an den Dienstleister, der diese an den jeweiligen Partner (z.B. Verlag) zum Zweck der Erfüllung des Angebots weitergibt. In diesem Zusammenhang wird der Dienstleister in der Regel als Auftragsverarbeiter des jeweiligen Partners tätig. 671

Praxishinweis: 672

Die „Prefill-Funktion" sollte dahingehend ausgestaltet werden, dass ein „Prefill" erst dann erfolgt, wenn der Nutzer auf die Werbung für das Vorteilsangebot klickt und daraufhin genauere Informationen zu dem Angebot – inklusive der für die Abwicklung des Vorteilsangebots erforderlichen Daten – angezeigt werden. Bei einer solchen Ausgestaltung erfolgt die Nutzung der Daten zum Zweck des „Prefill" erst dann, wenn der Nutzer durch einen Klick auf die Werbung signalisiert hat, dass er grundsätzlich Interesse an dem Vorteilsangebot hat.

Des Weiteren kommt es in der Praxis regelmäßig vor, dass seitens der Dienstleister das Klickverhalten der User/Kunden des Websitebetreibers in Bezug auf die Werbefläche getrackt wird. Die erhobenen Daten über das Klickverhalten werden seitens des Dienstleisters in diesen Fällen dafür genutzt, die Ausspielung der Bewerbung der Vorteilsangebote zu optimieren. 673

Insofern ein Tracking des Klickverhaltens erfolgt, geht mit diesem regelmäßig das Abspeichern von Daten auf dem jeweiligen Endgerät/ein Abrufen von Daten aus dem jeweiligen Endgerät einher. Diesbezüglich ist grundsätzlich die Einholung einer Einwilligung erforderlich.[498] In Bezug auf die Erhebung der Daten über das Klickverhalten handeln der Websitebetreiber und der Dienstleister als gemeinsam Verantwortliche. Die Folgeverarbeitung erfolgt in alleiniger Verantwortlichkeit des Dienstleisters. Ob die Folgeverarbeitung (Optimierung der Ausspielung) der auf Basis der Einwilligung erhobenen Daten über das Klickverhalten auf die Rechtsgrundlage in Art. 6 Abs. 1 S. 1 lit. f) DSGVO gestützt werden kann,[499] muss im Einzelfall beurteilt werden. Das Ergebnis der Beurteilung dürfte insbesondere davon abhängen, ob Maßnahmen getroffen wurden, die die

498 Vgl. hierzu die Ausführungen unter Rn. 551.
499 Zur Anwendbarkeit der DSGVO vgl. die Ausführungen unter Rn. 616 ff.

Möglichkeit der Zuordnung der Daten über das Klickverhalten zu dem jeweiligen Betroffenen erheblich erschweren oder sogar fast ausschließen.[500]

674 Die Übermittlung von Daten wie die Anrede oder die Postleitzahl an den Dienstleister zum Zweck der „Individualisierung" der Werbung kann hingegen auf die Rechtsgrundlage in Art. 6 Abs. 1 S. 1 lit. f) DSGVO gestützt werden. Im Hinblick auf die genannten Daten stellt sich bereits die Frage, ob diese überhaupt personenbezogen sind. Hiervon könnte man mit dem Argument, dass für den Fall der Inanspruchnahme des Vorteilsangebots die Herbeiführung eines Personenbezugs möglich sein dürfte, ausgehen. In diesem Fall müssen der Name und die Adresse des jeweiligen Betroffenen ja aber zwangsläufig zum Zweck der Erbringung des Vorteilsangebots an den Dienstleister weitergegeben werden.

675 Auch ist die Nutzung der Daten zum Zweck des „Prefill" von der Rechtsgrundlage in Art. 6 Abs. 1 S. 1 lit. f) DSGVO erfasst. Dies gilt zumindest dann, wenn ein „Prefill" erst dann erfolgt, nachdem der jeweilige Nutzer auf die Werbung für das Vorteilsangebot geklickt hat. Nach Inanspruchnahme des Vorteilsangebots dürfen die Daten durch den Websitebetreiber an den Dienstleister (als Auftragsverarbeiter des Partners des Dienstleisters) weitergegeben werden. Rechtsgrundlage für diese Datenverarbeitung ist die in Art. 6 Abs. 1 S. 1 lit. b) DSGVO. Die Weiterverarbeitung der Daten durch den Anbieter des „Vorteilsangebots" zum Zweck der Leistungserbringung erfolgt auf der Rechtsgrundlage in Art. 6 Abs. 1 S. 2 lit. b) DSGVO.

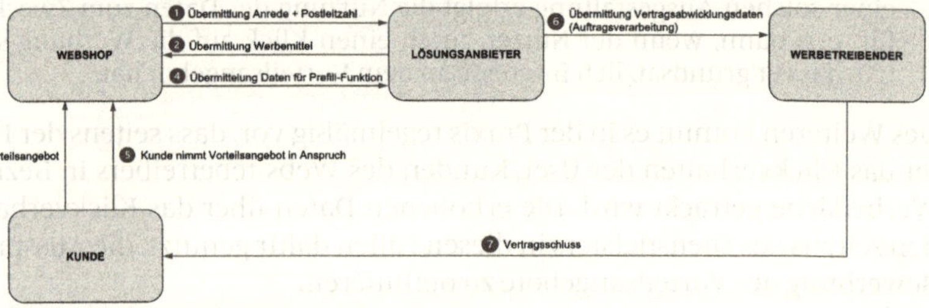

Abbildung 6: Übersicht Vorteilsangebote auf Websites
Quelle: Eigene Darstellung

IV. „Dynamic Pricing"

676 Unter „Dynamic Pricing" wird die regelmäßige Anpassung der für einzelne Waren/Leistungen auf einer Website ausgelobten Preise verstanden.

677 Ein „Dynamic Pricing" kann dahingehend erfolgen, dass die Preise unabhängig von Daten/Informationen über den jeweiligen Online-User, dem diese angezeigt werden, angepasst werden. Eine solche Anpassung kann unter Umständen auf Basis bestehender Nachfragen, dem Lagerbestand und/oder unter Zugrun-

500 Vgl. hierzu die Ausführungen unter Rn. 249 ff.

delegung der öffentlich ausgelobten einschlägigen Preise der Konkurrenz erfolgen. Derartige Preisanpassungen sind datenschutzrechtlich unproblematisch.

Am Markt werden Preisanpassungen aber auch anhand von Daten/Informationen, die über den jeweiligen User erhoben worden sind, vorgenommen. 678

Beispiel 70:

Der K hat eine Reise nach Mallorca gebucht. Um sich auf der Insel unabhängig fortbewegen zu können, denkt er darüber nach, über das Internet einen Mietwagen zu buchen. In diesem Zusammenhang besucht er wiederholt die Website des Mietwagenunternehmens M. Der M hat den durch den K bei den wiederholten Aufrufen seiner Website eingesetzten Browser mittels des Setzens eines Cookies und des Abrufs der Cookie-ID wiedererkannt. Hieraus zieht er den Schluss, dass der K ein großes Interesse an seinem Angebot hat und erhöht bei dem erneuten Aufruf der Website durch den K unter Einsatz desselben Browsers die für die bereits durch K angesehenen Angebote veranschlagten Preise.

Ein derartiges Vorgehen fällt nach vielerorts vertretener Ansicht unter den Anwendungsbereich der Regelung in Art. 22 Abs. 1 DSGVO.[501] Diesbezüglich ist zu beachten, dass selbst für den Fall, dass die automatisierte Einzelfallentscheidung „erforderlich" im Sinne der Regelung in Art. 22 Abs. 2 Ziffer a) DSGVO ist, es für die Verarbeitung der Daten zum Zweck des „Dynamic Pricing" einer Rechtsgrundlage bedarf, insofern die Daten personenbezogen sind. Ob eine Erhöhung der Preise auf die Rechtsgrundlage in Art. 6 Abs. 1 S. 1 lit. f) DSGVO gestützt werden kann, ist zumindest fraglich. Insofern eine Reduzierung der Preise erfolgt, dürfte die genannte Rechtsgrundlage hingegen einschlägig sein. In dem zuvor wiedergegebenen **Beispiel 70** bedürfen im Übrigen das Setzen des Cookies sowie das Abrufen der Cookie-ID einer Einwilligung.

Praxishinweis: 679

Verantwortliche, die datenschutzrechtliche Risiken vermeiden wollen, sollten lediglich ein solches „Dynamic Pricing" einsetzen, dessen Funktionsweisen unabhängig von dem jeweiligen Online-User sind. Auch wenn in diesem Fall keine datenschutzrechtlichen Implikationen gegeben sind, bedarf es der Einhaltung bestehender wettbewerbsrechtlicher Vorgaben. So muss z. B. sichergestellt sein, dass die sich ändernden Preise auch in Preissuchmaschinen, mit denen der Anbieter zusammenarbeitet, berücksichtigt werden.[502] Werden in der Preissuchmaschine zu hohe Preise angezeigt, handelt es sich hierbei im Übrigen um eine Irreführung zu Lasten des Anbieters, die wettbewerbsrechtlich unerheblich ist.

501 Vgl. beispielhaft *Scholz,* in: Simitis/Hornung/Spiecker gen. Döhmann, Datenschutzrecht, 1. Aufl. 2019, Art. 22 Rn. 36.

502 Vgl. hierzu BGH, Urteil v. 11. 03. 2010 – I ZR 123/08.

Teil 9 – Direktmarketing

A. Printwerbung

Auch wenn die Versendung adressierter Printwerbemittel in den letzten Jahren in der Praxis an Bedeutung verloren hat, stellt diese immer noch einen relevanten Direktmarketingkanal dar. 680

I. Rechtslage unter Geltung des BDSG 2009

Nach den Vorgaben in § 28 Abs. 3 S. 2 BDSG 2009 durften – bei Erfüllung weiterer Voraussetzungen – insbesondere die folgenden Datenkategorien ohne Vorliegen einer Einwilligung zu Werbezwecken genutzt werden („Listendaten“): 681

- Name,
- Postanschrift,
- Berufsbezeichnung,
- akademischer Grad,
- Geburtsjahr.

Diese Datenkategorien durften dann ohne Vorliegen einer Einwilligung zu Werbezwecken genutzt und auch übermittelt werden, wenn die Daten im Rahmen eines Vertragsverhältnisses (z. B. einer Bestellung) oder aus öffentlichen Verzeichnissen erhoben worden sind. Wurden die Daten im Rahmen eines Vertragsverhältnisses erhoben, war der Betroffene bei der Erhebung der Daten auf die Möglichkeit der Nutzung/Übermittlung der Daten zu Werbezwecken sowie auf das diesbezüglich bestehende Widerspruchsrecht hinzuweisen. Außerdem war ein Hinweis auf das Widerspruchsrecht auf dem Werbemittel selbst wiederzugeben (§ 28 Abs. 4 BDSG 2009). Des Weiteren gab das BDSG 2009 für die Fälle der Übermittlung der „Listendaten“ zu Werbezwecken vor, dass die Stelle, die die Daten erstmalig erhoben hat, auf dem Werbemittel zu nennen ist („Andruckpflicht“). 682

Nach dem BDSG 2009 durften den oben genannten „Listendaten“ weitere rechtmäßig durch den Verantwortlichen erhobene Daten zu eigenen Werbezwecken hinzu gespeichert werden (Hinzuspeicherungsmöglichkeit). 683

Beispiel 71:

Der Online-Händler O erhebt bei der Anlage eines Kundenkontos das genaue Geburtsdatum des Kunden K. Auf Basis der zuvor dargestellten „Hinzuspeicherungsmöglichkeit“ konnte der O auf Basis der Rechtsgrundlage in Art. 28 Abs. 3 DSGVO dem K eigene Gutscheine anlässlich dessen Geburtstags zusenden.

Umstritten war unter Geltung des BDSG 2009, ob die hinzu gespeicherten Daten auch für Drittwerbezwecke genutzt werden durften. Dies verneinten die Aufsichtsbehörden – entgegen des diesbezüglich eindeutigen Wortlauts der einschlägigen Regelung in § 28 Abs. 3 S. 5 BDSG 2009.

684 Nach dem BDSG 2009 hatten sowohl die die Daten zum Zweck der Werbung übermittelnde Stelle als auch der die Daten empfangende Werbende die Daten zum Zweck der Erteilung entsprechender Auskünfte über einen Zeitraum von 2 Jahren zu speichern (§ 34 Abs. 1a BDSG 2009).

II. Rechtslage unter Geltung der DSGVO

685 Die DSGVO beinhaltet – im Gegensatz zum BDSG 2009 (§ 28 Abs. 3 BDSG 2009) – keine eigenständige Regelung zur Nutzung von Daten zu Werbezwecken. Wie im Nachfolgenden dargelegt wird, können aber auch unter Geltung der DSGVO Daten zum Zweck der eigenen sowie der Printwerbung Dritter ohne Einholung einer Einwilligung genutzt werden.

1. Rechtsgrundlage

686 Die für die Nutzung von Daten zu Printwerbezwecken einschlägige Rechtsgrundlage ist die in Art. 6 Abs. 1 S. 1 lit. f) DSGVO. Dies ergibt sich daraus, dass die genannte Rechtsgrundlage aus der Sicht des Gesetzgebers die für die Legitimierung der Verarbeitung von Daten zum Zweck der „Direktwerbung" primär einschlägige ist.[503] Die Nutzung von Daten zum Zweck der Aussteuerung von Printwerbungen Dritter (und nicht nur die Nutzung zu eigenen Werbezwecken) entspricht außerdem grundsätzlich auch den „vernünftigen Erwartungen" der Betroffenen.[504] Dies ist unter anderem dem Umstand zu entnehmen, dass – wie dargestellt – eine solche Nutzung unter Geltung des BDSG 2009 grundsätzlich keiner Einholung einer Einwilligung bedurfte und diese vor dem genannten Hintergrund über viele Jahre hinweg am Markt auch vollkommen rechtskonform praktiziert wurde. Des Weiteren fällt auch unter Geltung der DSGVO die Nutzung von Postadressdaten zum Zweck der Werbung unter die Regelung in § 7 Abs. 1 UWG, die – entgegen der Regelungen in § 7 Abs. 2 UWG – die Einholung einer Einwilligung nicht verlangt.

2. Keine Beschränkung auf „Listendaten"

687 Die Vorschrift in Art. 6 Abs. 1 S. 1 lit. f) DSGVO beschränkt die Möglichkeit der Nutzung personenbezogener Daten zu Werbezwecken ohne Vorliegen einer Einwilligung nicht auf die in § 28 Abs. 3 S. 2 BDSG 2009 aufgeführten „Listendaten". Dies bedeutet aber unter anderem nicht, dass unter Geltung der DSGVO ohne Vorliegen einer Einwilligung Werbe-E-Mails versandt bzw. Werbeanrufe getätigt werden dürfen. Diesbezüglich sind nämlich die wettbewerbsrechtlichen Vorgaben aus § 7 Abs. 2 Nr. 2 und Nr. 3 UWG, die in Bezug auf die Nutzung der genannten Marketingkanäle die Notwendigkeit des Vorliegens einer Einwilligung vorgeben,[505] zu beachten.

503 LDA Bayern, Datenverarbeitung für persönliche Werbung, Stand: April 2019, Seite 2.
504 Zu den „vernünftigen Erwartungen" vgl. die Ausführungen unter Rn. 268 ff.
505 Vgl. hierzu die Ausführungen unter Rn. 705, 740.

3. Mehrere „Selektionskriterien"

Fraglich ist, ob unter Geltung der DSGVO die Möglichkeit besteht, dass der Werbende dem Adresseigner, „dessen" Daten zum Zweck der Aussteuerung von Printwerbungen des Werbenden genutzt werden sollen, Merkmale (so genannte „Selektionskriterien") vorgeben kann, die seitens des Adresseigners bei der Erstellung der Adressliste zu berücksichtigen sind, ohne dass diesbezüglich eine Einwilligung auf Seiten des Adresseigners gegeben ist. 688

Beispiel 72:
Das Unternehmen A hat Postadressdaten über seine Kunden erhoben. Das Unternehmen B möchte nun, dass das Unternehmen A diese Postadressdaten nutzt, um einen Werbekatalog des Unternehmens B zu versenden. Da sich der Werbekatalog des Unternehmens B an Frauen richtet, die unter 40 Jahre alt sind und die in bestimmten Bundesländern wohnen, in denen das Unternehmen B Filialgeschäfte betreibt, soll das Unternehmen A diese Merkmale („Selektionskriterien") bei der Erstellung der Adressliste berücksichtigen.

Praxishinweis: 689

In der Praxis erfolgt eine Zuordnung der Postadressdaten von Betroffenen zu den „Selektionskriterien" teilweise unter Einsatz moderner Technologien. Im Rahmen der genannten Zuordnung werden in diesem Zusammenhang häufig Algorithmen eingesetzt. Diese Algorithmen werden zum Teil und Nutzung größerer Datenmengen gebildet bzw. auf solchen „trainiert". Die Bildung/das „Trainieren" von Algorithmen und deren Anwendung sollte in (stark) pseudonymisierten Umgebungen (Data-Warehouses) erfolgen. Für die Bildung/das „Trainieren" von Algorithmen können außerdem synthetische Daten, mithin solche, die keinen Personenbezug aufweisen, genutzt werden. Auch wenn die im Zusammenhang mit der Zuordnung von Postadressdaten zu einzelnen „Selektionskriterien" erfolgenden Datenverarbeitungen im Einzelfall ein „Profiling" im Sinne des Art. 4 Nr. 4 DSGVO darstellen können, fallen diese nicht unter das Verbot der automatisierten Einzelfallentscheidung (inklusive „Profiling") in Art. 22 Abs. 1 DSGVO.[506] Auch kann die Vornahme eines „Profiling" grundsätzlich auf der Rechtsgrundlage in Art. 6 Abs. 1 S. 1 lit. f) DSGVO abgebildet werden.[507]

Insofern seitens des Werbenden mehrere Selektionskriterien vorgegeben werden, sollte eine Übermittlung der Adressliste durch den Adresseigner an den Werbenden nicht erfolgen. Dies liegt daran, dass im Rahmen einer solchen Übermittlung dem Werbenden mittelbar mitgeteilt werden würde, dass die Betroffenen, deren Daten Bestandteil der Adressliste sind, die vorgegebenen „Selektionskriterien" erfüllen. Vor diesem Hintergrund sollte die Aussteuerung der Printwerbemittel durch den Adresseigner oder einen Auftragsverarbeiter der Adresseigners (Druckzentrum) erfolgen. Allein aufgrund der Vorgabe der Selektionskriterien sind der Adresseigner und der Werbende im Hinblick auf die Verarbeitung der Daten des Adresseigners zum Zweck des Printmarketing des 690

506 Vgl. hierzu die Ausführungen unter Rn. 463.
507 Vgl. hierzu die Ausführungen unter Rn. 271 ff.

Werbenden nicht als gemeinsam Verantwortliche im Sinne der Vorschrift in Art. 26 Abs. 1 S. 1 DSGVO einzustufen.[508]

4. „Lettershopverfahren"

691 In der Praxis kommt es häufig vor, dass Postadressdaten zum Zweck der Neukundenakquise Dritter genutzt werden sollen. In diesem Fall ist es erforderlich, dass die Adressliste des Adresseigners (die gegebenenfalls auf Basis von durch den Werbenden vorgegebener „Selektionskriterien" erstellt worden ist) mit den Adressdaten der Kunden des Werbenden sowie mit dessen Werbesperrliste abgeglichen wird. Ein solcher Abgleich wird in der Praxis als „Waschabgleich" bezeichnet. Der „Waschabgleich" sollte durch einen neutralen Dritten, durch einen so genannten „Lettershop", erfolgen. Bei Einsatz eines „Lettershops" erhält dieser die Adressliste des Adresseigners und die Kunden- sowie Werbesperrliste des Werbenden. Die nach dem „Waschabgleich" verbleibenden Adressdaten (endgültige Adressliste) werden durch den „Lettershop" oder einen Dienstleister des „Lettershops" auf die Printwerbemittel des Werbenden gedruckt und durch den „Lettershop"/den Dienstleister an die Betroffenen versandt. Der „Lettershop" speichert die endgültige Adressliste über einen bestimmten Zeitraum. Erfolgt bei dem Werbenden ein Neukundenanlauf, kann der Werbende bei dem „Lettershop" anfragen, ob der Neukunde Bestandteil der endgültigen Adressliste gewesen ist und hierdurch die „Wirksamkeit" des Werbemittels ermitteln.

692 Das zuvor beschriebene „Lettershopverfahren" ist dahingehend ein für die Grundrechte und Grundfreiheiten der Betroffenen sehr vorteilhaftes Verfahren, da

- keinerlei Postadressdaten und auch nicht die Information, dass die Betroffenen, deren Daten Bestandteil der Adressliste sind, die vorgegebenen Selektionskriterien erfüllen, durch den Adresseigner an den Werbenden übermittelt werden

und

- der Adresseigner keinerlei Daten über Kunden des Werbenden erhält.

693 Damit dies auch datenschutzrechtlich sichergestellt werden kann, muss der „Lettershop" im Rahmen der Durchführung des „Waschabgleichs" sowohl

- Auftragsverarbeiter des Adresseigners in Bezug auf die Verarbeitung der Adressliste,

als auch

- Auftragsverarbeiter des Werbenden in Bezug auf die Verarbeitung der Kundendaten des Werbenden

sein. Die endgültige Adressliste verarbeitet der „Lettershop" alleinig als Auftragsverarbeiter des Adresseigners.

508 Vgl. hierzu die Ausführungen unter Rn. 120 ff.

Dass der „Lettershop" im Rahmen eines Auftragsverarbeitungsverhältnisses tätig wird, ergibt sich außerdem daraus, dass er ausschließlich weisungsgebunden die Daten verarbeiten und diese nicht zu eigenen und/oder Zwecken Dritter nutzen darf.[509]

Fraglich ist jedoch, ob der Werbende und der Adresseigner im Zusammenhang der Verarbeitung der Daten durch den „Lettershop" im Rahmen der Durchführung des „Waschabgleichs" als gemeinsam Verantwortliche im Sinne des Art. 26 Abs. 1 S. 1 DSGVO zu qualifizieren sind. Dies ist zu verneinen. Das Vorliegen einer gemeinsamen Verantwortlichkeit könnte sich unter anderem daraus ergeben, dass der Werbende und der Adresseigner gemeinsam den Zweck der durch den „Lettershop" als Auftragsverarbeiter vorgenommenen Datenverarbeitung bestimmen. Zu beachten ist diesbezüglich jedoch, dass auch bei der Beurteilung, ob eine gemeinsame Verantwortlichkeit vorliegt, der Sinn und Zweck der Auslagerung des „Waschabgleichs" an den „Lettershop" zu berücksichtigen ist. Die Auslagerung des „Waschabgleichs" hat – wie dargestellt – für die Rechte und Grundfreiheiten der Betroffenen auch den Vorteil, dass weder der Werbende noch der Adresseigner Zugriff auf die komplette Datenbasis, die für den „Wachabgleich" genutzt wird, hat. Ein solcher Zugriff soll durch die Einschaltung des „Lettershops" gerade vermieden werden. Läge eine gemeinsame Verantwortlichkeit vor, würde der mit der Auslagerung verfolgte Zweck, dass weder der Werbende noch der Adresseigner Zugriff auf die gesamte Datenbasis hat, unter anderem im Rahmen der Umsetzung von Betroffenenrechten (vgl. Art. 26 Abs. 3 DSGVO) konterkariert werden. 694

Dass die einzelnen Datenverarbeitungsschritte: 695

- Erhebung der Postadressdaten durch den Adresseigner,
- Erstellung der Adressliste durch den Adresseigner unter Berücksichtigung von Selektionskriterien (fakultativ),
- Vornahme des „Waschabgleichs" durch den „Lettershop" (bei Nutzung der Daten zum Zweck der Neukundenakquise),
- Aussteuerung der Printwerbung,

datenschutzrechtlich „isoliert" voneinander zu bewerten sind, ergibt sich aus dem „Grundsatz" des „Phasenbezugs".[510]

Die im Zusammenhang mit dem „Lettershopverfahren" anfallenden Datenströme sowie die bestehenden gesetzlichen/vertraglichen Verhältnisse sind der im Nachfolgenden wiedergegebenen Abbildung 7 zu entnehmen: 696

509 Vgl. hierzu die Ausführungen unter Rn. 81.
510 Vgl. hierzu Rn. 126.

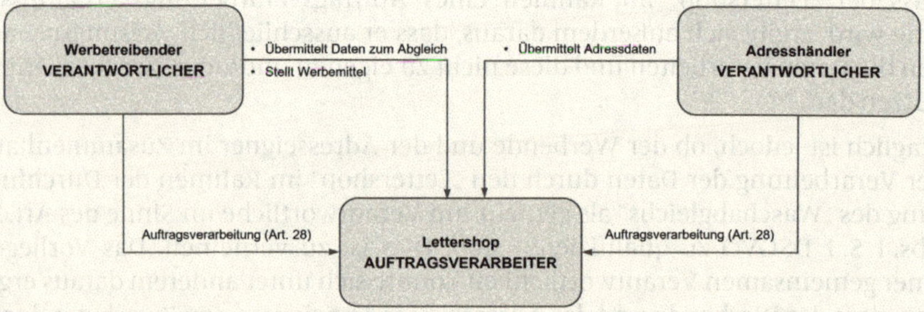

Abbildung 7: Lettershop-Verfahren
Quelle: Eigene Darstellung

5. Keine ausdrückliche Regelung einer „Andruckpflicht"

697 Im Gegensatz zum BDSG 2019 beinhaltet die DSGVO keine ausdrückliche Verpflichtung dahingehend, dass der für die Adressnutzung/Adresserhebung Verantwortliche in dem Printwerbemittel „angedruckt" werden muss.[511] Da die Schaffung von Transparenz eine der wesentlichen Ziele der DSGVO ist,[512] sollte ein „Andruck" des Verantwortlichen jedoch weiterhin erfolgen. Unter Geltung des BDSG 2009 war es umstritten, ob es für die Erfüllung der „Andruckpflicht" notwendig war, dass die komplette Firmierung sowie die vollständige Adresse des Sitzes des Verantwortlichen wiederzugeben sind.[513] Da die DSGVO keine ausdrückliche gesetzliche Vorgabe zur Vornahme eines „Andrucks" beinhaltet, dürfte es unter deren Geltung ausreichend sein, wenn der Inhalt des „Andrucks" den Betroffenen unschwer die Möglichkeit eröffnet, den Verantwortlichen zu identifizieren. Hierfür muss häufig nicht die genaue Adresse, sondern lediglich die Postleitzahl und der Ort des Sitzes des Verantwortlichen angegeben werden. Der Inhalt des „Andrucks" kann beispielhaft wie folgt ausgestaltet sein:

Beispiel 73

(Andruck): „Verantwortlich für die Nutzung Ihrer Postadressdaten zum Zweck der Zusendung dieses Werbemittels ist die XY GmbH, 22179 Hamburg".

6. Hinweis auf das Widerspruchsrecht

698 Bei der Erhebung der Daten beim Betroffenen, die zum Zweck der Printwerbung verarbeitet werden sollen, ist auf die Möglichkeit der Einlegung eines Widerspruchs im Hinblick auf die genannte Nutzung getrennt hinzuweisen.[514] Auf den Werbemitteln selbst ist dieser Hinweis unter Geltung der DSGVO jedoch nicht (mehr) abzudrucken. Zu bedenken ist jedoch, dass – insofern über das

511 Vgl. § 28 Abs. 3 S. 5 BDSG 2009.
512 Vgl. hierzu die Ausführungen unter Rn. 304.
513 So Satz 2 des Erwägungsgrunds 70 zur DSGVO.
514 Vgl. Art. 21 Abs. 4 DSGVO.

Werbemittel direkt Waren/Leistungen erworben werden können (z. B. es wird in einem Modekatalog die Nummer der Bestellhotline angegeben) – in die Werbemittel die Datenschutzhinweise des Werbenden grundsätzlich zu integrieren sind. Diese müssen unter anderem den Hinweis auf die Möglichkeit der Einlegung eines Widerspruchs in Bezug auf die Nutzung der (z. B. mittels einer Bestellung aus dem Werbemittel) erhobenen Daten durch den Werbenden für Werbezwecke beinhalten.

Praxishinweis: 699

Auch wenn die DSGVO nicht vorgibt, dass in die Werbemittel selbst ein Hinweis auf das Widerspruchsrecht zu integrieren ist, kann es sachdienlich sein, einen solchen Hinweis abzudrucken. Insofern keine Übermittlung der Adressliste durch den Adresseigner an den Werbenden erfolgt, werden die Postadressdaten durch den Adresseigner – unter anderem im Zusammenhang mit dem Versand der Printwerbemittel – als alleinig Verantwortlicher verarbeitet. Daher müsste auf die Möglichkeit der Einlegung eines Widerspruchs gegenüber dem Adresseigner hingewiesen werden. Da das Werbemittel von dem Werbenden vorgegebene Inhalte aufweist, könnte es auch Sinn machen, auf die Möglichkeit der Einlegung eines Werbewiderspruchs gegenüber dem Werbenden hinzuweisen. Insofern beide Hinweise erfolgen, kann hieraus nicht geschlussfolgert werden, dass der Adresseigner und der Werbende davon ausgehen, dass sie die Postadressdaten der Betroffenen als gemeinsam Verantwortliche im Sinne des Art. 26 Abs. 1 S. 1 DSGVO verarbeiten. Vielmehr handelt es sich bei der Vornahme der Hinweise um eine überschießende Umsetzung der Informationspflichten aus der DSGVO, die im Rahmen der gemäß Art. 6 Abs. 1 S. 1 lit. f) DSGVO durchzuführenden Interessenabwägung zugunsten des Verantwortlichen zu berücksichtigen ist.

III. Weitergabe von Daten an „Adressverlage"

Am Markt tätig sind so genannte „Adressverlage". Diese erheben personenbezo- 700
gene Daten, insbesondere Postadressdaten, um die Daten an Dritte zu Zwecken der Werbung zu übermitteln und/oder um die Daten zu Werbezwecken Dritter zu nutzen. Die Postadressdaten werden vorher mittels weiterer Daten (z. B. Einkommensverhältnisse in bestimmten Regionen) „qualifiziert".

In der Praxis kommt immer wieder die Frage auf, ob Daten an „Adressverlage", 701
ohne dass eine Einwilligung hierfür vorliegt, übermittelt werden dürfen. In Bezug auf die Regelung in § 28 Abs. 3 BDSG 2009 wurde zum Teil die Ansicht vertreten, dass eine solche Übermittlung ohne Einholung einer Einwilligung nicht möglich ist. Begründet wurde diese Ansicht damit, dass die Regelung in § 28 Abs. 3 S. 1 BDSG 2009 zwischen der Nutzung von Daten zum Zweck der „Werbung" und der von Daten zum Zweck des „Adresshandels" unterschied. Die Möglichkeit der Übermittlung von „Listendaten"[515] wurde durch den Wortlaut der diesbezüglich einschlägigen Vorschrift in § 28 Abs. 3 S. 4 BDSG 2009 jedoch auf die Nutzung zum Zweck der „Werbung" beschränkt.

515 Zum Begriff „Listendaten" vgl. die Ausführungen unter Rn. 681.

702 *Praxishinweis:*

Ob eine Übermittlung von Daten an „Adressverlage" zur Nutzung durch diese für Werbezwecke Dritter ohne Vorliegen einer Einwilligung unter Geltung der DSGVO möglich ist, ist bisher nicht geklärt. Insofern Verantwortliche eine solche Übermittlung vornehmen möchten, sollte genau darauf geachtet werden, wie die Adressverlage die Daten verarbeiten. Am Markt existieren z. B. im Zusammenhang mit der Nutzung von Daten zum Zweck der Qualifizierung von Postadressdaten gute „Systeme", die eine anonymisierte Verarbeitung von Daten im Rahmen der Qualifizierung ermöglichen.

IV. Verwendung von Daten aus dem Online-Impressum

703 In der Praxis kommt es immer wieder vor, dass Daten ohne Vorliegen einer Einwilligung hierfür aus dem Impressum von Websites erhoben und diese zu Printmarketingzwecken genutzt werden. In Bezug auf eine solche Erhebung sowie Nutzung führt die DSK in deren „Orientierungshilfe der Aufsichtsbehörden zur Verarbeitung von personenbezogenen Daten für Zwecke der Direktwerbung unter Geltung der Datenschutz-Grundverordnung (DS-GVO)" das Folgende aus:

*„**Nicht zulässig** ist hingegen das Auslesen der Daten aus einem Online-Impressum zum Zweck der werblichen Nutzung. Zwar sind diese Daten allgemein zugänglich, sie werden jedoch nicht freiwillig, sondern aufgrund der gesetzlichen Verpflichtung zur Anbieterkennzeichnung gem. § 5 TMG bzw. § 55 Abs. 2 RStV veröffentlicht. Mangels Freiwilligkeit der Veröffentlichung führt die Interessenabwägung gem. Art. 6 Abs. 1 lit. f DS-GVO regelmäßig dazu, dass die werbliche Nutzung so erhobener Daten **unzulässig** ist. Zur Vermeidung einer werblichen Ansprache mit diesen Daten kann ein Anbieter einer Internetseite vorsorglich einen Werbewiderspruch in sein Impressum aufnehmen".*[516]

704 *Praxishinweis:*

Auch wenn die DSGVO den Grundsatz der „Direkterhebung" – anders als das BDSG 2009[517] – nicht „kennt" und die Betroffenen grundsätzlich in Bezug auf die Verarbeitung der nicht bei ihnen erhobenen Daten sowie die diesbezüglich bestehenden Betroffenenrechte zu informieren sind,[518] sollte die hier erörterte Datenverarbeitung aus Sicherheitsgründen unterbleiben. Dies liegt daran, dass es nicht (absolut) unwahrscheinlich ist, dass Gerichte der Argumentation der DSK folgen werden. Der Umstand, dass die Betroffenen gesetzlich dazu verpflichtet sind, ihre Daten öffentlich zugänglich zu machen, ist ein relevantes Argument dafür, dass das Interesse der Betroffenen an dem Schutz ihrer Grundrechte und Grundfreiheiten in der hier erörterten Konstellation grundsätzlich überwiegt. Hierfür spricht im Übrigen auch der Inhalt der Regelung in § 44 Abs. 3 Nr. 2 BMG.

516 Orientierungshilfe der Aufsichtsbehörden zur Verarbeitung von personenbezogenen Daten für Zwecke der Direktwerbung unter Geltung der Datenschutz-Grundverordnung (DS-GVO), Stand: November 2018, Seite 11.

517 Vgl. § 4 Nr. 2 BDSG 2009.

518 Vgl. hierzu die Ausführungen unter Rn. 347 ff.

Diese gibt vor, dass Meldebehörden keine „einfache Melderegisterauskunft“ (u. a. Name und Anschrift) erteilen dürfen, wenn der Empfänger der Auskunft die Daten zu Zwecken der „Werbung“ oder des „Adresshandels“ nutzen möchte.

B. Werbung mittels „elektronischer Post“ (u. a. E-Mail)

Für die Versendung einer 705

- *„Werbung“*

mittels

- *„elektronischer Post“*,

bedarf es gemäß § 7 Abs. 2 Nr. 3 UWG einer

- *„ausdrücklichen Einwilligung“*

des Empfängers. Dies gilt unabhängig davon, ob es sich bei dem Empfänger um einen Verbraucher oder einen Unternehmer handelt. Eine Ausnahme von der Erforderlichkeit des Vorliegens einer ausdrücklichen Einwilligung ist lediglich in den von der Regelung in § 7 Abs. 3 UWG (Bewerbung „ähnlicher Waren und Dienstleistungen“) erfassten Fällen[519] gegeben.

I. Verhältnis zur DSGVO

In den Fällen, in denen im Rahmen der Versendung einer „Werbung“ mittels „elektronischer Post“ die Vorgaben aus § 7 Abs. 2 Nr. 3 UWG nicht eingehalten werden und für die Versendung ein personenbezogenes Datum (z. B. eine E-Mail-Adresse) verarbeitet wird, ist ein Verstoß gegen das „Verbot mit Erlaubnisvorbehalt“[520] aus der DSGVO gegeben. Dies liegt daran, dass das jeweilige personenbezogene Datum (z. B. die E-Mail-Adresse) zum Zweck der Versendung der E-Mail mangels der Einhaltung der spezialgesetzlichen Vorgaben aus dem UWG nicht verarbeitet werden darf.[521] 706

II. Werbung

Das Merkmal der „Werbung“ ist sehr weitreichend. Unter dieses fallen sämtliche Maßnahmen, die unmittelbar oder mittelbar der Absatzförderung dienen. 707

1. „Feedbackanfragen“

Unter das Merkmal der „Werbung“ fallen auch sogenannte „Feedbackanfragen“. Ein klassisches Beispiel der „Feedbackanfrage“ ist die Versendung einer E-Mail an einen Kunden, die die Bitte beinhaltet, dass der Kunde die durch ihn erworbene Waren oder Dienstleistung bewertet. Dass es sich bei dem Inhalt derartiger 708

519 Vgl. hierzu die Ausführungen unter Rn. 725 ff.
520 Zum „Verbot mit Erlaubnisvorbehalt“ vgl. die Ausführungen unter Rn. 147.
521 So zumindest TLfDI, Tätigkeitsbericht für das Jahr 2020, Seite 138.

Mails um „Werbung" im Sinne der Vorschrift in § 7 Abs. 2 Nr. 3 UWG handelt, wird unter anderem damit begründet, dass der Anbieter der von dem Empfänger der E-Mail zu bewertenden Ware/Leistung die Bewertungen dazu nutzen kann, sein Angebot zu verbessern. Dieser Umstand ist nach der Rechtsprechung bereits dafür ausreichend, dass die Versendung der „Feedbackanfrage" mittelbar der Absatzförderung dient.[522]

2. Gesetzlich vorgeschriebene Kommunikation

709 Umstritten war, ob die Integration werblicher Inhalte, z. B. in E-Mails, die aus gesetzlichen Gründen zu versenden sind (z. B. in Bestellbestätigungs-Mails[523]), als „Werbung" im Sinne des § 7 Abs. 2 Nr. 3 UWG zu qualifizieren ist. Gegen die Erforderlichkeit einer solchen Qualifizierung wurde insbesondere vorgebracht, dass der jeweilige Empfänger sich mit dem Inhalt der E-Mail ohnehin beschäftigen muss, so dass von dem werblichen Inhalt keine relevante Belästigung des Empfängers ausgehen würde. Diese Ansicht kann seit der „Autoresponder-Entscheidung" des BGH[524] jedoch nicht mehr aufrechterhalten werden.

710 *Praxishinweis:*

In der Vergangenheit haben sich vereinzelt Anwälte darauf „spezialisiert", insbesondere Inhalte in Bestellbestätigungs-Mails, die auch nur den leichtesten werblichen Charakter aufweisen könnten (z. B. Header des Online-Shops des Absenders), abzumahnen. Der Inhalt gesetzlich vorgeschriebener Kommunikation ist daher sorgfältig auszugestalten.

III. Ausdrückliche Einwilligung

711 Die DSGVO „kennt" den Begriff der „ausdrücklichen" Einwilligung nicht. Nach der Legaldefinition in Art. 4 Nr. 11 DSGVO müssen Einwilligungen vielmehr „unmissverständlich"[525] erteilt werden. Trotz dieses Umstands sind die Anforderungen, die an die Generierung von Einwilligungen gemäß Art. 7 Abs. 2 Nr. 3 UWG zu stellen sind, mit den Anforderungen, die die DSGVO in Bezug auf die Einholung von Einwilligungen vorgibt,[526] deckungsgleich.[527]

IV. Elektronische Post

712 Unter den Begriff der „elektronischen Post" in § 7 Abs. 2 Nr. 3 UWG fällt sicher die Nutzung der folgenden Kommunikationskanäle:

522 Vgl. beispielhaft OLG Köln, Urt. v. 30. 03. 2012 – 6 U 191/11.
523 Vgl. zur gesetzlichen Verpflichtung die Ausführungen unter Rn. 216.
524 BGH, Urt. v. 15. 12. 2015 – VI ZR 134/15.
525 Vgl. hierzu die Ausführungen unter Rn. 181.
526 Vgl. hierzu die Ausführungen unter Rn. 152 ff.
527 *Köhler*, in: Köhler/Bornkamm/Feddersen, UWG, 39. Aufl. 2021, § 7 Rn. 145a.

- E-Mail,
- SMS,
- MMS.

1. Push-Nachrichten

Umstritten ist, ob auch Push-Nachrichten „elektronische Post" im Sinne der Vorschrift in § 7 Abs. 2 Nr. 3 UWG darstellen. Dass dies der Fall ist, wird mittlerweile seitens der der wohl überwiegenden Ansicht bejaht.[528] 713

2. „Inbox-Ads"

Bei „Inbox-Ads" handelt es sich um Werbeanzeigen, die in aller Regel in E-Mail- 714
Postfächer von den Anbietern der Postfächer eingebettet werden. Die Anzeigen werden in das E-Mail-Eingangs-Postfach zwischen den eingegangenen E-Mails integriert und sind üblicherweise farblich unterlegt und mit einem Hinweis auf den Anzeigencharakter versehen.

Die Frage, ob so genannte „Inbox-Ads" als „Werbung" im Sinne des § 7 Abs. 2 715
Nr. 3 UWG zu qualifizieren sind, wurde durch deutsche Obergerichte unterschiedlich beurteilt.[529] Der BGH hat diese Frage dem EuGH daraufhin zur Beantwortung vorgelegt.[530] Der Generalanwalt beim EuGH vertrat die Ansicht, dass in Bezug auf die Aussteuerung von „Inbox-Ads" die Vorgaben aus § 7 Abs. 2 Nr. 3 UWG einschlägig sind und für diese daher die Einholung einer Einwilligung erforderlich ist.[531] Der EuGH ist dieser Ansicht gefolgt.[532]

Praxishinweis: 716

Insofern die Anbieter der Postfächer diese deren Kunden (Nutzer) kostenlos zur Verfügung stellen, haben die Anbieter die Möglichkeit, ihre Kunden vertraglich als Gegenleistung für die Zurverfügungstellung der Postfächer zur Erteilung einer Einwilligung in den Erhalt von „Inbox-Ads" zu verpflichten.[533] Darüber hinaus kann auch in Erwägung gezogen werden, dass die Werbenden den Anbietern eine Liste solcher E-Mail-Adressen mit von dem jeweiligen Anbieter vergebenen Domains übermitteln, die gegenüber dem jeweiligen Werbenden ein Newsletter Opt-in erteilt haben. In die diesen E-Mail-Adressen zugeordneten Postfächern könnten dann die von den Werbenden vorgegebenen „Inbox-Ads" integriert werden.

---

528 Vgl. beispielhaft *Leible,* in MünchKomm zum Lauterkeitsrecht, 3. Aufl. 2020, § 7 Rn. 171.

529 OLG Nürnberg, Urt. v. 15. 01. 2019 – 3 U 724/18; OLG Nürnberg, Urt. v. 11. 12. 2018 – 3 U 609/18.

530 BGH, Beschl. v. 30. 01. 2020 – I ZR 25/19.

531 Schlussanträge v. 24. 05. 2021 – C-102/20.

532 EuGH, Urt. v. 25. 11. 2021 – C-102/20.

533 Vgl. hierzu auch die Ausführungen unter Rn. 157 ff.

V. „Tell-a-Friend-Funktionen"

717 Bei dem Einsatz von „Tell-a-Friend-Funktionen" handelt es sich um eine Art der „Laienwerbung". Unter den Begriff der „Laienwerbung" wird der Einsatz Dritter – insbesondere der von Verbrauchern – zum Zweck der Bewerbung von Produkten verstanden.

718 „Tell-a-Friend-Funktionen" werden in der Praxis insbesondere im Online-Bereich eingesetzt. Diese sind z. B. derart ausgestaltet, dass Betreiber von Websites mit redaktionellen Inhalten Nutzern Funktionalitäten zur Verfügung stellen, mittels derer die Nutzer an Dritte (z. B. an Freunde) einzelne Beiträge der jeweiligen Website senden können. Die Funktionalität beinhaltet in der Regel die Möglichkeit der Auswahl zwischen verschiedenen Kommunikationskanälen (z. B. E-Mail).

719 Insofern es für die Versendung von „Werbungen" im Sinne des § 7 Abs. 2 UWG mittels der zur Auswahl gestellten Kommunikationskanäle einer Einwilligung bedarf (z. B. aufgrund der Vorgaben aus § 7 Abs. 2 Nr. 3 UWG), ist die Zurverfügungstellung der Funktion regelmäßig rechtswidrig. Dies liegt daran, dass die Empfänger der Werbenachricht zumeist keine Einwilligung in deren Erhalt erteilt haben.

720 *Praxishinweis:*

Der BGH hat in seiner „Tell-a-Friend-Entscheidung" festgestellt, dass der Anbieter einer „Tell-a-Friend-Funktion" in Bezug auf die Versendung der Werbenachricht als Täter zu qualifizieren ist. Dies bedeutet, dass der genannte Anbieter derart haftet, als wenn er die Werbenachricht selbst versendet hätte. Dies hat zur Folge, dass Anbieter von „Tell-a-Friend-Funktionen" – insofern diese rechtswidrig sind – nicht nur wettbewerbsrechtlich auf Unterlassung des Angebots der Funktion in Anspruch genommen werden können. Vielmehr besteht auch die Möglichkeit einer Inanspruchnahme durch die Empfänger der Werbenachricht.

VI. Nachweis der Erteilung der Einwilligung

721 Gemäß Art. 7 Abs. 1 DSGVO sind die Werbenden dazu verpflichtet nachzuweisen, dass die Person, die beworben wird, auch diejenige ist, die die Einwilligung in die Zusendung der Werbung mittels „elektronischen Post" erteilt hat.[534] Diese Verpflichtung ergab sich in Bezug auf die Vorschrift in § 7 Abs. 2 UWG im Übrigen bereits vor Anwendbarkeit der DSGVO aus einer Rechtsprechung des BGH.[535]

722 Für den Bereich der E-Mail-Werbung bedeutet dies, dass der Werbende nachweisen muss, dass derjenige, der die Einwilligung erteilt hat, Inhaber der im Rahmen der Erteilung der Einwilligung angegebenen E-Mail-Adresse ist. Zum Zweck der Erbringung dieses Nachweises wird in der Praxis das so genannte „Double-Opt-in-Verfahren" eingesetzt. Dieses ist derart ausgestaltet, dass an die

534 Vgl. die Ausführungen unter Rn. 189 ff.
535 BGH, Urt. v. 11. 3. 2004 – I ZR 81/01.

E-Mail-Adresse, die im Zusammenhang mit der Erteilung der Einwilligung (Single-Opt-in) angegeben wird, eine Verifizierungs-E-Mail, die einen Bestätigungs-Link beinhaltet, versandt wird. Bei der Versendung der Verifizierungs-E-Mail handelt es sich nicht um eine (einwilligungsbedürftige) Werbung im Sinne der Vorschrift in § 7 Abs. 2 Nr. 3 UWG. Insofern das OLG München diesbezüglich in einer Entscheidung eine andere Ansicht vertreten hat,[536] ist diese als eine – zu Recht – vielfach kritisierte[537] Einzelmeinung einzustufen. Bestätigt der Empfänger der Verifizierungs-Mail die Erteilung der Einwilligung mittels des Anklickens des Verifizierungs-Links (Double-Opt-in), löst dies eine Beweislastumkehr dahingehend aus, dass der Empfänger der Werbung nachweisen muss, dass er die Einwilligung nicht erteilt hat.[538] Diese Beweislastumkehr tritt jedoch nur dann ein, wenn der Werbende – neben dem Einsatz des Double-Opt-in-Verfahrens – die Erteilung der Einwilligung auch ausreichend dokumentiert hat. Diese Dokumentation sollte mindestens das Folgende beinhalten:

- Wortlaut des Einwilligungstextes;
- „Time-Stamp" von der Erteilung des Single-Opt-ins;
- „Time-Stamp" von dem Aussenden der Verifizierungs-Mail;
- „Time-Stamp" von der Bestätigung des Verifizierungs-Links;
- Inhalt der Verifizierungs-Mail.

Im Bereich der SMS-/MMS-Werbung besteht die Möglichkeit der Verifizierung 723
mittels der Versendung einer Verifizierungs-Nachricht (SMS), die durch den Empfänger zu bestätigen ist.

Praxishinweis: 724

Die Verifizierung kann immer nur „innerhalb" des jeweiligen Werbekanals erfolgen. So ist es z. B. nicht möglich, den Nachweis für die Erteilung einer Einwilligung in Bezug auf die Aussteuerung von Werbungen mittels SMS durch die Versendung einer Verifizierungs-E-Mail, die einen zu bestätigenden Link beinhaltet, zu erbringen.[539]

VII. Bewerbung „ähnlicher Waren und Dienstleistungen" (§ 7 Abs. 3 UWG)

§ 7 Abs. 3 UWG beinhaltet eine Ausnahmevorschrift von der Erforderlichkeit der 725
Einholung einer Einwilligung für die Zusendung von Werbungen per „elektronischer Post". Die Vorschrift in § 7 Abs. 3 UWG lautet wie folgt:

„(3) Abweichend von Absatz 2 Nummer 3 ist eine unzumutbare Belästigung bei einer Werbung unter Verwendung **elektronischer Post** nicht anzunehmen, wenn

536 OLG München, Urteil vom 27. 09. 2012 – 29 U 1682/12.

537 Vgl. beispielhaft Menke/Witte, K&R 2013, 25; *Mankowski,* in: Fezer/Büscher/Obergfell, Lauterkeitsrecht, 3. Aufl. 2016, § 7 Rn. 66a.

538 *Mankowski,* in: Fezer/Büscher/Obergfell, Lauterkeitsrecht, 3. Aufl. 2016, § 7 Rn. 220b f.

539 Vgl. BGH, Urteil v. 10. 02. 2011 – I ZR 164/09.

1. ein Unternehmer im **Zusammenhang mit dem Verkauf einer Ware oder Dienstleistung** von dem Kunden dessen elektronische Postadresse erhalten hat,
2. der Unternehmer die Adresse zur Direktwerbung für eigene **ähnliche Waren oder Dienstleistungen** verwendet,
3. der Kunde der Verwendung nicht widersprochen hat und
4. der Kunde **bei Erhebung der Adresse und bei jeder Verwendung** klar und deutlich darauf hingewiesen wird, dass er der **Verwendung jederzeit widersprechen** kann, ohne dass hierfür andere als die Übermittlungskosten nach den Basistarifen entstehen".

1. Elektronische Post

726 Unter den Begriff der „elektronischen Post" fällt sowohl der Kommunikationskanal „E-Mail" als auch der Kommunikationskanal „SMS/MMS". Darüber hinaus stellen nach mittlerweile wohl überwiegend vertretener Ansicht auch so genannte „Push-Nachrichten" eine „elektronische Post" dar. Gleiches gilt nach der Rechtsprechung des EuGH für so genannte „Inbox-Ads".[540]

2. Erhebung der Adresse

727 Der Verantwortliche muss die elektronische Postadresse

> *„in Zusammenhang mit dem Verkauf einer Ware oder Dienstleistung erhalten halben".*

728 Typischer Anwendungsfall ist die Erhebung von E-Mail-Adressen durch Betreiber von Online-Shops im Rahmen der Bestellung von Waren durch Kunden im Shop.

729 Fraglich ist, wie – in Bezug auf die Ausnahmevorschrift in § 7 Abs. 3 UWG – die Fälle zu beurteilen sind, in denen ein Kunde eine Ware/Dienstleistung bei dem Verantwortlichen unter Angabe seiner elektronischen Postadresse erwirbt, der diesbezüglich abgeschlossene Vertrag, z. B. aufgrund der Ausübung des gesetzlichen Widerrufsrechts durch den Kunden, aber wieder rückabgewickelt wird. In diesem Zusammenhang wird weitgehend – richtigerweise – die Ansicht vertreten, dass die Möglichkeit der Nutzung der elektronischen Postadresse zur Bewerbung „ähnlicher Waren und Dienstleistungen" auf Basis der Regelung in Art. 7 Abs. 3 UWG durch die Rückabwicklung nicht berührt wird. Durch den Erwerb einer Ware/Dienstleistung hat der Kunde sein grundsätzliches Interesse an der jeweiligen „Kategorie" der Ware/Dienstleistung zum Ausdruck gebracht. Durch die Rückabwicklung des Vertrags wird dieser Umstand nicht „beseitigt", da die Rückabwicklung typischerweise auf einem Mangel oder darauf, dass z. B. nach einer Inaugenscheinnahme der Ware der Kunde feststellt, dass das spezifische Produkt seinen Vorstellungen nicht entspricht, basiert.

3. „Ähnliche Waren und Dienstleistungen"

730 Das Tatbestandsmerkmal

---

540 Vgl. hierzu die Ausführungen unter Rn. 712 ff.

„ähnliche Waren und Dienstleistungen“

aus § 7 Abs. 3 UWG ist eng auszulegen ist. Dies ist damit zu begründen, dass es sich bei der Vorschrift in § 7 Abs. 3 UWG um eine Ausnahmevorschrift handelt.

Was genau unter dem Begriff 731

„ähnlich“

zu verstehen ist, ist jedoch bisher nicht abschließend gerichtlich geklärt. Anerkannt ist aber, dass die „Kategorien“ (sehr) eng gefasst werden müssen.

Beispiel 74:

Ein Kunde bestellt auf einem Online-Shop eine Hose. Der Betreiber des Online-Shops ist nun nicht dazu berechtigt, dem Kunden auf Basis der Vorschrift in § 7 Abs. 3 UWG per E-Mail Werbungen zu senden, die Pullover beinhalten. Hieran ändert auch der Umstand nichts, dass Pullover ebenfalls zu der Oberkategorie „Kleidung“ gehören.

Beworben werden dürfen nach überwiegend vertretener Ansicht aber auch Ergänzungsartikel sowie Zubehör.[541]

Beispiel 75:

Hat ein Kunde in einem Online-Shop einen Drucker bestellt, darf der Online-Shop-Betreiber den Kunden wohl mittels elektronischer Post mit der zu dem Drucker passenden Druckerpatrone bewerben; ein Scanner würde wohl schon nicht mehr unter die Begriffe „Ergänzungsartikel“/„Zubehör“ fallen.

4. „Feedbackanfragen“

Teilweise wird die Ansicht vertreten, dass auch die Zusendung von „Feedbackanfragen“[542] per „elektronischer Post“ von der Vorschrift in § 7 Abs. 3 UWG gedeckt sein kann. Begründet wird diese Ansicht mit dem Inhalt einer Entscheidung des BGH, in der es um die Zusendung einer derartigen Anfrage per E-Mail ging. Der BGH hat in seiner Entscheidung zunächst festgestellt, dass es sich bei „Feedbackanfragen“ um „Werbung“ im Sinne des § 7 Abs. 2 UWG handelt.[543] Des Weiteren hat der BGH die Frage aufgeworfen, ob der Anwendungsbereich der Vorschrift in § 7 Abs. 3 UWG im Zusammenhang mit der Zusendung von „Feedbackanfragen“ mittels „elektronischer Post“ eröffnet sein kann. Diese hat er in seiner Entscheidung jedoch nicht eindeutig bzw. abschließend beantwortet, da in dem der Entscheidung zugrundeliegenden Sachverhalt die in § 7 Abs. 3 UWG normierten Hinweispflichten bereits nicht erfüllt waren. Die im Hinblick auf die hier erörterte Thematik einschlägigen Ausführungen in der Entscheidung des BGH lauten wie folgt: 732

541 *Köhler*, in: Köhler/Bornkamm, Feddersen, UWG, 39. Aufl. 2021, § 7 Rn. 205 m. w. N.
542 Zu „Feedbackanfragen“ vgl. die Ausführungen unter Rn. 708.
543 BGH, Urt. v. 10. 07. 2018 – VI ZR 225/17.

„In § 7 Abs. 3 UWG hat der Gesetzgeber zwar die Voraussetzungen einer Werbung unter Verwendung elektronischer Post nach Abschluss einer Verkaufstransaktion über das Internet für den Unternehmer mit der Erleichterung geregelt, dass eine Werbung für ähnliche Produkte oder Dienstleistungen auch ohne ausdrückliche Einwilligung des Adressaten zulässig ist. Dies setzt jedoch voraus, dass bereits bei der Erhebung der E-Mail-Adresse des Kunden (und bei jeder weiteren Verwendung) ein klarer und deutlicher Hinweis darauf erfolgt ist, dass er der Verwendung jederzeit widersprechen kann, ohne dass hierfür andere als die Übermittlungskosten nach den Basistarifen entstehen (§ 7 Abs. 3 Nr. 4 UWG). ***Ein solcher Hinweis seitens der Beklagten ist den Feststellungen des Berufungsgerichts im Streitfall nicht zu entnehmen und wird von der Revisionserwiderung auch nicht geltend gemacht“.***

733 *Praxishinweis:*

Verantwortliche, die sicherstellen wollen, dass die durch sie per „elektronischer Post“ vorgenommene Zusendung von „Feedbackanfragen“ rechtskonform ist, sollten eine Zusendung nur an solche Kunden vornehmen, die eine Einwilligung für den Erhalt von Werbung über den jeweiligen Kanal erteilt haben.

5. Hinweis bei Erhebung der elektronischen Postadresse

734 Des Weiteren ist anzumerken, dass ein Hinweis auf die werbliche Nutzung der elektronischen Postadresse zum Zweck der Bewerbung „ähnlicher Waren und Dienstleistungen“ und ein solcher auf das Bestehen eines Widerspruchsrechts in Bezug auf die Nutzung der Adresse zu dem genannten Zweck

„bei Erhebung der Adresse“

zu erfolgen hat.

735 In der Praxis taucht in diesem Zusammenhang immer wieder die Frage auf, wie transparent die genannten Hinweise zu erfolgen haben. Fraglich ist z. B., ob es ausreichend ist, die Hinweise in bei Angabe der E-Mail-Adresse im Rahmen des Anlegens eines Kundenkontos auf einem Online-Shop zu akzeptierende Datenschutzinformationen zu integrieren. Dass es fraglich ist, ob ein solches Vorgehen ausreichend ist, die hier erörterte Vorgabe aus Art. 7 Abs. 3 UWG zu erfüllen, ergibt sich daraus, dass es in der genannten Vorschrift wie folgt heißt:

„der Kunde bei Erhebung der Adresse und bei jeder Verwendung ***klar und deutlich darauf hingewiesen*** *wird …“.*

736 *Praxishinweis:*

Verantwortliche, die sicher gehen wollen, dass ein „klarer“ und „deutlicher“ Hinweis vorliegt, sollten – insoweit möglich – den Hinweistext in räumlicher Nähe zu dem Feld, das für die Angabe der elektronischen Postadresse (z. B. im Rahmen des Anlegens eines Kundenkontos) vorgesehen ist, wiedergeben.

737 Der Hinweistext bezüglich der Nutzung der elektronischen Postadresse zum Zweck der Bewerbung „ähnlicher Waren und Dienstleistungen“, der auch eine Information über das diesbezüglich bestehende Widerspruchsrecht enthält, könnte beispielhaft wie folgt lauten:

„Die X GmbH kann die von Ihnen angegebene E-Mail-Adresse zur Bewerbung von eigenen Waren und/oder Dienstleistungen, die denjenigen ähneln, die Sie bei der X GmbH erwerben, nutzen. Sie können dieser E-Mail-Werbung jederzeit unter www. . . . . und am Ende der jeweiligen Werbe-E-Mail widersprechen, ohne dass hierfür andere als die Übermittlungskosten nach den Basistarifen entstehen".

6. Hinweis auf das Widerspruchsrecht in jeder Werbung

Außerdem muss der Verantwortliche in einer jeden Werbung, die auf Basis der 738
Rechtsgrundlage in § 7 Abs. 3 UWG ausgesteuert wird, darauf hinweisen, dass der Empfänger dem zukünftigen Erhalt der Werbung widersprechen kann.

7. Zeitliche Beschränkung?

Teilweise wird die Auffassung vertreten, dass die elektronische Postadresse nur 739
über einen bestimmten Zeitraum nach dem Erwerb der Ware/Dienstleistung zum Zweck der Bewerbung „ähnlicher Waren und Dienstleistungen" auf Basis der Vorschrift in § 7 Abs. 3 UWG genutzt werden kann. Begründet wird dies mit dem Hinweis, dass auch Einwilligungen nach Ablauf eines bestimmten Zeitraums ihre Gültigkeit verlieren würden.[544] Diesbezüglich ist darauf hinzuweisen, dass nach der Rechtsprechung des BGH weder den datenschutzrechtlichen, noch den wettbewerbsrechtlichen gesetzlichen Vorgaben zu entnehmen ist, dass eine Einwilligung nach Ablauf eines bestimmten Zeitraums „verfällt".[545] Zumindest in den Fällen, in denen Kunden auf Basis der Vorschrift in Art. 7 Abs. 3 UWG kontinuierlich Werbungen geschickt werden und der jeweilige Empfänger dem Erhalt nicht widerspricht, kann nach der hier vertretenen Ansicht davon ausgegangen werden, dass die Möglichkeit der Nutzung nicht nach Ablauf eines bestimmten Zeitraums „verfällt".[546] Wie häufig die elektronische Postadresse genutzt werden sollte, hängt im Übrigen von der jeweiligen vom Kunden erworbenen Ware/Dienstleistung ab. So macht es z. B. wohl nur wenig Sinn, ein Autohaus, das im Rahmen des Verkaufs eines Autos an einen Kunden dessen E-Mail-Adresse erhoben hat, dazu zu „verpflichten", dem Kunden halbjährig auf Basis der Vorschrift in § 7 Abs. 3 UWG Werbungen für neue Modelle per Mail zukommen zu lassen.

C. Telefonwerbung

Für die Durchführung einer Telefonwerbung gegenüber einem Verbraucher 740
bedarf es gemäß § 7 Abs. 2 Nr. 2 UWG einer „ausdrücklichen" Einwilligung.[547]

---

544 *Köhler*, in: Köhler/Bornkamm/Feddersen, UWG, 39. Aufl. 2021, § 7 Rn. 204b.
545 Vgl. die Ausführungen unter Rn. 185.
546 So für das Telefonmarketing auch die BNetzA, in: Dokumentations- und Aufbewahrungspflicht für Telefonwerbeeinwilligungen nach § 7a UWG, Stand: 19. 10. 2021, Rn. 43.
547 Vgl. zu den Anforderungen einer ausdrücklichen Einwilligung die Ausführungen unter Rn. 711.

Eine Telefonwerbung gegenüber einem „sonstigen Marktteilnehmer" (z. B. gegenüber Unternehmen) kann nach der genannten Vorschrift auch dann durchgeführt werden, wenn auf dessen Seite eine „mutmaßliche Einwilligung" vorliegt.

I. „Mutmaßliche Einwilligung"

741 Die Anforderungen, die an das Vorliegen einer „mutmaßlichen Einwilligung" gestellt werden, sind sehr hoch. So soll es für eine solche z. B. nicht ausreichen, wenn der Anruf eine allgemeine Sachbezogenheit aufweist.[548] Auch soll es für das Vorliegen einer „mutmaßlichen Einwilligung" nicht genügen, wenn der Werbende davon ausgehen kann, dass auf Seiten des Beworbenen ein konkreter Bedarf an der beworbenen Ware/Leistung besteht. Der Bewerbene muss vielmehr auch mit dem Anruf an sich mutmaßlich einverstanden sein.[549]

742 *Praxishinweis:*

Ob das Bestehen einer „mutmaßlichen Einwilligung" anzunehmen ist, bedarf einer Entscheidung im Einzelfall. Dadurch, dass die Anforderungen, die an das Vorliegen der genannten Einwilligung gestellt werden, sehr hoch sind und der Werbende das Risiko einer Fehleinschätzung trägt,[550] sollten werbliche Anrufe in der Praxis grundsätzlich nur in Ausnahmefällen auf „mutmaßliche Einwilligungen" gestützt werden.

II. Nachweis der ausdrücklichen Einwilligung

743 Auch im Bereich der Telefonwerbung trägt der Werbende für das Vorliegen der ausdrücklichen Einwilligung die Beweislast.[551] Ein solcher Nachweis kann nach der Rechtsprechung des BGH nicht dadurch erfolgen, dass der Werbende im Nachgang zu der Erteilung der Einwilligung durch einen Verbraucher diesem eine E-Mail sendet und der Verbraucher den in der E-Mail wiedergegebenen Bestätigungslink anklickt.[552]

744 Ein am Markt praktiziertes Vorgehen zum Zweck der Erbringung des dem Werbenden obliegenden Nachweises ist die Erstellung von „Voice-Files" von der mündlichen Erteilung der Einwilligung im Rahmen eines Telefongesprächs. Diesbezüglich ist jedoch zu beachten, dass die Bitte bzgl. der Erteilung einer Einwilligung an sich bereits eine werbliche Maßnahme darstellt. Daher sollen Anrufe zum Zweck der Einholung einer Einwilligung ohne Vorliegen einer solchen bereits rechtswidrig sein. Fraglich ist, ob mittels rechtswidriger Anrufe generierte Einwilligungen unwirksam sind. Hiergegen könnte der Umstand sprechen, dass aufgrund wettbewerbsrechtlich unlauterer Handlungen entstan-

548 *Köhler*, in: Köhler/Bornkamm/Feddersen, UWG, 39. Aufl. 2021, § 7 Rn. 156.
549 *Köhler*, in: Köhler/Bornkamm/Feddersen, UWG, 39. Aufl. 2021, § 7 Rn. 166.
550 OLG München, Beschl. v. 19.05.2011 – 6 U 458/11.
551 Zur Beweislastverteilung vgl. die Ausführungen unter Rn. 721.
552 BGH, Urteil v. 10.02.2011 – I ZR 164/09.

dene „Folgeverträge" grundsätzlich Bestand haben.[553] Etwas anderes kann aber bei einem zielgerichteten, systematischen Vorgehen, das eine Schwächung der Entscheidungsfreiheit des Verbrauchers zur Folge hat, gelten.[554] Als möglich angesehen wird jedoch die Bitte um Erteilung einer Einwilligung im Rahmen der „Inbound-Telefonie".[555] Auch soll es rechtskonform sein, schriftlich erteilte Einwilligungen in die Durchführung von Telefonwerbungen mittels eines Telefonanrufs zu verifizieren. Dass es sich hierbei nicht um ein sonderlich praxistaugliches Vorgehen handelt, liegt auf der Hand. Insofern ein „Voice-File" erstellt werden soll, sollte der Anrufer sich vorab mit dessen Erstellung einverstanden erklären.[556]

III. Ordnungswidrigkeit (§ 20 UWG)

Nach § 20 Abs. 1 Nr. 1 UWG handelt ordnungswidrig, wer vorsätzlich oder fahrlässig gegenüber einem Verbraucher telefonisch oder unter Verwendung einer „automatischen Anrufmaschine" wirbt, ohne dass für die Vornahme der Werbung eine den gesetzlichen Anforderungen entsprechende Einwilligung[557] gegeben ist. 745

Dass der deutsche Gesetzgeber den Ordnungswidrigkeitentatbestand in § 20 Abs. 1 Nr. 1 UWG geschaffen hat liegt darin begründet, dass das Marketinginstrument der Telefonwerbung über viele Jahre hinweg seitens einiger Marktteilnehmer nicht rechtskonform genutzt worden ist. Der genannte Tatbestand sah im Übrigen zunächst einen Bußgeldrahmen von bis zu 50.000,00 € vor. Da trotz der Qualifizierung der fahrlässig oder vorsätzlich durchgeführten rechtswidrigen Telefonwerbung als Ordnungswidrigkeit nach der Ansicht des Gesetzgebers die bestehenden Missstände am Markt nicht ausreichend eingedämmt worden konnten bzw. diese sich noch vergrößert haben, hat dieser den Bußgeldrahmen auf 300.00,00 € erhöht (§ 20 Abs. 2 UWG). Außerdem wird auf politischer Ebene seit Längerem die Einführung so genannter „Bestätigungs-Lösungen" (teilweise in Bezug auf bestimmte Branchen) diskutiert.[558] 746

Die für die Verfolgung der Ordnungswidrigkeit nach § 20 Abs. 1 Nr. 1 UWG zuständige Behörde ist gemäß § 20 Abs. 3 UWG die Bundesnetzagentur (BNetzA). 747

553 *Köhler*, in: Köhler/Bornkamm/Feddersen, UWG, 39. Aufl. 2021, Rn. 10.2 ff.
554 BGH NJW 05, 2991.
555 BNetzA, Dokumentations- und Aufbewahrungspflicht für Telefonwerbeeinwilligungen nach § 7a UWG, Stand: 19. 10. 2021, Rn. 25.
556 Plath/Frey, BB 2009, 1762 (1766); BNetzA, Dokumentations- und Aufbewahrungspflicht für Telefonwerbeeinwilligungen nach § 7a UWG, Stand: 19. 10. 2021, Rn. 57 ff.
557 Vgl. zum Einwilligungserfordernis die Ausführungen unter Rn. 740.
558 Vgl. BT-Drucks. 19/3332.

748 *Praxishinweis:*

Insofern die BNetzA ein Verfahren wegen einer gegebenenfalls ordnungswidrigen Telefonwerbung einleitet, ist zu beachten, dass die BNetzA die Beweislast für die Erfüllung der Tatbestandsvoraussetzungen für das Vorliegen einer rechtswidrigen Telefonwerbung trifft. Dies bedeutet unter anderem, dass entgegen der Vorgabe in Art. 7 Abs. 1 DSGVO[559] der Werbende nicht nachweisen muss, dass eine den gesetzlichen Anforderungen entsprechende Einwilligung für die erfolgte Telefonwerbung vorlag. In der Vergangenheit ist es aus Gründen der dargestellten Beweislast der BNetzA in einigen Fällen nicht gelungen bzw. es wurde ihr aus diesen erschwert, (nicht angreifbare) Bußgelder zu verhängen.[560] Diesen Umstand hat der deutsche Gesetzgeber aufgegriffen und eine Vorschrift in § 7a UWG geschaffen. Diese beinhaltet die Pflicht zur ordnungsgemäßen Dokumentation der Einwilligung und deren Aufbewahrung über einen Zeitraum von 5 Jahren nach deren Erhebung/Nutzung. Eine solche Verpflichtung ergab sich (abgesehen von der Dauer der Aufbewahrung) bereits aus § 7 Abs. 1 DSGVO. Neu ist hingegen, dass die BNetzA nun die Möglichkeit hat, die Vorlage der Dokumentation der Einwilligung zu verlangen und insofern diese nicht rechtskonform ist, allein aufgrund der nicht rechtskonformen Dokumentation ein Bußgeld in Höhe von bis zu 50.000,00 € zu verhängen (§ 7a Abs. 2 UWG i. V. m. § 20 Abs. 1 Nr. 2, Abs. 2 UWG). Ob hierdurch die beschriebene „Lücke" geschlossen werden kann, bleibt abzuwarten. Die Pflicht zur Dokumentation aus § 7a Abs. 2 UWG sowie die zur Vorlage aus § 20 Abs. 1 Nr. 2 UWG gilt naturgemäß nur für solche Einwilligungen, die nach Inkrafttreten der genannten Normen am 01. 10. 2021 generiert und/oder genutzt worden sind.[561]

749 Die BNetzA führt nicht nur Verfahren gegen Werbende, sondern auch solche gegen Dienstleister von Werbenden.[562] Bei diesen Dienstleistern handelt es sich in der Regel um Call-Center. In Bezug auf die Möglichkeit der Führung der Verfahren gegen die Dienstleister beruft die BNetzA sich auf Ausführungen in dem Gesetzesentwurf der Bundesregierung zu § 20 UWG. In diesen heißt es unter anderem wie folgt:

> *„Der Tatbestand des § 20 Abs. 1 UWG kann im Einzelfall sowohl* ***von anrufenden Mitarbeitern und Mitarbeiterinnen eines Call-Centers als auch von Betreibern und Betreiberinnen eines Call-Centers, die den Angestellten den Auftrag zu solchen Anrufen gegeben haben****, als auch von den Auftraggebern und Auftraggeberinnen des Call-Centers, in deren Namen telefonisch geworben wurde, erfüllt werden. Die genannten Personen werden regelmäßig in Ausübung eines Handels, Gewerbes, Handwerks oder freien Berufs handeln mit dem Ziel, den Absatz von Waren oder die Erbringung von Dienstleistungen zu fördern. Erstere handeln dabei zur Förderung fremden Absatzes, letztere zur Förderung eigenen Absatzes".*[563]

559 Vgl. zu dieser die Ausführungen unter Rn. 189 ff.

560 Vgl. hierzu BT-Drucks. 18/21, Seite 9.

561 So zumindest BNetzA, Dokumentations- und Aufbewahrungspflicht für Telefonwerbeeinwilligungen nach § 7a UWG, Rn. 84 ff.

562 Vgl. BNetzA, Dokumentations- und Aufbewahrungspflicht für Telefonwerbeeinwilligungen nach § 7a UWG, Rn. 11.

563 BT-Drucks. 16/10734, Seite 13.

Der Umstand, dass auch mit der Durchführung der Telefonwerbung beauftragte Dienstleister (in der Regel Call-Center) den Tatbestand des § 20 Abs. 1 Nr. 1 UWG erfüllen können, widerspricht dem datenschutzrechtlichen Leitbild, das der Zusammenarbeit zwischen dem Werbenden und dem Dienstleister in der Praxis zumeist zugrunde liegt. Call-Center werden im Rahmen der Outbound-Telefonie regelmäßig als Auftragsverarbeiter der Werbenden tätig. Ein Auftragsverarbeitungsverhältnis ist zumindest dann zweifelsfrei gegeben, wenn die Werbenden den Call-Centern verbindliche Gesprächsleitfäden zur Verfügung stellen.[564] Das wesentliche gesetzliche Leitbild des Auftragsverarbeitungsverhältnisses ist, dass der Auftragsverarbeiter – außerhalb der ihn unmittelbar adressierenden gesetzlichen datenschutzrechtlichen Verpflichtungen – nicht für die Rechtmäßigkeit der im Auftrag vorgenommenen Datenverarbeitung verantwortlich ist.[565] 750

Praxishinweis: 751

Trotz des Vorliegens eines Widerspruchs zwischen den Ausführungen in dem Gesetzesentwurf der Bundesregierung zu § 20 UWG und dem der Zusammenarbeit zwischen den Werbenden und den Dienstleistern (Callcenter) zugrundeliegenden datenschutzrechtlichen Leitbild, sollten Dienstleister damit rechnen, dass sie von der BNetzA für den Fall der praktischen Durchführung einer rechtswidrigen Telefonwerbung in Anspruch genommen werden. Für einen solchen Fall können sich die Dienstleister dadurch exkulpieren, dass sie das Vorliegen ordnungsgemäßer Einwilligungen auf Seiten der Werbenden (Auftraggeber) stichprobenartig prüfen. Von dem Bestehen einer Verpflichtung zur Durchführung derartiger Kontrollen geht auch die Bundesregierung in ihrem Gesetzesentwurf zu § 20 UWG aus.[566]

564 Vgl. hierzu auch die Ausführungen unter Rn. 84.
565 Vgl. hierzu die Ausführungen unter Rn. 81.
566 BT-Drucks. 16/10734, Seite 14.

Teil 10 – Bonitätsprüfung/Factoring/Inkasso

A. Bonitätsprüfung

Die Vornahme von Bonitätsprüfungen ist insbesondere im Versandhandel, aber auch in anderen Branchen, tägliche Praxis. Eine Bonitätsprüfung kann im Grundsatz dann ohne die Einholung einer Einwilligung durchgeführt werden, wenn auf Seiten des Verantwortlichen ein kreditorisches Ausfallrisiko gegeben ist. Dies ist z. B. bei der Einräumung eines Kaufs auf Rechnung der Fall. 752

I. Zeitpunkt der Bonitätsprüfung

Eine Bonitätsprüfung kann dann ohne Einholung einer Einwilligung erfolgen, wenn z. B. bei der Bestellung einer Ware in einem Online-Shop eine „unsichere Zahlungsart" (z. B. Rechnungskauf) seitens des Users ausgewählt wird und dieser die Bestellung absendet. Rechtsgrundlage für die Durchführung der Bonitätsprüfung durch den Online-Shop-Betreiber ist in dieser Konstellation die in Art. 6 Abs. 1 S. 1 lit f) DSGVO. 753

Insofern Betreiber von Online-Shops bereits zu einem früheren Zeitpunkt, z. B. bei der Anlage eines Kundenkontos, eine Bonitätsprüfung vornehmen wollen, liegt eine so genannte „Aktive Zahlungsartensteuerung" vor. Diese hat den Zweck, dass dem jeweiligen User bereits im „Checkout" nur solche Zahlungsarten angezeigt werden, die dieser auch tatsächlich eingeräumt bekommt. Die Vornahme einer „Aktiven Zahlungsartensteuerung" sollte durch die Einholung einer Einwilligung abgesichert werden.[567] 754

Die nachfolgenden Ausführungen beziehen sich auf die Sachverhalte, in denen zum Zeitpunkt der Durchführung der Bonitätsprüfung bereits feststeht, dass der Betroffene eine Zahlungsart/Leistung eingeräumt bekommen möchte, in deren Zusammenhang auf Seiten des Verantwortlichen ein kreditorisches Ausfallrisiko gegeben ist. 755

II. Bestandteile der Bonitätsprüfung

Im Rahmen der Durchführung einer Bonitätsprüfung werden zumeist mehrere Einzelprüfungen vorgenommen. In der Praxis können sowohl das Ergebnis einer Einzelprüfung, aber auch die Ergebnisse der Einzelprüfungen in Summe dafür, ob das kreditorische Ausfallrisiko (z. B. die Einräumung eines Kaufs auf Rechnung) eingegangen werden kann, entscheidend sein. Bei den Einzelprüfungen handelt es sich regelmäßig um die Folgenden: 756

567 Vgl. hierzu Rn. 794 ff.

- Auskunfteiabfrage;
- internes Scoring;
- Nutzung eigener Zahlungserfahrungen zu dem jeweiligen Kunden/Betroffenen.

1. Auskunfteiabfrage

757 Die Auskunfteiabfrage ist in der Praxis häufig das Kernelement der Bonitätsprüfung.

a) Allgemeines zu Auskunfteien

758 Bei Auskunfteien handelt es sich um Unternehmen, die zu einzelnen natürlichen und/oder juristischen Personen bonitätsrelevante Informationen erheben und speichern, um diese Informationen Dritten gegenüber gegen Entgelt zu beauskunften.[568] Auskunfteien erheben bonitätsrelevante Daten aus öffentlichen Registern (z. B. Insolvenzbekanntmachungen, Melderegister) und erhalten solche von ihren Vertragspartnern, die Daten bei ihnen abrufen.[569] Auskunfteien, die Daten über natürliche Personen speichern, werden als so genannte „B2C-Auskunfteien" bezeichnet. Auskunfteien, die Informationen zu juristischen Personen speichern, werden in der Praxis „B2B-Auskunfteien" genannt. Am Markt tätig sind auch Auskunfteien, die sowohl im B2B- als auch im B2C-Bereich tätig sind. Im Zusammenhang mit dem Kundendatenschutz ist insbesondere der Abruf von Daten zu natürlichen Personen von Relevanz, so dass sich die nachfolgenden Ausführungen auf Tätigkeiten von „B2C-Auskunfteien" beziehen. Die in Deutschland wohl bekannteste dieser Auskunfteien ist die SCHUFA.

759 Auskunfteien sind in den vergangenen Jahren wiederholt Gegenstand öffentlicher Kritik gewesen. Diese Kritik zielt unter anderem darauf ab, dass die Datenverarbeitungen durch Auskunfteien, insbesondere die Berechnung von Bonitäts-Scorewerten zu einzelnen Personen, intransparent seien. Auskunfteien sind jedoch ein wichtiger Bestandteil des Wirtschaftslebens. Dies wird auch seitens des deutschen Gesetzgebers anerkannt.[570] Ohne die Möglichkeit der Abfrage bonitätsrelevanter Informationen bei einer Auskunftei ist die Eingehung eines kreditorischen Ausfallrisikos in der Praxis für Unternehmen häufig nicht möglich. Dass Auskunfteien keine detaillierten Informationen über die ihrerseits vorgenommene Berechnung von Scorewerten erteilen müssen, hat seinen berechtigten Grund darin, dass es sich bei diesen Informationen um schützenswerte Geschäftsgeheimnisse der Auskunfteien handelt. Für den Fall, dass Auskunfteien gezwungen wären, entsprechende detaillierte Informationen zur Verfügung zu stellen, wäre die Funktionsfähigkeit der Auskunfteien bedroht. Betroffene könnten diese Informationen nämlich dazu nutzen, um z. B.

568 Vgl. BT-Drucks. 16/10529, Seite 9.
569 Zur Übermittlung von Daten an Auskunfteien vgl. die Ausführungen unter Rn. 775 ff.
570 BT-Drucks. 18/11325, Seite 101.

ihren Scorewert unrechtmäßig zu manipulieren. Der BGH hat daher in einer Entscheidung zum BDSG 2009 geurteilt, dass die so genannte „SCHUFA-Formel" zur Scorewertberechnung nicht offenzulegen ist.[571]

b) Abfrage

Insofern Verantwortliche (z.B. Online-Shop-Betreiber) zum Zweck der Entscheidung darüber, ob ein kreditorisches Ausfallrisiko (z.B. durch die Einräumung eines Rechnungskaufs) eingegangen werden kann, Bonitätsinformationen bei einer Auskunftei abrufen, erfolgt in der Regel eine Übermittlung der folgenden Datenkategorien zu dem jeweiligen Betroffenen an die Auskunftei: 760

- Vorname, Nachname,
- Postadresse,
- Geburtsdatum.

Auf Basis dieser Informationen kann die Auskunftei identifizieren, ob sie Daten zu dem jeweiligen Betroffenen gespeichert hat und diese an den anfragenden Verantwortlichen übermitteln. In der Praxis übermittelt werden durch Auskunfteien 761

- Bonitätsscorewerte, die die Auskunftei auf Basis der ihr vorliegenden Informationen berechnet hat (so genanntes externes Scoring)

und/oder

- Negativmerkmale (z.B. Vorliegen einer Verbraucherinsolvenz).

Auch kann die Information übermittelt werden,

- ob der jeweilige Betroffene unter der angegebenen Adresse „bekannt" ist.

Diese Information wird jedoch primär zum Zweck der Betrugsprävention und nicht zu dem der Bonitätsprüfung durch den Abfragenden verarbeitet.

c) Rechtsgrundlagen

Insofern zum Zeitpunkt der Abfrage feststeht, dass der jeweilige Betroffene eine Leistung/Zahlungsart begehrt, in deren Zusammenhang ein kreditorisches Ausfallrisiko auf Seiten des Verantwortlichen gegeben ist, kann die Übermittlung der Daten zu dem Betroffenen an die Auskunftei zum Zweck der Abfrage auf der Rechtsgrundlage in Art. 6 Abs. 1 S. 1 lit. f) DSGVO erfolgen. 762

Die Auskunftei verarbeitet die von dem Abfragenden erhaltenen Daten zum Zweck der Prüfung, ob Bonitätsinformationen zu dem jeweiligen Betroffenen vorliegen und/oder zum Zweck der Scorewertberechnung auf der Rechtsgrundlage in Art. 6 Abs. 1 S. 1 lit. f) DSGVO.[572] Außerdem kann auch die Übermittlung der Daten (z.B. des berechneten Scorewerts) an den Abfragenden auf die ge- 763

571 BGH, Urt. v. 28.01.2014 – VI ZR 156/13.

572 Bei der Durchführung eines „Scoring" hat die Auskunftei sicherheitshalber die Vorgaben aus § 31 Abs. 1 BDSG 2018 einzuhalten, vgl. hierzu die Ausführungen unter Rn. 768 ff.

nannte Rechtsgrundlage gestützt werden. Die zuvor erwähnten Datenverarbeitungen werden durch die Auskunftei in alleiniger Verantwortlichkeit vorgenommen.

764 Der Abfragende kann die von der Auskunftei erhaltenen Daten ebenfalls unter Zugrundelegung der Rechtsgrundlage in Art. 6 Abs. 1 S. 1 lit. f) DSGVO zum Zweck der Entscheidung darüber, ob die von dem Betroffenen begehrte Leistung/Zahlungsart eingeräumt werden kann, verarbeiten. Die Entscheidung darüber, in welchen Fällen die begehrte Leistung/Zahlungsart eingeräumt werden kann, liegt im alleinigen Ermessen des die Daten bei der Auskunftei Abfragenden. So bestimmt dieser z. B., welche Scorewertgrenze für die Eingehung des kreditorischen Ausfallrisikos mindestens erreicht sein muss. Die Verarbeitung der von der Auskunftei erhaltenen Daten zum Zweck der Durchführung der (eigentlichen) Bonitätsprüfung erfolgt daher in alleiniger Verantwortlichkeit des Abfragenden.

d) Stichprobenverfahren

765 Auskunfteien führen in der Praxis regelmäßig so genannte Stichprobenverfahren durch. Diese sind dahingehend ausgestaltet, dass die Kunden der Auskunftei bei einem jeden Abruf von Bonitätsinformationen zu einzelnen Betroffenen bei dieser dokumentieren müssen, dass auf Seiten des Kunden eine Rechtsgrundlage für den Abruf gegeben war. Die Auskunftei prüft das Vorliegen der Rechtsgrundlage stichprobenartig nach. Die Durchführung eines derartigen Stichprobenverfahrens war unter Geltung des BDSG 2009 für Auskunfteien ausdrücklich gesetzlich vorgeschrieben (§ 29 Abs. 2 BDSG 2009). Auch wenn es eine derartige ausdrückliche gesetzliche Vorgabe seit Anwendbarkeit der DSGVO nicht mehr gibt, ist die Durchführung eines Stichprobenverfahrens für Auskunfteien ein geeignetes Mittel zur Erfüllung der Verpflichtungen aus Art. 5 Abs. 2 DSGVO in Bezug auf die Übermittlung von Bonitätsinformationen durch die Auskunfteien an deren Kunden.[573]

2. Internes Scoring

766 Im Zusammenhang mit der Durchführung eines internen Scoring werden durch den Verantwortlichen solche Daten verarbeitet, die dieser in der Regel bei dem jeweiligen Betroffenen selbst erhebt. Verarbeitet werden können zum Zweck des internen Scoring z. B. bei der Auslösung einer Bestellung in einem Online-Shop auf eine „unsichere Zahlungsart“ durch den Online-Shop-Betreiber zum Zweck des internen Scoring unter anderem die folgenden Datenkategorien:
- Anrede,
- Geburtsdatum,
- Warenkategorie,

573 Ebenso *Schulz*, in: Gola, DSGVO, 2. Aufl. 2018, Art. 6 Rn. 123.

- Postleitzahl,
- E-Mail-Provider.

Es ist z. B. statistisch nachgewiesen, dass Personen, die bestimmten Alterskategorien zuzuordnen sind und/oder in bestimmten Regionen leben, in der Regel eine größere Zahlungsmoral/Bonität aufweisen. In diesem Zusammenhang ist aber auch darauf hinzuweisen, dass das Ergebnis einer Bonitätsprüfung stets „lediglich" eine (zulässige) Prognose darstellt, die nicht in sämtlichen Fällen eintreten muss. 767

In Bezug auf die Durchführung eines internen Scoring könnte die Regelung in § 31 Abs. 1 BDSG 2018 einschlägig sein.[574] Die genannte Regelung, die inhaltlich der in § 28b BDSG 2009 entspricht, beinhaltet unter anderem, dass für die Berechnung eines 768

> *„Wahrscheinlichkeitswerts über ein bestimmtes zukünftiges Verhalten einer natürlichen Person "*

ein

> *„wissenschaftlich anerkanntes mathematisch statistisches Verfahren"*

einzusetzen ist. Darüber hinaus dürfen für die die Berechnung eines „Wahrscheinlichkeitswerts" nicht

> *„ausschließlich Anschriftendaten genutzt"*

werden. Die ausschließliche Nutzung von Anschriftendaten bei der Durchführung eines Scoring wird als „Geoscoring" bezeichnet.

Die Regelung in § 31 Abs. 1 BDSG 2018 stellt weitere Anforderungen auf, die bei der Durchführung eines Scoring zu beachten sind. Neben der Einhaltung dieser Anforderungen muss aber auch in Bezug auf die Datenverarbeitung an sich eine Rechtsgrundlage gegeben sein.[575] 769

Beispiel 76:

Der Online-Shop-Betreiber O bietet seinen Kunden mehrere Zahlungsarten an. Der Kunde K wählt auf dem Online-Shop des O die Zahlungsart „Vorkasse" aus. Der O nutzt daraufhin – ohne Vorliegen einer Einwilligung des K hierfür – die von ihm erhobenen Daten des K zum Zweck der Durchführung eines internen Bonitätsscorings und hält in diesem Zusammenhang die Vorgaben aus § 31 Abs. 1 BDSG 2018 ein. Die Verarbeitung der Daten zum Zweck des internen Bonitätsscorings ist trotz der Einhaltung der Vorgaben aus § 31 Abs. 1 BDSG 2018 rechtswidrig. Dies liegt daran, dass mangels des Vorliegens eines kreditorischen Ausfallrisikos bei Einräumung der Zahlungsart „Vorkasse" kein „berechtigtes Interesse" (Art. 6 Abs. 1 S. 1 lit. f) DSGVO) auf Seiten des O für die Durchführung einer Bonitätsprüfung gegeben ist.

---

574 Gleiches gilt für die Durchführung eines externen Scoring, z. B. durch Auskunfteien, vgl. zu einem solchen die Ausführungen unter Rn. 763.

575 Dies ergibt sich bereits aus dem Wortlaut in § 31 Abs. 1 Nr. 1 BDSG 2018.

770 Fraglich ist, ob die Regelung in § 31 Abs. 1 BDSG 2018 europarechtskonform ist. Dies wird – richtigerweise – vielerorts verneint.[576] Für die Schaffung der genannten Regelung ist nämlich keine Öffnungsklausel in der DSGVO gegeben. So ist z. B. die Öffnungsklausel in Art. 22 Abs. 2 Ziffer b) DSGVO nicht einschlägig, da diese sich lediglich auf die Vornahme einer „automatisierten Einzelfallentscheidung" an sich bezieht.[577] Darüber hinaus kann die Normierung einer nationalen Regelung zum Scoring, die sich nicht nur auf die Durchführung eines Scoring durch Auskunfteien bezieht – anders als der von § 31 Abs. 2 BDSG 2018 erfasste Regelungsgegenstand[578] – nicht auf die Öffnungsklausel in Art. 23 Abs. 1 Ziffer e) DSGVO gestützt werden.

771 *Praxishinweis:*

Auch wenn die Vorschrift in § 31 Abs. 1 BDSG 2018 – nach der hier vertretenen Ansicht – nicht europarechtskonform und damit unwirksam ist, sollten deren Vorgaben in der Praxis aus Sicherheitsgründen eingehalten werden. Es ist nämlich nicht unwahrscheinlich, dass zumindest Aufsichtsbehörden die von der genannten Regelung ausgehenden Wertungen in die gemäß Art. 6 Abs. 1 S. 1 lit. f) DSGVO durchzuführende Interessenabwägung „hineinlesen", insofern die Datenverarbeitung auf diese Rechtsgrundlage gestützt wird. Darüber hinaus ist zu beachten, dass ein Scoring im Sinne des § 31 Abs. 1 DSGVO regelmäßig ein „Profiling" im Sinne des Art. 4 Nr. 4 DSGVO darstellt. Da z. B. bei der Nichteinräumung einer bestimmten Zahlungsart der Anwendungsbereich der Regelung in Art. 22 Abs. 1 DSGVO nach vielerorts vertretener Ansicht eröffnet ist, sind die Betroffenen seitens des Verantwortlichen über die Durchführung des internen Scoring in der Praxis regelmäßig zu informieren (Art. 13 Abs. 2 Ziffer f) DSGVO, Art. 14 Abs. 2 Ziffer g) DSGVO).

3. Nutzung eigener Informationen zum Zahlungsverhalten

772 Des Weiteren besteht die Möglichkeit, dass Verantwortliche bonitätsrelevante Informationen, die diese bereits in der Vergangenheit zu dem jeweiligen Betroffenen erhoben haben, im Rahmen der Durchführung der Bonitätsprüfung nutzen.

Beispiel 77:

Der Online-Shop-Betreiber O hat dem Kunden K im Rahmen einer Bestellung die Möglichkeit eines Kaufs auf Rechnung eingeräumt. O hat die von dem K bestellte, mangelfreie Ware an den K ausgeliefert. Der K hat die Rechnung des O trotz mehrmaliger Mahnung – zu Unrecht – nicht bezahlt. Der O hat daraufhin die offene Entgeltforderung gegenüber dem K an das Inkasso zum Zweck des Treuhandinkasso[579] abgegeben. Die Versuche des Inkassodienstleisters, die Forderung einzutreiben, blieben jedoch bisher erfolglos. Der K möchte nun wieder Waren auf dem Online-Shop des O bestellen und wählt in diesem Zusammen-

---

576 Vgl. beispielhaft Abel, ZD 2018, 103 (105 f.).

577 Vgl. hierzu die Ausführungen unter Rn. 466.

578 Zum Regelungsgegenstand der Vorschrift in § 31 Abs. 2 BDSG 2018 vgl. die Ausführungen unter Rn. 778 ff.

579 Zum „Treuhandinkasso" vgl. die Ausführungen unter Rn. 810 ff.

hang die Zahlungsart „Rechnung" aus. Der O darf die Information der (bisher erfolglosen) Inkassoabgabe bei der Durchführung der Bonitätsprüfung nutzen und dem K auf Basis dieser die Einräumung der von dem K begehrten Zahlungsart „Rechnung" verweigern.

Rechtsgrundlage für die in dem zuvor wiedergegebenen **Beispiel 77** beschriebene Datenverarbeitung ist die in Art. 6 Abs. 1 S. 1 lit. f) DSGVO. In dem **Beispiel 77** könnte der O dem K im Übrigen sogar die Möglichkeit der Bestellung einer Ware – unabhängig von der seitens des K begehrten Zahlungsart – insgesamt verweigern. Dieser Umstand ergibt sich aus der auf Seiten des O bestehenden negativen Vertragsfreiheit. 773

III. Automatisierte Einzelfallentscheidung

In den Fällen, in denen die Bonitätsprüfung im Bereich von Massengeschäften (z. B. Kauf auf Rechnung bei einem Online-Händler) vorgenommen werden, erfolgt die Entscheidung darüber, ob die begehrte Leistung/Zahlungsart eingeräumt werden kann, mittels automatisierter Verfahren in „Realtime". In diesem Zusammenhang finden regelmäßig die Vorgaben aus Art. 22 DSGVO[580] Anwendung. 774

IV. Übermittlung von Bonitätsdaten an Auskunfteien

Die von Auskunfteien verwendeten AGB sehen in aller Regel vor, dass deren Vertragspartner, die bonitätsrelevante Informationen bei ihnen abrufen, auch solche an sie übermitteln müssen. Bei den bonitätsrelevanten Informationen, die durch die Vertragspartner der Auskunftei an diese übermittelten werden, handelt es sich in der Praxis vornehmlich um Informationen über das Bestehen offener Entgeltforderungen.[581] 775

1. Gesetzliche Vorgaben

Im Hinblick auf die Übermittlung von Informationen über das Bestehen offener Entgeltforderungen an Auskunfteien könnten die Vorgaben aus der Vorschrift in § 31 Abs. 2 BDSG 2018 einschlägig sein. Die genannten Vorgaben decken sich weitgehend mit denen aus § 28a BDSG 2009. Es besteht jedoch unter anderem ein Unterschied dahingehend, dass die Regelung in § 28a BDSG 2009 auf die Übermittlung von Informationen über offene Entgeltforderungen an Auskunfteien abzielte, wohingegen die Vorschrift in § 31 Abs. 2 BDSG 2018 die Verwendung der durch Auskunfteien übermittelte Scorewerte, bei deren Berechnung Informationen über offene Entgeltforderungen berücksichtigt worden sind, regelt. 776

580 Vgl. zu diesen die Ausführungen unter Rn. 459 ff.
581 Zur Übermittlung von „Positivdaten" vgl. die Ausführungen unter Rn. 785 ff.

777 *Praxishinweis:*

Der zuvor dargelegt Unterschied weist keine bedeutende Praxisrelevanz auf. Dies liegt daran, dass Auskunfteien in ihren AGB vorgeben, dass ihre Vertragspartner, die an sie Informationen über offene Entgeltforderungen übermitteln, vor der Übermittlung sicherstellen müssen, dass (mindestens) einer der in § 31 Abs. 2 Nr. 1 bis Nr. 5 BDSG 2018 genannten „Erlaubnistatbestände" erfüllt ist. Die „Erlaubnistatbestände" in § 31 Abs. 2 Nr. 1 bis Nr. 5 BDSG 2018 decken sich inhaltlich mit denen in § 28a Abs. 1 Nr. 1 bis Nr. 5 BDSG 2009, auch wenn es leichte sprachliche Änderungen gegeben hat. Dass die Auskunfteien die beschriebene Vorgabe in ihren AGB tätigen liegt daran, dass die durch sie berechneten Scorewerte, die (auch) auf Informationen über das Bestehen von offenen Entgeltforderungen basieren, am Markt ansonsten nicht genutzt werden könnten. Die Einhaltung der vertraglichen Vorgabe ist daher sehr wichtig.

a) Vorgaben aus § 31 Abs. 2 BDSG 2018

778 Nach den Vorgaben in § 31 Abs. 2 BDSG 2018 ist eine Nutzung von Informationen über das Bestehen offener Entgeltforderung durch Auskunfteien zum Zweck der Scorewertberechnung in den folgenden Fällen möglich:

- Das Bestehen der Forderung wurde durch ein rechtskräftiges oder vorläufig vollstreckbares Urteil festgestellt.
- Es liegt ein Schuldtitel nach § 794 ZPO vor.
- Das Bestehen der Forderung wurde nach § 178 InsO festgestellt und der Schuldner hat das Bestehen im Prüfungstermin nicht bestritten.
- Der Schuldner hat das Bestehen der Forderung ausdrücklich anerkannt.
- Der Schuldner wurde nach Fälligkeit der Forderung zweimal schriftlich gemahnt; er wurde auf die Möglichkeit der Übermittlung der Information an eine Auskunftei vor deren Übermittlung, jedoch frühestens in der ersten Mahnung hingewiesen; seit der ersten Mahnung sind mindestens vier Wochen vergangen und der Schuldner hat das Bestehen der Forderung nicht bestritten.
- Das Vertragsverhältnis kann aufgrund von Zahlungsrückständen fristlos gekündigt werden und der Schuldner wurde zuvor über eine Übermittlung an eine Auskunftei hingewiesen.

779 Auch die Vorschrift in § 31 Abs. 2 BDSG 2018 stellt – wie die in § 31 Abs. 1 BDSG 2018[582] – keine eigenständige Rechtsgrundlage dar. In dieser sind vielmehr weitere, eigenständige Vorgaben normiert.[583]

b) Meldung gemahnter Forderungen

780 Im Bereich des Kundendatenschutzes werden Daten über das Bestehen offener Entgeltforderungen zum Zweck der Scorewertberechnung an Auskunfteien zumeist in den Fällen übermittelt, in denen Kunden trotz mehrfacher Mahnung

582 Vgl. zu § 31 Abs. 1 BDSG 2018 die Ausführungen unter Rn. 769.

583 *Kamlah,* in: Plath, DSGVO/BDSG, 3. Aufl. 2018, § 31 BDSG 2018 Rn. 81.

fällige Entgeltforderungen nicht beglichen haben. In diesen Fällen sind die Vorgaben aus § 31 Abs. 2 Nr. 4 BDSG 2018 einzuhalten.

Die Regelung in § 31 Abs. 2 Nr. 4 BDSG 2018 gibt vor, dass die Kunden zweimal 781 schriftlich gemahnt worden sein müssen. In einer diesen Mahnungen muss der jeweilige Kunde auf die Möglichkeit der Berücksichtigung der Daten durch eine Auskunftei hingewiesen worden sein. Dieser Hinweis darf frühestens in der ersten Mahnung und damit nicht bereits vor Einleitung des Mahnlaufs erfolgen. Außerdem darf der Kunde das Bestehen der Forderung nicht bestritten haben. Für ein Bestreiten im Sinne der Vorschrift in § 31 Abs. 2 Nr. 4 BDSG ist es hingegen nicht ausreichend, wenn das Nichtbestehen der Forderung durch den Kunden einfach behauptet wird. Das Bestreiten muss vielmehr ein substantiiertes sein.[584]

Praxishinweis: 782

Nach der Rechtsprechung des BGH ist der Empfänger der Mahnung nicht nur auf die Möglichkeit der Berücksichtigung des Bestehens der offenen Entgeltforderung durch eine Auskunftei, sondern auch auf die Möglichkeit des (substantiierten) Bestreitens hinzuweisen. Hierbei handelt es sich aber nicht (primär) um eine datenschutzrechtliche, sondern um eine wettbewerbsrechtliche Anforderung. Nach der Ansicht des BGH kann ein nicht erfolgter Hinweis auf die Möglichkeit des Bestreitens eine wettbewerbsrechtlich unlautere „Druckausübung" darstellen.[585]

Außerdem muss zwischen der ersten Mahnung und der Berücksichtigung ein 783 Zeitraum von 4 Wochen liegen. Die Vorschrift in § 28a BDSG 2009, die weitgehend in § 31 Abs. 2 BDSG 2018 überführt worden ist, gab außerdem vor, dass der Hinweis auf die Möglichkeit der Übermittlung der Information über das Bestehen der offenen Entgeltforderung „rechtzeitig" vor der Übermittlung zu erfolgen hat (§ 28a Abs. 1 Nr. 4c) BDSG 2009). Das Merkmal der „Rechtzeitigkeit" wurde in § 31 Abs. 2 Nr. 4 BDSG 2018 nicht übernommen. Dieses dürfte aber weiterhin Geltung entfalten, da es – unabhängig von den Vorgaben aus § 31 Abs. 2 BDSG 2018 – sowohl für die Nutzung von Daten zum Zweck der Scorewertberechnung durch eine Auskunftei als auch für eine Übermittlung von Daten an eine Auskunftei zu dem genannten Zweck einer Rechtsgrundlage aus der DSGVO bedarf.[586] Die Rechtsgrundlage in Art. 6 Abs. 1 S. 1 lit. f) DSGVO kann aber wohl kaum einschlägig sein, wenn direkt nach dem Hinweis auf die Möglichkeit der Berücksichtigung, der dem jeweiligen Betroffenen gerade die Möglichkeit der Vermeidung der Berücksichtigung/Übermittlung eröffnen soll, eine solche erfolgt.[587]

584 *Taeger*, in: Taeger/Gabel, DSGVO/BDSG, 3. Aufl. 2019, § 31 BDSG 2018 Rn. 75.
585 BGH, Urteil v. 19. 03. 2015 – I ZR 157/13.
586 *Taeger*, in: Taeger/Gabel, DSGVO/BDSG, 3. Aufl. 2019, § 31 BDSG 2018 Rn. 49.
587 *Taeger*, in: Taeger/Gabel, DSGVO/BDSG, 3. Aufl. 2019, § 31 BDSG 2018 Rn. 75.

784 *Praxishinweis:*

Wollen Verantwortliche absolut sicher sein, dass der Hinweis „rechtzeitig" erfolgt ist, sollten zwischen dessen Erteilung und der Übermittlung an die Auskunftei 4 Wochen liegen. Dass in diesem Fall sicher ist, dass der Hinweis „rechtzeitig" erfolgt ist, ergibt sich daraus, dass zwischen der ersten Mahnung (die den Hinweis noch nicht beinhalten muss) und der Berücksichtigung der übermittelten Information nach § 31 Abs. 2 Nr. 4b) BDSG 2018 mindestens vier Wochen liegen müssen. In Anlehnung an die zu § 28a BDSG 2009 vertretenen Ansichten dürfte aber auch ein Zeitraum von 8 Werktagen ausreichend sein.[588]

2. Übermittlung von Positivdaten

785 Fraglich ist, ob Vertragspartner von Auskunfteien an diese so genannte „Positivdaten" ohne Vorliegen einer Einwilligung übermitteln können. Unter den Begriff „Positivdaten" fallen unter anderem Informationen über die Einräumung von Krediten und solche über erfolgte ordnungsgemäße Begleichungen von Entgeltforderungen.

786 Unter Geltung des BDSG 2009 wurde vielerorts die Ansicht vertreten, dass ausschließlich Kreditinstitute „Positivdaten" an Auskunfteien ohne Vorliegen einer Einwilligung übermitteln dürfen. Diese Ansicht wurde damit begründet, dass der Gesetzgeber in § 28a Abs. 2 BDSG 2009 eine Vorschrift geschaffen hatte, die eine solche Übermittlung durch Kreditinstitute ermöglichte. Diesem Umstand wurde mittels eines Umkehrschlusses die Wertung entnommen, dass andere Verantwortliche, die keine Kreditinstitute sind, nicht zur Übermittlung von „Positivdaten" ohne Vorliegen einer Einwilligung berechtigt waren.

787 Die Regelung in § 28a Abs. 2 BDSG 2009 wurde nicht in das BDSG 2018 übernommen. Auch beinhaltet die DSGVO keine der genannten Regelung entsprechende Vorschrift. Trotz dieser Tatsache geht die DSK davon aus, dass die dargestellte bisherige Rechtslage inhaltlich auch nach Anwendbarkeit der DSGVO weiterhin Gültigkeit hat.[589] Diese Auffassung ist dahingehend eher schwer nachvollziehbar, dass die Übermittlung von „Positivdaten" an Auskunfteien für die Betroffenen – unter anderem im Zusammenhang mit der Scorewertbildung – in der Regel vorteilhaft ist. Insofern entsprechende Informationen über die Möglichkeit der Übermittlung von Positivdaten den Betroffenen transparent erteilt werden, bestehen im Hinblick auf die genannte Übermittlung auch in den Fällen, in denen eine Einwilligung in Bezug auf eine solche nicht gegeben ist, nach der hier vertretenen Auffassung grundsätzlich keine Bedenken. Rechtsgrundlage für die Übermittlung ist die in Art. 6 Abs. 1 S. 1 lit. f) DSGVO (vgl. § 31 Abs. 2 S. 2 BDSG 2018).[590]

588 *Ehmann,* in: Simitis, BDSG, 7. Aufl. 2011, § 28a Rn. 63.

589 Beschluss der DSK vom 11.06.2018 – Verarbeitung von Positivdaten zu Privatpersonen durch Auskunfteien.

590 *Taeger,* in: Taeger/Gabel, DSGVO/BDSG, 3. Aufl. 2019, § 31 BDSG 2018 Rn. 85.

3. Nachmeldeverpflichtung

Die Vorschrift in § 28a Abs. 3 BDSG 2009 gab vor, dass der jeweilige Verantwortliche, der Informationen über das Bestehen offener Entgeltforderungen an Auskunfteien übermittelt hat, der Auskunftei nachträgliche Änderungen mitteilen musste. Diese Änderungen bezogen sich in der Praxis insbesondere auf den Umstand der Begleichung der an die Auskunftei „gemeldeten" offenen Entgeltforderung. 788

Auch wenn die Regelung in § 28a Abs. 3 BDSG 2009 nicht in die in § 31 Abs. 2 BDSG 2018 übernommen worden ist, sind auch seit Anwendbarkeit der DSGVO „Nachmeldungen" in der Praxis vorzunehmen. Dies liegt daran, dass die AGB der Auskunfteien dies grundsätzlich vorsehen. Ohne die Vornahme von „Nachmeldungen" können die Auskunfteien nämlich ihren Datenbestand nicht aktuell halten und somit nicht ihrer Verpflichtung aus Art. 5 Abs. 1 Ziffer d) DSGVO nachkommen. In der Praxis können die „Nachmeldungen" im Übrigen auch durch Inkassounternehmen, an die die jeweilige Forderung zum Zweck der Realisierung „abgegeben" worden ist, vorgenommen werden. 789

V. Konzerninterne „Warndienste"

Fraglich ist, ob so genannte konzerninterne „Warndienste" als „Auskunfteien" im Sinne des § 31 Abs. 2 BDSG 2018 zu qualifizieren sind. Sollte dies der Fall sein, dürften nach der Vorschrift in § 31 Abs. 2 BDSG 2018 nur solche Wahrscheinlichkeitswerte über die Zahlungsfähig- und Zahlungswilligkeit einer Person von den diese empfangenden Stellen genutzt werden, wenn in Bezug auf die Informationen über offene Forderungen, auf denen die Wahrscheinlichkeitswerte (auch) basieren, eine der Vorgaben aus § 31 Abs. 2 Nr. 1 bis 5 BDSG 2018 erfüllt ist. 790

Der Begriff der „Auskunftei" ist im BDSG 2018 gesetzlich nicht definiert. Auch ist der Gesetzesbegründung zum BDSG 2018 keine Definition zu entnehmen. Der Begriff der „Auskunftei" war im BDSG 2009 in § 28a sowie in § 29 zu finden. Die Gesetzesbegründung zum BDSG 2009 verwies im Hinblick auf die Definition des Begriffs der „Auskunftei" auf die Kommentierung von *Ehmann,* in Simitis, Bundesdatenschutzgesetz, 6. Auflage, § 29 Rn. 73: 791

> *„Unter einer Auskunftei ist grundsätzlich ein Unternehmen zu verstehen, das unabhängig vom Vorliegen einer konkreten Anfrage geschäftsmäßig bonitätsrelevante Daten über Unternehmen oder Privatpersonen sammelt, um sie bei Bedarf seinen Geschäftspartnern für die Beurteilung der Kreditwürdigkeit der Betroffenen* ***gegen Entgelt*** *zugänglich zu machen".*[591]

Ehmann führt in Rn. 80 der zuvor genannten Kommentierung, auf die sich die Gesetzesbegründung zum BDSG 2009 bezog, weiterhin Folgendes aus:

591 *Ehmann,* in: Simitis, BDSG, 6. Auflage, § 29 Rn. 73.

*„Aus dem gesagten folgt, dass **Warndienste** dem Begriff der Auskunfteien **nicht unterfallen**".*

Dies soll nach der Ansicht von *Ehmann* aber nur dann der Fall sein, wenn die „Warndienste" unentgeltlich tätig werden.

792 Konzerninterne „Warndienste" stellen damit keine „Auskunfteien" im Sinne des BDSG 2009 dar, insofern sie unentgeltlich tätig werden. Dass der Gesetzgeber bei der Übernahme des Begriffs der „Auskunftei" in das BDSG 2018 an dessen Auslegung nichts ändern wollte, ergibt sich aus der Gesetzesbegründung zu § 31 BDSG 2018:

*„Die Vorschrift **erhält den materiellen Schutzstandard der §§ 28a und 28b BDSG a. F.** Die in der bisherigen Fassung des BDSG enthaltenen Regelungen zu Auskunfteien und Scoring dienen dem Schutz des Wirtschaftsverkehrs und besitzen für Betroffene wie auch für die Wirtschaft eine überragende Bedeutung".*

793 *Praxishinweis:*

Auch wenn „konzerninterne Warndienste" keine Auskunfteien im Sinne des § 31 Abs. 2 BDSG 2018 darstellen müssen, dürfte es Sinn machen, diese derart auszugestalten, dass im Rahmen der Datenverarbeitungen durch die „Warndienste" die gesetzlichen Regelungen, die für Auskunfteien gelten, auch durch die „Warndienste" eingehalten werden. Hierdurch erlangen die Betreiber der „Warndienste" sowie die Unternehmen, die Daten in diese einliefern und aus ihnen abrufen, Rechtssicherheit. Es besteht nämlich die Gefahr, dass Datenschutzbehörden/Gerichte z. B. einzelne Vorgaben aus § 31 Abs. 2 Nr. 4 BDSG 2018 im Rahmen der gemäß Art. 6 Abs. 1 S. 1 lit. f) DSGVO vorzunehmenden Interessenabwägung berücksichtigen.

VI. Aktive Zahlungsartensteuerung

794 Unter der Bezeichnung Aktive Zahlungsartensteuerung ist ein Vorgehen zu verstehen, bei dem z. B. in einem Online-Shop die Bonitäts-/Fraud-Prüfung vorgenommen wird, bevor der jeweilige Kunde, den die Bestellung abschließenden Button angeklickt hat. In der Praxis erfolgt die Bonitäts-/Fraud-Prüfung im Rahmen einer aktiven Zahlungsartensteuerung zumeist im Rahmen des Anlegens des Kundenkontos. Dieses Vorgehen hat den Zweck, dass dem Kunden im Bestellprozess aufgrund der vorherigen Prüfung nur die Zahlungsarten angezeigt werden, die dem Kunden auch tatsächlich eingeräumt werden.

1. Interessenabwägung (Art. 6 Abs. 1 S. 1 lit. f) DSGVO)

795 Eine Bonitäts-/Fraud-Prüfung vor dem Absenden der Bestellung ist nach zum Teil vertretener Ansicht nicht von dem in Betracht kommenden Erlaubnistatbestand in Art. 6 Abs. 1 S. 1 lit f) DSGVO (Interessenabwägung) gedeckt. Diese Ansicht wird damit begründet, dass eine solche Prüfung nur dann durchgeführt werden darf, wenn auf Seiten des Websitebetreibers ein „berechtigtes Interesse" gegeben ist. Ein solches „berechtigtes Interesse" besteht z. B. zum Zeitpunkt des Anlegens des Kundenkontos gegebenenfalls noch nicht, da zu diesem Zeitpunkt

a) noch gar nicht feststeht, ob der Kunde überhaupt bestellt und

b) ebenfalls noch nicht feststeht, ob der Kunde eine unsichere Zahlungsart auswählt.

Diesbezüglich ist jedoch darauf hinzuweisen, dass – wie dargestellt – eine „aktive Zahlungsartensteuerung" in der Praxis vor dem Hintergrund eingesetzt wird, dass der Websitebetreiber dem jeweiligen User/Kunden von vornherein nur solche Zahlungsarten im Rahmen eines Bestellvorgangs anzeigt, die dieser auch tatsächlich eingeräumt bekommt. Der User/Kunde soll nicht nach Auswahl einer Zahlungsart und z.B. der Absendung einer Bestellung von einer etwaigen auf den vorgenommenen Bonitäts- und Fraud-Prüfungen basierenden Ablehnung der ausgewählten Zahlungsart „enttäuscht" werden. An der Vermeidung einer solchen „Enttäuschung" besteht auf Seiten des jeweiligen Websitebetreibers sicherlich ein „berechtigtes Interesse". Dies gilt insbesondere vor dem Hintergrund, dass der Begriff des „berechtigten Interesses" aus Art. 6 Abs. 1 S. 1 lit. f) DSGVO weit auszulegen ist.[592] 796

2. Einwilligung

Möchte der Websitebetreiber ein höheres Maß an Rechtssicherheit erreichen, sollte er für die Vornahme einer „aktiven Zahlungsartensteuerung" eine Einwilligung einholen. Die Einholung einer Einwilligung in die Vorwegnahme der „Fraud- und Bonitätsprüfungen" ist dann nicht ganz unproblematisch, wenn die Einwilligung zwingend zu erteilen ist. Dies liegt daran, dass bei einer „Kopplung" (Möglichkeit der Eröffnung eines Nutzer-/Kundenkontos wird z.B. von der Erteilung der Einwilligung in die Vornahme der „Fraud- und Bonitätsprüfungen" abhängig gemacht) es an der Freiwilligkeit[593] in Bezug auf die erteilte Einwilligung fehlen kann, bzw. eine solche in der Regel nicht gegeben ist. Der Gefahr des Vorliegens eines Mangels an Freiwilligkeit können Websitebetreiber aber dadurch begegnen, dass sie den Kunden auch die Möglichkeit einräumen, ohne Vornahme einer Bonitäts-/Fraud-Prüfung ausschließlich auf „sichere Zahlungsarten" zu bestellen (z.B. über einen Gastzugang, in dem nur das Zahlungsmittel Kreditkarte angeboten wird). 797

Zum Teil wird jedoch auch die Auffassung vertreten, dass die Einholung einer Einwilligung in Bezug auf die Vornahme einer aktiven Zahlungsartensteuerung gar nicht möglich ist. Diese Auffassung wird damit begründet, dass die Vornahme einer Bonitäts-/Fraud-Prüfung nach dem gesetzlichen Leitbild erst dann erfolgen darf, wenn ein „berechtigtes Interesse" in Bezug auf die Vornahme gegeben ist. Die Einholung einer Einwilligung sei daher nicht mit dem „AGB-Recht", das im Hinblick auf den Inhalt von Einwilligungserklärungen Anwendung findet[594], vereinbar. Diesbezüglich ist darauf hinzuweisen, dass der einzige relevante Nachteil, der für die Betroffenen von einer vorweggenommenen Prü- 798

592 Vgl. hierzu die Ausführungen unter Rn. 223.
593 Zu dem Merkmal der „Freiwilligkeit" vgl. die Ausführungen unter Rn. 155 f.
594 Zur Anwendbarkeit des „AGB-Rechts" vgl. die Ausführungen unter Rn. 193 ff.

fung ausgehen kann, die Beeinflussung des bei der jeweiligen Auskunftei gespeicherten Scorewerts ist. Es gibt Auskunfteien, die bei der Bildung des Scorewerts die Anzahl an Abfragen einfließen lassen. Wird nun eine Abfrage bei einer solchen Auskunftei vorgenommen, obwohl diese mangels des Vorliegens einer Bestellung unter Inanspruchnahme einer unsicheren Zahlungsart (z. B. Rechnungskauf) nicht zwingend erforderlich ist und verschlechtert sich aufgrund dieser Abfrage der Scorewert des jeweiligen Betroffenen, könnte dies eine „unangemessene Benachteiligung" des Betroffenen darstellen. Dem Vorliegen einer solchen „unangemessenen Benachteiligung" kann in der Praxis jedoch dadurch begegnet werden, dass der Websitebetreiber im Rahmen der Anfrage bei der Auskunftei ein so genanntes „scorewertneutrales Anfragemerkmal" verwendet. Bei der Verwendung dieses Merkmals lässt die Auskunftei die Tatsache der Anfrage nicht in die Berechnung des Scorewerts des jeweiligen Betroffenen einfließen. Darüber hinaus ist die dargestellte Begründung dafür, dass eine Einwilligung in eine „aktive Zahlungsartensteuerung" gar nicht eingeholt werden könne, nicht überzeugend. Die Rechtsgrundlage der Einwilligung (Art. 6 Abs. 1 S. 1 lit. a) DSGVO) ist für die Rechtfertigung von Datenverarbeitungen grundsätzlich dann zu „wählen", wenn andere Rechtsgrundlagen, wie z. B. die des „berechtigten Interesses" (Art. 6 Abs. 1 S. 1 lit f) DSGVO in Bezug auf die jeweilige Datenverarbeitung nicht einschlägig sind. Ginge man nun davon aus, dass eine Einwilligung nicht eingeholt werden kann, weil ein „berechtigtes Interesse" an der Datenverarbeitung zu einem bestimmten Zeitpunkt nicht gegeben ist, würde dies den Anwendungsbereich der Einwilligung in der Praxis stark einschränken und die Rechtsgrundlage in Art. 6 Abs. 1 S. 1 lit. a) DSGVO (Einwilligung) weitgehend entwerten.

799 *Praxishinweis:*

Eine „aktive Zahlungsartensteuerung kann nach der hier vertretenen Ansicht datenschutzkonform durchgeführt werden. Verantwortliche, die im Rahmen der Durchführung einer solchen ein größtmögliches Maß an Rechtssicherheit erlangen wollen, sollten diese wie folgt ausgestalten:

- Es sollte eine Einwilligung in die Vornahme der Bonitäts-/Fraud-Prüfung eingeholt werden;
- den Kunden sollte „parallel" die Möglichkeit gegeben werden, über einen „Gaszugang" ohne die Vornahme einer „Bonitäts-/Fraud-Prüfung" Transaktionen unter Nutzung „sicherer Zahlungsarten" zu tätigen;
- im Rahmen der Anfrage bei einer Auskunftei sollte ein „scorewertneutrales Anfragemerkmal" genutzt werden.

B. Factoring-Dienstleister

800 In der Praxis gibt es Websitebetreiber (insbesondere Betreiber von Online-Shops), die mangels des Aufbaus von entsprechenden Prozessen nicht dazu in der Lage sind, selbst eine Risikoprüfung (Bonitäts-/Fraud-Prüfung) durchzuführen. Insofern diese Websitebetreiber ihren Kunden die Inanspruchnahme

„unsicherer Zahlungsarten“ (z.B. Rechnungskauf) ermöglichen wollen, haben sie die Möglichkeit, mit so genannten Factoring-Dienstleistern (Dienstleister) zusammenzuarbeiten. Diese Zusammenarbeit ist dahingehend ausgestaltet, dass der Websitebetreiber seinen Kunden die Möglichkeit gibt, Waren/Leistungen auf der Website gegen Entgelt zu erwerben. Wählt der Kunde in diesem Zusammenhang eine Zahlungsart des in die Website eingebundenen Dienstleisters aus, übermittelt der Websitebetreiber Daten zu der erbetenen Transaktion an den Dienstleister. Dieser nimmt dann eine Risikoprüfung dahingehend vor, ob er dem jeweiligen Kunden die gewünschte Zahlungsart anbieten kann.

Beispiel 78:

Der Online-Shop-Betreiber O hat die Zahlungsart Rechnungskauf des Dienstleisters X in seinen Online-Shop eingebunden. Der Kunde K möchte in dem Online-Shop des O eine Ware erwerben und hierbei die genannte Zahlungsart des X nutzen. Der O übermittelt an den X die folgenden Daten:

- Vorname, Nachname, Anschrift und Geburtsdatum des K;
- Informationen zu der Eigenschaft der ausgewählten Ware;
- die von K angegebene E-Mail-Adresse;
- die ausgewählte Zahlungsart.

Der Dienstleister X verarbeitet daraufhin die von dem O übermittelten Daten zum Zweck der Durchführung der Risikoprüfung.

I. Verantwortlichkeiten

Die Übermittlung der Daten an den Dienstleister zur Zweck der Durchführung der Risikoprüfung erfolgt durch den Websitebetreiber als alleiniger Verantwortlicher. Die Verarbeitung der erhaltenen Daten wird durch den Dienstleister als alleiniger Verantwortlicher vorgenommen, da ausschließlich dieser über die „Mittel der Verarbeitung“ entscheidet.[595] Insofern der Dienstleister im Rahmen der Risikoprüfung eine Abfrage zu dem jeweiligen Betroffenen bei einer Auskunftei vornimmt, übermittelt er als alleiniger Verantwortlicher Daten zu dem Betroffenen (in der Regel Vorname, Nachname, Geburtsdatum) an die Auskunftei. Diese verarbeitet die erhaltenen Daten als alleinige Verantwortliche und übermittelt in dieser Eigenschaft ihr Prüfungsergebnis an den Dienstleister. Dieser verarbeitet das Prüfungsergebnis wiederum als alleiniger Verantwortlicher weiter.[596] 801

Das Ergebnis der Risikoprüfung wird dem Websitebetreiber von dem Dienstleister mitgeteilt, und der Websitebetreiber zeigt dem Kunden an, ob die ausgewählte Zahlungsart eingeräumt wird. Insofern die von dem Kunden/Nutzer ausgewählte Zahlungsart nicht eingeräumt werden kann, erhält der Websitebetreiber keinerlei Informationen über den Grund der Nichteinräumung (z.B. 802

595 Vgl. hierzu die Ausführungen unter Rn. 79.
596 Vgl. hierzu die Ausführungen unter Rn. 764.

Übermittlung eines schlechten Scorewerts durch die Auskunftei an den Dienstleister).

803 *Praxishinweis:*
Da der Dienstleister die Risikoprüfung als alleinig Verantwortlicher durchführt, ist auch nur er zu der Erfüllung von geltend gemachten Betroffenenrechten in Bezug auf die im Zusammenhang mit der Durchführung der Risikoprüfung erfolgten Datenverarbeitungen verpflichtet. Insofern ein Kunde des Websitebetreibers sich an diesen mit der Frage wendet, warum er die ausgewählte Zahlungsart nicht eingeräumt bekommen hat, ist der Kunde an den Dienstleister zu verweisen. Um dem Kunden die Geltendmachung von Betroffenenrechten so einfach wie möglich zu machen, und um unnötigen Aufwand auf Seiten des Websitebetreibers zu vermeiden, hat es sich in der Praxis als zielführend erwiesen, direkt bei der Anzeige der Nichteinräumung der Zahlungsart transparent auf eine Landingpage des Dienstleisters zu verweisen, auf der die Betroffenen (Kunden) die ihnen zustehenden Rechte, insbesondere das Recht auf Auskunft, geltend machen können.

804 Wird dem Kunden nach der Durchführung der Risikoprüfung die ausgewählte Zahlungsart eingeräumt und erfolgt daraufhin eine Bestellung durch diesen, kommt ein Vertrag in Bezug auf die erworbene Ware/Leistung zwischen dem Websitebetreiber und dem Kunden zustande (Grundgeschäft). „Gleichzeitig" tritt der Websitebetreiber die aus dem Grundgeschäft entstehende Forderung an den Dienstleister ab (Forderungsverkauf).

Die Abwicklung der Forderung nach erfolgter Abtretung erfolgt dann durch den Dienstleister in alleiniger Verantwortlichkeit. Die Daten, die der Dienstleister von dem Websitebetreiber zum Zweck der Durchführung der Risikoprüfung erhalten hat, verarbeitet der Dienstleister nun zum Zweck der Abwicklung der Forderung (u.a. Zusendung der Rechnung an die Postanschrift des Kunden). Insofern der Dienstleister im Rahmen der Abwicklung bonitätsrelevante Informationen zu dem Kunden erhebt, kann er diese für spätere Risikoprüfungen verarbeiten.

Beispiel 79:
In den Online-Shop des H ist die Zahlungsart „Rechnung" des Dienstleisters F eingebunden. Der Kunde K nimmt diese in Anspruch und die Zahlart wird ihm vom F eingeräumt. Im Rahmen der Abwicklung der Forderung muss der F feststellen, dass der K die Rechnung trotz wiederholter Mahnung nicht begleicht. Der F „übergibt" die Forderung an einen Inkassodienstleister. In den Online-Shop des J ist ebenfalls die Zahlungsart „Rechnung" des Dienstleisters F eingebunden. Der K möchte, nachdem der F die den K betreffende Forderung aus dem Kauf auf dem Online-Shop des H an den Inkassodienstleister „abgegeben" hat, die Zahlungsart „Rechnung" des F auf dem Online-Shop des J in Anspruch nehmen. Der J übermittelt dem F die Daten zu dem K und der F stellt im Rahmen der Risikoprüfung fest, dass er eine auf seiner Seite bestehende offene Forderung gegenüber dem K an einen Inkassodienstleister „abgegeben" hat. Auf Basis dieser Information lehnt der F die Einräumung des Rechnungskaufs ab.

Das in dem **Beispiel 79** wiedergegebene Vorgehen des F ist datenschutzrechtlich nicht zu beanstanden, insofern der F die allgemeinen gesetzlichen datenschutzrechtlichen Vorgaben (Informationspflichten, Erhebung der Daten zum Zweck deren Nutzung im Rahmen weiterer Risikoprüfungen etc.) eingehalten hat.

II. Übersicht Datenflüsse/Rechtsgrundlagen

Die einzelnen Datenverarbeitungen, die im Zusammenhang mit dem Einsatz 805 von Factoring-Dienstleistern (vgl. Abbildung 8) erfolgen (können) sowie die für diese Datenverarbeitungen einschlägigen Rechtsgrundlagen sind wie folgt zusammenzufassen:

Risikoprüfung

- Übermittlung der Daten durch den Websitebetreiber an den Dienstleister zum 806 Zweck der Durchführung der Bonitäts-/Fraud-Prüfung: Art. 6 Abs. 1 S. 1 lit. b) DSGVO und Art. 6 Abs. 1 S. 1 lit. f) DSGVO.
- Übermittlung der Daten durch den Dienstleister an Auskunfteien: Art. 6 Abs. 1 S. 1 lit. f) DSGVO.
- Verarbeitung der Daten durch die Auskunftei sowie Übermittlung von Daten der Auskunftei an den Dienstleister: Art. 6 Abs. 1 S. 1 lit. f) DSGVO.
- Verarbeitung der von der Auskunftei erhaltenen Daten durch den Dienstleister: Art. 6 Abs. 1 S. 1 lit. f) DSGVO.

Verarbeitung von Daten nach dem Ankauf

- Nutzung der Daten (Name, Adresse, Forderungshöhe, gekaufter Artikel etc.) 807 zum Zweck der Abwicklung der Forderung durch den Dienstleister: Art. 6 Abs. 1 S. 1 lit. b) DSGVO.
- Abgabe von Forderungen an das Inkasso durch den Dienstleister nach mehrmaliger Mahnung (Treuhandinkasso oder Forderungsverkauf): Art. 6 Abs. 1 S. 1 lit. b) und/oder Art. 6 Abs. 1 S. 1 lit. f) DSGVO.[597]
- Nutzung der Daten aus der Abwicklung der Forderungen zum Zweck der Prüfung erneuter Ankäufe von Forderungen gegenüber dem jeweiligen Kunden (bei erneuter Anfrage): Art. 6 Abs. 1 S. 1 lit. f) DSGVO.
- Übermittlung von Daten über offene Entgeltforderungen an Auskunfteien durch den Dienstleister: Art. 6 Abs. 1 S. 1 lit. f) DSGVO i. V. m. § 31 Abs. 2 BDSG 2018.

597 Vgl. hierzu die Ausführungen unter Rn. 812.

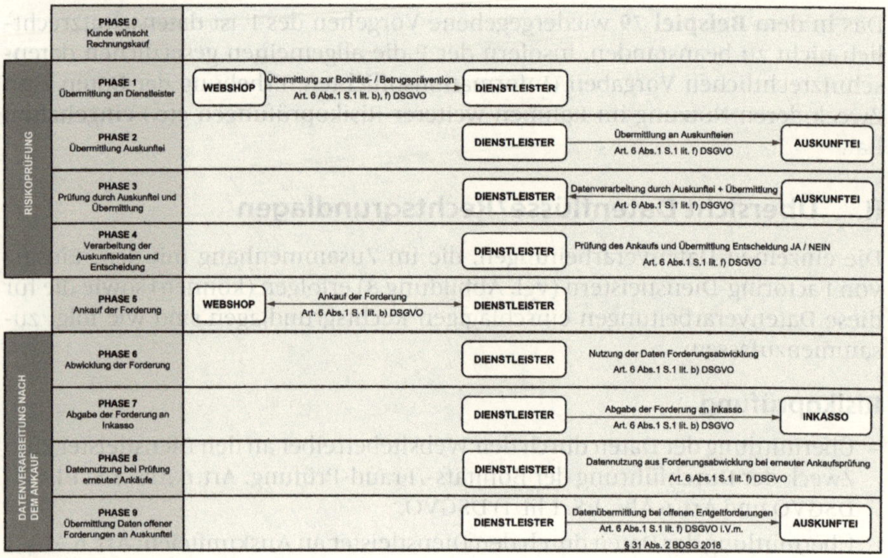

Abbildung 8: Übersicht Factoring-Dienstleister
Quelle: Eigene Darstellung

C. Refinanzierung/stilles Factoring

808 Factoring-Dienstleister, aber auch andere Unternehmen, haben ein wirtschaftliches Interesse daran, ihre Geschäftstätigkeit zu refinanzieren (vgl. Abbildung 9). Eine am Markt häufig genutzte Variante der Refinanzierung ist die des „stillen Factoring". Im Rahmen des „stillen Factoring" werden Forderungen zumeist an Banken verkauft und dann an diese abgetreten. Die Abwicklung der jeweiligen Forderung erfolgt aber weiterhin durch den Abtretenden (z. B. durch den Factoring-Dienstleister). Nach den allgemein zivilrechtlichen Vorgaben ist eine Abtretung von Forderungen auch ohne eine Information gegenüber dem Schuldner in Bezug auf die Abtretung möglich. Dieser Umstand ergibt sich aus der Regelung in § 407 Abs. 1 BGB.

809 Insofern ein Unternehmen sich mittels eines „stillen Factoring" refinanzieren möchte, sollte dies unter Einsatz einer so genannten „Datentreuhänderlösung"[598] erfolgen. Im Rahmen der „Datentreuhänderlösung" erhält der Zessionar (z. B. die Bank) keine Daten, die er ohne ein Zusatzwissen des Zedenten einer natürlichen Person zuordnen könnte. Der Zedent übermittelt an den Zessionar vielmehr in der Regel die Informationen über die abzutretende Forderung zuzüglich eines verschlüsselten „Identifiers" (z. B. Kundennummer). Der „Schlüssel", der für die Verschlüsselung genutzt worden ist, wird bei einem Treuhänder

598 Zu Datentreuhänderlösungen vgl. die Ausführungen unter Rn. 55 ff.

hinterlegt. Zwischen dem Zedenten, dem Zessionar und dem Treuhänder wird außerdem eine vertragliche Vereinbarung dahingehend geschlossen, dass für den Fall des Eintritts bestimmter Ereignisse (z. B. Insolvenz des Zedenten) dem Zessionar der Schlüssel zur Verfügung gestellt wird, damit dieser die Abwicklung noch offener Forderung vornehmen kann.

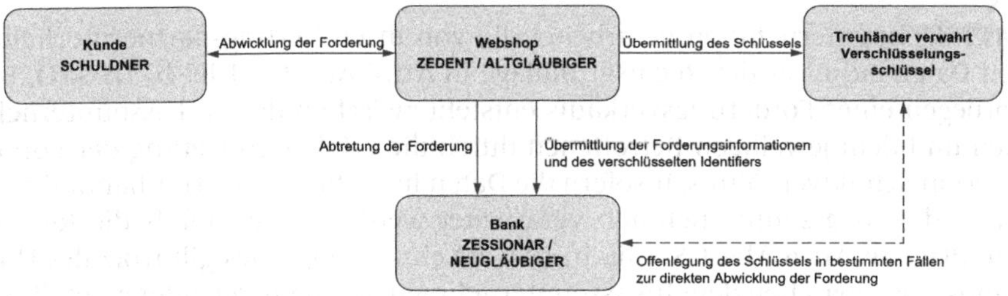

Abbildung 9: Übersicht Refinanzierung
Quelle: Eigene Darstellung

D. Abgabe von Forderungen an Inkassounternehmen

Unternehmen, die gegenüber ihrem Schuldner erfolglos versucht haben, be- 810
stehende offene Entgeltforderungen einzutreiben, können die Forderungen an ein Inkassounternehmen „abgeben". In diesem Zusammenhang existiert in der Praxis die Alternative, dass das Inkassounternehmen versucht, die Forderung für den Aufraggeber zu realisieren (Treuhandinkasso). Außerdem kaufen einzelne Inkassounternehmen auch offene Entgeltforderungen an.

I. Verantwortlichkeit

Inkassounternehmen verarbeiten an sie von ihren Vertragspartnern ((ur- 811
sprüngliche) Inhaber der Forderung) übermittelte Daten sowohl im Rahmen des Treuhandinkasso als auch in den Fällen des Forderungsankaufs als datenschutzrechtlich alleinig Verantwortliche. Für die Übermittlung der Daten an das jeweilige Inkassounternehmen sind dessen Vertragspartner datenschutzrechtlich verantwortlich.

II. Rechtsgrundlagen

Die Rechtsgrundlage für die Übermittlung der Daten an Inkassounternehmen 812
durch deren Vertragspartner ist bei dem Vorliegen eines Treuhandinkasso die in Art. 6 Abs. 1 S. 1 lit. b) DSGVO. Insofern die Forderungen an ein Inkassounternehmen verkauft und damit abgetreten werden, kann die Übermittlung der Daten an das Inkassounternehmen ebenfalls auf die Rechtsgrundlage in Art. 6

Abs. 1 S. 1 lit. b) DSGVO gestützt werden. Außerdem besteht die Möglichkeit, die Übermittlung der Daten an das Inkassounternehmen in beiden der zuvor genannten Konstellationen (Treuhandinkasso, Forderungsverkauf) auf die Rechtsgrundlage in Art. 6 Abs. 1 S. 1 lit. f) DSGVO zu stützen.[599] In diesen Fällen besteht regelmäßig kein Widerspruchsrecht auf Seiten der Betroffenen, insofern diese die jeweilige offene Entgeltforderung trotz mehrmaliger Mahnung nicht beglichen haben (Art. 21 Abs. 1 S. 2 DSGVO).[600]

813 Das Inkassounternehmen verarbeitet die von ihren Vertragspartnern erhaltenen Daten auf Basis der Rechtsgrundlage in Art. 6 Abs. 1 S. 1 lit. b) DSGVO. Bei Vorliegen eines Forderungsverkaufs entsteht zwischen dem Inkassounternehmen und dem jeweiligen Betroffenen durch die erfolgte Abtretung der Forderung ein Schuldverhältnis. Insofern die Daten im Rahmen des Treuhandinkasso durch das Inkassounternehmen verarbeitet werden, ist ebenfalls die Rechtsgrundlage in Art. 6 Abs. 1 S. 1 lit. b) DSGVO einschlägig. Dies gilt trotz des Umstands, dass zwischen dem Inkassounternehmen und dem Betroffenen in dieser Konstellation kein Schuldverhältnis besteht. Dafür, dass die genannte Rechtsgrundlage einschlägig sein kann, ist es ausreichend, dass zwischen dem die Daten an das Inkassounternehmen übermittelnden Verantwortlichen (Vertragspartner des Inkassounternehmens) und dem Betroffenen ein Schuldverhältnis gegeben ist.[601]

III. Datenkategorien

814 An Inkassounternehmen dürfen solche Daten übermittelt werden, deren Verarbeitung zum Zweck der Geltendmachung/Abwicklung der offenen Forderungen „erforderlich" im Sinne der Vorschrift in Art. 6 Abs. 1 S. 1 lit. b) DSGVO[602] ist. Eine solche „Erforderlichkeit" ist regelmäßig in Bezug auf die folgenden Datenkategorien gegeben:

- Vorname, Nachname;
- Postadresse;
- Telefonnummer;
- E-Mail-Adresse;
- Höhe der Forderung;
- (ursprünglicher) Forderungsinhaber;
- Zeitpunkt des Entstehens der Forderung sowie weitere Informationen über die Forderung (z. B. Bezeichnung der erworbenen Ware).[603]

599 LDI NRW, Datenverarbeitung in Inkassounternehmen, Stand: März 2020, Seite 9.
600 Zum „Ausschluss" des Widerspruchsrechts vgl. die Ausführungen unter Rn. 424.
601 Vgl. hierzu die Ausführungen unter Rn. 205.
602 Vgl. zum Merkmal der „Erforderlichkeit" die Ausführungen unter Rn. 211 ff.
603 Vgl. LDI NRW, Datenverarbeitung in Inkassounternehmen, Stand: März 2020, Seite 5.

IV. Informationspflichten

815 Der die Daten an das Inkassounternehmen übermittelnde Verantwortliche (Vertragspartner des Inkassounternehmens) hat die Betroffenen hierüber zu informieren. Die diesbezüglich einschlägige Vorschrift ist die in Art. 13 DSGVO.[604]

816 Dadurch, dass Inkassounternehmen die Daten, die sie zum Zweck der Durchführung des Inkasso von ihren Partnern übermittelt bekommen, nicht bei den Betroffenen erheben, sind im Hinblick auf deren Verarbeitung durch das jeweilige Inkassounternehmen die Informationspflichten aus Art. 14 DSGVO einschlägig.[605] Die Vorschrift in Art. 14 DSGVO ist ebenfalls einschlägig in Bezug auf die Verarbeitung von Daten, die das Inkassounternehmen von sonstigen Dritten (z. B. von Adressdienstleistern) übermittelt bekommt. Die Erteilung dieser Informationen muss (spätestens) innerhalb eines Monats nach Erhalt der Daten erfolgen (Art. 14 Abs. 3 DSGVO).[606] In Bezug auf die Daten, die das Inkassounternehmen im Rahmen der Durchführung des Inkasso selbst erhebt, sind die Informationspflichten aus Art. 13 DSGVO[607] einschlägig.

In der Praxis sind Inkassounternehmen dazu übergegangen, sämtliche der durch diese zu erteilenden Informationen (Art. 13 DSGVO sowie Art. 14 DSGVO) dem ersten Anschreiben an die Betroffenen beizufügen.

V. Zusammenarbeit mit Auskunfteien

817 Inkassounternehmen haben in bestimmten Konstellationen die Möglichkeit, Bonitätsinformationen bei Auskunfteien abzurufen. Eine solche Möglichkeit besteht z. B. in den Fällen, in denen das Inkassounternehmen beabsichtigt, gegen einen Schuldner den Erlass eines Mahnbescheids zu erwirken, da für einen solchen Gebühren auf Seiten des Inkassounternehmens anfallen.

818 Inkassounternehmen können außerdem Bonitätsinformationen an Auskunfteien übermitteln. Vor einer Übermittlung von Informationen über offene Entgeltforderungen an eine Auskunftei sollten die materiellen Vorgaben aus § 31 Abs. 2 BDSG 2018 erfüllt worden sein.[608] Fraglich ist, ob in den Fällen, in denen die Vorgaben aus § 31 Abs. 2 Nr. 4 BDSG 2018[609] bereits durch den Vertragspartner des Inkassounternehmens vor der „Abgabe" der Forderung an das Inkassounternehmen erfüllt worden sind, dieses die genannten Vorgaben auch noch einmal erfüllen muss. Hiergegen spricht, dass den von der Vorschrift in § 31 Abs. 2 Nr. 4 BDSG ausgehenden Schutz- und Warnfunktionen bereits Rechnung

604 Zu den Informationspflichten aus Art. 13 Abs. 1 Ziffer e) DSGVO vgl. die Ausführungen unter Rn. 307 ff.
605 Vgl. zu diesen die Ausführungen unter Rn. 347 ff.
606 Vgl. hierzu die Ausführungen unter Rn. 353 ff.
607 Zu den Informationspflichten aus Art. 13 DSGVO vgl. die Ausführungen unter Rn. 307 ff.
608 Vgl. zu diesen Vorgaben die Ausführungen unter Rn. 775 ff.
609 Vgl. zu diesen die Ausführungen unter Rn. 780 ff.

getragen worden ist. Insofern in der Praxis in Bezug auf diese Thematik keine rechtlichen Risiken eingegangen werden sollen, kann die Übermittlung der Informationen an die Auskunftei durch das Inkassounternehmen als Auftragsverarbeiter des Vertragspartners, der die materiellen Vorgaben aus § 31 Abs. 2 Nr. 4 BDSG 2018 bereits erfüllt hat, erfolgen. Dass Inkassounternehmen, die Daten grundsätzlich als alleinig Verantwortliche verarbeiten,[610] in diesem Zusammenhang Auftragsverarbeiter ihrer Vertragspartner sein können, liegt insbesondere daran, dass die Übermittlung eigenständig datenschutzrechtlich zu bewerten ist.[611]

610 Vgl. hierzu auch die Ausführungen unter Rn. 85.
611 Vgl. hierzu auch die Ausführungen unter Rn. 144 ff.

Teil 11 – Gesellschaftsrechtliche Konstellationen

A. Share-Deal/Übertragungen nach dem UmWG

Insofern ein Unternehmen nach dem UmWG auf ein anderes Unternehmen „verschmolzen" wird, stellt die hiermit einhergehende Übertragung von Daten nach allgemein vertretener Auffassung keinen datenschutzrechtlich relevanten Vorgang dar. Dies liegt daran, dass eine Gesamtrechtsnachfolge auf Seiten des übernehmenden Unternehmens vorliegt. Die Übertragung der Daten bedarf daher auch nicht des Vorliegens einer Rechtsgrundlage.[612] 819

Fraglich ist jedoch, ob das übernehmende Unternehmen die Informationspflichten aus Art. 14 DSGVO[613] treffen. Der Anwendungsbereich der Vorschrift in Art. 14 DSGVO ist nach dem Wortlaut des Abs. 1 der genannten Norm dann eröffnet, wenn 820

> *„personenbezogene Daten nicht bei der betroffenen Person* ***erhoben****"*

werden. Entscheidend für die Beantwortung der hier erörterten Frage ist, wie das Merkmal

> *„erhoben"*

aus Art. 14 Abs. 1 DSGVO auszulegen ist. Diesbezüglich ist die Legaldefinition der „Verarbeitung" von Daten in Art. 4 Ziffer 2. DSGVO zu berücksichtigen. Diese lautet wie folgt:

> *„Im Sinne dieser Verordnung bezeichnet der Ausdruck:*
>
> ***„Verarbeitung"*** *jeden mit oder ohne Hilfe automatisierter Verfahren ausgeführten Vorgang oder jede solche Vorgangsreihe im Zusammenhang mit personenbezogenen Daten wie das* ***Erheben****, das Erfassen ...".*

Zwingende Voraussetzung dafür, dass die Informationspflichten aus Art. 14 DSGVO einschlägig sind, ist somit, dass eine „Verarbeitung" von Daten vorliegt. Es gibt keinerlei Anhaltspunkte dafür, dass der Begriff des „Erhebens" in Art. 14 Abs. 1 DSGVO ein anderer ist als der in Art. 4 Ziffer 2. DSGVO.

Da – wie bereits dargelegt wurde – bei einer Übertragung von Daten nach dem UmWG nach allgemein vertretener Ansicht keine „Verarbeitung" von Daten gegeben ist, kann auch kein „Erheben" von Daten vorliegen. Die Informationspflichten aus Art. 14 DSGVO sind in den hier erörterten Fällen mithin nicht einschlägig.[614]

Etwas anderes kann aber dann gelten, wenn das die Daten im Rahmen der Gesamtrechtsnachfolge übernehmende Unternehmen diese zu anderen Zwe- 821

612 Vgl. *Arning/Rothkegel*, in: Taeger/Gabel, DSGVO/BDSG, 3. Aufl. 2019, Art. 4 Rn. 87 m. w. N.

613 Vgl. zu den Informationspflichten aus Art. 14 die Ausführungen unter Rn. 347 ff.

614 Ebenso Diekmann/Eul/Klevenz, RDV 2000, 149 (152) zum BDSG 2009 mit derselben Begründung.

cken verarbeiten möchte als der ursprüngliche Verantwortliche. In diesem Fall dürfte eine Zweckänderung vorliegen, deren Rechtmäßigkeit an den Vorgaben aus Art. 6 Abs. 4 DSGVO zu beurteilen ist. Über eine solche Zweckänderung müsste das die Daten übernehmende Unternehmen auch informieren, wobei diesbezüglich aufgrund des Bestehens einer Gesamtrechtsnachfolge die Vorschrift in Art. 13 Abs. 3 DSGVO und nicht die in Art. 14 Abs. 4 DSGVO einschlägig sein dürfte.

B. Asset-Deal

822 In der Praxis kommt immer wieder die Thematik auf, inwiefern Daten im Rahmen eines so genannten Asset-Deal an einen Dritten übertragen werden können. Bei einem Asset Deal handelt es sich um eine Übertragung eines Wirtschaftsguts, ohne dass in Bezug auf dieses auf Seiten des Erwerbers eine Gesamtrechtsnachfolge gegeben ist.

823 Die Durchführung eines „Asset-Deals“ wird in der Praxis häufig dann in Betracht gezogen, wenn ein Unternehmen (z. B. ein Versandhändler) seine Tätigkeit einstellt. Interessenten wollen in diesen Fällen häufig die Domains sowie die Markenrechte des den Geschäftsbetrieb einstellenden Unternehmens, nicht aber die Gesellschaft insgesamt übernehmen. Die Interessenten begehren in diesem Zusammenhang häufig auch die Übertragung bestimmter Kundendaten, um die Fortführung der übernommenen Marke durch ihre Unternehmen gegenüber den Kunden des den Geschäftsbetrieb einstellenden Unternehmens bewerben zu können. Eine solche Übertragung von Daten stellt eine „Übermittlung“ im Sinne des Art. 4 Ziffer 2. DSGVO dar.

I. Vertragsübernahme

824 Eine Übermittlung von Kundendaten in der beschriebenen Konstellation ist grundsätzlich dann möglich, wenn das die Daten erwerbende Unternehmen auch die Pflichten aus den Rechtsverhältnissen zwischen dem den Geschäftsbetrieb einstellenden Unternehmen und den Kunden (Betroffenen) übernimmt.

Beispiel 80:

Der Haushaltsgerätehändler H verkauft Haushaltsgeräte (u. a. Geschirrspüler) an Endkunden. Der H räumt den Kunden in diesem Zusammenhang langjährige Händlergarantien ein. Der H plant nun, seinen Geschäftsbetrieb einzustellen und der bisherige Konkurrent des H, der Haushaltsgerätehändler V, möchte die Marken und Kundendaten des H erwerben. Ein Erwerb von Daten wäre dann möglich, wenn der V unter anderem auch die gegenüber den Kunden des H bestehenden Garantieverpflichtungen übernimmt.

825 In der Praxis erfolgen Vertragsübernahmen zum Zweck der „Erlangung“ von Kundendaten jedoch nur sehr selten, da

- das die Daten erwerbende Unternehmen häufig keine Verpflichtungen gegenüber den Kunden (Betroffenen) übernehmen möchte

und

- eine Vertragsübernahme nur dann möglich ist, wenn der Kunde (Betroffene) dieser zustimmt (§ 415 BGB (analog)).

II. Übermittlung von Postadressdaten

826 Weiterhin möglich ist in der hier erörterten Ausgangslage gegebenenfalls die Übermittlung solcher Datenkategorien an den Erwerber, die unter Geltung des BDSG 2009 als „Listendaten“ bezeichnet worden sind. Hierbei handelt es sich um die folgenden Datenkategorien:

- Vorname, Nachname,
- Postadressdaten,
- Geburtsjahr,
- Titel, akademischer Grad,
- Berufs-/Branchen-/oder Geschäftsbezeichnungen.[615]

827 Diese Daten könnten von dem Erwerber zu (Print-)Werbezwecken genutzt werden. In der Praxis ist eine solche Nutzung aus Sicht der potenziellen Erwerber jedoch häufig nicht sinnvoll, da keine weiteren Datenkategorien (z. B. Informationen über getätigte Käufe) zu den Betroffenen auf Seiten des Erwerbers vorliegen, mittels dieser der Erwerber eine zielgerichtete (Print-)Werbung aussteuern könnte.

828 Möglich ist hingegen, dass Daten von dem Verantwortlichen (der z. B. den Geschäftsbetrieb einstellt) zu Zwecken der Empfehlungswerbung zugunsten des anderen Unternehmens (das z. B. die Markenrechte erwerben möchte) unter Einsatz des „Lettershopverfahrens“ genutzt werden. Dieses Vorgehen hat den Vorteil, dass eine zielgerichtete Aussteuerung der Printwerbung erfolgen kann. Ein (potenzieller) Nachteil besteht aber darin, dass eine Datenübermittlung an das beworbene Unternehmen nicht möglich ist.[616]

III. Widerspruchslösung

829 Nach der Ansicht der DSK[617] besteht die Möglichkeit der Übermittlung von Daten im Rahmen eines Asset-Deals auf Basis der so genannten Widerspruchslösung. Diese Widerspruchslösung ist dahingehend ausgestaltet, dass der Verantwortliche die Betroffenen über die Datenübermittlung informiert und diesen

615 Vgl. zum „Listendatenprivileg“ des BDSG 2009 die Ausführungen unter Rn. 681.

616 Zum „Lettershopverfahren“ vgl. die Ausführungen unter Rn. 691 ff.

617 Nicht (vollständig) geteilt wird diese Ansicht vom Berliner Beauftragten für Datenschutz und Informationsfreiheit sowie vom Sächsischen Datenschutzbeauftragten; vgl. Beschluss der Konferenz der unabhängigen Datenschutzaufsichtsbehörden des Bundes und der Länder, Stand: 24. 05. 2019, Fn. 1.

über einen großzügigen Zeitraum (z. B. 6 Wochen) hinweg eine Widerspruchsmöglichkeit in Bezug auf die Übermittlung einräumt. Die Möglichkeit der Datenübermittlung unter Nutzung der Widerspruchslösung soll insbesondere bei dem Vorliegen eines Bestandskundenverhältnisses bestehen, wenn die letzte Vertragsbeziehung nicht länger als 3 Jahre zurück liegt.

830 Die DSK begründet die nach ihrer Auffassung gegebene Rechtskonformität der Widerspruchslösung wie folgt:

> *„Diese Vorgehensweise ist für die Unternehmen aufwandsschonend und berücksichtigt durch die großzügige Widerspruchsfrist auch die Interessen der Kundinnen und Kunden. Viele Kundinnen und Kunden sind bei einer Aufforderung zu einer ausdrücklichen Einwilligung eher überrascht".*

Rechtsgrundlage für die Datenübermittlung ist nach der Ansicht der DSK die in Art. 6 Abs. 1 S. 1 lit. f) DSGVO, wobei eine Zweckänderung (Art. 6 Abs. 4 DSGVO) vorliegen soll. Nicht möglich sein soll jedoch die Übermittlung von „Bankdaten" sowie die besonderer Kategorien personenbezogener Daten (Art. 9 Abs. 1 DSGVO) unter Einsatz der Widerspruchslösung. Unter den Begriff der „Bankdaten" sollen hingegen nicht Informationen zum Zahlungsverhalten fallen.[618]

831 *Praxishinweis:*

Die Anerkennung der Widerspruchslösung durch die DSK ist aus unternehmerischer Perspektive grundsätzlich zu begrüßen. Trotz dieses Umstands ist darauf hinzuweisen, dass bei der Übermittlung von Daten auf Basis der Widerspruchslösung in der Praxis regelmäßig Rechtsunsicherheiten auftreten. Dies liegt unter anderem daran, dass die Ausführungen der DSK zur Widerspruchslösung in deren einschlägigen Beschluss nur wenig detailliert sind und auftretende Folgefragen nicht behandeln.[619] So stellt sich z. B. die Frage, über welchen Zeitraum hinweg der die Daten empfangende Verantwortliche diese für die vor der Übermittlung zugrunde gelegten Zwecke nutzen darf. Kann dieser Zeitraum länger bemessen sein als derjenige, über den die übermittelnde Stelle diese zu dem jeweiligen Zweck (noch) hätte verarbeiten dürfen? Außerdem ist fraglich, ob eine Übermittlung zu solchen Zwecken möglich ist, die seitens des übermittelnden Verantwortlichen bei der Erhebung der Daten für sich selbst gar nicht zugrunde gelegt und damit die Betroffenen auch nicht über diese informiert hat. Derartige Fragen sollten in der Praxis vor der „Inanspruchnahme" der Widerspruchslösung durch die Verantwortlichen genau geprüft werden.

---

618 Vgl. insgesamt Beschluss der Konferenz der unabhängigen Datenschutzaufsichtsbehörden des Bundes und der Länder, Stand: 24. 05. 2019.

619 Zu dieser Thematik eingehend Plath/Struck/ter Hazeborg, CR 2020, 9 ff.

Teil 12 – Folge von Datenschutzverstößen

A. Ansprüche von Betroffenen aus dem BGB

Betroffene können – neben dem Anspruch auf Schadensersatz gemäß Art. 82 DSGVO – im Fall einer datenschutzwidrigen Verarbeitung ihrer Daten grundsätzlich Ansprüche aus dem Allgemeinen Zivilrecht wegen der Verletzung des Allgemeinen Persönlichkeitsrechts gegenüber der jeweiligen Stelle geltend machen.[620] Die Regelungen der DSGVO „sperren" die Geltendmachung derartiger Ansprüche nicht. Dies ergibt sich aus dem Wortlaut der Regelung in Art. 79 Abs. 1 DSGVO: 832

> *„Jede betroffene Person hat **unbeschadet** eines verfügbaren verwaltungsrechtlichen oder außergerichtlichen Rechtsbehelfs einschließlich des Rechts auf Beschwerde bei einer Aufsichtsbehörde gemäß **Artikel 77 das Recht auf einen wirksamen gerichtlichen Rechtsbehelf**, wenn sie der Ansicht ist, dass die ihr aufgrund dieser Verordnung zustehenden Rechte infolge einer nicht im Einklang mit dieser Verordnung stehenden Verarbeitung ihrer personenbezogenen Daten verletzt wurden".*

Im Zusammenhang mit einer datenschutzwidrigen Verarbeitung personenbezogener Daten kommt insbesondere eine Verletzung des von der Vorschrift in § 823 Abs. 1 BGB geschützten Allgemeinen Persönlichkeitsrechts[621] in Betracht. Geltend gemacht werden bei Verletzungen des Allgemeinen Persönlichkeitsrechts in der Praxis in der Regel Unterlassungsansprüche (§ 1004 BGB (analog)).[622] 833

Beispiel 81:

Das Online-Möbelhaus M bietet den Nutzern seiner Website die Möglichkeit, sich für den E-Mail-Newsletter des M zu registrieren. Der M setzt im Rahmen der Generierung der E-Mail-Adressen zum Zweck der Versendung des Newsletters „lediglich" das „Single-Opt-in-Verfahren" ein. Ein unbekannter Dritte trägt die E-Mail-Adresse des Betroffenen P in die Anmeldemaske zum Newsletter ein und erteilt das Opt-in. Der P erhält den Newsletter des M und macht daraufhin diesem gegenüber einen Anspruch auf Unterlassung in Bezug auf die Zusendung weiterer Werbe-E-Mails ohne Vorliegen einer Einwilligung des P geltend.

Praxishinweis: 834

In der Vergangenheit ist es regelmäßig vorgekommen, dass Rechtsanwälte sich wegen des vermeintlich rechtswidrigen Erhalts von E-Mail-Werbungen selbst vertreten und in Bezug auf das behauptete Vorliegen einer Verletzung ihres Allgemeinen Persönlichkeitsrechts Abmahnungen ausgesprochen haben. Für

620 Vgl. *Boehm*, in: Simitis/Hornung/Spiecker gen. Döhmann, Datenschutzrecht, 1. Aufl. 2019, Art. 79 Rn. 10.

621 Vgl. hierzu die Ausführungen unter Rn. 16.

622 Vgl. *Boehm*, in: Simitis/Hornung/Spiecker gen. Döhmann, Datenschutzrecht, 1. Aufl. 2019, Art. 79 Rn. 2.

den Ausspruch derartiger Abmahnungen wurden in diesen Fällen häufig Gebühren durch die Rechtsanwälte geltend gemacht. Der BGH hat wiederholt entschieden, dass Rechtsanwälte für ein außergerichtliches Tätigwerden aufgrund einer „Selbstbeauftragung" grundsätzlich keine Gebühren geltend machen können.[623] Da dieser Umstand Rechtsanwälten bekannt sein muss, sollte die gesetzeswidrige Geltendmachung von Gebühren ein Indiz für das Vorliegen eines Rechtsmissbrauchs (§ 242 BGB) darstellen. Gerichte sind diesbezüglich bisher jedoch in aller Regel sehr zurückhaltend gewesen. Dies gilt trotz des Umstands, dass in der beschriebenen Konstellation sogar darüber nachgedacht werden kann, ob aufgrund der unzutreffenden Behauptung des Vorliegens eines gesetzlichen Erstattungsanspruchs eine „Vorspiegelung falscher Tatsachen" im Sinne des § 263 Abs. 1 StGB gegeben ist.

B. Ansprüche aus dem UWG

835 Bisher nicht abschließend geklärt ist, ob Vorgaben aus der DSGVO so genannte „Marktverhaltensregelungen" darstellen können. Sollte dies der Fall sein, könnten Verstöße gegen (einzelne) Vorgaben aus der DSGVO von nach dem UWG aktiv legitimierten „Parteien" (insb. Mitwerber) auf Basis der Regelung in § 3a UWG geltend gemacht werden.

836 Rein faktisch betrachtet ist es nicht zu bestreiten, dass Unternehmen, die z. B. Daten zum Zweck des Marketing verarbeiten, ohne dass hierfür eine datenschutzrechtliche Rechtsgrundlage gegeben ist, sich einen Wettbewerbsvorteil gegenüber solchen Unternehmen verschaffen, die sich im Rahmen der Ausgestaltung ihrer Marketingmaßnahmen an die Vorgaben aus der DSGVO halten.

837 Gegen die Möglichkeit einer Geltendmachung von Ansprüchen aus dem UWG aufgrund von Verstößen gegen die DSGVO wird das Argument vorgebracht, dass die DSGVO eine abschließende Regelung der Rechtsdurchsetzung beinhaltet.[624] Die DSGVO sieht nicht vor, dass Mitbewerber Ansprüche aufgrund von Verstößen gegen die Vorgaben aus der DSGVO geltend machen können.

838 Die hier erörterte Frage wurde vom BGH dem EuGH zur Entscheidung vorgelegt.[625] Sollte der EuGH zu dem Ergebnis kommen, dass Vorgaben aus der DSGVO „Marktverhaltensnormen" darstellen können,[626] müsste im Einzelfall geprüft werden, welche genauen Vorgaben aus der DSGVO unter die Regelung in § 3a UWG subsumiert werden können.

839 Der deutsche Gesetzgeber hat in § 13 Abs. 4 Nr. 2 UWG eine Regelung geschaffen, die vorgibt, dass Kosten für Abmahnungen wegen Verstößen gegen die DSGVO und/oder gegen das BDSG 2018 gegenüber Unternehmen und gewerblich tätige

623 Vgl. beispielhaft BGH, Urt. v. 12. 09. 2013 – I ZR 208/12.

624 *Köhler*, in: Köhler/Bornkamm/Feddersen, UWG, 39. Aufl. 2021, § 3a Rn. 1.40a ff.

625 BGH, Beschl. v. 28. 05. 2020 – I ZR 186/17.

626 Der Generalanwalt beim EuGH ist der Ansicht, dass die Vorgaben der DSGVO die Geltendmachung wettbewerbsrechtlicher Ansprüche nicht per se ausschließen, Schlussanträge des Generalanwalts v. 02. 12. 2021 - C-319/20.

Vereine nicht geltend gemacht werden können, insofern diese in der Regel weniger als 250 Mitarbeiter beschäftigen. Vor der Normierung der Regelung in § 13 Abs. 4 Nr. 2 UWG wurde im Gesetzgebungsverfahren jedoch ausdrücklich darauf hingewiesen, dass die genannte Regelung keine Vorentscheidung über die Möglichkeit der Abmahnung von Verstößen gegen die DSGVO nach dem UWG beinhaltet.

C. Aktivlegitimation von Verbänden nach dem UKlaG

Nach Art. 80 DSGVO können die nationalen Gesetzgeber Regelungen treffen[627], 840
die es einer

„Einrichtung, Organisationen oder Vereinigung ohne Gewinnerzielungsabsicht, die ordnungsgemäß nach dem Recht eines Mitgliedstaats gegründet ist, deren satzungsmäßige Ziele im öffentlichem Interesse liegen und die im Bereich des Schutzes der Rechte und Freiheiten von betroffenen Personen in Bezug auf den Schutz ihrer personenbezogenen Daten tätig ist",

ermöglichen, im Auftrag von Betroffenen (Art. 80 Abs. 1 DSGVO) oder unabhängig von einem solchen Auftrag (Art. 80 Abs. 2 DSGVO) Ansprüche unter anderem wegen der Verletzung von Rechten Betroffener aufgrund einer Verarbeitung der Daten der Betroffenen entgegen der Vorgaben der DSGVO geltend zu machen.

In Deutschland wurden bestimmte „qualifizierte Einrichtungen" bereits vor An- 841
wendbarkeit der DSGVO in Bezug auf die Möglichkeit der Geltendmachung von Ansprüchen/Rechten wegen der rechtswidrigen Verarbeitung von Daten in bestimmten Konstellationen aktiv legitimiert. Die diesbezüglich einschlägige Vorschrift ist in § 2 Abs. 2 Nr. 11 UKlaG zu finden, die wie folgt lautet:

„Verbraucherschutzgesetze im Sinne dieser Vorschrift sind insbesondere …

a) der Erhebung personenbezogener Daten eines Verbrauchers durch einen Unternehmer oder

b) der Verarbeitung oder der Nutzung personenbezogener Daten, die über einen Verbraucher erhoben wurden, durch einen Unternehmer,

wenn die Daten zu Zwecken der Werbung, der Markt- und Meinungsforschung, des Betreibens einer Auskunftei, des Erstellens von Persönlichkeits- und Nutzungsprofilen, des Adresshandels, des sonstigen Datenhandels oder zu vergleichbaren kommerziellen Zwecken erhoben, verarbeitet oder genutzt werden".

Wie dem Wortlaut der zuvor zitierten Vorschrift zu entnehmen ist, erstreckt sich 842
die Möglichkeit der Geltendmachung von Ansprüchen durch die aktiv legitimierten Einrichtungen lediglich auf solche Konstellationen, in denen die Verantwortlichen die Daten zu bestimmten Zwecken (u. a. Werbung, Adresshandel) verarbeiten. Ob eine derartige „zersplitterte" Aktivlegitimierung von der Öff-

627 Zu „Öffnungsklauseln" in der DSGVO vgl. die Ausführungen unter Rn. 12.

nungsklausel in Art. 80 Abs. 2 DSGVO gedeckt ist, ist umstritten.[628] Darüber hinaus ist zu bedenken zu geben, dass die Regelung in § 2 Abs. 2 Nr. 11 UKlaG auf eine anlassunabhängige, abstrakte Überprüfungsmöglichkeit bestimmter Datenschutzverstöße abzielt. Die Vorschrift in Art. 80 Abs. 2 DSGVO fordert nach ihrem Wortlaut hingegen, dass die Einrichtung/Organisation/Vereinigung nur dann bestimmte Rechte ohne Beauftragung geltend machen kann, wenn

> *„ihres Erachtens **die Rechte einer betroffenen Person** gemäß dieser Verordnung infolge einer Verarbeitung **verletzt worden** sind“.*

Insbesondere dieser Umstand spricht dafür, dass die Regelung in § 2 Abs. 2 Nr. 11 UKlaG nicht von der Öffnungsklausel in Art. 80 Abs. 2 DSGVO gedeckt ist.[629] Der Generalanwalt beim EuGH ist hingegen der Ansicht, dass den Mitgliedstaaten der EU in Bezug auf die Normierung einer nationalen Regelung, die auf der Öffnungsklausel in Art. 82 Abs. 2 DSGVO basiert, ein Ermessenspielraum einzuräumen ist. Eine solche nationale Regelung könne daher auch die Möglichkeit einer Geltendmachung von Datenschutzverstößen durch (Verbraucherschutz-)Organisationen beinhalten, ohne dass eine Verletzung eines Rechts einer konkreten Person durch diese gerügt wird.[630]

D. Schadensersatzansprüche der Betroffenen aus der DSGVO

843 Gemäß Art. 82 Abs. 1 DSGVO haben Betroffene die Möglichkeit, Schadensersatzansprüche bei Vorliegen eines materiellen und/oder eines immateriellen Schadens geltend zu machen. Zwingende Voraussetzung hierfür ist, dass ein Verstoß gegen die Vorgaben aus der DSGVO und ein hieraus resultierender Schaden vorliegen. Nicht ausreichend für die Möglichkeit der Geltendmachung der hier erörterten Schadensersatzansprüche ist allein das Vorliegen eine Verletzung der DSGVO.[631]

I. Materieller Schaden

844 Ersetzt werden müssen materielle Schäden, die kausal auf der Verletzung von Vorgaben aus der DSGVO basieren.

Beispiel 82:

Der Zahlungsdienstleister Z hat Kreditkartendaten natürlicher Personen gespeichert. Der Z stellt einen Angriff auf die Infrastruktur fest, in der die Kreditkartendaten – entgegen der Vorgaben aus Art. 32 DSGVO – unverschlüsselt gespeichert sind. Dieser Angriff hatte einen Abfluss der unverschlüsselten Daten des Verbrau-

628 Zum Streitstand siehe Grentzenberg/Spittka, GRUR-Prax 2020, 539 (540).
629 Vgl. Grentzenberg/Spittka, GRUR-Prax 2020, 539 (540).
630 Schlussanträge des Generalanwalts v. 02. 12. 2021 - C-319/20.
631 OLG Düsseldorf, Beschl. v. 16. 2. 2021 – 16 U 269/20.

chers V Folge. Mittels der abgeflossenen Daten des V nimmt der Angreifer A mehrere unberechtigte Transaktionen im Wert von 500,00 € zu Lasten des V vor. Nach den AGB des Kreditkartenanbieters hat dieser dem V den entstandenen Schaden nicht zu ersetzen.

II. Immaterieller Schaden

Die Möglichkeit der Geltendmachung von immateriellen Schadensersatzansprüchen aufgrund des Vorliegens einer Verletzung des Allgemeinen Persönlichkeitsrechts wurde durch die DSGVO nicht neu eingeführt. Eine solche bestand bereits vor Anwendbarkeit der DSGVO. Diese konnte aus § 823 Abs. 1 BGB i. v. m. § 253 BGB hergeleitet werden. Ein Anspruch auf immateriellen Schadensersatz aufgrund einer Verletzung des von § 823 Abs. 1 BGB geschützten Allgemeinen Persönlichkeitsrecht[632] war bzw. ist jedoch nur dann gegeben, wenn eine (sehr) schwerwiegende Verletzung des Allgemeinen Persönlichkeitsrechts vorliegt.[633] Ob die Regelung in § 7 BDSG 2009 auch entstandene immaterielle Schäden umfasste, war nicht abschließend geklärt.[634] 845

Fraglich ist, ob für das Bestehen eines Anspruchs auf Ersatz eines immateriellen Schadens auf Basis der Vorschrift in Art. 82 DSGVO, in Bezug auf die Schwere der von dem Verstoß gegen eine Vorgabe aus der DSGVO ausgehenden Verletzung des Allgemeinen Persönlichkeitsrechts, eine gewisse „Relevanzschwelle" überschritten sein muss. Dies könnte sich aus den Ausführungen in Satz 1 des Erwägungsgrunds 85 zur DSGVO und der in diesen enthaltenen Nennung von Beispielen ergeben: 846

> *„Eine Verletzung des Schutzes personenbezogener Daten kann – wenn nicht rechtzeitig und angemessen reagiert wird – einen physischen, materiellen oder **immateriellen Schaden** für natürliche Personen nach sich ziehen, wie etwa **Verlust der Kontrolle** über ihre personenbezogenen Daten oder Einschränkung ihrer Rechte, **Diskriminierung, Identitätsdiebstahl** oder -betrug, finanzielle Verluste, unbefugte Aufhebung der Pseudonymisierung, **Rufschädigung, Verlust der Vertraulichkeit von dem Berufsgeheimnis unterliegenden Daten** oder andere **erhebliche** wirtschaftliche oder **gesellschaftliche Nachteile** für die betroffene natürliche Person".*

Die Ansicht, dass die die Verletzung des Allgemeinen Persönlichkeitsrechts eine gewisse Relevanz aufweisen muss, wird in Deutschland in den bisher ergangenen instanzgerichtlichen Rechtsprechungen wohl überwiegend vertreten.[635] Diesbezüglich ist jedoch darauf hinzuweisen, dass das BVerfG die hier erörterte 847

632 Vgl. hierzu die Ausführungen unter Rn. 16.

633 *Teichmann,* in: Jauerning, 18. Aufl. 2021, § 253 Rn. 10 f. m. w. N.

634 *Boehm,* in: Simitis/Hornung/Spiecker gen. Döhmann, Datenschutzrecht, 1. Aufl. 2019, Art. 82 Rn. 3.

635 OLG Dresden, Beschl. v. 11.06.2019 – 4 U 760/19; LG Karlsruhe Urt. v. 09.02.2021 – 4 O 67/20; AG Hamburg-Bergedorf, Urt. v. 07.12.2020 – 410d C 197/20; LG Frankfurt a. M., Urt. v. 18.09.2020 – 2-27 O 100/20; a. A. LG Mainz, Urt. v. 12.11.2021 – 3 O 12/21.

Rechtsfrage als nicht eindeutig in der DSGVO geregelt ansieht und geurteilt hat, dass diese durch die mit ihr befassten Gerichte dem EuGH zur Entscheidung vorzulegen ist.[636] Eine solche Vorlage ist mittlerweile durch den OGH Wien erfolgt.[637]

848 Insofern die von der instanzgerichtlichen Rechtsprechungen wohl überwiegend vertretene Auffassung final bestätigt wird, dürfte z. B. in der folgenden Konstellation ein Anspruch auf Ersatz eines immateriellen Schadens aus Art. 82 DSGVO nicht gegeben sein:

Beispiel 83:
Der Online-Shop-Betreiber O verarbeitet E-Mail-Adressen von Kunden/Interessenten zum Zweck der Aussteuerung von E-Mail-Werbe-Newslettern. Die Erhebung und Nutzung der E-Mail-Adressen zu dem genannten Zweck erfolgen durch den O erst dann, wenn die jeweiligen Kunden/Interessenten gegenüber dem O eine entsprechende Einwilligung erteilt haben. Der Kunde K, der eine solche Einwilligung erteilt hat, widerruft diese wieder. Aufgrund eines technischen Fehlers auf Seiten des O wird der Widerruf nicht umgesetzt und der K erhält nach Vornahme des Widerrufs einen E-Mail-Werbe-Newsletter des O.

Dass der K in dem **Beispiel 83** wegen des Erhalts des E-Mail-Werbe-Newsletters nach Vornahme des Widerrufs der Einwilligung keinen Anspruch wegen des Vorliegens eines immateriellen Schadens gemäß Art. 82 DSGVO gegenüber dem O geltend machen kann, ergibt sich bereits daraus, dass der BGH insbesondere aus „präventiven" Gründen bei Verstößen gegen die Vorgaben aus § 7 Abs. 2 Nr. 3 UWG das Vorliegen der Verletzung des von § 823 Abs. 1 BGB geschützten Allgemeinen Persönlichkeitsrechts annimmt. Mittels dieser Annahme will der BGH unter anderem den Missbrauch des sehr kostengünstigen Marketingkanals „E-Mail" verhindern. Hintergrund der Bejahung des Vorliegens einer Verletzung des Allgemeinen Persönlichkeitsrechts ist hingegen nicht derjenige, dass von unerbetener E-Mail-Werbung eine schwerwiegende Belästigung ausgeht.[638]

III. Beweislast

849 Insofern ein Betroffener einen Schadensersatzanspruch aus Art. 82 DSGVO geltend macht, trifft diesen die Beweislast dahingehend, dass in dem vorliegenden Fall die Voraussetzungen aus Art. 82 DSGVO erfüllt sind. Dies bedeutet unter anderem, dass der Betroffene nachweisen muss, dass ein Datenschutzverstoß und ein auf diesem basierender (kausaler) materieller/immaterieller Schaden vorliegen.[639]

636 BVerfG, Beschl. v. 14.01.2021 – BvR 2853/19.
637 OGH, Beschl. v. 15.04.2021 2021 – 6Ob35/21x.
638 So zumindest die Argumentation in Bezug auf eine Verletzung des Rechts am eingerichteten und ausgeübten Gewerbebetrieb, BGH, Beschl. v. 20.5.2009 – I ZR 218/07.
639 OLG Bremen, Beschl. v. 11.08.2021 – 1 U 69/20; LG Frankfurt a.M., Urt. v. 18.01.2021 – 2-30 O 147/20.

E. „Instrumentarien" der Aufsichtsbehörden

Den Aufsichtsbehörden stehen gemäß Art. 58 DSGVO eine Vielzahl an „Instrumentarien" zur Verfügung. In der Praxis spielen insbesondere die Folgenden eine wesentliche Rolle: 850

- Verwarnung (Art. 58 Abs. 2 Ziffer b) DSGVO),
- Untersagung (Art. 58 Abs. 2 Ziffer f) DSGVO),
- Verhängung einer Geldbuße (Art. 58 Abs. 2 Ziffer i) DSGVO).

Praxishinweis: 851

In der Vergangenheit haben die deutschen Aufsichtsbehörden regelmäßig anlassbezogene, aber auch nicht anlassbezogene Vor-Ort-Kontrollen durchgeführt. Dass die Durchführung derartiger Kontrollen auch unter Geltung der DSGVO weiterhin möglich ist, ergibt sich bereits aus der Vorschrift in Art. 57 Abs. 1 Ziffer a) DSGVO, so dass mit einer solchen grundsätzlich gerechnet werden muss. Diesbezüglich ist jedoch auch anzumerken, dass die seit Anwendbarkeit der DSGVO massiv angestiegene Anzahl an Beschwerden bei den Aufsichtsbehörden diesen die Durchführung umfangreicher, nicht anlassbezogener Kontrollverfahren nicht erleichtert.

I. Verwarnung

Die Aufsichtsbehörden sprechen bei einer Feststellung eines Verstoßes gegen die DSGVO regelmäßig Verwarnungen aus. Bei einer Verwarnung dürfte es sich um einen Verwaltungsakt im Sinne des § 35 VwVfG handeln.[640] Trotz dieses Umstands ist es in der Vergangenheit wiederholt vorgekommen, dass die Verwarnung nicht mit einer gemäß § 37 Abs. 6 VwVfG erforderlichen Rechtsbehelfsbelehrung versehen worden ist. 852

Praxishinweis: 853

Auch wenn die Aufsichtsbehörde eine Verwarnung nicht mit einer Rechtsbehelfsbelehrung versieht, sollte deren Adressat genau prüfen, ob er gegen die Verwarnung nicht vorgeht. Dies liegt daran, dass das Fehlen der Rechtsbehelfsbelehrung nicht zur Folge hat, dass der Verwaltungsakt unwirksam ist. Vielmehr verlängert sich die Frist für die Einlegung des Rechtsbehelfs „lediglich" auf ein Jahr (§ 58 Abs. 2 S. 1 VwGO).

II. Untersagung

Eine Untersagung durch die Aufsichtsbehörde kommt in der Praxis unter anderem in den Fällen einer rechtswidrigen Übermittlung von Daten in unsichere Drittländer[641] in Betracht. Dies liegt daran, dass die Aufsichtsbehörden in diesen 854

640 So *Polenz*, in: Simitis/Hornung/Spiecker gen. Döhmann, Datenschutzrecht, 1. Aufl. 2019, Art. 58 Rn. 29; a. A. *Grittmann*, in: Taeger/Gabel, DSGVO/BDSG, 3. Aufl. 2019, Art. 58 Rn. 23.

641 Vgl. hierzu die Ausführungen unter Rn. 514 ff.

Fällen nur ein sehr eingeschränktes Ermessen dahingehend haben, von dem Ausspruch einer Untersagung abzusehen.

855 Bei der Untersagung handelt es sich um einen Verwaltungsakt i.S.d. §35 VwVfG. Gegen diesen kann dessen Adressat mindestens eine Anfechtungsklage (§42 VwGO) erheben. Die Anfechtungsklage hat aufschiebende Wirkung (§80 Abs. 1 S. 1 VwGO). Insofern die Aufsichtsbehörde die sofortige Vollziehung der Untersagung angeordnet hat (§80 Abs. 2 S. 1 Nr. 4 VwGO), besteht die Möglichkeit der Stellung eines Antrags auf Wiederherstellung der aufschiebenden Wirkung (§80 Abs. 5 S. 1 DSGVO) auf Seiten des Adressaten.

III. Bußgeld

856 Die in der Praxis am meisten gefürchtete Maßnahme, von der Aufsichtsbehörden bei der Feststellung von Datenschutzverstößen Gebrauch machen können, ist die Einleitung eines Bußgeldverfahrens. Dies liegt einerseits an dem in Art. 83 DSGVO festgelegten umfangreichen Bußgeldrahmen. Ein Bußgeld kann – abhängig von dem begangenen Verstoß – bis zu 10.000000 € oder im Fall eines Unternehmens bis zu 2% des weltweit erzielten Jahresumsatzes (Art. 82 Abs. 4 DSGVO) bzw. 20.000000 € oder im Fall eines Unternehmens bis zu 4% des weltweit erzielten Jahresumsatzes (Art. 83 Abs. 5 und Abs. 6 DSGVO) betragen. Andererseits ist für die Praxis von erheblicher Relevanz, dass zumindest die Verhängung (sehr) hoher Bußgelder zumeist medial Beachtung findet, was wiederum negative Auswirkungen auf das Ansehen des betroffenen Unternehmens hat.

1. Berücksichtigung des Konzernumsatzes

857 Bei der Bemessung der Höhe eines Bußgelds kann der gesamte weltweite Jahresumsatz eines Unternehmens berücksichtigt werden (Art. 83 Abs. 4 bis Abs. 6 DSGVO). Fraglich ist, wie der Begriff des „Unternehmens" auszulegen ist. Diesbezüglich heißt es in Satz 3 des Erwägungsgrunds 150 zur DSGVO wie folgt:

> *„Werden Geldbußen Unternehmen auferlegt, sollte zu diesem Zweck der Begriff ‚Unternehmen' **im Sinne der Artikel 101 und 102 AEUV** verstanden werden".*

858 Der zuvor zitierte Erwägungsgrund referenziert auf den kartellrechtlichen Unternehmensbegriff (Art. 101, 102 AEUV). Dies bedeutet, dass nach diesem im Rahmen der Bemessung der Höhe eines Bußgelds auch der Umsatz einer Unternehmensgruppe/eines Konzerns herangezogen werden kann. Dies ist nicht stringent. Im Kartellrecht wird eine Unternehmensgruppe/ein Konzern als wirtschaftliche Einheit betrachtet, da das Kartellrecht ein Konzernprivileg aufweist. Auf diesem Umstand basiert der kartellrechtliche Unternehmensbegriff. Die DSGVO weist – im Gegensatz zum Kartellrecht – hingegen gerade kein Konzernprivileg auf. Insbesondere mit diesem Argument wird z.T. die Ansicht vertreten, dass bei der Bemessung der Höhe eines Bußgelds unter Zugrundelegung der einschlägigen Vorgaben der DSGVO der Umsatz einer Unternehmens-

gruppe/eines Konzerns nicht herangezogen werden kann.[642] Auch wenn die dargestellte Ansicht in ihrer Argumentation sehr gut nachvollziehbar ist, kollidiert diese mit dem Wortlaut des Satzes 3 in Erwägungsgrund 150 zur DSGVO. In der Praxis sollte daher davon ausgegangen werden, dass zumindest potenziell die Möglichkeit besteht, dass der Umsatz einer Unternehmensgruppe/eines Konzerns im Rahmen der Bußgeldbemessung berücksichtigt werden kann.[643]

2. Bußgeldzumessungskonzept der DSK

Die DSK hat im Oktober 2019 ein „Konzept zur Bußgeldzumessung in Verfahren gegen Unternehmen" veröffentlicht. Die erfolgte Erarbeitung eines solchen Konzepts ist vor dem Hintergrund, dass es sachgerecht ist, dass sich die einzelnen Datenschutzbehörden bei der Bemessung der Höhe eines Bußgelds an dieselben Guidelines halten, grundsätzlich zu begrüßen. Fraglich ist jedoch, ob die Erarbeitung eines einheitlichen Modells aufgrund der Vielzahl der bei der Bemessung der Höhe eines Bußgelds zu berücksichtigen Faktoren (Art. 83 Abs. 2 DSGVO) sowie aufgrund der Individualität eines jeden Einzelfalls, überhaupt möglich ist. 859

Nach dem Bußgeldzumessungskonzept der DSK erfolgt die Bußgeldzumessung in Verfahren gegen Unternehmen in fünf Schritten. Bereits im zweiten Schritt wird der Umsatz des jeweiligen Unternehmens (ggfls. der Unternehmensgruppe/des Konzerns) berücksichtigt.[644] Dies hat zur Folge, dass der genannte Umsatz bei der Bemessung der Höhe eines Bußgelds eine sehr relevante Rolle spielt. Ob dies aufgrund des Umstands, dass die Berücksichtigung des Umsatzes einer Unternehmensgruppe/eines Konzerns bei der Bemessung der Höhe eines Bußgelds nicht stringent ist[645], sachgerecht ist, muss bezweifelt werden. 860

Darüber hinaus hat das Bußgeldzumessungskonzept der DSK eine weitere „Schwäche", die in einem einschlägigen Verfahren durch das LG Bonn offengelegt worden ist: 861

> *„Eine Bemessung des Bußgeldes durch Ermittlung eines sich nach dem Umsatz richtenden Grundwertes für das Bußgeld, welcher je nach Schwere des Datenschutzverstoßes mit einem Faktor multipliziert wird, ist aus diesem Grund und wegen der damit einhergehenden Fokussierung auf den Unternehmensumsatz problematisch. Einen solchen Ansatz hat der BfDI in Anlehnung an das Bußgeldkonzept der Datenschutzkonferenz vom 19.10.2019 bei der Bußgeldbemessung verfolgt. Eine solche Bemessungsmethode mag bei Datenschutzverstößen* ***von mittlerem Gewicht zu angemessenen Ergebnissen*** *führen.* ***Sie versagt jedoch bei schweren Datenschutzverstößen umsatzschwacher Unternehmen und leichten***

642 Vgl. beispielhaft Faust/Spittka/Wybitul, ZD 2016, 120 (124); Hessel/Potel, K&R 2020, 654 (657).

643 *Boehm*, in: Simitis/Hornung/Spiecker gen. Döhmann, Datenschutzrecht, 1. Aufl. 2019, Art. 83 Rn. 43.

644 Konzept der unabhängigen Datenschutzaufsichtsbehörden des Bundes und der Länder zur Bußgeldzumessung in Verfahren gegen Unternehmen v. 14.10.2019, Seite 5 f.

645 Vgl. hierzu die Ausführungen unter Rn. 858.

Datenschutzverstößen umsatzstarker Unternehmen*, also in denjenigen Fällen, in denen eine maßgeblich am Umsatz orientierte Zumessung in Widerstreit gerät zu der Zumessung anhand der Kriterien in Art. 83 Abs. 2 S. 2 DS-GVO".*

862 Mit der Verhängung von Bußgeldern wegen des Verstoßes gegen datenschutzrechtliche Vorschriften geht regelmäßig eine relevante Öffentlichkeitswirksamkeit einher. In Bezug auf die Folgen der Wahrnehmung der Verhängung eines solchen Bußgelds durch die Öffentlichkeit spielt insbesondere die Höhe des verhängten Bußgelds eine Rolle. Vor diesem Hintergrund wird Unternehmen zu Unrecht geschadet, wenn gegen diese aufgrund der Zugrundelegung einer nicht korrekten Berechnungsmethode zu hohe Bußgelder ausgesprochen werden. Auch kann es nicht im Interesse der Datenschutzbehörden sein, wenn durch diese verhängte Bußgelder durch Gerichte aufgehoben oder in einem relevanten Maße reduziert werden. Außerdem kann es in der Praxis dazu kommen, dass Unternehmen allein aus kommunikativen Erwägungen zu hohe Bußgelder akzeptieren. Aufgrund der genannten Umstände wäre es wünschenswert, wenn die DSK die inhaltliche Ausgestaltung des entwickelten Konzepts überdenken würde.

Problematisch ist aus der Sicht von Unternehmen außerdem die Praxis, dass manche Datenschutzbehörden vereinzelt mit Hinweisen auf vermeintliche Verstöße von Unternehmen gegen die DSGVO an die Öffentlichkeit gehen, bevor die Verstöße rechtskräftig festgestellt worden sind. Zwar mag auf Seiten der Behörden ein Interesse dahingehend gegeben sein, durch die Veröffentlichung von Maßnahmen eine abschreckende Wirkung zu erzielen. Dies führt auf Seiten der betroffenen Unternehmen allerdings regelmäßig zu beträchtlichen Reputationsschäden und zu Vorverurteilungen durch die Öffentlichkeit sowie durch Kunden. Das OVG Münster sieht durch die fortdauernde Verbreitung einer Pressemitteilung (in diesem Fall der BNetzA) über die Verhängung eines Bußgeldes eine Verletzung der grundrechtlich garantierten Berufsfreiheit (Art. 12 Abs. 1 GG) der betroffenen Unternehmen und verlangt hierfür eine gesetzliche Ermächtigungsgrundlage.[646] Die Erwägungen des OVG Münster treffen dem Grunde nach auch auf die Veröffentlichungspraxis vereinzelter Datenschutzbehörden in der Vergangenheit zu.

646 OVG Münster, Beschl. v. 17.05.2021 – 13 B 331/21.

Literaturverzeichnis

Abel, Ralf B., Automatisierte Entscheidungen im Einzelfall gem. Art. 22 DS-GVO – Anwendungsbereich und Grenzen im nicht-öffentlichen Bereich, ZD 2018, S. 304–307 (zit.: Abel, ZD 2018, S.)

Ders., Einmeldung und Auskunfteitätigkeit nach DS-GVO und § 31 BDSG – Frage der Rechtssicherheit im neuen Recht, ZD 2018, S. 103–108 (zit.: Abel, ZD 2018, S.)

Albrecht, Jan Philipp/Jotzo, Florian, Das neue Datenschutzrecht der EU – Grundlagen, Gesetzgebungsverfahren, Synopse, 1. Auflage, Baden-Baden 2017 (zit.: *Bearb.*, Das neue Datenschutzrecht, 1. Auflage 2017, Teil 5 Rn.)

Auernhammer, Herbert/Eßer, Martin (Hrsg.)/Kramer, Philipp (Hrsg.)/von Lewinski, Kai (Hrsg.), DSGVO/BDSG – Kommentar, Datenschutz-Grundverordnung, Bundesdatenschutzgesetz und Nebengesetze, 6. Auflage, Köln 2018 (zit.: *Bearb.*, in: Auernhammer, DSGVO, 6. Aufl. 2018, Art. Rn.)

Bayerisches Landesamt für Datenschutzaufsicht (LDA), Auslegungshilfe – Was ist Auftragsverarbeitung und was nicht?, Stand: 15.05.2019 (zit.: LDA Bayern, Was ist eine Auftragsverarbeitung und was nicht?, Stand: 15.05.2019, Seite)

Ders., Datenverwendung für persönliche Werbung. Was ist erlaubt und worauf ist von Unternehmen, selbstständigen Gewerbetreibenden, Freiberuflern, Vereinen etc., zu achten?, Stand: April 2019 (zit.: LDA Bayern, Datenverarbeitung für persönliche Werbung, Stand: April 2019, Seite)

Ders., Orientierungshilfe zur datenschutzrechtlichen Einwilligungserklärung in Formularen, Stand: März 2016 (zit.: LDA Bayern, Orientierungshilfe Einwilligung, Seite)

Benedikt, Kristin/Institut für Europäisches Medienrecht (EMR), Stellungnahme von Kristin Benedikt im Rahmen der öffentlichen Anhörung des Ausschusses für Wirtschaft und Energie des Deutschen Bundestages zum Entwurf eines Gesetzes zur Regelung des Datenschutzes und des Schutzes der Privatsphäre in der Telekommunikation und bei Telemedien (TTDSG-E) (BT-Drucksache 19/27441), Berlin, 21.04.2021(zit.: *Benedikt*, Stellungnahme zum TTDSG-E v. 21.04.2021, S.)

Berliner Beauftragte für Datenschutz und Informationsfreiheit, Datenschutz und Informationsfreiheit – Jahresbericht 2020 (zit.: Berliner Beauftragten für Datenschutz und Informationsfreiheit, Jahresbericht 2020, Seite)

Brink, Stefan (Hrsg.)/Wolff, Heinrich Amadeus (Hrsg.), Beck'scher Online Kommentar zum Datenschutzrecht, 37. Auflage, München 2021, (zit.: *Bearb.*, in: Wolff/Brink, DSGVO, 31. Aufl. 2020, Art. Rn.)

Bundesministerium der Justiz und für Verbraucherschutz (BMJV), Innovatives Datenschutz-Einwilligungsmanagement – Abschlussbericht, Stand: 7. September 2020 (zit.: Innovatives Datenschutz-Einwilligungsmanagement – Abschlussbericht, Stand 07.09.2020, Seite)

Bundesministerium des Innern, für Bau und Heimat (Hrsg.), Innen-Minister-Konferenz Baden-Württemberg 2021, Polizeiliche Kriminalstatistik 2020 – Ausgewählte Zahlen im Überblick, Stand: April 2021(zit.: Polizeiliche Kriminalitätsstatistik 2020, Seite)

Bundesnetzagentur für Elektrizität, Gas, Telekommunikation, Post und Eisenbahn (BNetzA), Bekanntmachung zur elektronischen Signatur nach dem Signaturgesetz und der Signaturverordnung (Übersicht über geeignete Algorithmen), Stand: 09. 12. 2015 (zit.: Bekanntmachung zur elektronischen Signatur der BNetzA v. 09. 12. 2015)

Ders., Dokumentations- und Aufbewahrungspflicht für Telefonwerbeeinwilligungen nach § 7a UWG, Konsultation zu den Auslegungshinweisen der Bundesnetzagentur, Stand: 19. 10. 2021 (zit.: BNetzA, Dokumentations- und Aufbewahrungspflicht für Telefonwerbeeinwilligungen nach § 7a UWG, Stand: 19.10.201, Rn.)

Bundesverband der Deutschen Industrie e. V. (BDI), Leitfaden/Recht/Datenschutz, Anonymisierung personenbezogener Daten – Ein branchenübergreifender Praxisleitfaden für Industrieunternehmen, Oktober 2020 (zit.: BDI, Anonymisierung personenbezogener Daten – Ein branchenübergreifender Praxisleitfaden für Industrieunternehmen, Stand: Oktober 2020, Seite)

Datenschutzkonferenz (DSK) – Konferenz der unabhängigen Datenschutzbehörden des Bundes und der Länder, Orientierungshilfe der Aufsichtsbehörden für Anbieter von Telemedien, Stand: März 2019 (zit.: Orientierungshilfe der Aufsichtsbehörden für Anbieter von Telemedien, Stand: März 2019, Seite)

Ders., Orientierungshilfe der Aufsichtsbehörden für Anbieter:innen von Telemedien ab dem 1. Dezember 2021, Stand: Dezember 2021 (zit.: OH Telemedien 2021, Seite)

Ders., Beschluss der DSK vom 11. 06. 2018, Verarbeitung von Positivdaten zu Privatpersonen durch Auskunfteien (zit.: Beschluss der DSK vom 11. 06. 2018 – Verarbeitung von Positivdaten zu Privatpersonen durch Auskunfteien)

Ders., Beschluss der DSK vom 24. 05. 2019, Asset Deal – Katalog von Fragegruppen (zit.: DSK in: Asset Deal – Katalog von Fallgruppen, Stand: 24. 05. 2019, Seite)

Ders., Beschluss der DSK vom 23. 03. 2018, Übermittlung von E-Mail-Adressen durch Onlineversandhändler an Postdienstleister, *https://www.datenschutzkonferenz-online.de/media/dskb/20180323_dskb_mail_adressen.pdf,* Datum des Abrufes: 09. 10. 2021 (zit.: Beschl. der DSK v. 23. 08. 2018 – *https://www.datenschutzkonferenz-online.de/media/dskb/20180323_dskb_mail_adressen.pdf*)

Ders., Beschluss der DSK vom 24. 11. 2021 zur Möglichkeit der Nichtanwendung technischer und organisatorischer Maßnahmen nach Art. 32 DSGVO auf ausdrücklichen Wunsch betroffener Personen (zit.: Beschluss der DSK zur Möglichkeit der Nichtanwendung technischer und organisatorischer Maßnahmen nach Art. 32 DSGVO auf ausdrücklichen Wunsch betroffener Personen v. 24. 11. 2021.)

Ders., Kurzpapier Nr. 13: Auftragsverarbeitung, Art. 28 DS-GVO, Stand: 17. 12. 2018 (zit.: DSK, Kurzpapier Nr. 13: Auftragsverarbeitung, Art. 28 DSGVO, Seite)

Ders., Orientierungshilfe der Aufsichtsbehörden zur Verarbeitung von personenbezogenen Daten für Zwecke der Direktwerbung unter Geltung der Datenschutz-Grundverordnung (DS-GVO), Stand: November 2018 (zit.: Orientierungshilfe der Aufsichtsbehörden zur Verarbeitung von personenbezogenen Daten für Zwecke der Direktwerbung unter Geltung der Datenschutz-Grundverordnung (DS-GVO), Seite)

Ders., Orientierungshilfe Videoüberwachung durch nicht-öffentliche Stellen, Stand: 17. Juli 2020 (zit.: Orientierungshilfe Videoüberwachung durch nicht-öffentliche Stellen v. 17.07.2020, Seite)

Der Bayerische Landesbeauftragte für den Datenschutz/Müller, Sebastian (Bearb.)/Steif, Matthias (Bearb.), Orientierungshilfe Auftragsverarbeitung, Version 2.0., Stand: 01.04.2019 (zit: LDA Bayern, Orientierungshilfe Auftragsverarbeitung, Stand 01.04.2019, Seite)

Der Bundesbeauftragte für den Datenschutz und die Informationsfreiheit, Kelber, Ulrich, 28. Tätigkeitsbericht für das Jahr 2019 zum Datenschutz, Erscheinungsdatum: 17.06.2020, (zit.: BfDI, 28. Tätigkeitsbericht zum Datenschutz, Seite)

Ders., 29. Tätigkeitsbericht für den Datenschutz und die Informationsfreiheit für das Jahr 2020, Erscheinungsdatum: 25.03.202 (zit.: BfDI, 29. Tätigkeitsbericht, Seite)

Der Hamburgische Beauftragte für Datenschutz und Informationsfreiheit, Pressemitteilung – Google Analytics und ähnliche Dienste nur mit Einwilligung nutzbar, Stand: 14.11.2019, *https://datenschutz-hamburg.de/pressemitteilungen/2019/11/2019-11-14-google-analytics*, Datum des Abrufes: 11.10.2021 (zit.: Pressemitteilung des Hamburgischen beauftragten für Datenschutz und Informationsfreiheit v. 14.11.2019 - *https://datenschutz-hamburg.de/pressemitteilungen/2019/11/2019-11-14-google-analytics*)

Ders., Das TTDSG – Neue Regelungen zum Einsatz von Cookies und vergleichbaren Technologien, Stand: 30.11.2021, *https://datenschutz-hamburg.de/pages/ttdsg/*, Datum des Abrufes: 13.12.2021 (zit.: HBfDI, Das TTDSG – Neue Regelungen zum Einsatz von Cookies und vergleichbaren Technologien, Stand: 30.11.2021, abrufbar unter: *https://datenschutz-hamburg.de/pages/ttdsg/*, zuletzt abgerufen am 30.11.2021)

Der Hessische Beauftragte für Datenschutz und Informationsfreiheit, Auskunfteien – Häufig gestellte Fragen (zit.: Der Hessische Beauftragte für Datenschutz und Informationsfreiheit, Auskunfteien – häufig gestellte Fragen, Seite)

Der Landesbeauftragte für Datenschutz und Informationsfreiheit Baden-Württemberg, Brink, Stefan, Mehr Licht für alle! – Vertragsmuster für die gemeinsame Verantwortlichkeit in Englisch, 05. Dezember 2019, *https://www.baden-wuerttemberg.datenschutz.de/mehr-licht-fuer-alle-vertragsmuster-fuer-die-gemeinsame-verantwortlichkeit-in-englisch/*, Datum des Abrufes: 16.10.2021 (zit.: *https://www.baden-wuerttemberg.datenschutz.de/mehr-licht-fuer-alle-vertragsmuster-fuer-die-gemeinsame-verantwortlichkeit-in-englisch/*)

Ders., 34. Datenschutz-Tätigkeitsbericht des Landesbeauftragten für den Datenschutz und die Informationsfreiheit Baden-Württemberg 2018 (zit.: LFDI Baden-Württemberg, 34. Tätigkeitsbericht 2018, Seite)

Ders./Krieger, Johanna/Schwab, Sabrina/Joos, Daniel, Ratgeber Beschäftigten Datenschutz – Unsere Freiheiten: Daten nützen – Daten schützen, 4. Auflage, April 2020 (zit.: Ratgeber Beschäftigtendatenschutz, 4. Aufl. 2020, Seite)

Der Landesbeauftragte für Datenschutz und Informationsfreiheit Baden-Württemberg, Brink, Stefan/Mitsdörffer, Lena/Krieger, Johanna/Vogt, K., Orientierungshilfe: Was jetzt in Sachen internationaler Datentransfer?, 4. Auflage, Stand: September 2021(zit.: LfDI Baden-Württemberg, Orientierungshilfe: Was jetzt in Sachen internationaler Datentransfer?, Stand: September 2021, Seite)

Der Sächsische Datenschutzbeauftragte, Schurig, Andreas, Tätigkeitsbericht des Sächsischen Datenschutzbeauftragten, Berichtszeitraum: 1. Januar bis 31. Dezember 2020, Stand: 31. Dezember 2020 (zit.: Tätigkeitsbericht des Sächsischen Datenschutzbeauftragten für das Jahr 2020, Seite)

Der Thüringer Landesbeauftragte für den Datenschutz und die Informationsfreiheit (TLfDI), Hasse, Lutz, 3. Tätigkeitsbericht zum Datenschutz nach der DS-GVO 2020, Berichtszeitraum: 1. Januar 2020 bis 31. Dezember 2020, Stand: Oktober 2021 (zit.: TLfDI, Tätigkeitsbericht für das Jahr 2020, Seite 138.)

Deutscher Bundestag, 16. Wahlperiode, Drucksache 16/10529, Gesetzentwurf der Bundesregierung, Entwurf eines Gesetzes zur Änderung des Bundesdatenschutzgesetzes, Stand: 10. 10. 2008 (zit.: BT-Drucks. 16/10529, Seite)

Ders., 16. Wahlperiode, Drucksache 16/10734, Gesetzentwurf der Bundesregierung, Entwurf eines Gesetzes zu Bekämpfung unerlaubter Telefonwerbung und der Verbesserung des Verbraucherschutzes bei besonderen Vertriebsformen, Stand: 31. 10. 2008 (zit.: BT-Drucks. 16/10734, Seite)

Ders., 18. Wahlperiode, Drucksache 18/11325, Gesetzentwurf der Bundesregierung, Entwurf eines Gesetzes zur Anpassung des Datenschutzrechts an die Verordnung (EU) 2016/679 und zur Umsetzung der Richtlinie (EU) 2016/680 (Datenschutz-Anpassungs- und -Umsetzungsgesetz EU – DSAnpUG-EU), Stand: 24. 02. 2017 (zit.: BT-Drucks. 18/11325, Seite)

Ders., 19 Wahlperiode, Drucksache 19/27873, Gesetzentwurf der Bundesregierung, Entwurf eines Gesetzes zur Stärkung des Verbraucherschutzes im Wettbewerbs- und Gewerberecht, Stand: 24. 03. 2021 (zit.: BT-Drucks. 19/27873, Seite)

Ders., 19. Wahlperiode, Drucksache 19/28396, Unterrichtung durch die Bundesregierung, Entwurf eines Gesetzes zur Regelung des Datenschutzes und des Schutzes der Privatsphäre in der Telekommunikation und bei Telemedien, Stellungnahme des Bundesrates und Gegenäußerung der Bundesregierung, Stand: 13. 04. 2021 (zit.: BT-Drucks. 19/28396, Seite)

Ders., 19 Wahlperiode, Drucksacke 19/28442, Antrag der Abgeordneten Tabea Rößner, Luise Amtsberg, Canan Bayram, Katharina Dröge, Kai Gehring, Britta Haßelmann, Katja Keul, Sven-Christian Kindler, Renate Künast, Monika Lazar, Dr. Irene Mihalic, Beate Müller-Gemmeke, Dr. Konstantin von Notz, Lisa Paus, Filiz Polat, Dr. Manuela Rottmann, Corinna Rüffer, Stefan Schmidt, Wolfgang Wetzel und der Fraktion BÜNDNIS 90/DIE GRÜNEN, Gesetz über faire Verbraucherverträge dringend nachbessern, Stand: 13. 04. 2021 (zit.: BT-Drucks. 19/3332, Seite)

Ders., 19. Wahlperiode, Drucksache 19/23492, Gesetzentwurf der Bundesregierung, Entwurf eines Gesetzes zur Änderung des Gesetzes gegen Wettbewerbsbeschränkungen für ein fokussiertes, proaktives und digitales Wettbewerbsrecht 4.0 und anderer wettbewerbsrechtlicher Bestimmungen (GWB-Digitalisierungsgesetz), Stand: 19. 10. 2020 (zit.: BT-Drucks. 19/23492, Seite)

Ders., 19. Wahlperiode, Drucksache 19/4727, Gesetzentwurf der Bundesregierung, Entwurf eines Gesetzes zur Anpassung der Rechtsgrundlagen für die Fortentwicklung des Europäischen Emissionshandels, Stand: 04. 10. 2018 (zit.: BT-Drucks. 19/4727, Seite)

Die Bundesregierung, Datenstrategie der Bundesregierung, Eine Innovationsstrategie für gesellschaftlichen Fortschritt und nachhaltiges Wachstum, Kabinettfassung, 27. 01. 2021, *https://www.bundesregierung.de/resource/blob/974430/1960032/f073096a398e59573c7526feaadd43c4/2021-08-12-datenstrategie-deutsch-data.pdf?download=1,* Datum des Abrufes: 09. 10. 2021 (zit.: *https://www.bundesregierung.de/resource/blob/974430/1960032/f073096a398e59573c7526feaadd43c4/2021-08-12-datenstrategie-deutsch-data.pdf?download=1*), auch zit.: Datenstrategie der Bundesregierung, Kabinettfassung v. 21. 01. 2021, Seite

Die Landesbeauftrage für Datenschutz und Informationsfreiheit Nordrhein-Westfalen (LDI NRW)/Gayk, Bettina, Datenverarbeitung in Inkassounternehmen – Antworten auf häufig gestellte Fragen, Stand: März 2020 (zit.: LDI NRW, Datenverarbeitung in Inkassounternehmen, Stand: März 2020, Seite)

Ders., 26. Bericht der Landesbeauftragen für Datenschutz und Informationsfreiheit Nordrhein-Westfalen zum Datenschutz für die Zeit vom 1. Januar 2020 bis zum 31. Dezember 2020 (zit.: LfDI Nordrhein-Westfalen, 26. Tätigkeitsbericht, Seite)

Die Landesbeauftragte für Datenschutz und Informationsfreiheit Saarland, 29. Tätigkeitsbericht zum Datenschutz, Berichtszeitraum: 2020 (zit.: LfDI Saarland, 29. Tätigkeitsbericht, Seite)

Dieckmann, Uwe/Eul, Harald/Klevenz, Brigitte, Verhindert der Datenschutz Fusionen? – Fusionen aus der Sicht der betrieblichen Datenschutzbeauftragten, RDV 2000, S. 149 –152 (Zit.: *Diekmann/Eul/Klevenz* RDV 2000, 149 (152) zum BDSG 2009)

Drewes, Stefan, Kritische Betrachtung der DSK-Orientierungshilfe zu Direktwerbung. Interessenabwägung und Direktmarketing, ZD 2019, S. 296–301 (zit.: *Drewes,* ZD 2019, Seite)

Ders., Was von § 15 III TMG übrig bleibt, CR 2020, Heft 9, S. 602–607 (zit.: Drewes, CR 2020, Seite)

Ehmann, Eugen (Hrsg.)/Selmayr, Martin (Hrsg.), Beck'scher Kurz-Kommentar zur DS-GVO – Datenschutz-Grundverordnung, 2. Auflage, München 2018 (zit.: *Bearb.,* in: Ehmann/Selmayr, 2. Aufl. 2018, Art. Rn.)

Europäische Kommission, Mitteilung der Kommission an das Europäische Parlament und den Rat – Datenschutz als Grundpfeiler der Teilhabe der Bürgerinnen und Bürger und des Ansatzes der EU für den digitalen Wandel – zwei Jahre Anwendung der Datenschutz-Grundverordnung, Brüssel, den 24. 06. 2020, *https://eur-lex.europa.eu/legal-content/DE/TXT/HTML/?uri=*

CELEX:52020DC0264&from=EN, Datum des Abrufes: 09.10.2020 (zit.: *https://eur-lex.europa.eu/legal-content/DE/TXT/HTML/?uri=CELEX:52020DC0264&from=EN*)

Ders., Vorschlag für eine Verordnung des Europäischen Parlaments und des Rates über europäische Daten-Governance (Daten-Governance-Gesetz), Brüssel, den 25.11.2020, COM (2020) 767 final (zit.: Entw. v. 25.11.2020 – COM (2020) 767)

Europäischer Datenschutzausschuss (EDSA), Empfehlungen 01/2020 zu Maßnahmen zur Ergänzung von Übermittlungstools zur Gewährleistung des unionsrechtlichen Schutzniveaus für personenbezogene Daten, Angenommen am 10. November 2020 (zit.: EDSA, in: Empfehlungen 01/2020 zu Maßnahmen zur Ergänzung von Übermittlungstools zur Gewährleistung des unionsrechtlichen Schutzniveaus für personenbezogene Daten, Rn.)

Ders., Häufig gestellte Fragen zum Urteil des Gerichtshofs der Europäischen Union in der Rechtssache C-311/18 – data Protection Commissioner gegen Facebook Ireland Ltd und Maximillian Schrems, Stand: 23. Juli 2020 (zit.: EDSA, in: „Häufig gestellte Fragen zum Urteil des Gerichtshofs der Europäischen Union in der Rechtssache C-311/18 — Data Protection Commissioner gegen Facebook Ireland Ltd und Maximillian Schrems" v. 23.07 2020, Seite)

Ders., Leitlinien 2/2019 für die Verarbeitung personenbezogener Daten gemäß Artikel 6 Absatz 1 Buchstabe b DSGVO im Zusammenhang mit der Erbringung von Online-Diensten für betroffene Personen, Version 2.0, Stand: 8. Oktober 2019 (zit.: EDSA, Leitlinien 2/2019 für die Verarbeitung personenbezogener Daten gemäß Artikel 6 Absatz 1 Buchstabe b DSGVO im Zusammenhang mit der Erbringung von Online-Diensten für betroffene Personen, Stand: 8.10.2019, Seite)

Europäisches Parlament/Rat der Europäischen Kommission, Erwägungsgründe zur Verordnung (EU) 2016/679 vom 27. April 2016 zum Schutz natürlicher Personen bei der Verarbeitung personenbezogener Daten, zum freien Datenverkehr und zur Aufhebung der Richtlinie 95/46/EG (Datenschutz-Grundverordnung), April 2016 (zit.: ErwGr. Zur DSGVO)

European Data Protection Board (edpb), Guidelines 05/2020 on consent under Regulation 2016/679, Adopted on 4 May 2020 (zit.: Guidelines 05/2020 on consent under Regulation 2016/679, Rz.)

Faust, Sebastian/Spittka, Jan/Wybitul, Tim, Milliardenbußgelder nach der DS-GVO – Ein Überblick über die neuen Sanktionen bei Verstößen gegen den Datenschutz, ZD 2016, S. 120–125 (zit.: Faust/Spittka/Wybitul, ZD 2016, S.)

Fezer, Karl-Heinz (Hrsg.)/Büscher, Wolfgang (Hrsg.)/Obergfell, Eva Inés (Hrsg.), Lauterkeitsrecht – Kommentar zum Gesetz gegen den unlauteren Wettbewerb (UWG), Band 2, §§ 3a bis 20 UWG, Anhang zu § 3 Abs. 3 UWG, 3. Auflage, München 2016 (zit.: Mankowski, in: Fezer/Büscher/Obergfell, Lauterkeitsrecht, 3. Aufl. 2016, § Rn.)

Forgó, Nikolaus (Hrsg.)/Helfrich, Marcus (Hrsg.)/Schneider, Jochen (Hrsg.), Betrieblicher Datenschutz – Rechtshandbuch, 3. Auflage, München 2019 (zit.: Forgó/Helfrich/Schneider, Betrieblicher Datenschutz, 3. Aufl. 2019, Kapitel Rn.)

Gola, Peter (Hrsg.), Kommentar zur Datenschutz-Grundverordnung VO (EU) 2016/679, 2. Auflage, München 2018 (zit.: *Bearb.*, in: Gola, Datenschutz-Grundverordnung, 2. Aufl. 2018, Art. Rn.)

Grages, Jan-Michael, Neue Standarddatenschutzklauseln: Praktikable Lösung für Drittlandtransfers nach Schrems II ?, Datenschutz-Berater 12/2020, S. 304–309 (zit.: Grages, Datenschutz-Berater 2020, S.)

Grentzenberg, Verena/Spittka, Jan, Die Klagebefugnis Privater bei Datenschutzverstößen, GRUR-Prax – Praxis im Immaterialgüter- und Wettbewerbsrecht 2020, S. 539–542 (zit.: Grentzenberg/Spittka, GRUR-Prax 2020, S.)

Hanloser, Stefan, DSK-Orientierungshilfe für Anbieter von Telemedien – Datenschutzrechtliche Fragen zum Online-Tracking, ZD 2019, S. 287–290 (zit.: Hanloser, ZD 2019, S.)

Ders., Schutz der Geräteintegrität durch § 25 TTDSG – Neue Cookie-Regeln ab dem 1. 12. 2021, ZD 2021, S. 399–403 (zit.: Hanloser, ZD 2021, S.)

Heermann, Peter W. (Hrsg.)/Schlingloff, Jochen (Hrsg.), Münchener Kommentar zum Lauterkeitsrecht, Band 1, 3. Auflage, München 2020 (zit.: *Bearb.*, in MünchKomm zum Lauterkeitsrecht, 3. Aufl. 2020, § Rn.)

Heil, Ulf, Einheitliche Einwilligungserklärung für mehrere Werbekanäle?, WRP 2018, S. 535–538 (zit.: Heil, WRP 2018, S.)

Hessel, Stefan/Potel, Karin, Catch me if you can – Die Widersprüche der DSGVO bei Verantwortlichkeit und Bußgeldbemessung im Konzernkontext, K&R, S. 654–658 (zit.: Hessel/Potel, K&R 2020, S.)

Information Commissioner's Office (ICO), Direct marketing code of practice – Draft code for consultation, *https://ico.org.uk/media/about-the-ico/consultations/2616882/direct-marketing-code-draft-guidance.pdf,* Datum des Abrufes: 09. 10. 2021 (zit.: ICO Direct marketing code of practice, Seite)

Jandt, Silke, Weiterhin keine Rechtsklarheit für Cookies auf Webseiten – Bewertung und praktische Folgen der neuesten Rechtsprechung, ZD 2020, S. 551–556 (zit.: Jandt, ZD 2020, S.)

Jauernig, Othmar/Stürner, Rolf (Hrsg.), Kommentar zum Bürgerlichen Gesetzbuch mit Rom-I-VO, Rom-II-VO, Rom-III-VO, EG-UnthVO/HUntProt und EuErbVO, 18. Auflage, München 2021 (zit.: *Bearb.,* in: Jauerning. BGB, 18. Aufl. 2021, § Rn.)

Köhler, Helmut/Bornkamm, Joachim/Feddersen, Jörn/Alexander, Christian, Beck'scher Kurz Kommentar zum Gesetz gegen den unlauteren Wettbewerb, GeschGehG, PAngV, UKlaG, DL-InfoV, 39. Auflage, München 2021 (zit.: *Bearb.,* in: Köhler/Bornkamm/Feddersen, UWG, 39. Aufl. 2021 § Rn.)

Kohnstamm, Jacob/Artikel-29-Datenschutzgruppe, 00264/10/DE WP 169, Stellungnahme 1/2010 zu den Begriffen „für die Verarbeitung Verantwortlicher" und „Auftragsverarbeiter", Brüssel, den 16. Februar 2010, (zit.: Artikel-29-Datenschutzgruppe, WP 169, Seite)

Krüger, Stefan/Wiencke, Julia/Koch, André, Der Datenpool als Geschäftsgeheimnis, GRUR 2020, Heft 6, S. 578–584 (zit.: Krüger/Wiencke/Koch, GRUR 2020, S.)

Kühling, Jürgen (Hrsg.)/Buchner, Benedikt, Datenschutz-Grundverordnung, BDSG Kommentar, 3. Auflage, München 2020 (zit.: *Bearb.,* in: Kühling/Buchner, DSGVO/BDSG, 3. Aufl. 2020, Art. Rn.)

Laue, Philip/Kremer, Sascha, Praxis-Kommentar – Das neue Datenschutzrecht in der betrieblichen Praxis, 2. Auflage, Baden-Baden 2019 (zit.: Laue/Kremer DatenschutzR, § Rn.)

Menke, Simon, „Audiences, Lookalikes – und alles nur mit Einwilligung? – Oder: Fashion-ID" einmal anders, PinG 2020, Heft 4, S. 164 (zit.: *Menke*, PinG 2020, S.)

Ders., Wann müssen Betroffenenrechte im Bereich der „Online-Datenverarbeitung nicht umgesetzt werden?, K+R 2020, S. 650–654 (zit.: Menke, K&R 2020, S.)

Ders./Witte, Sandra, Aktuelle Rechtsprobleme beim E-Mail Marketing, K+R 2013, S. 25–29 (zit.: Menke/Witte, K&R 2013, S.)

Ohly, Ansgar (Hrsg.)/Sosnitza, Olaf (Hrsg.)/Köhler, Helmut (Begr.)/Piper, Henning (Begr.), Kommentar zum Gesetz gegen den unlauteren Wettbewerb mit Preisangabenverordnung, 7. Auflage, München 2016 (zit.: *Bearb.*, in: Ohly/Sosnitza, UWG, § Rn.)

Paal, Boris P. (Hrsg.)/Pauly, Daniel A., Beck'scher Kompakt-Kommentar zur Datenschutz-Grundverordnung, Bundesdatenschutzgesetz, 3. Auflage, München 2021 (zit.: *Bearb.*, in: Paal/Pauly, DSGVO/BDSG, 3. Aufl. 2021, Art. Rn.)

Piltz, Carlo, „Die Datenschutz-Grundverordnung", Kommunikation und Recht (K&R), 2016, Heft 11, S. 709–712 (zit.: *Piltz*, K&R 2016, S.)

Ders./Kühner, Jasmin, Ausnahmevorschriften bei Cookie-Einwilligungen – Auslegung des Begriffs „unbedingt erforderlich" nach der ePrivacy-RL, ZD 2021, S. 123–128 (zit.: Piltz/Kühner, ZD 2021, S.)

Plath, Kai-Uwe, DSGVO/BDSG – Kommentar zu DSGVO, BDSG und den Datenschutzbestimmungen von TMG und TKG, 3. Auflage, Köln 2018 (zit.: *Bearb.*, in: Plath, DSGVO/BDSG, 3. Aufl. 2018, § Rn.)

Ders./Frey, Anna-Mirjam, Direktmarketing nach der BDSG-Novelle: Grenzen erkennen, Spielräume optimal nutzen, BB 2009, S. 1762–1768 (zit.: Plath/Frey, BB 2009 S.)

Plath, Kai-Uwe/Grages, Jan-Michael, „Let's Stay in Touch" – Direktwerbung unter der DSGVO, CR 2018, S. 770–782 (zit.: *Plath/Grages*, CR 2018, Seite)

Plath, Kai-Uwe/Struck, Matthias A./ter Hazeborg, Enno, Verkauf von Kundendaten im Asset Deal, CR 2020, S. 9–17 (zit.: Plath/Struck/ter Hazeborg, CR 2020, S.)

Raji, Behrang, Auskunftsanspruch in der Praxis – Ausgewählte Fragen zum Auskunftsrecht nach Art. 15 DS-GVO, ZD 2020, S. 279–284 (zit.: Raji, ZD 2020, S.)

Ders., Rechtliche Bewertung synthetischer Daten für KI-Systeme, DuD 5/2021, S. 41 (zit.: Raji, DuD 2021, S.)

Roßnagel, Alexander, Datenlöschung und Anonymisierung – Verhältnis der beiden Datenschutzinstrumente nach DS-GVO, ZD 2021, S. 188–192 (zit.: Roßnagel, ZD 2021, S.)

Ders., Künstliche Intelligenz datenschutzrechtlich gestalten, 8/2021, S. 561 (zit.: Roßnagel DuD 2016, S.)

Säcker, Franz Jürgen (Hrsg.)/Rixecker, Roland (Hrsg.)/Oetker, Hartmut (Hrsg.)/Limperg, Bettina (Hrsg.), Münchener Kommentar zum Bürgerlichen Gesetzbuch, Band 1, 9. Auflage, München 2021 (zit.: Bearb., in: Münch-Komm zum BGB, 9. Aufl. 2021, § Rn.)

Schantz, Peter/Wolff, Heinrich Amadeus, Das neue Datenschutzrecht – Datenschutz-Grundverordnung und Bundesdatenschutzgesetz in der Praxis, 1. Auflage, München 2017 (zit.: Schantz/Wolff, Das neue Datenschutzrecht, 1. Aufl. 2017, Rn.)

Schleipfer, Stefan, Pseudonymität in verschiedenen Ausprägungen – Wie gut ist die Unterstützung der DS-GVO?, ZD 2020, S. 284–291 (zit.: *Schleipfer,* ZD 2020, S.)

Simitis, Spiros, Kommentar zum Bundesdatenschutzgesetz, 8. Auflage, Baden-Baden 2014 (zit.: *Bearb.,* in: Simitis, BDSG, 8. Aufl. 2014, § Rn.)

Ders./Hornung, Gerrit/Spiecker genannt Döhmann, Indra (Hrsg.), Kommentar zum Datenschutzrecht – DSGVO mit BDSG, 1. Auflage, Baden-Baden 2019 (zit.: *Bearb.,* in: Simitis/Hornung/Spiecker gen. Döhmann, Datenschutzrecht, 1. Aufl. 2019, Art. Rn.)

Spindler, Gerald (Hrsg.)/Schuster, Fabian (Hrsg.), Kommentar zum Recht der elektronischen Medien, 4. Auflage, München 2019 (zit.: *Bearb.,* in: Spindler/Schuster, Recht der elektronischen Medien, 4. Aufl. 2019, Art. Rn.)

Stiftung Datenschutz/Horn, Nikolai/Riechert, Anne/Müller, Christian, Neue Wege bei der Einwilligung im Datenschutz – technische, rechtliche und ökonomische Herausforderungen, Handlungsempfehlungen, März 2017 (zit.: Stiftung Datenschutz, Neue Wege bei der Einwilligung im Datenschutz – technische, rechtliche und ökonomische Herausforderungen)

Sydow, Gernot (Hrsg.), Handkommentar zur Europäischen Datenschutzgrundverordnung, 2. Auflage, Erscheinungsort 2018 (zit.: HK-EuDSchVO/*Bearb.,* DS-GVO Art. Rn.)

Taeger, Jürgen (Hrsg.)/Gabel, Detlev (Hrsg.), DSGVO – BDSG Kommentar, 3. Auflage, Frankfurt am Main 2019 (zit.: *Bearb.,* in: Taeger/Gabel, DSGVO, 3. Aufl. 2019, Art. Rn.)

Thiel, Barbara, Zusammenarbeit der Datenschutzaufsicht auf europäischer Ebene – Eine erste Bilanz zu Kooperations- und Kohärenzverfahren, ZD 2021, S. 467–470 (zit.: Thiel, ZD 2021, S.)

Uecker, Philip, Die Einwilligung im Datenschutzrecht und ihre Alternativen – Mögliche Lösungen für Unternehmen und Vereine, ZD 2019, S. 248–251 (zit.: Uecker, ZD 2019, S.)

Veil, Winfried, Accountability – Wie weit reicht die Rechenschaftspflicht der DS-GVO? Praktische Relevanz und Auslegung eines unbestimmten Begriffs, ZD 2018, S. 9–16 (zit.: Veil, ZD 2018, S.)

Stichwortverzeichnis

Die Zahlen verweisen auf Randnummern.